保育者の
身体的・状況的
専門性

保育実践の
ダイナミック・プロセスの中で
発現する専門性とは

古賀　松香　著

萌文書林
Houbunshorin

はじめに

　待機児童、保育者不足の問題が深刻化する中で、子育て経験があれば保育の仕事はできる、というようなことが公の発言としても聞かれるようになって久しい。子どもや子育てに触れる経験は、保育の専門性とつながりある側面をもつだろう。しかし、その一方で、私はこれまで、保育者の高い専門性を目の当たりにしてきた。子育て経験があればできるなどとは到底思えない場面を数多く思い起こすことができるし、そして、子育て経験のない保育者が高い専門性をもつ実態もまた数多くあることを知っている。

　たとえば、私が受けた教育実習で見た保育者は、30人を超えるクラスの子どもたちがさまざまに園の中で場所や人を選び遊んでいる時間に、今誰がどこで何をしているか思い描きながら、目の前の子どもと丁寧にかかわる、という日常の生活感覚とはかけ離れた、特殊な専門的な援助を行っていた。また、そういった子どもとのことを徹底的に毎日省察するが、その内容の生かされ方は、「省察内容を生かした計画に基づき保育を行う」などという、ある意味わかりやすい省察−計画−実践の関係性では理解できなかった。むしろ、その生かされ方はベールに包まれたまま保育者の中にあり、子どものその日の様子に即してその場で意味ある活動が、そこここで形づくられていく。保育者の援助は、目の前にいる子どもに応じ、かつ、その場の個別の状況と全体の状況に応じて、瞬時になされていく。そしてその瞬時のやりとりの中で、保育者は子どもの思いの多くを言葉以外の様子からも感じ取り、仮説的に行為し、自らその仮説を修正しながら援助行為の調整を行っているように思われた。

　このような子どもの保育に特化した高い専門性があると思われる実態に対して、言語化・理論化がうまくいっておらず、保育者が社会的に高く評価されているとは言い難い状況が続いている。上記のように、保育者の援助は、一人ひとりの子ども固有の事情のみならず、クラスや園に含まれている多様な要素やそのときの状況との相互影響、また多くは言語化されないままにある保育者の意図や子ども理解といったものが複雑に入り組んだ中で、その場の行為として実践されていると思われ、その専門性は「曰く言い難い」ように見える。しかし、だからといって、保育者の専門性に対する不当な評価を受け入れてよいわけがない。

　では、どうすれば、確かにあると思われる保育者の高い専門性を明らかにすることができるだろうか。その子どもに応じ状況に応じる、「曰く言い難い」ように感じられる専門性を、言葉と理論の世界に引き込み、とらえることはできないか。繊細さとダイナミックさが入りまじる保育者の専門性の発現を、何とか描写し、もやのかかった世界にひとすじの光を当てることができないだろうか。

　本書は、その果てしない問いを抱えた一研究者の挑戦である。保育者の専門性とはどのようなものか。この一冊の本が、その議論をひらく新たな1ページとなるならば、望外の喜びである。　　　　　　　　　　　　　　　　　　　　　　　　2022年12月　古賀　松香

もくじ

第2章　保育不全感の内的感知：

1歳児保育の難しさに焦点を当てて（研究1） 75

第3章　保育不全感に及ぼす実施運営上の条件の影響：
1歳児のトラブルへの運営上の課題から（研究2）............... 105

第6章	長期的な育ちのとらえと教育的瞬間の感知：

構えの形成と保育目標というリソース（研究5） 192

第7章　個の把握と構えが支える優先性の即応的判断：
1歳児の食事場面における援助に焦点を当てて（研究6）.... 234

序章

問題の所在

　本研究は、保育実践の質において核となる、保育者のもつ身体的・状況的専門性を明らかにするものである。常に複数の文脈が絡み合いながら動いている保育実践の中で、保育者が感知する保育の難しさを超えようとする保育者の専門性をとらえたい。実践上の難しさを抱えつつも、それを乗り越えようとする保育者の専門性について明らかにすることで、質の高い保育実践を生み出す専門性を検討することが、本論文の目的である。

　そこで、本研究では、「保育実践」と繰り返し述べていくが、それは先に述べた通り、常に複数の文脈が絡み合いながら動いているものである。保育者や子どもが取り巻かれているさまざまな条件や文脈を含み込んで、保育実践の現場は動いている。たとえば、一人ひとりの子どもの性格的特徴、家庭的背景、育ちの過程、ここ最近の仲間関係、前日の様子、今朝の親子の様子、またそれらを保育者が感じ、とらえ、かかわってきたこれまでの経緯、はたまた、園舎や園庭の構造から具体的な物やその出し方や配置、使われ方、そこに表れる園文化や価値観、時間帯や活動によって必然的に生じる人の動き、一方で予測できない突発的な出来事まで、多種多様な文脈が保育実践の現場にはあり、それぞれが相互に絡み合い、時間と共に流動的、力動的に変容していく。この、常に複数の文脈が絡み合いながら力動的に変容し続けていくことを指して、本研究では保育実践のダイナミック・プロセスと呼ぶことにする。保育者は、保育実践のダイナミック・プロセスの中で、どのような専門性を発揮しているのか。この点に焦点を当てて、検討を行っていく。

第1節　保育界における支配的言説と専門性の議論

　現在、保育という領域は、社会的に注目を浴びる領域となっている。待機児童という社会問題の中で、量的に解決すべき課題として取り扱われる一方、質の高い保育の保証がその後の経済効果につながるという Heckman（2013）の論文が注目され、評価の対象としての保育の質に関心が高まっている。Moss（2019）は、現在の保育界における支配的な

言説（dominant discourses）として、市場ストーリー、そして質と見返りの多さのストーリーを挙げている。現在、イングランド等英語圏で支配的になっている市場ストーリーは、次のようなものである。消費者としての保護者が、嗜好と経済状況に合わせて保育サービス提供者を選択することにより、サービス提供者間の絶え間ない競争を生じさせる。そのことが、最も効果的かつ革新的で質の高いサービスを最低価格で保証する最良の方法だとする言説である。また、質と見返りの多さのストーリーは、前述の Heckman や OECD の Starting Strong（邦題は『人生の始まりこそ力強く』）という一連の報告書（OECD, 2001; 2006; 2011; 2012; 2015; 2017; 2019）が主張する、世界的な支配的言説である。質の高い保育による早期の介入が行われた場合に、教育と雇用の結果が改善され、問題行動や健康問題が減少する。その結果、社会保障費等の必要経費が減少し、税収が上がることで、幼児期の時点での投資額より社会に還元される額が上回るので、保育への投資は経済効果が高い。こういった保育の質と経済効果に関する言説は、今やさまざまな国で支配的言説となり、保育に関する政策は、競争の激しい世界市場において国が生き残るために重要なものとして扱われるようになった。

　Moss はこういった支配的な言説に対して、抵抗し、オルタナティブな語り（alternative narratives）、多様な見方（multitude of perspectives）という新たな道をひらく重要性を説く。質に対する支配的な言説に対して、文脈や複雑さ、複数性、主観性に対する意識が高まってきており、次のような質に関する議論があると指摘する。質とは多様な見方の可能性をもち、主観的で、価値ベースで、相対的で、ダイナミックな概念であるという議論や、また質研究は空間的、時間的に文脈化され、文化や他の重要な多様性を認識する必要があるという議論、そして、質の定義に誰がかかわりどのようになされたのかという、質の定義のプロセス自体に異議を唱えることという、この 3 点に関する議論である（Moss, 2019）。

　保育の質に関する世界的な支配的言説は、日本の保育界においても席巻していると言っていいだろう。市場ストーリーは、日本の保育所の規制緩和の議論においても顕著に見られる言説であり（たとえば、鈴木尚子, 2004; 鈴木亘, 2008; 渡辺・河﨑, 2015a, 2015b)、それに対する批判もなされている（大倉, 2017; 2018）。また、質と見返りの多さのストーリーの、経済効果があるというインパクトのある言説が、政策的な動きを生み出し、経済学分野などの研究・関心にもつながっている（たとえば中室, 2015）。保育界にこんなにも社会的な関心が集まったことはなく、そのこと自体を否定したいのではない。しかし、この支配的言説に覆われていく流れの中で、これまで日本の文化の中で育まれてきた保育の質や見方は、どのようにとらえられているだろうか。保育の質を多様な見方で検討し、支配的な言説に対するオルタナティブを、私たちはどれだけもてているだろうか。たとえば、保育の成果が経済効果で測られるとき、障がいのある子どもの保育はどう評価されるのか、幼児の生活という多様性、包摂性を大切にしてきた保育文化はどう評価されるのだろうか。秋田（2018）は、支配的言説の流れの中に自分が身を置いていることを自覚的

に問い直す姿勢が、もう一つの言説を問うことにつながると考える人は多くないのではないか、と指摘する。

　この支配的言説は、保育者の専門性の議論にも影響を与えてきている。保育の質は、子どもの成果の質と共に評価される対象となり、さまざまな評価スケールが開発されている。保育の質は言うまでもなく、保育者の専門性が大きく影響する。専門家としての保育者がどのように保育を計画し、環境を設定し、子どもとかかわっているかが、多くのスケールの評価対象である。1980（昭和 55）年に初版が発行された ECERS（Early Childhood Environment Rating Scale）は、幾度かの改訂、アップデートを経て ECERS-3（Harms, Clifford & Cryer, 2014）に、乳児版の ITERS（Infant/Toddler Environment Rating Scale）は ITERS-3（Harms, Cryer, Clifford, & Yazejian, 2017）に展開してきている。また、イギリスの効果的な就学前教育の実施に関する研究（EPPE: Effective Provision of Pre-School Education; Sylva, Melhuish, Sammons, Siraj-Blatchford & Taggart, 2004）の中で、ナショナル・カリキュラムに準拠し、就学準備性を強調した下位項目（読み書き／算数／科学と環境／多様性）を設けた拡張版 ECERS として、ECERS-E（The Four Curricular Subscales Extension to the Early Childhood Environment Rating Scale(ECERS-R); Sylva, Siraj-Blatchford, & Taggart, 2010）が開発され（埋橋, 2015）、その関連プロジェクト（REPEY: Researching Effective Pedagogy in the Early Years; Siraj-Bratchford, Sylva, Muttock, Gilden, & Bell, 2002）で、思考を共有し深め続ける（sustained shared thinking）プロセスの援助を評価することに重点を置いた SSTEW（Sustained Shared Thinking and Emotional Well-being Scale for 2-5-year-olds provision; Siraj, Kingston & Melhuish, 2015）が開発された。他にも CIS（Caregiver Interaction Scale; Arnett, 1989）、ORCE（Observational Record of the Caregiving Environment; NICHD Early Child Care Research Network, 1996）、CLASS（Classroom Assessment Scoring System; CLASS Pre-K; Pianta, La Paro, & Hamre, 2007）、ELLCO（Early Language and Literacy Classroom Observation Pre-K; Smith, Brady, & Anastasopoulos, 2008）、MOVERS（Movement Environment Rating Scale for 2-6-year-olds provision; Archer & Siraj, 2017）など次々と開発され、保育環境だけでなく、保育者と子どもの相互作用、子どもの学びを深めるかかわりにも一層焦点が当てられるようになっている。中には、SICS（Well-being and Involvement in Care: A Process-oriented Self-evaluation Instrument for Care Settings; Leavers, 2005）のような保育者が自らの実践を振り返るツールとして開発されているものもあるが、上記に挙げたスケールのほとんどが第三者の観察による段階評価を行うもので、特に ECERS シリーズや ORCE は縦断研究や国際比較調査研究等で使用されてきた。

　これら一定の評価軸によって数値化されるプロセスの質のスケールは、子どもの発達保障や効果的な保育プログラム、保育政策に関連して重視されるようになってきており、日

本語版も増えてきている（たとえばECERS-3は『新・保育環境評価スケール1〈3歳以上〉』
（ハームスら, 2016）、ITERS-3は『新・保育環境評価スケール2〈0・1・2歳〉』（ハー
ムスら, 2018）、ECERS-Eは『新・保育環境評価スケール3〈考える力〉』（シルバーら,
2018）、SSTEWは『「保育プロセスの質」評価スケール』（シラージら, 2016）、MOVERS
は『「体を動かす遊びのための環境の質」評価スケール（アーチャーら, 2018）、SICSは
『子どもの経験から振り返る保育プロセス──明日のより良い保育のために』（「保育プロ
セスの質」研究プロジェクト, 2010）。多数の保育施設を評価し、保育の効果を検証する
研究や、国際的に保育の質を評価する研究等で評価スケールを用いる意味は大きい。そう
いった評価は、今後の政策決定にかかわるエビデンスとして重要なものとして取り扱われ
る。

　日本では、保育の量的問題の解決が社会的に問われる中、制度改革が行われ、2015（平
成27）年に子ども・子育て支援新制度がスタートした。地域型保育事業等、新たな制度
設計の下、保育施設の多様化が進んでおり、評価システムの開発は喫緊の課題でもある。
すでに、評価スケールを活用した園内研修に取り組んでいたり、ミドルリーダーの育成に
つなげたりしている園もある。ECERS-RやITERS-Rといった評価スケールを日本語に
翻訳し、保育現場のコンサルティングで使用し続けてきた埋橋（2015）は、点数をつけ
てよしとするのではなく、その根拠を話し合って自分たちの保育の実践の現状把握と課題
の発見を行うシステムが出来上がっていったとして、「点数の意味を問う」ことで自分た
ちの保育を見直し改善につなげていくことこそが、保育者自身が行う評価という行為の本
質であると述べている。保育者が実践を評価される側に立つのではなく、保育者が主体的
に評価する側に立ち、スケールを用いて自分たちの実践の向上のために切磋琢磨すること
に踏み出している地域や施設も出てきているのは事実である。

　一方で、これらの保育実践を評価するスケールを、私たちはきちんと評価できているだ
ろうか。評価スケールで評価するときの違和感を、明確に言語化し、保育者の専門性に関
する新たな言説を提示できているだろうか。保育者は将来的な経済効果のために保育実践
の質の向上を目指しているのではない。では、保育者が何を目的として日々の保育実践に
向かい、どのような質の向上を目指しているのかを、実践の質に即した言説として提示し
てきただろうか。世界的な支配的言説を前にして、私たちは保育者の専門性をいかに見つ
めるのかが問われている。

第2節　評価スケールですくい取れない保育者の専門性とは

　保育者は常にその細かな発達の具体的な姿や今日のその場での子どもの動きや表情、か
かわり合いの中で生まれるニュアンスを読み取り、ふさわしいかかわりを生み出そうとす

る。たとえば、3 歳児クラスの 5 月と 2 月では大きく発達が異なり、保育者と子どもの
かかわりも、子ども同士のかかわりも異なる。必要な製作の材料も異なるし、製作をする
ときにどのような環境を設定するか、どこまで援助するかも細かく異なる。当然ながら 4
月生まれの子どもと 3 月生まれの子どもでは、必要な環境、援助、子ども同士の刺激の
受け方も大きく異なる。発達や時期、遊びの展開の様相、子どもの性格、保育者との信頼
関係の深さ等によって、そのときのふさわしいかかわりや環境は異なる。一方、評価スケー
ルは、いつ評価するとなっても項目内容は一定である。保育者の細やかな専門性は、ど
の時期にも同じように評価できるだろうか。保育者が自己評価のツールとして使用する場
合は、一つの見方として参照すればよい。しかし、質と見返りの多さのストーリーの中で、
保育の質の一つの指標としてスケールを用いていく場合に、保育実践のダイナミック・プ
ロセスの中で発揮される保育者の専門性を正当に評価できるだろうか。たとえば、国際評
価で比較されているデータは、各文化において同じような時期に行われているだろうか。

　子どもの探究的な思考を深めるプロセスを重視し開発された SSTEW というスケール
もあり、日本語訳も出版されているが、子どもの探究を深める言葉がけが重要であるにし
ても、子どもと保育者との関係が十分育っていない新年度に、あるいは、子どもが何かに
関心をもち始めたときに、あれこれと声をかけるとかえって子どもはその遊びから離れて
いくこともある。また、子どもと物との関係や、遊びへの関心が十分でないときに、先に
物を豊富に用意することで遊びが散漫になったり、ひたすら物が散らかって終わったりす
ることもある。常に子ども一人ひとりが活動や環境に対してどの程度の関心とかかわりを
もってきているか、遊びの力動的な様相の中でかかわりながら感知し、探りながらさらに
かかわり、子どもの中での必要感が出てきたときにふさわしい物を出していくということ
が、日本の保育では大切にされてきた。

　また、個の特徴をとらえてかかわることも、重要とされてきた。たとえば、少し難しそ
うだと思うと手を出さない子どもに対するかかわりと、あれこれと手を出してはどこかへ
行ってしまい遊びが深まらない子どもに対するかかわり、そもそも関心をもちにくい子ど
もに対するかかわり、いつも黙々と一人で探究する子どもに対するかかわり、友達につい
て回ってばかりで本人の意思がどこにあるのかわかりにくい子どもに対するかかわりとで
は、かかわるタイミングや用意する環境、言葉がけはすべて異なる。また同じ子どもでも、
声をかけて誘った方がよい時期もあれば、子どもから声をかけてくるのをグッと待つ方が
よい時期もある。子どもの思いがどこにあるのか、どこまで育っているかによって、個に
応じたふさわしいかかわりが変わってくる。

　さらには、一つの保育室、一人の担任だけでなく、園内のすべての場所や大人が連関し
合いながら展開するのが、日本の保育の特徴でもある。その連関性の中で、時に保育者が
担任かどうかにかかわらず入れ替わったり、すれ違ったときに気になった子どもの様子を
パッと伝えたりして、チームとして子どもを見合う。その連関性を支える保育者の専門性
を、評価スケールはとらえられているだろうか。また、普段積極的に遊ぶ子どもが、ある

日はぐずぐずとして、遊ぶどころではなく抱っこで過ごすとき、いつもならもう少し挑戦的な遊びに誘うが、今日は気持ちが落ち着くように１：１で絵本を読もうとするかもしれない。そういったさまざまなニュアンスがそここに生じる場の全体性を把握し、部分的な動きを組み合わせながら、同時発生する一人ひとりの発達欲求を満たしていく。そういったことが、保育者の専門性として評価されてきただろうか。

　評価スケールは、ある保育観の下で作成され、ある研究／研修目的の下で活用されるものである。ある保育観の下で望ましい保育の質を定義し、それに対する具体的な実践レベルを同定し、評価する。つまりは、何を望ましい保育の質とするのか、文化的歴史的背景が絡む価値の問題を含んでいる（埋橋, 2004）。私たちはこれまで、どのような保育の質を重要だと言い、守り続けようとしてきたか。日本の文化と歴史を踏まえて、保育者の専門性をとらえる視座が必要とされている。

第３節　日本の保育文化と専門性のとらえ方

　それでは、日本の保育文化はどのようなことに価値をおいてきたと言えるのか。秋田ら（2007）は、「子どもの活動に対し、保育者がどのように携わるか」といった「保育者のあり方」を保育の質として位置づけ、つまりは保育の質研究は「保育者の専門性」を問うてきたと述べる（秋田・箕輪・高櫻, 2007）。保育の質の核の部分が、子どもと環境とのやりとりの質であるとするならば、その環境の質を左右するのが保育者の専門性である。日本の保育は、環境を通した保育および子どもの主体的な遊びを通した総合的指導がその中軸である。そういった保育を実現するために、保育者は子どもの今の姿を見つめ、必要な保育内容を人や物との関連でとらえ、それぞれのもつ特質やそれらの絡み合うダイナミック・プロセスをとらえながら、必要な環境を紡ぎ出す。また、自らも重要な環境として子どもと関心を共にし、行為を共にしていく。

　この子どもと共に遊ぶことを通して子ども理解を深めるというのは、日本の保育文化の特徴の一つである。世界的に評価の高い幼児教育の一つである、イタリアのレッジョ・エミリアのドキュメンテーションのように、保育者が子どもの活動の横で子どもの考えを尋ねながら文字記録や音声・映像記録を取り、記録を元に保育者・芸術専門家・教育アドバイザーが明日のプロジェクトの内容を探究するといったことは、日本では一般的ではない。むしろ、そのような保育者がいたら、「あの保育者は頭でっかちで困る」というようなことがささやかれ、「もっと子どもと一緒に遊びなさい」と指導される場面によく出くわす。

　近年、保育の評価の分野でイングランドの保育評価が注目されている。イングランドではEarly Years Foundation Stage（EYFS）という０歳から５歳までのカリキュラムに、就学までに到達することが求められる乳幼児期の学びの目標（Early Learning Goals）

が策定され、それをもとに子どもの発達の評価がなされる（淀川, 2019）。査察や自己評価の中で多くの評価指標が用いられるが、それは子どもの学びの成果（outcome）に対して効果的である実践が評価される。前述の SSTEW はその一つであるが、「ともに考え、深めつづけること」と「情緒的な安定・安心」が子どもたちの学びの成果と大きく関連するととらえ、「保育者は、子どもが考えている時にそのことに気付き、子どもの集中する時間を少しずつ、きめ細やかに長くしていき、忍耐強く続けられるよう支えていく必要があります」（p.14）と述べられている（シラージ・キングストン・メルウィッシュ, 2016）。忍耐強く取り組むということは、日本の改訂された幼稚園教育要領にも取り入れられているが、保育者が「子どもの集中する時間を少しずつ、きめ細やかに長くしていき」というような、集中することが時間的な指標との関連で示されることはない。

　改訂された幼稚園教育要領（文部科学省, 2017）では、「幼児期の終わりまでに育ってほしい姿」が示されたが、これは「到達すべき目標ではないことや、個別に取り出されて指導されるものではないことに十分留意する必要がある。もとより、幼稚園教育は環境を通して行うものであり、とりわけ幼児の自発的な活動としての遊びを通して、一人一人の発達の特性に応じて、これらの姿が育っていくものであり、全ての幼児に同じように見られるものではないことに留意する必要がある」（文部科学省, 2018, p.52）とされている。ここでは、自発的な活動としての遊びが重視され、到達目標としてではなく、遊びの中で発達していく姿を保育者が「幼児期の終わりまでに育ってほしい姿」を念頭に置いてとらえようとすることが求められている。前述のイングランドにおける「忍耐強く続けられるよう」に関連する項目としては、「幼児期の終わりまでに育ってほしい姿」の自立心や思考力の芽生えが挙げられる。たとえば、自立心の項目では「身近な環境に主体的に関わり様々な活動を楽しむ中で、しなければならないことを自覚し、自分の力で行うために考えたり、工夫したりしながら、諦めずにやり遂げることで達成感を味わい、自信をもって行動するようになる」（文部科学省, 2017, p.6）と記載されている。そこでの保育者の働きとしては、信頼する保育者の支えや励ましのほか、「幼児が自分で考えて行動できるよう、ゆとりをもった幼稚園生活の流れに配慮する」（文部科学省, 2018, p.57）といったことが記載されており、集中時間を少しずつ延ばすといった発想はない。思考力の芽生えについても、「幼児の考えを受け止め、そのことを言葉にして幼児たちに伝えながら、更なる考えを引き出していく」（文部科学省, 2018, p.65）というような保育者の働きについての記載はあるが、深め続ける側面や持続時間といったことより、幼児が「自分の考えをよりよいものにする」（文部科学省, 2017, p.7）ということが重視される。

　この根本を支えるものが、幼稚園教育は「幼児期の特性を踏まえ、環境を通して行うものであることを基本とする」（文部科学省, 2017, p.5）ということと、「幼児の自発的な活動としての遊びは、心身の調和のとれた発達の基礎を培う重要な学習である」（文部科学省, 2017, p.5）ということで示される。この環境を通した保育は、1989（平成元）年の改訂から引き継がれているものであるが、これについて、無藤（1997）は、「幼稚園環

核を見るものである」（p.161）と述べている。この自由な探索と共感的な働きかけというのは、目標に到達することに効果的であるかどうかに焦点が当てられた実践とは異なる方向性をもっている。幼稚園教育要領解説には、「遊びの本質は、人が周囲の事物や他の人たちと思うがままに多様な仕方で応答し合うことに夢中になり、時の経つのも忘れ、その関わり合いそのものを楽しむことにある。すなわち遊びは遊ぶこと自体が目的であり、人の役に立つ何らかの成果を生み出すことが目的ではない。しかし、幼児の遊びには幼児の成長や発達にとって重要な体験が多く含まれている。」（p.34）と書かれ、幼児が「思うがままに」「夢中になり」「関わり合いそのものを楽しむ」ことが遊びの本質であるとし、遊ぶこと自体の価値を重視する。また、「遊びの中で幼児が発達していく姿を様々な側面から総合的に捉え」（p.36）、「幼稚園教育のねらいが総合的に実現するように」（p.36）適切な指導をしなければならないというように、総合的なとらえや総合的な指導が強調され、学びの要素のようなものに焦点化するというものとは異なる立場をとっていると考えられる。さらには、「その幼児が今、興味や関心をもち、行おうとしている活動の中で実現しようとしていることが、その幼児の発達にとっては意味がある」（p.37）としており、「幼児が実現しようとしていること」の重視が明記される。「実現しようとしていること」が必ずしも明確でない場合であっても、「その」幼児の発達にとって何らかの意味があるに違いないといった、希望的な見方をするといってもいいのではないだろうか。これは遊びの中に学び取るべきものを教師が先に想定し、そこに気づかせる保育環境を練り上げていく考え方とは異なっている。日本の保育の父と言われる倉橋（1918）が『婦人と子ども』という雑誌に書いた「幼稚園は如何なる處か」という文章に「この活動に滿足を與へていけば次から次へと活動して、いくらでも心が延びてゆくのである」（p.171）と記しているのは象徴的である。「心」というとらえどころのない漠然とした何かが「いくらでも」「延びていく」という、総合的で全方向的なとらえが見られる。ここにも、子どもが行おうとしていることが何かということを明確にしないままに、発達的意味を希望的に見出すというとらえ方が見出せる。このように、遊びの中に含まれるある一つの学びの側面に焦点化するのではなく、総合的なあり方を重視する。遊びの中で学びに方向づけようとするのではなく、まず子どもを理解しようとするのは、「その子どもが実現しようとしていることは何か」を理解しなければ、遊びの援助が成り立たないからである。

　この幼児理解について、文部科学省（2019）は、「幼児を理解するとは一人一人の幼児と直接に触れ合いながら、幼児の言動や表情から、思いや考えなどを理解しかつ受け止め、その幼児のよさや可能性を理解しようとすることを指しているのです。そのためには、安易に分かったと思い込んだり、この子はこうだと決め付けたりしてしまうのではなく、幼児と生活を共にしながら、『……らしい』、『……ではないか』など、表面に表れた行動から内面を推し量ってみることや、内面に沿っていこうとする姿勢が大切なのです」（p.9）としている。幼児と直接に触れ合うこと、幼児と生活を共にすることで、行動から

内面を推し量るとあり、直接的に幼児とかかわることを通して、行動に表された内面を感じ取り探っていくような保育者の働きが求められている。また、「その幼児の心の動きや活動の意味がだんだんと理解できるようになる」(p.18) など、その幼児の心の動きやその幼児にとっての活動の意味を、保育者が生活を共にする中で読み取っていくことは、結論としての幼児理解を目指すものではなく、仮説としての幼児理解の下にかかわりながら理解を日々更新していくようなあり方であることが読み取れる。

　このように、日本の保育文化においては、保育者は子どもと共に遊び、子どもの感じている世界を身体的に共に感じようとし、その身体感覚を通して子どもの思いや心もちを理解しようとする。それを事後に想起して、エピソード記録を書いたり、語り合ったりもするが、言葉にされないまま身体感覚として残されるようなものも多い。倉橋 (1931) は「心もちは感じである」(p.50) と述べている。それは、認識や考えなどとは異なるものであり、また単純に感じるだけでもなく、深く見通す感覚であるという (浜口, 2010)。この言うに言われぬ「感じ」を子どもと共に遊ぶことを通して保育者は感知し、子どもを理解しようとし、保育プロセスを生み出そうとする。このことは、保育実践を言語的に振り返る際にも、身体で感知した内容を起点として立ち返る姿勢につながっているように思われる。

　近年、新たな園内研修の方法が次々と開発され、出版物も増えてきている。その中で、いかに実践内容を言語化するか、また、写真や動画といった映像記録を用いて効果的に振り返るか、といったことに関心が向けられている。しかし、あくまで言語化や映像記録は、保育者が子どもとかかわっているその瞬間に、何を身体的に感じ、何に価値づけながら動いているか、といった、身体的な感覚とその場そのときの判断に立ち返るための材料である。保育者は、言語や映像等を手がかりとしながらも、その身体的な感覚と自らが巻き込まれていた具体的な状況における判断に立ち返り、子どもにとっての意味に近づこうとするのではないだろうか。

　保育者のもつ身体的・状況的専門性ともいえる、保育実践のダイナミック・プロセスを生き抜く専門性に着目することは、子どもと共に遊ぶことに価値を置く日本の保育文化において、重要な意義があるだろう。これまで、この身体や状況といったものを含み込んだ保育者の保育行為とその省察については、保育者自身の記録や語りが主に検討されてきた。それらは、保育者がとらえ言語化した内容から、その場面を再構成し、保育者の意味づけを検討するものになる。守随 (2015) はこのことについて、次のように述べる。

　　子どもの主体性を尊重すべく子どもの目的動機を生かす保育行為は、数値では計測しようのない保育者の内面の価値、身体感覚、思索とそれらの整合によって顕現する。子どもとの有言または無言の折衝によって行為レベルの現象は生起するのである。保育者は直接体験の位相で子どもとの対話を経験する。間接体験の位相では、子どもとの対話の生き直しをとおして自分と対話する。その目的は直接体験における現象を‘私の保育’にし、子どものさらなる主体性を

育む保育を実現すべく未来の保育への目的動機、企図を構成することにある。
間接体験における自分との対話は、保育者にとって自分の変容を受け入れ、次
の直接体験に先立ち新たな自分を用意する行為であるといえる。(p.222)

　守随はこのように述べ、保育実践の直接体験における子どもとの対話は、有言・無言の
折衝という行為レベルで生じるが、それを事後にもう一度間接的に追体験するところから
自分との対話が始まるという。体験というからには、そこに身体的な感覚が含まれており、
ここでいう自分との対話とは、おそらくその身体的な感覚も含めたその場の現象を保育者
自身が想起し、その意味をとらえ直そうとすることを指すと考えられる。ここで、言語は
そのさまざまな感覚を含めた体験をとらえようとする働きをするものになるが、常に身体
的な感覚を語り尽くせない限界を抱えている。
　また、保育者自身の記録や語りの検討は、保育者が事後に振り返り意味づける、つまり
現象を保育者もしくは研究者の解釈を通してとらえようとする特徴がある。しかし、実践
の場面で起こっていることは、相互に影響を与え合いながら展開するプロセスである。保
育者は子どもから見られている自分の顔や動きが見えない。子どもは保育者が意図しよう
がしまいが、その保育者の声や立ち居振る舞いに影響を受けながら行為するはずである。
また、保育者がいかにエピソード的な記憶に長けていたとしても、保育時間にある膨大な
身体的なやりとりの一つひとつをつぶさに記憶することは容易ではない。しかし、どのよ
うな具体的な行為が相互に展開しているのか検討することは、この保育実践のダイナミッ
ク・プロセスを生き抜く専門性を明らかにするもう一つの方法であると考えられる。ここ
に保育実践に見られる保育者の専門性について検討するための、新たな研究方法を導入す
る必要性がある。

第4節　難しさを越えようとする専門性に着目することの意義

　現在のように多様な評価スケールや研修方法が活用されるようになる以前から、保育者
は、保育の質と専門性の向上へ向けて、日々研鑽していただろう。保育とは、言うまでも
なく実践を核とした日常的な営みであり、連続性と循環性がありながら、一回性の瞬間の
連なりという独特の現在を形成していくものである。その限りなくある実践の瞬間をすべ
て想起して省察することが可能だとは思われない。保育者は実践のどのようなところに立
ち返り、明日の実践をさらによいものにしたいと願うのだろうか。
　中坪（2018）は、保育者の専門性は、数値に置き換え、量的研究で客観的に提示でき
るものばかりではなく、むしろその場の状況に依存した判断が求められることの方が少な
くないとし、保育者の専門性を記述し、可視化する重要性を指摘する。その編著の中では、

多様な領域にわたる保育者の専門性が各研究者によって描かれているのだが、その中に次のような事例がある。

> 　転園してきたばかりのエイキは、同じクラスの子どもにちょっとしたことですぐに手を上げるようになった。ある日、エイキは初めて幼稚園の砂場で遊ぶことになった。最初は戸惑っているようだったが、遊びはじめると全身どろんこになるほど夢中になって遊んでいた。そして、部屋に入る時間になると、汚れた服を脱いできちんとたたんで着替え、部屋に入っていった。その日以降、毎日のようにエイキの砂遊びは続いた。激しく砂とたわむれ、気が済むまで遊ぶとサッと着替えるのだった。（箕輪 , 2018, pp.99-100）

　この事例を取り上げた箕輪によると、転園してきたエイキが他の子どもとかかわりをもちにくく、悩んだ経験をもつある保育者の事例であるという。そして、保育者は、「転園して初めての砂遊びは、遊び方が他児に比べて "はちゃめちゃ" だったのに、遊び終わったあとの着替えでは汚れた服をきちんとたたむことのギャップに驚いた」という。一人の子どもの砂遊びの様子が他児と比較されて "はちゃめちゃ" だと感じられているだけでなく、その子どもの "はちゃめちゃ" な遊びと汚れた服をきちんとたたむ行為のギャップが保育者は気になっている。そして、そのエイキの一連の行為は何度も繰り返されたところに、この一連の行為には何らかの意味があるのではないかと思わされる。子どもの身体の動きやふるまいに表われる独特の質感に、その意味のとらえにくさを感じつつも、何とか理解したいと考え続けたのではないだろうか。このあと保育者は、求められるふるまいがほとんど決められているような園から、自発的な遊びを重視した園へ転園したエイキの戸惑いの表れとして、一連の行為を意味づけていったという。

　また、次に挙げる食事場面の事例も興味深い。

> 　家庭の事情で他園から転所してきた 3 歳のウタコは、2 歳離れた兄と母の三人家族です。兄と違い聞き分けのいい女の子でした。保育者は母親から「偏食はない」と伝えられていました。入園すぐの出来事です。ウタコのスプーンの動きに違和感を覚え「シイタケさんが苦手なの？」と問いかけました。ウタコは首を横に振り「大好き」と答えました。最初は保育者も「好きなんだ」と軽い気持ちで受け取りましたが、その動きはどう見てもシイタケは「嫌い」です。「苦手だったら一切れだけ食べてあとは残す？」の声かけにもウタコは「好き」の一点張りです。（後略）（知念 , 2018, p.62）

　このあともしばらくウタコはシイタケ「大好き」と言い張るのだが、保育者はそれを肯定しつつ、提案の声かけもしていく。すると、長い葛藤の末にウタコは「嫌いでもいいの？

一個でもいいの？」とささやき声で保育者に尋ね、シイタケを一個だけ食べて残し、その
あと少しずつ他の日常の場面でも嫌な気持ちが言えるようになっていったと記されてい
る。ここでは、兄と違って聞き分けがいいというウタコの様子と、母親から伝えられた「偏
食はない」ということ、そして、ウタコのシイタケをめぐる行為と言葉のズレが、総合的
に保育者の中の見過ごせないことになっていると思われる。その見過ごせないと感じる重
要な起点となっているのが、ウタコのスプーンの動きである。ここにはどのような動きだっ
たか記されていないが、他の食べものをすくう動きと異なる動きが保育者に感じられた
のであろう。そのちょっとした行為の差異に「シイタケは本当は嫌い」という意味を読み
取っている。エイキの事例もウタコの事例も、保育者はその場を共にしながら、体感とし
ての違和感を起点として、その意味をとらえようとし、その場での援助を繰り出したり、
考え続けてその子にとっての行為の意味に近づこうとしたりする。そして、保育者が、そ
の子にとっての行為の意味に近づこうと、見えないものを探ろうとすることには、エイキ
が他児に手を上げるということや、ウタコが聞き分けがいいということへの引っかかりが
関係しているのではないだろうか。この先の子どもの育ちに向かって、子どもを総合的に
見ていく中で、少し特異に感じられ、うまくその行為の意味がとらえられない姿があり、
その体感としての記憶は保育者の中に留まり続ける。保育の日常にあって、すんなりとは
いかないその子どもに固有の難しさがある。その難しさに向かう繊細な感知が、保育者の
中にある経験や知識や思考と絡み合いながら、意味を仮説的に構想していきつつ実践の瞬
間を形成していくような、その場のダイナミック・プロセスの中で働く専門性を明らかに
することはできないだろうか。

　こういった保育実践における体験について、津守（1980）は「いまだ明瞭な言語化に
達しておらず、体感による意識以前の認識にとどまっている」（p.6）とし、瞬間的なその
場の子ども理解と身体的応答が一体となっていると言う。また、実践時に実践者に生じて
いる反応について、コルトハーヘン（Korthagen，2001/2010）は、日常的な授業場面
での非理性的な情報処理を取り上げ、「教えている間、周囲の環境の中にある特定のきっ
かけがゲシュタルトを活性化させ、瞬間的な解釈と反応を引き起こしているのではないか」
（2010, p.275）と述べる。この意識以前の認識が意識化されるのが、事後の省察のとき
である。「体験として、ほとんど無意識の中にとらえられている体感の認識に何度も立ち
返り、そのことの意味を問う」（津守，1980, p.9）。省察は、無数の体感の連なりや重な
りの中から、何らかの意味をとらえるべきこととして浮かび上がってくるある体感を取り
出して、検討することと考えられる。何らかの意味を見出したいと保育者が願うことには、
対応に困ったこともあれば、なぜか今日はピッタリときたという嬉しいこともあり、はっ
きりはしないが何となく引っかかるということもあろう。ある特定のきっかけはさまざま
だが、本研究では、保育者の成長プロセスのどの段階でも意識化されやすいと考えられる、
「保育者にとっての実践の難しさ」をある特定のきっかけとしてみたい。日々の実践がど
うにもうまくいかないということがありながらも、何とかその難しさをもちこたえ、考え

続け、新たな子どもの見方を発見し、再び実践へと向かっていくところに実践の質の向上があるとすれば、難しさを越えようとする保育者の専門性に着目することに意味があるのではないだろうか。

第 5 節　保育実践のダイナミック・プロセスの中で専門性をとらえる研究へ

　以上のことから、本研究は、保育者が実践上どのような難しさを感じ、それをいかなる専門性をもって乗り越えようとしているのか、その専門性の身体的・状況的側面を踏まえて検討を行うこととする。

　この身体や状況に関しては、実験心理学に対する批判的な立場や社会学的な立場から、それぞれに膨大な議論がなされてきている。そこには、人々が多様に実践している生活状況における身体的なふるまいや生じている状況の多様さを思い浮かべるだけでも想像されるように、さまざまな論点があり、拡散的でもある。それをなぜ今、保育者の専門性についての議論にもち込もうとするのか。

　それは、特に近年発表されてきている保育者の実践知に関する研究において見られる以下のような問題にアプローチするためである。第一に、保育者の実践にかかわる際に用いられる専門性が固有の状況や文脈、時間的な側面と切り離すことのできないものでありながら、研究の枠組み上、切り離して検討を行ってきたことにより、概念上の混乱をきたした議論に陥っている問題である。第二に、保育者の具体的な実践や経験を、保育者の語りや記録といった言葉のみによって検討することにより、その保育者が形成したストーリーを暗黙的な前提とした議論に陥っている問題である。

　たとえば、保育者の実践知をテーマとして、Tobin ら（Tobin, Wu, & Davidson, 1989）の提案した多声的ヴィジュアル・エスノグラフィーという手法を用いた研究がなされてきている（芦田・秋田・鈴木・門田・野口・小田 , 2007; 砂上・秋田・増田・箕輪・安見 , 2009; 砂上・秋田・増田・箕輪・中坪・安見 , 2012; 砂上・秋田・増田・箕輪・中坪・安見 , 2015）。芦田ら（2007）は、「日独の保育者の暗黙的な実践知として作用している保育観を明示化し、比較検討すること」（p.107）を目的として、日本とドイツの保育を編集したビデオクリップを日独の保育者に視聴させ、回答用紙の質問に答えてもらった内容を分析している。その得られた回答で表出頻度が高い「語」をキーワードとして、そのキーワードが含まれる文を抽出した分析を行っている。それぞれの国の保育者たちは、自分の実践ではないビデオを視聴して回答するので、実践を共有していない人にも通じる内容レベルで語ることになる。つまり、多くの保育者が共通して保持している保育観を抽出した研究ではあるが、ここで言う「暗黙的」な「実践知」とは何か。言語で明示できる知は暗黙

的ではなく、むしろ明示的である。誰にとって暗黙的なのかという問いを立てるとすると、それは保育者ではない他者から保育者の思考プロセスを見たときには、それは暗黙的だとは言える。つまり、保育者が自らの保育観を言語化しながら保育する状況はほとんど考えにくいので、研究者のような保育者ではない者からは暗黙的だ。

　しかし、本来、「暗黙的」と言っているのは、本人にとって自動化されているという意味ではないのか。たとえば、芦田ら（2007）の研究では、日本のビデオを日本の保育者が見て回答した中に「先生のイメージで遊びを進めすぎている。」というカテゴリーの言及者は12.8％であったことが示されている。これはこの研究上、教師主導型の保育に対する否定的カテゴリー群とされているが、「先生のイメージで遊びを進めすぎている。」かどうかの判断は、どんな時期の、普段どんな姿を見せている子どもの遊びの援助かによって、実践上は異なるものである。4月に入園したばかりの子どもたちから、伝わりやすいイメージがなかなか言葉として表現されにくいとき、保育者から伝わりやすいイメージを言葉で伝えながら遊んでいくことや、緊張が高く遊びにくい子どもがいるときに、その子どもが安心して遊び出せるようなイメージを保育者から出していくことは、おそらく保育者は個別の状況下で調整しながら実践していると推測される。つまり、すべての時期、すべての子どもにとって同じ対応が導き出されるということは、実践上は考えにくく、そこに実践知が表れると考えられる。しかし、研究に協力を求められ「いかがでしたか？」（芦田ら（2007）の調査手順より）と問われれば、個別の状況が不明である中で回答しなければならず、何か理由があるのかもしれないが「先生のイメージで遊びを進めすぎている。」ようにも見える、と回答するということが生じる。ここで抽出されているのは、一般的に明示できるレベルの保育観であり、個別の状況下の判断に用いられている保育者にとって暗黙的な実践知ではない。

　一方で、たとえば、4月に入園してきた子どもとままごと遊びをするときに、保育者側からイメージを出して遊んできたが、ある日「私のイメージで遊びを進めすぎているのではないか」という思いが保育者の中で浮上してくることはあるだろう。その思いが浮上してくる背景には、何らかの実践上のズレが感知されていると推測される。果たしてそのズレは本人にとって言語化できるものか、また、言語化されたとしても、思考プロセスの中でつじつま合わせとして語られたものでないと言えるか、語られたものを暗黙的な実践知として研究上取り扱うことが妥当か、という問いはいつまでも残る。つまり、暗黙的な実践知を本人の語りによって明示化するという研究は、暗黙的な実践知を扱い得ないという構造的・方法的矛盾、概念的混乱がある。

　また、「実践知」という言葉をどういう意味で使用しているか、この研究では定義されていないが、「暗黙的な実践知として作用している保育観」という表現は、実践の背後にある保育観という意味と読み取ることができるだろう。そこにはおそらく、実践を行うことにかかわる技術や知識なども含めた総体的な「実践知」という複合的な概念としての想定があり、その一つとしての「保育観」というとらえがあるように推測される。そうだと

すれば、さきほどの「暗黙的」という形容の混乱のみならず、「専門性」という用語の置き換えとして「実践知」という用語が用いられているのではないか。そもそも「実践知」というのは学校知や形式知といわれる、講義のように言語的に教えられたり、書物のように書かれたりする知識と対置される概念であり、経験から実践の中に埋め込まれた暗黙知を獲得し、仕事における課題解決にその知識を適用する能力を支えるものとされる（楠見, 2012）。芦田らの研究の分析から明らかにされた内容としては、「幼児の主体性と自主性を尊重していることと、それと表裏一体の関係としての教師の主体性の発揮と指導への抵抗感」（p.116）が第一に挙げられている。だが、それはナショナル・カリキュラムや保育者養成または研修システムの中で知識として伝達される保育観の一つではないか。保育観と置き換えが可能な概念としての実践知、または保育観を包括する概念としての実践知概念が想定されていると考えられるが、際限のない概念の拡張のように見えるだけでなく、そこで実践知という概念をもち込むことで明らかになることが見出せない。

　これは、他の研究においても同様の傾向が見られる。野口らは幼小の教師が実践を語る際に用いる用語のイメージの比較検討を行っている（野口・鈴木・門田・芦田・秋田・小田, 2007）。野口らは、「保育・教育の場でよく用いられる語は、その語を使用することで教師同士が実践を語り理解を共有しているように見えるが、実際には教師の専門的見識を含み込む実践知であると考えられる」（p.459）とし、「語に対して幼稚園教師と小学校教師が持つイメージを聞き、その意味内容を比較検討することによって、両者の専門性における共通点・相違点を明らかにすることを第 1 の目的とした」（p.459）とある。ここでも専門的見識を含み込む上位概念としての実践知が想定され、実践知という言葉の意味は専門性と置き換え可能なものとして用いられている。そして、この研究で分析されている内容は、たとえば、幼稚園では「子どもの姿・行動から内面の要求を教師側が察し読み取り、共感的に関わっていくことが重視されている」（p.464）といった指導観である。つまり、幼小の教師のもつ専門性の違いを、語の使用に見られる指導観から分析したということになる。ここでも、実践知概念を導入する必要性が見出せない。

　実践知という概念それ自体は、具体的な実践にかかわる詳細な知識や言語化・意識化されにくい暗黙知を扱おうとするものである。砂上・秋田・増田・箕輪・中坪・安見（2012）は、実践知を「学問的理論や知識の単なる適用ではない、個別具体的な状況で発揮され更新される実践者独自の暗黙の知識や思考様式、方略の総体」（p.252）と定義し、保育者のもつ実践知を戸外と室内の片付け場面に焦点を当て、ビデオを視聴した語りによって検討している。その語りにおいては、普段は意識しにくい自園の保育観や保育方法が語られているととらえることができるが、しかし、それを研究としてまとめていくときに、詳細な文脈知を捨象していくのである。そうすることで、結論で示される実践知が、単なる戸外と室内、または園の構造的な違いによる方略の違い、さらには園による保育観の違いを提示したものとなっている。砂上・秋田・増田・箕輪・中坪・安見（2015）においても同様の傾向が見られ、総合的考察において 6 月と 10 月における片付け方略の違いが提示

されている。また、それは、時期による子どもの発達変化に対応していると述べられている。さらには、時期による片付けの実践知の違いは、わが国の幼稚園の片付け指導において、ある程度一般性をもつものであるという。実践知は個別具体的状況の中で、瞬時の行為に生かされるはずである。この一般性をもつ実践知は、ある個人が実践する際に、個別の文脈下においてミクロな条件がさまざまに付きまとうだろう。個別の子どもの条件、活動の種類、物の種類、場所、時間、体調、生育歴、はたまた保育観など、多様な条件によって変幻するのが実践である。では、この一般性をもつ実践知とは、そのままでは実践に生かされない知ではないのか。それは果たして実践知なのか、という問いが立てられるのではないだろうか。

　また、こういった語りを分析対象とした研究は、語られたことが実践されているかどうかは問わず、語られたストーリーをそのまま受け入れ、分析していく。そこでは、語られたストーリーが、どのようなプロセスで獲得され、実践に生かされているかは不明なままである。

　個々の保育者が実践における課題解決に用いている暗黙知とは、たとえば、Aちゃんがままごとをしているときに昨日までは自分からなりたい役を言い出せずにいたということがあったとして、今日はもう少し様子を見るか、どんな様子をどこまで見守るか、保育者が一緒に遊びながらAちゃんが自分から言えるように援助するか、また、それはどんなふうに援助するか、毎日役を勝手に決めてしまうBちゃんがAちゃんの表情に気づくようにかかわるか、目配せするのか、声をかけるのか、明示的に言葉で伝えるか、暗黙的に保育者の気づきをつぶやくようにして伝えるか等、その場の実践の状況に強く結びついた行為として表されるものである。つまり、たとえば「幼児の主体性と自主性を尊重する」ということの実践がどのような状況で浮かび上がり、実際の行為がどのようになされるか、というところを問わずして、実践知を問うことはできない。

　しかし、この実践知を研究上の概念として扱おうとすると、たちまちこれまでの研究と同様の問題構造に絡め取られるのが実践知概念である。本山（2010）はこの問題について、教師の「実践知」とは、教育実践の中に「知」という体系性を見出そうとする営為に基づいており、従来の研究では、体系性を実体化し、実践知を構成概念として扱おうとしてきたところに限界があったと指摘している。暗黙的で個人的で文脈依存的であると想定している概念を、明示的で公共的な研究で取り扱うという構造にそもそも無理がある。

　そこで、本論文は、先行研究については参照しながらも、データの検討を行う研究部分では「実践知」や「知」という概念を用いずに、実践における固有の文脈の中で保育者の専門性を検討する。保育者は実践における固有の状況や文脈を生きている。その固有の文脈の中で保育者の専門性を検討することが必要である。本論文では、保育者自身の語りも手がかりとしながら、具体的な実践に見られる行為やその場の状況と関連させることで、保育実践に見られる専門性の議論に新たな地平をひらきたい。

第1章

理論的枠組み

第1節　保育者の専門性や熟達をめぐる議論

1．保育者の体験世界の中でとらえる専門性

　本論文は、保育実践に見られる保育者の専門性について議論する。保育実践とは、保育現場における日常的行為である。子どもの育ちへの願いを基底として、その時々の子どもへの応答を基本としながら、多様な展開へと常に開かれたものであり、またすべての実践と同じく、時間と共に過ぎ去っていくものである。そのときその子どもとの間で発揮されている、保育者の専門性というものがある。それは家庭における子育てにおいても発揮される共感性や世話といったものとつながっていながら、専門職としての仕事を成立させている特質である。また、小学校以上の学校における教員のもつ専門性とつながっていながら、乳幼児期という時期の子どもおよびその集団とかかわり、その発達を促すうえで重要になる固有の特質ともいえる。時が過ぎれば、子どもが異なれば、文脈が異なれば、異なるかたちで発現する実践である。それは状況に左右され、言葉にされないものも多く、とらえにくく、つかみどころのないものでもある。しかし、そのときのその子どもとの間で発揮されている専門性こそが、保育者の専門性の核として検討される必要があることは明白である。それは、実践こそが子どもに触れる部分だからである。本研究は、子どもと共に生き生きと展開する実践を生み出す専門性をとらえようとする挑戦的試みである。

　保育実践に着目した保育者の専門性に関する研究は、これまでも数多く行われてきた。それらは、たとえば、食事場面やいざこざ場面など、ある場面における保育者の援助行為を観察し、カテゴリー化して分析したり、子どもと保育者のやりとりについてエピソード分析を行ったりすることで、援助行為の特徴や意味の検討等がなされてきた。しかし、その場その場で生じるオリジナルな事象に対して即応する専門性について、集団保育の複雑でダイナミックな実践の中でとらえようとすることには多くの困難が伴う。特に、子ども

の自発的な遊びを中心とした保育への展開がなされた 1989（平成元）年の幼稚園教育要領改訂以降、保育者の援助は子どもの姿をどう読み取り理解するかという問題と密接に絡むものとなり、子どもの多様性、行為の一回性、相互作用の展開と解釈の多様性など、保育実践の複雑さを前にして、たとえば、気になる子どもへの援助など、取り扱う範囲を狭く限定することで検討が行われてきた。無論、範囲を限定しなければ研究は成り立たない。しかし、一方で、保育実践の実際は、目の前の子どもに対応をしながら、担任している他の子どもの他の場での動きを同時に把握して動いているし、砂場で子どもと遊びながら、その後保育室に入室するときの子どもに誘いかける順番をうっすら考えているなど、保育の全体性や同時進行性と切り離してとらえることが実は難しい問題なのである。保育の全体性や同時進行性の中で、保育者は瞬時に判断せざるを得ず、事後に「あのときあれでよかったか」と悩み、葛藤する。この複雑でダイナミックな実践と専門性をとらえようとすることは、保育者の専門性の研究において避けて通れない重要な課題である。

　そこで、本論文は、保育者の専門性をこの保育者の体験世界の中でとらえたい。保育実践を対象とした研究においては、保育者の体験世界を重視するものも多い。鳥光（1998）は、発達理論とそれに基づく保育内容の系列化より、子どもの活動と内面を理解しそこから日々の実践課題を引き出すことへと保育の仕事と保育者の専門性の再定義を開始したのは津守真である、と指摘する。津守（1974/1999）は、この子どもの保育にかかわる現象を人間現象として位置づけようとし、「発達を、外部から見られる行動の連続とみて、その外部にあらわれた行動相互の関連を明らかにするという課題は、科学的発達心理学の作り出した架空の課題ではないだろうか」（pp.10-11）と述べた。つまり、従来の発達研究の課題は、学問上作り出されたもので、人間現象としての発達そのものを研究したものではないと指摘し、さらに「保育という、生きた人間同士のふれあいにおいては、おのずから感じ、そこから行為する人間の体験の世界をぬきにして考えることはできない。発達は生きた感動をもった体験の世界のできごとである」（p.11）としたのである。保育においては、子どもと保育者がかかわるところで互いが何かを自然と感知していること、その内的に感知したことから行為していることが、非常に重要な部分であると考えられる。榎沢（1995）はこれを受けて、人間現象としての発達とは体験であり、体験はすなわち意味世界・精神世界の問題にほかならないと述べる。保育とは人間の主観から独立して存在し得ず、むしろ、その主観性を明るみに出すことによって保育現象を解明し、相互主体としての保育者と子どもにどのような意味世界があるのかを問題にせねばならないとした。ここから、保育という子どもとの相互のかかわりの中で、それぞれが一人の人間として主観的に感知し、行為するところに意味世界が形成されると考えられ、保育者の専門性とは、その意味世界をどのように感知し、理解し、形成するのか、ということにかかわるものだととらえられる。

　保育者が子どもと出会い、ある時間子どもと過ごすとき、子どもと共に心が揺れ動き、その中で教育的な必要性を感じ、明確に意識できずともある種の判断をしている。まさに

そこに保育者の専門性が立ち現れているはずである。相互主体的に実践の場を生きる保育者と子どもの世界に、どのような専門性がかかわり、保育の場が構築されているのだろうか。

　本節では、この保育者の専門性について、まず、多様に生じる状況の感知がどのようなプロセスで細やかになるのか、これまでの研究を概観する。また、専門性の熟達について、保育実践との関係から整理する。

　なお、研究上の取扱いとして、「保育者」については、幼稚園教員免許、保育士資格もしくは看護師免許をもつ専門家としての保育者が、乳幼児教育・保育施設において集団保育を行う場合に限定して用いる。ここには育児担当制をはじめとする担当制保育も含む。日本においては、保育要領（文部省, 1948）のまえがきに「一般の家庭において母親が幼児を育ててゆく場合も、全く同じことである。できるだけ幼児の特質に應じた適切な方法をもって、子供の養育に当たらなければならない。」（p.4）とあるように、家庭における養育と乳幼児教育・保育施設における保育を分け隔てず、「保育者」に子どもの親を含めるとらえ方もある。本論文はそれを否定する立場ではなく、むしろ、乳幼児期にふさわしいかかわりや個に応じるかかわりは共通していながら、集団での保育において個に応じようとする保育者がジレンマを抱え続けてきたことに対して、どのような固有の専門性が発揮されているのか検討する立場に立つ。そこで、本研究においては、「保育者」の表記を上記の条件に限定して用いることで、いわゆる施設型保育において発揮されている専門性とはどのような特徴があるのか、詳細に検討していきたい。

　また、保育者の専門性が問われるところの職務内容としては、幼稚園教育要領や保育所保育指針、幼保連携型認定こども園教育・保育要領（以下、要領等と記す）が示す内容にかかわるものとなる。現在、要領等において示される保育者の職務は大きく 2 つあり、「子どもの保育」と「子育ての支援」である。この 2 つは、現在の社会や家庭の状況を鑑みると密接なかかわりがあるが、本論文では、現在求められる保育者の職務のうち、「子どもの保育」にかかわるものに焦点を当てる。

2.　実践と感知と意味づけに見る保育者の専門性

　保育者の仕事は、乳幼児期の子どもにかかわり、その発達を助けることを中心としている。乳幼児期とは 0 歳から就学前までととらえられ、子どもが産まれてから 6 年にわたる発達にかかわるものである。子どもの人生初期の発達にかかわるため、保育者は、大学等の専門機関で保育者の養成教育を受け、卒業して保育者になるケースが多い。しかし、保育者の養成教育は完成教育ではない。養成段階では基礎的な知識や技術の習得をするが、多様な子どもの 6 年にもわたる発達にかかわるために十分な知識・技術をもって養成校を卒業することは困難である。実際には、実践現場にてその詳細な知識や技術を得たりし、実践と研修を繰り返すことで子どもや保育に関する見方を豊かにしたりし、保育者として成長していく。つまり、保育現場とは、子どもと保育者の両方が育つ場所としてある。ま

た、保育者の専門性とは、専門機関での養成教育のみならず、保育実践の体験を通して育まれる側面をもつものとしてとらえられる。

　それでは、乳幼児教育・保育施設で保育者として勤務していれば、その専門性は自ずと高まっていくだろうか。単なる勤務経験の蓄積ではなく、保育実践の体験がどのように蓄積されていくかが、その専門性の向上に大きく影響を与えるのではないだろうか。これまで、この専門性の向上について、いわゆる PDCA サイクルの循環によってなされるととらえられてきた側面がある。つまり、計画－実践－評価－改善というサイクルが保育実践の質の向上にとって重要であり、昨日より今日、今日より明日と、保育実践の質を高められていれば、そこにかかわる専門性も向上しているととらえられる、という前提に立つ。厚生労働省（2009）は『保育所における自己評価ガイドライン』において「計画（Plan）に基づき実践し（Do）、その実践を評価し（Check）、改善（Action）に結びつけていくという PDCA の循環の継続が重要であり、これらの連動のなかで保育の質と職員の協働性が高められていきます」(p.3) と述べ、「保育所の自己評価を通して、保育所の保育実践を見直しながら、子どもの保育と保護者支援を担う専門性を高めていくことが重要」(p.3) としている。PDCA サイクルが循環していれば、昨日よりも細やかな子どもの姿をとらえることができるようになっているかもしれないし、より細やかなとらえに基づいたより丁寧な環境構成ができるようになっているかもしれない、というわけである。しかし、そもそも、保育とは計画通りに運ぶことがおよそ考えにくいほど、多様な展開をはらむ営みであるし、実践を評価する観点や方法も多様にあり得るうえ、今日うまくいかなかった点について少し方法を変えて実践することが果たして改善となるかどうかも不明瞭な営みである。一見、明示的である計画や評価はあるかもしれないが、保育実践をつぶさにとらえようとすると、そこで生じている行為の具体性・多様性・相互性に圧倒され、さらにそこから生じている意味の文脈性・歴史性・多面性にまた圧倒されるのである。保育者の計画通りにコトを運ぼうとすることや、既成の評価項目に沿って評価することは、むしろ保育者の専門性の向上にはつながらず、保育実践のもつ意味生成プロセスという側面から離れ、豊かな展開可能性を見失っていく可能性すらある。つまり、ここでいう「計画」とはどのようなものを指すのか、また、その計画に「基づく」とはどのような計画と実践の関係性を指すのか、さらに、その実践をどのように「評価」し、どのような実践や子どもの姿の変容をもって「改善」というのか、など、PDCA サイクルには多くの問いがまとわりついている。

　これに対して、榎沢（2016）は、保育者の専門性を構成する基本的要素として、保育の実践過程を計画－実践－省察の 3 つの過程で考察している。計画とは、「子どもの未来の姿を思い描くこと」(p.12) とし、「子どもが今日の園生活を土台に明日の園生活でどのような自分になろうとしているのか、明日はどのような生活を展開しようとしているのかを思い描き、子どもの自己実現を支える手立てを考えられること」(p.12) としている。また、保育実践については、「子どもの主体性と保育者の主体性がともに発揮されながら、

ともに園生活を展開していくこと」（pp.13-14）と述べる。3つ目の省察については、保育において重視されているのは測定可能なものではなく「心情・意欲・態度」という目には見えない測定不可能なものであることを踏まえ、実践の省察は、子どもの内面の育ちをとらえることであり、さらには「子どもの体験世界と保育者の体験世界を明らかにすることを通して、それらが重なり合い織りなす共同の生活を新たなものにしていくこと（保育者の側からいえば、保育の質を高めていくこと）を目指すもの」（pp.14-15）としている。このように、榎沢の言う保育の計画とは、単なる活動計画でも時間割でもないし、榎沢の言う省察とは単に実践で生じた事柄を振り返ることでも善し悪しを数値化することでもない。子どもと保育者が共に主体的に園生活を展開し、その実践における体験世界を明らかにし、また、子どもの内面の育ちをとらえ、未来の姿を思い描くところに保育者の専門性があるとしている。つまり、保育実践という非常に具体的で相互主体的な行為と、そこに「内面」や「未来」という実際には見えないものを保育者が受け止め理解し思い描こうとする世界との循環の中で、保育者の専門性の向上が描かれている。

　そしてまた、榎沢は、保育や子どもについての学術的知識を学び、子ども観を形成すること、さらには保育者の人間性が保育実践の基盤にあると述べ、保育者の成長とは一朝一夕になされるものではないと言う。保育者の成長とは、単に技術の習得や知識の量の問題にとどまらず、生きている世界そのものが豊かに変化すること、保育世界の豊かさがより細やかに見えるようになることを意味し、保育者として生きる体験を通して、保育者は状況に応じた保育の仕方を考え出す創造性を身につけるとした。この、より細やかに見えるようになることは、経験年数が増えればそうなるというのではなく、今日の子どもの姿から明日の子どもの姿を思い描いたり、実際の手立てがうまくいったりいかなかったりすることを積み重ねる中で、子どもの体験世界と保育者の体験世界を明らかにしようとしたり、子どもの少しの変化に気づくとらえができるようになったりし、次第に豊かさや細やかさへ保育者として生きる世界が変化していくということであろう。そういったプロセスを端的に表そうとすれば、計画－実践－省察の過程を繰り返す中で保育者の専門性が磨かれる、というようなことになるが、保育実践における今この瞬間のありようは非常に多様であり、そのありようが保育者にとってどのように立ち現れるかも多様であり得る。ある瞬間生起する突発的な、そして多様な可能性に開かれた状況に対して、よりふさわしい対応をしたいと考えるならば、保育者が一つひとつの体験を丁寧にとらえ直し、次のかかわりへとつないでいくことを繰り返すことが重要になる。そのことで初めて、とらえ方や受け止め方がひろがり、柔軟になり、多様なかかわりの可能性へとひらかれていくと考えられる。榎沢は「保育者は保育世界という意味の関連態を生きる者なのである。保育者として成長することは、そのような保育世界固有の多様な意味の関連態がより細やかに見えるようになり、より細やかな子どもへのかかわりが可能になることである」（p.19）と述べる。保育者の成長とは、保育の実践の状況をいかに細やかに見取り、とらえられるようになるか、という状況の感知が繊細になることだとすれば、長期にわたる専門性の成長プロセスが想

定される。ここに保育者の専門性の検討における重要な課題がある。保育実践場面における保育者の状況の感知が、どのように細やかになることが保育者の成長、言い換えれば専門性の向上ととらえられるのか、さらなる検討が必要ではないだろうか。

　この計画－実践－省察を保育者の専門性の基本的要素とする考えは、他でも見られる。たとえば、鯨岡（2000）は「計画・立案の専門性」「保育実践の専門性」「ふりかえりの専門性」とし、上田（2003a）は、保育者自身が重視している力量観についてアンケート調査をした結果、幼稚園の保育者が重視した力量は「保育の計画」「保育の援助」「保育の反省・評価」の3点であったことを明らかにしている。

　また、この計画－実践－省察の一連のプロセスを、さらに相互に影響するプロセスとしてとらえたのが、秋田（2000; 2002）の図 1-1 である。秋田は計画、実践、省察の3つで構成しているのではなく、さらに細かなプロセスを想定している。保育の展開を循環的なプロセスとしてとらえているだけでなく、それぞれが行きつ戻りつしながら進む思考プロセスが提示されている。秋田は、現実の保育は即興的な行為であるが、見通しをもちデザインしてみることがあってはじめて、流されることなく、適切に応じることができると述べる（秋田 , 2000）。図では「展開に沿った指導と援助」のところに多くの矢印がかかっている。その中には「状況に応じた多様な援助」や「幼児に共鳴する」など、そのときの状況や幼児の心の動きに対する即時的な保育者の応答性が描かれており、実践のそのときにも環境を再構成したり、この子のやりたいことはこうだったかととらえ直したりすることも想定可能なモデルとなっている。一日や一週間、さらに長期の反省や評価をして、大きく保育の日々をとらえ直すこともあろうし、今この瞬間を再構成するミクロな循環もあろう。こういった多層的な思考と実践のプロセスの中で、子どもを理解すること、かかわること、振り返ることが積み重ねられ、保育者として成長していく（秋田 , 2002）。

　秋田の言うデザインは PDCA サイクルでいう計画（Plan）とは異なる。保育におけるデザインの考え方について、戸田（2004）は、1989（平成元）年の幼稚園教育要領の改訂によって、子どもの主体性に深く目が向けられるようになり、計画のあり方が変化してきたと述べる。そして、保育におけるデザインを、保育実践の中で具体的に子どもの思いを理解し、遊びや生活を次へ展開していけるよう見通しをもち、保育のねらいや援助、環境についての構想を表現したものとして描いた。この保育の計画をデザインとしてとらえる考え方は、子どもの遊びや主体性を育む保育を支えるものとして、さまざまな記録と計画の書式の展開へとつながっていった（たとえば、河邉 , 2005）。この計画からデザインへのとらえ直しは、保育実践と保育者の専門性を考えるうえで非常に重要である。保育とは、計画を立て、その時程や枠組みの中で子どもの活動を構成していくというより、子どもが時に保育者の予想を超えるような発想や動きを見せるときにもそれを排除せず、子どもの姿をよくとらえようとしたり、その意味を考えたりし、子どもの姿に基づきながら育ちを願い、実践構想を練って柔軟に展開していくものとしてとらえられる。そこで求められる専門性は、あらかじめ設定した時間や活動の枠組みの中で展開させるための保育技術

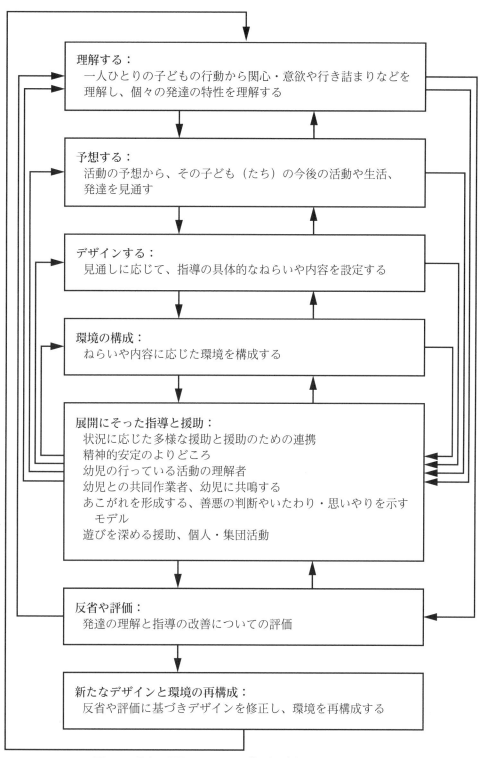

図 1-1. 保育の展開における思考過程 （秋田 , 2000; 2002）

というより、子どもの姿に基づいた保育を構想し、実践の展開をその場で繊細に感知し、あらゆる状況に対して即応的に判断し行為し、行為しながら再構成するようなところに表れると考えられる。

　このように、保育の計画−実践−省察というものが、子どもの実態に沿って創造されるとき、そこで発揮される専門性は子どもとの相互作用の中でとらえ直される必要が生じる。岩田（2017）は、子どもの応答を入れ込んだ保育プロセスと保育者の成長を描いている。岩田によれば、保育者には 2 つの力が求められ、まず距離をゼロ化して子どもの心により沿う、子どもと情動的に一体化する共感力と、もう一方で、距離をとって子どもを客体的・分析的にみる（まなざす）保育の力が必要だと言う。その保育の力は、子どもだけでなく、保育者自らを客観的・分析的にながめる力を意味し、保育者に〈感覚的・直感的な保育〉から〈考える保育〉への道を開くものだと述べている。また、岩田は、保育の場は〈みる〉→〈する〉→〈なる〉の連続ととらえ、そこにある専門性を考察している。まず、〈みる〉は、保育者が目の前で起こっている子どもたちの言動を瞬時にその内面的・心理的な意味を読み取り、汲み取るという無意識的な了解的な行為を行っていること、さらには保育者も子どもも相互に応答する主体として〈みる〉存在であると述べる。この〈みる〉が実際の働きかけである〈する〉を決めていくが、この〈みる〉と〈する〉は分かちがたく、〈みる〉ために子どもに向き合う表情やふるまいの中に、すでに〈する〉が含み込まれている密接な関係にある。そして、この〈みる〉〈する〉という働きかけを受けて、子どもからの変化としての〈なる〉がもたらされるとした。保育者は子どもからのさまざまな応答的な変化としての〈なる〉を自らの〈みる〉〈する〉のフィードバックとしてふたたび〈みる〉という保育行為の連鎖が描かれている。この岩田の保育プロセスのとらえには、先の榎沢の子どもと保育者が相互主体として園生活を展開するというとらえと共通するところがある。また、岩田の言う〈みる〉は、客観的な観察ではなく、目の前の子どもの内面を瞬時に汲み取るという共感的、無意識的了解であることや、〈みる〉と〈する〉が分かちがたい関係にあるという指摘は重要である。保育者は子どもと相互主体的に目の前で生じていることを感知し、行為する。それに対する子どもの反応がまたすぐ保育者によって感知され、それはまた子どもにとっても同様の相互の循環が生じているととらえられる。保育実践とはそういった相互に循環するプロセスの中にあり、それを保育後に分析的にみてまなざすことで子どもや保育の解釈・意味づけを行っていくことの重要性を岩田は説いている。それは、事実を客観的に列挙するのではなく、保育者の主観によって出来事が因果的に意味づけ解釈されることで保育にとって意味あるものになると述べている。ここで言う主観的な解釈とは、決して一人よがりでよいと言っているのではなく、解釈の妥当性を問う自己内対話や他者との交流的対話がなされ、新たな視点や多様な可能性に開かれていくことによって、保育の実践力が向上していくとされ、その解釈の妥当性は実践の中で評価されると岩田は言う。ここでも、保育者が保育実践という相互主体の感知と行為の時間に身を置き、そこで生じたことの意味づけを行い、対話し続けることで向上する保育者の専門性

が浮かび上がってくる。

3.　人間性議論と専門性議論の不調和

　これらを踏まえると、保育実践における保育者の専門性とは、子どもの未来を思い描き、かかわり、実践の脈絡の中で子どもや自らの体験を理解し、またそれをとらえ直そうとする中でより子どもにふさわしい実践を構想することにかかわる力量を伴うととらえられる。

　この力量にかかわる要素として、保育についての認識や子どもについての専門的知識が挙げられる一方で、一人の人間としてその状況にどう対峙するかという人間性がその基盤をなすという（岸井, 2000; 鯨岡, 2000; 森上, 2000; 津守, 2000; 榎沢, 2016; 西, 2018）。津守（2000）は、「専門家である以前に人間であること」の重要性について、「門から入って来る子どもが出会うのは、専門家の私ではない、ひとりの人間の私である」（p.63）と述べる。人間性を生かしながら職業的信頼にふさわしいものへと昇華していくところに、保育者の専門性の特徴があるといわれる（西, 2018）。ここであらためて、専門性の向上は、知識・技能が豊かになれば実践の力量が向上するという単純な問題ではなくなる。子どもと出会ったときにどのような実践として体現されるかは、各保育者の人間性をくぐり抜けた別次元のものとしてある（鯨岡, 2000）。鯨岡（2000）は、保育者の専門性が詳細に対象化され理念化され、たとえば「懐の深い対応」と対象化して「保育のあるべきかたち」として議論されることと、ある保育者が実践の局面で懐の深い対応を紡ぎ出すのとでは、大きなギャップがあると指摘する。たしかに、子どもの気持ちを受け止めることが重要と学んでも、言葉のやりとりで表面的に「いやだったね」と子どもの痛みに同情を示すことと、まるで自分のことのように子どものつらさを感じ取り、そっと背中に手を当てて子どもの傍らにいることとでは、子どもにとってまったく異なる意味が感じられる別次元の実践である。ここに、保育者の専門性の向上や伝承の本質的な難しさがある。

　また、乳幼児の発達にとって共感性の育ちは非常に重要であり、また、その乳幼児を育む保育者の専門性の根幹には共感的知性があるという立場がある（佐伯, 2007; 三谷, 2007）。

　佐伯（2007）は、発達のドーナッツ論を提唱している。それは、ドーナツ型の同心円の中心にＩ（自己）が位置づき、それを取り巻く YOU の円、さらにその外側に THEY 世界が描かれる形で説明される。そのドーナツの中心にいるＩが発達していくとき、Ｉの身になってかかわってくれる YOU を媒介にして、Ｉは現実の文化的実践世界である THEY 世界を垣間見ており、YOU がＩに対して共感的かかわりをすることで、Ｉも YOU と共に世界を見ようとするということが生じるというのである。また、ＩとYOUがかかわる局面を第一接面と呼び、YOU と THEY が接している局面を第二接面と呼んでいる。第一接面とのかかわりを媒介に、第二接面でのかかわりに導かれていくのが発達であり、学習であるという。たしかに、保育者がある子どもに対してどのようなまなざしを向けてい

るか、ということは、他の子どもたちのその子に対する見方に影響を与えているだろう。保育者がある子どもにどのようにかかわっているかは、他の子どものモデルとなり取り込まれていくこともよくあることである。保育実践においては、子どもと保育者のもつ共感的知性が働いているというのは理解しやすい。

　また、佐伯はレディ（2008/2015）の二人称的アプローチを紹介している。レディは、デカルトの精神と身体を分ける心身二元論や、近代的な認知と行動を分ける考え方を批判し、他者の心は不透明で知覚できないのではなく、「心は、能動的かつ情動的にかかわる知覚の範囲内で（その範囲のぎりぎりの限界まで）透明である」（2015, p.34）とする立場を取る。また、私たちは、情動的な反応をもって経験することを可能にする特別な他者として、二人称の他者と関係をもち、そういった能動的かつ情動的なかかわりが心を構成していくという。他者を理解するためには、発達的にも経験的にも、他者を一人の「あなた」として認め、また、他者からそのように認められること、他者の心性に参加的に巻き込まれることが重要であるという。

　鯨岡（2015）も、こういった客観主義批判ともいえる立場を取り、「接面」という概念を提唱している。「接面」とは、「人と人とが関わるなかで、一方が相手に（あるいは双方が相手に）気持ちを向けたときに、双方のあいだに生まれる独特の雰囲気をもった空間や時の流れのこと」（p.87）とされる。接面は物理的な距離ではなく、双方が相手に気持ちを向けることで成り立ち、実践の営みは接面で起こっていることが中心となっているという。鯨岡は、『関係発達論の構築──間主観的アプローチによる』（鯨岡, 1999）以来、母子関係や保育実践において、大人が子どもの心の動きを間主観的にわかるということを繰り返し取り上げてきたが、その間主観的にわかるということが「人と人の接面で生じていることをその接面を生きる当事者として捉えることの中核にくる問題だ」（2015, p.116）と述べる。片方の接面を消す行動科学の枠組みでは問題にすることができない、保育実践における子どもの心の動きがわかるという保育者のあり方を検討するに当たって、間主観的アプローチおよび接面パラダイムの重要性を説いている。

　これらのアプローチに共通しているのは、0、1、2歳代の子どもと大人とのかかわりにおいて、非常に理解しやすい一方で、それは、保育者の専門性として固有のものなのかという疑問や、3、4、5歳の集団保育においても同じように理解可能なのか、という疑問がわいてくる点である。レディは自らの子育てで、乳児が人の心を理解していると驚いたという。乳児と接する大人の多くは保育者でなくとも間主観的にかかわり、言葉を交わさずに笑い合うだろう。では、「子どもの心の動きがわかる」というのは、保育者固有の専門性とは言えないのではないか。であれば、保育者のもつ共感性とは、その鋭さや深さというようなものが違うのだろうか。さらに、たとえば、30人のクラスの子どもたちそれぞれを共感的に理解でき、あの子はあれを求め、この子はこれを求めているということが30人分あるときに、保育者はどのように実践を生き抜くことができるのだろうか。それは、共感性だけでは解決できない、保育者固有の専門性があるのではないだろうか。

　上田（2002）は、保育者の専門性について、受け止めることの重要性など、目指すべき人格的特性として論じられてきたと指摘する。しかし、小学校以上の学校教育と比べ、保育は内容・方法が大きく異なり、その特徴は保育者に独自の専門的力量を要求するものであり、計画－実践－省察の一連のプロセスから専門的力量をとらえようとする研究が重要であると述べる。保育実践が具体的な子どもとのかかわりである以上、そこに保育者の人格的特性がかかわることは当然である。保育において、受容性や共感性が重要となればなおさらである。一方で、人間性で専門性を語ってしまうと、研修や研鑽の対象としてとらえることが難しくなる。人間性や共感性といったものは、すべての実践の前提としてあるので、その人らしさやその人の生活すべてにかかわっている。すべてにかかわっているから、当然専門性のありようにもかかわっているが、あくまでそれはその専門家が一人の人間であることに絡んで表出しているのであり、専門性という領域固有の内容とは別次元に位置づく概念である。専門性はその職業固有のものを見ていこうとする概念であり、スキルアップする側面やかかわりの具体が経験等に伴って変容していく成長プロセスが想定される。たとえば、保育実践の経験を丁寧に振り返ったり、研修を受けたりすることを通じて、その人の共感性が高まることや、人当たりのようなものが少しずつ変容することはあるだろう。それはあくまで保育者が自らのありように人として向き合おうとすることで生じる変容であり、専門職固有のものではない。

　本論文は、この人間性議論と専門性議論の不調和の問題について、「人間性」といわれる部分を不問とするのでもないとらえ方をしてみたい。鳥光（1998）は、「『人間現象』としての保育という高踏化された理念が保育者によって受肉化され、内面化されていればいるだけ、その理念に達しえない自己の日常の保育実践の自覚を彼女は、みずからに対する責めとして背負い込むことになるだろう」（pp.211-212）と危惧する。そして、保育事象が複合的で不確定的であり、実証主義的な科学理解の基づく因果関係分析によっては解明され得ないという津守以来の主張を認めながら、「因果関係分析でも、実証主義的科学との対抗関係において学として自己形成してきた解釈学的な『理解』の方法でもない、第3の方法がめざされなければならない」（p.212）と指摘する。一人として同じ保育者はおらず、一つとして同じ実践はない。しかし、ある状況に応じるときに立ち現れるその人らしさを「人間性」と片付けてしまわずに、相互行為の中で立ち現れるその人の子ども理解の実践と行為のオリジナリティとしてとらえられないだろうか。保育実践にその保育者の専門性が表れるのだとしたら、その行為をつぶさに検討することを通して、ある独特なその人の専門性を描くことができないだろうか。そこで、本論文では、人間性や共感性という言葉を用いずに、その実践の詳細について検討することを通して、その人らしさを含み込んだ専門性の発現をとらえようとするものである。

4．熟達化と経験年数の謎

　保育者の専門性とは、これまで述べてきたように、保育実践における相互主体的な体験と省察を通して向上していくものととらえられる。この体験と省察という、その質が問われる内容がかかわる以上、保育者の専門性は、経験年数が増えるにしたがって磨かれていくような単純なものではない。新任の保育者がみずみずしい感性をもって子どもと共に遊び生き生きとかかわり合う体験の中で、子どもの思いを感じ取ることもあるだろう。また、皮肉なことに、実践を振り返り、とらえ直し、今日の保育を構想する繰り返しの中で、次第に子どもの思いを感じられなくなっていくこともある（古賀，2000）。一方で、ある程度の経験や研修の積み重ねがあることでなされる専門性の向上も確かにある。経験が積み重なり、あまりにも日常化することによって感知できなくなることがあったり、経験があるだけで可能になるわけではないが、経験がなければ難しい専門性の成長していく側面があったりと、保育者の熟達化と経験年数の問題は単純ではない。

　この保育者の成長プロセスにおける熟達化の問題については、発達段階モデルでとらえた研究（Katz, 1972; Vander Ven, 1988）、経験年数で比較する研究（堀，1997; 高濱，2000）、力量向上とその契機を縦断的に検討した研究（上田，2003b; 2004）、保育の計画と実践、実践と省察の関係から力量をとらえる研究（師岡，1997; 吉村ら，1997）、養成課程や研修プログラムとの関係から力量形成を問う研究（たとえば、岸井，2016; 北野，2018）などで検討されてきた。

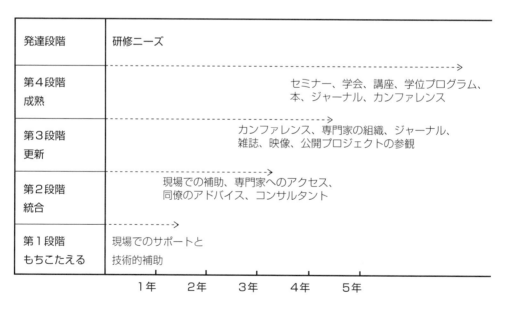

図 1-2. 幼稚園教諭の発達段階と研修ニーズ

(Katz,L.G.,1972.p.3 Fig1. を筆者訳)

　幼稚園教諭の発達段階と研修ニーズについて、Katz（1972）は、各段階にかかる時間には個人差が大きいとしながら、何とかもちこたえる第 1 段階、統合の第 2 段階、更新の第 3 段階、成熟の第 4 段階を提示している（図 1-2）。第 1 段階では、子どもたちへの責任や保護者との出会いに不安を感じ、予想と現実の食い違いが不十分さと準備不足の感情を強めることから、この時期の教師は、サポート、理解、励まし、安心感、快適さ、そしてガイダンス、また、行動の複雑な原因に関する特定のスキルと洞察力の指導を必要としているという。これは、近年も新任期のリアリティ・ショックの内容の検討（保育教諭養成課程研究会, 2016b; 松浦・上地・岡本・皆川・岩永, 2019）や、それを乗り越える省察の検討（谷川, 2013）が行われるなど、早期離職者の多い保育分野において、その専門性の発達を支える必要性の高い、重要な課題であり続けている。さらに第 2 段階以降についても、専門職としての発達段階と必要とされる研修リソースが示されている。この Katz の発達段階モデルは、日本では初任期といわれる 5 年程度の間の教師の発達と研修支援について示したものであり、根拠となるデータが示されているものではない。しかし、こういった専門職性の発達段階を積み上げ的なイメージで描くモデルは、現在の保育者の研修の考え方にも通じるものではないだろうか（たとえば、保育教諭養成課程研究会, 2015; 2016a; 2017; 2018; 2019, 全国社会福祉協議会・全国保育士会, 2018）。

　また、Vander Ven（1988）は、保育者の専門性に関する 5 段階発達モデルを提示している。新任期、初任期、洗練される時期、複雑な実践に対応可能な時期、影響力をもつ時期の 5 段階について、それぞれ専門家としてのレベル、役割と機能、キャリア発達段階、実践の方向性、教育的準備性のレベルが整理されている。ここでは専門家としてのレベルに関してのみ簡略的に示す。第 1 段階の新任期では、単に個人的な好みやその場対応といった非専門的な行動を取り、第 2 段階の初任期は新任期とは異なり幼児教育でのキャリア開発に正式にコミットしており、洗練されてはいないが発達理論の基本的な概念をいくらか修得し、応用的スキルをある程度身につけるが、行動の理由を説明することは難しい段階にある。第 3 段階は少なくとも学士号レベルであり、発達、心理、教育理論の知識基盤と、状況に応じて柔軟に適用できるスキルに基づいて実践する。ある発達に対する目標に到達するための物理的環境や活動を構造化することができ、スキルと発達の理解の両方を活用し、子どもの感情表現により繊細に共感的に反応することができる。第 4 段階では、ますます高度で複雑な問題や状況に対処するレベルで援助するために必要な知識と経験を身につけている。経験を参照枠組みに統合し、それにより実践者の知識や能力を拡大することができる。第 5 段階では、長年の経験をもち、多くの役割と機能を果たしてきたため、幼児教育における多面的な側面を細部にわたってしっかりと把握している。しかし、退職までこの仕事に留まる人すべてがこの段階に達するわけではないという。

　これらの異文化における保育者の発達段階モデルが、日本の保育者にもそのまま当てはまるかどうかは疑問である。特に、日本においては教員免許や保育士という国家資格を取得するに当たり、四年制大学（学士レベル）を卒業している場合も多く、Vander Ven

の第 3 段階で新任期というズレがある。基本的に養成教育や実習を経て免許資格をもった状態であるので、個人的好みや経験によって対処する新任期は、入職段階で有資格者であることを前提とした場合、あまりにも程度が低い。

　これに対して高濱（2001）は、保育を問題解決プロセスととらえ、実証的に保育経験の意味を検討した結果、経験年数によって保育者が関心を向ける問題が異なり、当初の限定的な関心が次第に拡大の方向に変化すること、初任（2 ～ 4 年）／中堅（5 ～ 10 年）／熟達（11 年以上）では、知識の量、知識構造、知識の運用の仕方が異なり、それによって保育行動が異なっていることを見出した。知識量の増加は熟達化プロセスの必要条件だが、さらに重要なのは豊富な知識が構造化されることであり、これが十分条件と考えられると述べている。しかし、高濱の研究の調査対象には、初任期であっても熟達期と同様の反応を示した保育者もおり、また、中堅期と熟達期の知識量にはほとんど差がなかったという。一般的な熟達化プロセスと個人差があることと、熟達とはその経験する内容と経験の仕方によってどのように構造化されるかが重要であること、また、多くの知識の中から適切な対応策を選び出すのを可能にするダイナミックな機構を想定する必要があることを指摘している。特に、「この機構はおそらく、対応がうまく進行している時よりは、困難だと認識される時に活性化されやすいのではないだろうか」（p.243）と述べている点は、本研究にも重要な示唆を与えてくれる。

　また、高濱は、幼児の状態、目標、対応方略という 3 つの要素をおさえながら、保育者が幼児の個人差によりフィットさせた対応をするようになるプロセスを、以下のように 5 段階でとらえた。

段階 1：問題の定式化
　個人的課題、仲間関係、保育者との関係、母親との関係という 4 つの視点のいくつかを用いて、幼児の問題をとらえ基本的な対応方針を決める。初心者の用いる視点は単一であったが、経験者では複数の視点が用いられる。

段階 2：問題へのアクセス
　定式化された問題に対して、どの側面からアクセスするか、優先順位を決定する。

段階 3：問題定義場面の設定や枠付け
　保育者はその問題が顕著に見出される場面に意図的にかかわる。どの側面からアクセス可能かという見通しをもてば、場面設定はそれほど難しくないが、見通しがなければ見逃しかねない。

段階 4：問題への対処
　問題解決への対処は試行錯誤的な要素が強く、経験者であっても、当初は場当たり的対応から始める可能性が高いが、いくつかの選択肢が用意されており、幼児の反応に照らして徐々に対応の精緻化がなされる。

段階 5：問題の変化の認識
　　問題の変化をいくつかのステップとして発見できるかどうか、幼児の状態把握の
　指標をどれだけ多くもっているかがポイントとなる。

　この 5 段階は一連の流れになっており、循環的なプロセスであるとされる。「保育者は
状況とのトランザクションの中で、新たな幼児のとらえかたや新たな目標を作り出してい
た」（p.241）という。また、この 5 段階が繰り返されることで、保育者は幼児の個人差
や発達的変化に、よりフィットさせた対応が可能になり、これが保育者の熟達した成果と
とらえられている。このように、高濱は保育者の思考プロセスを問題解決プロセスととら
え、その認知的側面の変化について発達心理学アプローチを用いてモデル化した。
　しかし、たとえば、どの側面からアクセスするかの優先順位についてある幼児個人を対
象として決めることができたとしても、保育実践は多様な子どもの文脈が入り交じる複雑
なプロセスである。そのダイナミック・プロセスの中での判断はさらに複雑で困難である
ことが推測される。どの側面からアクセス可能かという見通しがもてれば、意図的にかか
わる場面設定ができるが、見通しがなければ見逃しかねないという点についても、大きな
検討課題である。実践の流動的でさまざまな活動や子どもの文脈が絡まり合う状況におい
て想定外のことが次々と生じる中、どの子どものどの側面にいつどのようにかかわるか、
なぜそのときを見逃さずにかかわれるのか、という問題はさらに検討の必要があるだろう。
保育実践とはその場にかかわる個々のそれまでの歴史的文脈と、その場で生じた現在進行
形の文脈が複雑に入り組んだダイナミック・プロセスである。その複雑な状況を生き抜く
うえで必要な専門性について議論を進めるために、これまでも専門性のキー概念として出
てきた省察概念について見てみることにする。

5. 省察概念における時間性と身体性

　省察とはごく簡単に言うと、とらえ直しをすることともとらえられるが、実践との関係
の中では、実に多様な様相を見せるものである。省察が重要であることはこれまでも繰り
返し述べられてきているが、その省察を実践との関係でどのようにとらえているのか、検
討しなくてはならないだろう。特に、保育実践との関係で検討したいのは、その時間性と
身体性の問題である。
　ここで言う時間性とは、実践との関係の中でどのようなタイミングで省察が生じてい
るか、という性質のことである。たとえば図 1–1 の「反省や評価」のみが省察ではない。
この図は、展開に沿った指導と援助を行いながら、さまざまなレベルで省察が生じている
ことが想定されているものと解釈できる。たとえば、10 時から運動会のリレーの練習を
予定していたが、自由な遊びが盛り上がったので朝の遊びの意味をとらえ直し時間を延長
したり（デザインする）、子どもにとって使いづらい遊び環境に気づき再構成したり（環
境の構成）、それらの中で子ども一人ひとりの姿をとらえ行為を意味づけたりする（理解

する）ことも、省察概念には含まれている。また、流動的で複雑な状況を事後に落ち着いてとらえ直すことや、なかなか理解することが難しい子どもの行為について時を経て考え続けることも含まれている。つまり、省察とは実践との関係の中で、同時進行の思考として生じることもあれば、事後に実践から離れた状態で生じることもあるという、多様なタイミングで生じる可能性がある。この問題は、保育実践における専門性を検討するに当たって重要な点である。流動的で多様な文脈が複雑に絡み合う保育実践のさなかに生じる思考と、事後にゆっくりととらえ直す思考とはかなり異なる性質をもつことが推測されるが、関連をもちながら生じているのではないだろうか。

　もう一方の身体性とは、特に実践のさなかにおいて、前言語的に、瞬発的に、行為としてすぐ実践にうつるような仕方で行われる省察のもつ性質のことである。先に挙げたような実践のさなかにデザインし直したり再構成したりすることにまつわる省察があるとしたときに、それは、言語で整理される以前のものであるのではないかと考えられる。ある事柄について非常に明確に思考してとらえ直そうとすることもあれば、実践と共に明確に意識されないまま、言語化されないままに行われていることもあるのではないかと考えられるのである。特に、保育実践は予測が難しい子どもの姿に応じていく必要があるものであり、実践時にゆっくりと考えている余裕はないと推測される。ここに、保育実践の省察と身体性について議論することの意味があると考えられる。

　これまでの議論においては、この省察のもつ時間性と身体性について十分に触れられていない。ここでは、省察概念の歴史的展開の中で、実践と省察がどのような時間性と身体性の特徴をもつものとしてとらえられてきたか、また、保育実践の特徴を踏まえた省察概念の時間性と身体性について、検討していくことにする。

（1）Dewey の省察概念

　省察がなぜ専門性に関するキー概念であるのか。それは、実践における体験をそのままにしておけない状態が実践者の中に生じるからであろう。一回限りの実践において出合った事柄は、もう二度と同じようには生じないにもかかわらず、放ってはおけないと感じ、その時点の感覚に立ち戻ろうとする。その時点の感覚に立ち戻り、行為の意味やその場での展開における相互行為の関連などをとらえ直さないではいられない感覚に襲われる。それは、日常的実践がまさに二度と同じことは起こらない不安定・不確実な中だからこそ、ある行為や展開の意味を見出すことで、明日への見通しをもちたいと願うからではないだろうか。佐藤（2009）は、学習科学や関連諸科学に精通したとしても、必ずしも授業実践を創造的に展開できない最大の理由の一つは、教師の実践がそれらの諸科学では解明されない「不確実性」によって支配されているからだとし、その意味で、授業実践は「見識（wisdom）」や「アート（技法）」によって支えられているとしている。その「見識（wisdom）」は経験の省察からもたらされる知であると佐藤は言う。

　この省察とは、Dewey（1910）の How we think にその源がある（秋田, 1996）。

Dewey（1910）は省察的思考（reflective thinking）を困惑（perplexity）、迷い（confusion）、疑念（doubt）の状態にあることから始まるものであり、また、暗示された信念を裏づける、または無効にするさらなる事実を明らかにするために探求する行為を含むものとした。たとえば、ある事柄とそれが暗示する何かがあるとする。黒い雲を見る－雨が降りそうだと思う、というようなことである。その「雨が降りそうだ」という信念の根拠となるものが黒い雲であり、黒い雲と雨が降りそうだと思う信念との間の連関について、「本当にそうか」と検証しようとすることが省察的思考であるという。つまり、省察的思考は、「本当にそうか」と疑うところから始まり、その事実と暗示された内容との間を見返すことにある。この疑念をもつということは、不確定で不安定で、攪乱されている不確定的状況の中で生じる（Dewey, 1938/2013）。

　また、思考は分岐点や曖昧さ、ジレンマ、代替案が提示されるような状況で始まるという。困惑を解決したいという要求が、省察のプロセス全体において安定させ誘導する要素であるとしている（Dewey, 1910）。

　そして、Dewey は、この省察的思考は、さらなる探求をしている間、判断（judgment）を一旦停止すると述べている。そして、よい心の習慣の訓練において最も重要な要素は、結論を一旦宙づりにしておく態度を獲得することであり、また、最初に暗示されたものを補強したり、もしくは異議を唱えたりする新たなものを探す多様な方法を習得することであると述べる。疑念をもち続け、体系的で持続的な探求をし続けることが、思考の本質であるとした。

　ここで Dewey の省察概念の一つの特徴ととらえられるのは、探求的な思考についての論考の中に位置づけられていることである。印象を消化し、本質的な考えに変換するには時間が必要であると述べており、思考の深まりには時間が必要とされる（Dewey, 1910）。事後に落ち着いて振り返るときに当てはまる思考様式としては、一旦結論を宙づりにして考え続ける態度が重要になろう。Dewey の省察概念においては、実践と省察は時間的な隔たりがあり、同時に進行するものではない。また「本当にそうか」と検証するということは、先立つ何らかの信念がすでにあり、それに対して疑念をもつという言語化され意識化された思考であろう。事実と暗示された内容との間を往復するように考え続けるには、時間と言語化が必要であると考えられる。

（2）行為の中の省察

　この Dewey の提示した日常的な感覚における省察的思考から端を発し、専門家の省察のありようを検討し、実践時における判断や思考に、時間性と身体性についての新たな視点をもち込んだのが Schön である。Schön（1992）は、Dewey の省察が、科学的探求が日常的な感覚から生じ、日常的感覚へ還っていくものとしており、科学的な感覚と日常的な感覚は目的と主題を区別するが、どちらもその探求のパターンは同じであるとしていること、また、自然科学の探求方法と日常的感覚の探求方法がどのように似ているか、ま

た異なっているか、説明する困難な課題に取り組もうとしていないと指摘した。この問題に対して、Schön は〈技術的合理性〉モデルと〈わざ〉を中心とする直観的実践の認識論とを対置させ、探求を深めている。行為の中の省察 reflection-in-action という概念は、Schön が提示した専門家像 "Reflective Practitioner"（省察的実践者）の中で示された、専門家の実践的思考スタイルの中心概念として描かれている。日本においては、佐藤や秋田らによって紹介され（たとえば、佐藤, 1996; 秋田, 1996）、教師の専門性に関するキー概念となってきた（村井, 2015）。

　Schön（1983/2007）によると、有能な実践者は日々の実践の中で、適切な判断基準を言葉で説明できないまま、無数の判断を行っているという。そのような日常的な行為のパターンや取り扱う素材に対する触感の中に、暗黙のうちにそれとなく行為の中の知の生成（knowing-in-action）を行っている。その知の生成（knowing）は次のような特性をもつとした。

> ・意識しないままに実施の仕方がわかるような行為、認知、判断がある。私たちは自分の行為に先立って、あるいは行為の最中にその行為、認知、判断について考える必要はない。
> ・私たちは、こうした行為、認知、判断を学んでいるのに気づかないことが多い。私たちはただ、そうしたことをおこなっているという事実に気づくだけなのである。
> ・行為の本質（staff）に対する自分たちの感覚の中には、あとから（subsequently）取り入れられることになる了解事項について、あらかじめ気付いていた場合もあるだろう。また、これまでまったく気づかなかったという場合もあるだろう。どちらの場合でも、私たちの行為が指し示す知の生成を記述することは、通常はできない。
>
> （2007, p.55）

　しかし、その一方で、Schön は、行為の最中に考えることがよくあるとし、暗黙のうちに知っていることを振り返り、自問自答することがあるのだという。行為＜についての（on）＞省察をしているときもあるが、行為の＜中（in）の＞省察をしていることもあり、その省察の対象は、目の前にある現象や、もち込んでくる実践の中の知の生成システムに応じて多様であるという。

　行為が予測視し得る結果しか生み出していない場合には、特にそれについて考えようとはしないが、「直観的な行為から驚き、喜び、希望が生まれ、予期しなかったことが発生すると、私たちは行為の中の省察によってその事態に対応するだろう」（2007, p.57）と述べている。省察の対象は、行為の結果や行為それ自体、そして、行為の中にある暗黙的で直観的な知、そしてそれらが相互に作用し合ったものであるとされる。たとえば、何らかの実践において、予測していたこととズレた場合に、「次どうすべきか」と考えるだろう。ゆっくりと対応ができる時間があれば、その場でのズレを瞬時に感知し、即時的

に考えながら、次の対応を生み出すかもしれない。こういった行為の中の省察は、実践者の中の＜わざ＞の中心に位置づけられており、この＜わざ＞を通して、実践者は厄介なまでに「多様な」実践状況に対応できると Schön は述べる。

　この Schön の行為の中の省察 reflection-in-action について、佐伯（2018）は、「in」の意味を「～の中の」としてしまうことによって生じる「行為している最中の」を意味しているように見えてしまうことを「誤解」としたうえで、次のように述べている。「実践の流れ（文脈）に即して行為を吟味することは、すべて『行為のなかの省察』に含むのである。リフレクションするのが事実上、実践行為のあとであっても、実践のなかで保育者がとっさに考え、臨機応変に対応していることについてリフレクションしているのであれば、ショーンのいう『リフレクション・イン・アクション』にあたる」（pp.10-11）というのだ。また、村井（2015）は、Schön の省察的実践者モデルを用いた多くの研究に対して、省察という行為が一つの経験である限り時間的な要素から逃れられないにもかかわらず、行為の中での省察の時間性に関心を払った研究がそれほど見られないと指摘する。この省察の時間性の問題に関する指摘は、そもそも Schön が行為の中の省察を多様な時間的幅で考えていることに影響を受けていることが要因となっていると考えられる。Schön は例として、法廷でのやりとりを挙げて説明している。弁護士は法廷においては数秒単位で行為の中の省察を行っているかもしれないが、独占禁止をめぐる訴訟のやりとりでは数ヵ月という期間で長々と続く。そのどちらも行為の中の省察ととらえる幅がある。その省察の時間性については、職種による固有性、同時性や速さなど、論点がいくつかあり得るだろう。

　この省察的実践家（reflective practitioner）と時間性の問題について、van Manen（1991a）は、医師の診断にまつわる問題解決プロセスと比較しながら、教師の特徴を指摘している。教育理論ではほとんど理解されていない、教育的瞬間（後述）の現在進行中の流動的な状況において、教師は即座に行動するという。このように、van Manen は教育という実践の特徴を踏まえ、省察について4つに分類して論じている。

①先行的熟慮（anticipatory reflection）により、考えられる代替案について検討し、行動方針を決定し、やるべき事柄の計画を立て、予想される出来事や計画された活動の結果として私たちや他の人たちが経験するであろうことを予測することができる。先行的熟慮は、組織化された意志決定、準備された方法で状況や他者にアプローチする際に役立つ。

②活動的あるいは相互行為的省察（active or interactive reflection）は、行為の中の省察とも呼ばれるものだが、この省察によって私たちが直面している問題や状況に折り合いをつけることができる。この立ち止まって考えるタイプの省察により、私たちは実際のとっさの判断を下すことができる。

③相互行為的な教育的瞬間それ自体を構成する日常的な経験もある。それは、異なる

タイプの省察であるマインドフルネス（mindfulness）によって特徴づけられる。タクトフルな教師のやりとりを上記の他の活動形態から区別するのが、このマインドフルネスである。私たちは人々とかかわっているとき、私たちの体験を振り返る時間や機会をたいていもっていない。瞬間の行動は省察によって生じるのではない。相互の体験やその応酬自体でマインドフルな状態になる。私たちが人と（話したり、身ぶりを使ったり、聞いたり、作業したり）やりとりしている間、生じている経験について省察する時間も機会もたいていもっていない。おそらく、子どもとの教育的やりとりの多くは、教育的状況と環境の継続的なラッシュから成り立っている。私たちの行動の即時性において、省察は、中断された立ち止まって考える行動の瞬間にも、また行動と平行しても生じない。言い換えると、瞬間の行動はたいてい省察によって生み出されない。しかし、この相互行為的経験もしくは"ラッシュ"自体はマインドフルであるだろう。

④想起的省察（recollective reflection）は過去の経験の意味づけを助け、それによって子どもと私たちが経験した意味を洞察することが可能になる。想起的省察の結果として、私たちは教師または保護者としてより経験豊富な実践者になるかもしれない。なぜなら、新たな、またはより深い理解をもたらした省察的経験によって、私たちの人生が豊かになるからである。（van Manen, 1991b, p.101 筆者訳）

　van Manen のこの４つの省察は、簡潔に言うと、経験より先行するもの、活動中に立ち止まって考えるもの、その場のことで手一杯になりマインドフルになるもの、過去を振り返り意味づけるものである。ここで問題になるのが、省察と行為の同時性である。教育実践の特性を考えると、実践の最中に「なぜ、そして何をやっているのか」を常に意識し、その行為のねらいや方法についてのオルタナティブを常に考えていること、授業の流れを変える準備を常にし続けていること、生徒の行動の意味を常に省察し続けていること、生徒が課題学習している間に、社会学的、心理学的な意味で彼らに起こっていることはどのようなことか、またその解釈のオルタナティブについて考慮し続けることは困難を極めることが推測される（van Manen, 1995; 村井 , 2015）。

　van Manen の立ち止まって考える（stop-and-think）というのは、行為の中の省察で起こるとされているが、行為の応酬自体でマインドフルになることも想定されている。先述の医者と教師の場合で考えてみると、医者の場合は、患者が一通り話し終え診察をすると、診断を下すまでその場で考える時間がもてる。一方の教師はそうではない。それぞれの子どもが考えを表出させたり、多様な表情を見せたりする中で、教師は実践の相互行為のラッシュ状態にマインドフルになることが往々にしてあるだろう。その場合、どのように的確なその場の判断をすることができるのだろうか。省察の時間性と身体性の問題は、職種や領域に固有の特徴的なあり方があるのではないか。実践において無数にあるといってもいい、その場での専門的な判断がどのようになされるのかという問題を、その実践に

即して詳細に検討する必要性がここで浮かび上がるのである。

（3）津守の省察概念

　Dewey の日常的行為にある省察的思考、Schön が提起したさまざまな専門職に見られる行為の中の省察、van Manen の教育実践の省察にあるマインドフルネスと、だんだんと省察のもつ時間性と身体性の多様なありようがあきらかになってきた。しかし、多くの子どもが思い思いに動き、活動し、泣き、笑う、その場の文脈が流動的に複雑に絡み合う保育実践における省察について考えるとき、この時間性と身体性は、保育実践の領域固有の問題としてさらに検討する必要がある。これまでも述べてきたように、省察は、保育者の専門性の重要な要素ととらえられており（榎沢, 2016）、研究も多い。ここでは、上記で触れた省察と時間性及び身体性との関係を中心に見ていく。

　保育者は、保育を計画し、実践し、その中で、子どもの今の姿を見取っていく。必要な教育内容を人や物との関連でとらえ、それぞれのもつ特質やそれらの動的な状況を踏まえて、必要な環境を構成する。また、自らも重要な環境として子どもと関心を共にし、行為を共にしていく。その時々に求められる保育者としての専門的な判断について、事後に「あのときのあれは一体どういう意味があったのか」と振り返るのが省察である。倉橋（1933）は、「子どもが歸つた後」と題して、保育後に子どもとの一日をあれこれ思い返すことの重要性について述べている。保育中は「自分のしてゐることを反省したり、考へたりする暇はない。子どもの中に入り込み切つて、心に一寸の隙間も殘らない。たゞ一心不亂」であるが、子どもらが帰った後、一日の保育の反省を重ねている人だけが真の保育者になれると記している。このように、日本の保育界においては、倉橋によって、実践時のマインドフルネスともいえる考察の難しさと省察の重要性が指摘されていたことになる。

　倉橋の思想を受け継ぎつつ、独自の保育思想をつくり上げてきた津守の省察概念は、保育の世界に幅広い影響を与えてきた（田代, 2013; 西, 2018）。津守（1980）は、Schön の行為の中の省察より時を前にして、「実践における思索」について次のように書いている。

　　　保育の実践において、保育者は、その場で、子どもの心の動きを、あるいは状況を理解し、その理解に従って、子どもに応答していく。理解は精神的行為であり、応答は身体的行為であり、保育において両者はひとつの行為である。
　　　実践においては、次々に起こるできごとに対して、保育者は、反省的に考える暇はない。瞬間的に行うその場の理解は、ほとんど無意識のうちに、体感によって行われる。そして、身体の水準での応答の中に、保育者の理解のしかたは表現される。子どもはそれを通して保育者の心を読みとり、子どもとしての応答をすることになる。それに対して、保育者は、また、自身の理解のしかたをもって応答していく。これらのことは、瞬時の間に、反省的に意識の面にも

　　　ちきたすことなく行われる。後になれば、省察によって意識化されるような思
　　　索が、実践の場では、身体の水準で行われているといってもよいであろう。(p.8)

　津守 (1980) は、このように、保育の体験とは、子どもと共に身体を動かし、身体を
もって応答する行為であり、身体運動に伴う体感、すなわち動きのイメージを伴うものと
した。この身体を伴った保育行為は「明瞭な言語化に達しておらず、体感による意識以前
の認識にとどまっている」(p.6)。その身体的行為としての応答は、その場で子どもの心
の動きや状況を理解するという精神的行為と一体である。思考や感情、付加的な意味、そ
して活動は区別することのできない全体を形成しているという説明の方が、その行動をよ
り正確にとらえられ (Korthagen & Lagerwerf, 2010)、また、保育者の専門性が身体的・
状況的である側面を描いているともとらえられる。
　これは、Schön の省察的実践家モデルではなく、van Manen のマインドフルネスの考
え方に近いものとして理解できる。この「実践における思索」の記述には、「省察による思索」
という記述が続く。保育後に一日の保育体験を思い起こし、感覚に立ち返り、思索するこ
とが省察の入口であるとし、津守は以下のように述べた。

　　　実践における体験は、時をへだてて、そのことをふり返って見るときに、そ
　　　れを意識化し、その意味を問い直すことができる。そのときに、実践の場では
　　　気づかれなかった子どもの世界や、自分自身の前提を、より明瞭に見ることが
　　　できるし、それらのことの本質に近づくであろう。
　　　（中略）実践は、一回限りの、不可逆なできごとであるが、反省によって、人
　　　はそのことを道徳規準に照らして評価するのではなく、まして、後悔し残念に
　　　思うのではなく、体験として、ほとんど無意識の中にとらえられている体験の
　　　認識に何度も立ち返り、そのことの意味を問うのである。意味を見出すことに
　　　よって、過去は現在となり、そして、未来を生み出す力になる。その精神作業は、
　　　反省に考察を加えること、すなわち、省察である。(p.9)

　このように、津守は、「実践における思索」と「省察による思索」を分けてとらえた。実
践において、保育者は子どもの心の動きや状況を精神的行為として理解し、身体的行為で
応答することを一体的に行う。そこでの理解は、子どもとの今まさにかわされるやりとり
のうちに、時を置く間もなく体感的に行われる。これは、保育の実際における子どもに対
する即応の連続状態を自ら生きた津守が、日々の実践の中から紡ぎ出したとらえであり、
多くの保育者の現実を浮かび上がらせる。そして、この実践のあとに、「体験の認識に何
度も立ち返り」その意味を問うとある。ほとんど無意識でありながら、体感としては残っ
ていたり、子どもの動きやかかわりといった具体的な行為を流れと共に思い起こすことは
できたりする。そのときにはそのときの理解と判断をしているのであろうが、果たして子

どもはどのような意味世界を生きていたのだろうか、と問う。それは、実践時のそれとは異なり、距離を置き、時間をかけて、また、何度も立ち返りながら、思索を深める性質のものである。

　津守に薫陶を受けた浜口（1999）は、省察過程を①実践、②想起、③記録の記述（言語化）、④解釈、⑤再び実践へ、という日常的なサイクルモデルを提示したが、その中で、実践体験は無我夢中のうちに過ぎ去るとし、保育者の子どもへの状況即応的対応などが強いる論理的・経験的思考態度の捨象状態だとした。それが保育後に向こうからやってくるものとしての「想起」が起こる。「実践レベルの諸体験を言語的レベルの認識へと移行するというのは、著しい断層的転換である」（p.172）ので、想起という媒介過程で実践体験を極力尊重し、その段差をできるだけなめらかにしておく必要があるとした。「身体で直接感受した未分化な保育体験を、保育者が自覚的に構造化していくための媒介過程」（p.171）として「想起」という小過程が位置づけられている。この浜口の無我夢中というのはまさにマインドフルな状態であると考えられ、実践後に体感を想起し、言語化へと向かうとした。

　西（2016）は、近年保育の質への注目が高まる中、省察概念への言及が増えているが、その多くは反省・記録・話し合いの外的・形式的側面を扱うものになっていることを指摘した。そのうえで、津守の省察概念は、単に反省し記録し語り合うということではなく、外的にとらえられる行動を超えて、内的な世界が保育にとって重要な意義をもつことを明らかにしたものだと主張する。「子どもとかかわるときに、外から見ていたのとはまったく違う世界、子どもと自分との内的な世界が展開する」（津守, 2002, p.38）ことへの発見が、津守の保育学をいわゆる「科学的心理学」から人間学的保育学へと転回させたと位置づけた（西, 2016）。西は、津守がいくつもの著作の中で挙げている H 夫の事例を取り上げ、分析している。本論文においても省察概念の検討に当たり、この H 夫の事例を取り上げたい。それは、省察と実践の間にある時間性の問題に触れることが可能になると考えるからである。以下は、津守（1987）にある「理解できない子どもの行為をもちこたえる」（pp.145-150）の文章である。長いので抜粋してあるが、文章表現自体は変えていない。

理解できない子どもの行為をもちこたえる（抜粋）

　　H 夫は私を見ると職員室に一緒に来たがった。弁当を食べるとき、最後の部分を床にひっくりかえし、いつも足にはいているゴムの長靴で踏みにじる。最初私は当惑し、社会常識に従って規制を加えた。私はいろいろ言いながら、ただちに拾って床をふいた。すると、すぐに同じことを繰り返した。

　　こういう日々を重ねながら、この子どもの行為のあれこれを考えるうちに、たのしく過ごした活動でも、最後の部分を自分で破損し、だめにすることがこの子どもの生活のテーマになっていることに気づいた。

　考えてみると、この子どもの生活には、たのしんでやっていた行為の最後が外部の力によってだめにされた体験が多かったであろうことが推察される。年齢の近い弟がいて、H夫が落ち着いて遊んでいるときに遊具をとられてしまうことがしばしばある。職員室でH夫が机の上の物に手を触れると、どのように扱うかを見届けることをせずに、それはだいじだからと先走って言うのは私である。こうしたことが続いたあと、この子の生活の中の受動的にされている行為を能動的に表現するのは当然ではないか。最後を他人にだめにされる前に、自分で破損してしまうのである。

　このことに気付いてから、私がこの子どもと一緒にいることによって最後までたのしんで活動を終わるようにしたいと思った。

　こうしたある日、H夫は、めずらしく裏庭の砂場に出ていた。突然、砂場にあった丸いあきかんに砂を入れて、室内にかかえてゆき、職員室の前の廊下にある冷蔵庫に持っていった。そして冷蔵庫の扉をあけた。このときも私は、H夫のはじめたことを最後までなし遂げられるようにしたいと思った。冷蔵庫の扉をあけたとき、砂を冷蔵庫に入れるのは場違いであるけれども、H夫を信じていれば、彼は私が困るような扱い方はしないことを信用しようと思った。むしろ、私がH夫に対する信頼を揺がせ、先走って制止したならば、——H夫はそのことは十分に分かっているので——そのことが場面を混乱させるだろうと思ったのである。

　H夫は、砂の入った丸いかんを、注意深く冷蔵庫に入れ、一度扉をしめて、それからその丸いかんを冷蔵庫からとり出した。そして私を見てにっこり笑った。H夫がそのことをした満足感が、私にも伝わってくるのを感じた。砂場から砂を部屋の中に持ってはいったときには、それが何を意味するか私には分からなかったが、いまはそれがH夫にとって意味があることが分かった。

　西は、この記録から、省察の内的過程として、以下の4つの重要な特徴が挙げられるとしている。①行動を表現として見る、②コミットメント（保育者の主体的・全人的関与）、③インキュベーション（孵化）の過程、④子どもとの相互的関係、である。西は、この津守のH夫の記録の分析を通して、保育学は主観を排除すべきではなく、決して恣意的ではない主観的関与を含んだ「保育の知」（津守, 2002）を探究していくことが求められると述べている。その「保育の知」は、保育者が既にもっている理解の枠組みを超えて、子どもと保育の現実の姿を見つめ、その子どもにとっての本質的意味をつかみ取ろうとすることによって得られていくと考えられる。この事例の分析を通して、西（2016）は、「保育者が子どもからの応答を受け止める省察的対話を行うとき、子どもも保育者の変化に反応しながら、省察的対話への能動的な参与者となる」（p.38）と述べ、省察は子どもの反応をとらえて相互的に進むプロセスであるととらえた。

　しかし、ここには、保育実践の継続性が絡んでいる。つまり、津守とH夫のやりとりは、ある一日のみのことではなく、昨日、今日、明日と続いていく生活の中にある。その継続的な学校生活の営みの中で、H夫が家に帰ったあと、津守は理解できないH夫の行為を考え続ける。その日々を重ね、あるとき、津守の中にH夫の破損してしまう行為についての、ある仮説的理解が形成される。体験世界のことを言語的にとらえ直し、さらに体験世界へと還っていく、実践と省察の往還によって生まれる意味世界の創造ともいえる。このことによって、津守は、自分の保育行為を変えていくのである。省察としては、子どもの帰ったあと、つまり事後に時間を置いて行われている。しかし、その事後の省察で得た津守の仮説的理解は、保育時間における行為を変える方針となり、実践のまさに瞬時の判断に影響を与えている。それは、H夫が砂の入った缶を持って冷蔵庫の扉を開けたときに、「H夫のはじめたことを最後までなし遂げられるようにしたい」と思い、H夫の行為に先走って何かを言うことを踏みとどまるというところに表れる。つまり、省察で得られた意味世界は、実践時の保育行為としてH夫との時間に表れているのである。H夫が津守の省察的対話に参与しているというより、日々継続的になされる実践と省察の往還の中で、保育者は子どもの行為に関する意味世界を形成し、保育者がその子どもが生きている意味世界の中で生きようとすることによって、保育行為が変わる。子どもはもともと保育者と対話的に生きている。保育者が変わることで子どもも自らの行為を相互行為の中で変えていくのではないだろうか。そのことを津守は、実践から知を創り出す方法として、「保育者がかわり、子どもがかわり、状況がかわれば、違った発見がなされ、異なった見解が創りだされるだろう」（2002, p.364）と述べているのではないだろうか。

　さらに指摘するならば、このH夫の事例の省察の起点となっているのは、H夫の行動を理解することが難しいという実践者としての津守の体感であり、思いであろう。うまくいっていない感覚が、実践の中で積み重なり、とらえ直しの必要に迫られる。そのことで、実践後に何度もうまくいかなかった場面に立ち返り、他の場面とも重ね合わせながら考え続ける。実践というのは、まさに主体となってその状況にかかわる時間のことだが、省察はその過去の自分を子どもの姿と共に対象化する。それは、子どもの表情や言葉、行動などのみならず、その状況下での実践者自身の身体的な感覚も含めた対象化である。また、そのことから「最後までたのしんで活動を終わるようにしたい」という未来の方針が導き出される。次に子どもに出会ったときには、新たに繰り広げられるH夫の活動が目の前で展開されるが、「体感による意識以前の認識にとどまっている」身体的行為の時間となり、反省的に考える時間は事後まで取っておかれるのである。この、実践者自身がその状況に入っているときの身体的行為の体感と、その現在進行形の時間から離れ、精神的行為として実践をとらえ直すときとの往還が、省察を構成する。

　ここまで、省察概念の展開と、津守の省察論を通して、保育領域における省察概念の特徴を見てきた。保育実践とは、津守の言うように、そのさなかに一つひとつの行為の意味

を考えている余裕はなく、そこで生じた状況に対して即時的に応答する身体的行為である側面が強い。そのため、その実践が専門家としての実践として成り立つためには、体験の中でほとんど無意識にとらえられている認識に立ち返り、意味を問い直すという事後の省察が重要になる。その事後の省察において、身体的に得たある子どもとのかかわりの感覚に保育者は立ち返る。あのときのまっすぐと見る目、手を握り返してくる緊張感、そこで感知したその子どもの行為の意味を他の場面とつなげたり、他の人の体験と関連づけたりしながら、何度も考える。省察を通して、保育者は身体的感覚からその場の状況を何度も思い起こし、その子にとっての、その状況における意味を考える。このように、身体的感覚と状況とが子どもの行為や保育実践の意味をとらえる大きな手がかりとして立ち返るポイントとなるところに、保育実践と省察の特徴があり、その身体的感覚と状況への対話の往復によってこそ専門性の向上があるととらえられる。

　本論文は、保育実践における専門性を検討するうえで、この身体的感覚と状況について着目していく。保育実践にある流動的で絡み合うダイナミック・プロセスの中を、保育者はいかに身体的に行為し、判断しているのだろうか。

6．実践知研究にある幻想
（1）専門的知識領域と実践的思考

　保育者を含む実践者の中でも熟達者がもつ知性として注目されているのが、実践知（practical intelligence）である。実践知は、これまでさまざまに取り扱われてきた。学校知に対比されるものとして、また、科学知に対比されるものとして、経験主義的で非言語のものも含むものとして扱われている。楠見（2012）は、ある領域の長い経験を通して、高いレベルのパフォーマンスを発揮できる段階に達した熟達者がもつ実践に関する知性と広くとらえ、熟達者のもつ知識、スキル、態度を対象として検討している。そのうえで、熟達者のもつ実践的な知識とスキルの観点から、その特徴を9点挙げている。

①熟達者は実践知、とりわけ事実に関する詳細な知識、さらに言語化、意識化されにくい知（暗黙知）を多くもっている。

②熟達者は、最高のパフォーマンスを、素早く正確に実行できる。それは仕事で優れた解決策を導いたり、将棋・囲碁・チェスでは最良の手を短い時間でさしたりすることである。ルーチンに関することでは、多くの自動化された下位スキルのレパートリーをもち、うまく行う方法を知っている。

③熟達者は初心者がわからないような重要な特徴（異常や欠落など）に気づく検出（detection）、それが何であるかがわかる認識（recognition）、さらにそれを他のものと弁別できる知覚的スキルをもつ。これは、どのような状況が典型的なのか、どのような事象が時間的・空間的に結びついているのか（連合）などの多くのパタンについての知識をもつことに支えられている。熟達者は、こうしたスキルや知識

によって、仕事で複雑な問題状況を理解したり、その深層を探り当てたり、うまくいっていないことを発見したりすることができる。たとえば、医師がレントゲン写真から異常を見出したり、看護師が、気になる入院患者からのナースコールの瞬間、予想されることを整理して何が起きたかを瞬時に把握することがその例である。

④熟達者は、すぐれた質的分析ができる。たとえば、仕事の問題を解決するときには、時間をかけて当該領域の経験に基づく膨大な知識を用いて、詳細な分析を行うことである。また、心の中であれこれ考えるときに思い浮かべるメンタルモデルが精密で、それを動かして、シミュレーションができる。

⑤熟達者は、正確な自己モニタリングを行い、自分のエラーや理解の状態を把握できる。また、自分の長所や限界を知っている。これらにはまず、安定した適切なパフォーマンスの評価基準をもつことである。そのうえで、メタ認知のプロセスとして、自己モニタリングや省察（reflection）を行い、自己調整を行う。

⑥適切な方略を選ぶことができる。

⑦その場の状況の情報をリソースとして適切に活用できる。

⑧不確実性に対応できる広範な方略をもつため、不測の事態にも対応できる。

⑨短い時間と労力での実行を可能にする効率よく状況を動かすポイント（leverage point）を見つける。

(pp.17-19)

このような実践知に関して、さまざまな分野の専門家を対象として研究が進められてきた。教育分野においては、Schwab（1969; 1971）が実践的であることは常に特殊性によって、理論的であることは一般性によって特徴づけられるとし、教師の専門領域に「理論的知識（theoretical knowledge）」とは異なる「実践的知識（practical knowledge）」と呼ばれる知識領域があるという見解を表明した。

さらに、Shulman（1987）は教師の知識基盤を 7 つの領域で提示した。

①学問内容の知識（content knowledge）

②一般的な授業方法に関する知識（general pedagogical knowledge）

③カリキュラムに関する知識（curriculum knowledge）

④学習内容と教授方法が一体となった知識（pedagogical content knowledge）

⑤学習者とその特徴に関する知識（knowledge of learners and their characteristics）

⑥教育の文脈に関する知識（knowledge of educational contexts）

⑦教育の目的、目標、価値、哲学的・歴史的背景に関する知識（knowledge of educational ends, purposes, and values, and their philosophical and historical grounds）

中でも、④の学習内容と教授方法が一体となった知識が教師固有の専門的理解の形態であるとされている。

　また、Elbaz（1981; 1983）は、ある高校教師の事例研究を通して、実践的知識（practical knowledge）には、自己、教育環境、教科内容、カリキュラムの展開、教示という５つの内容領域が含まれていた。また、その実践的知識は、実践の世界へ向かうさまざまな方法として、理論的、状況的、社会的に適用され、内面的には個人的な意味を生成し、経験的構造を形成していたとしている（Elbaz, 1981; 1983）。佐藤・岩川・秋田（1990）は、こういった教師の熟達の固有性に即した研究が求められるとして、教師の実践的思考様式に関する研究を行った。その結果、創造的な熟練教師の実践的思考様式には、「実践過程における即興的思考」「不確定な状況への敏感で主体的な関与と問題表象への熟考的な態度」「実践的問題の表象と解決における多元的な視点の総合」「実践場面に生起する問題事象相互の関連をその場面に即して構成する文脈化された思考」「授業展開の固有性に即して不断に問題表象を再構成する思考の方略」という５つの特徴が見られることが明らかになった。また、秋田・佐藤・岩川（1991）は初任教師と熟練教師の比較検討を行い、熟練教師は授業の課題構造や教材に関する実践的知識をもつだけでなく、子どもとの相互作用を通してより多くの手がかりをとらえ、知識と状況の手がかりを利用して柔軟に適用しながら、授業という問題状況の各事象を関連づけてとらえ、ただちに対応すべき教授を考えたり、後の展開を予測できるとした。吉崎（1988）は教師の意思決定モデルに関する研究において、教師が授業計画に基づいて自分自身の思考や教授意図、教室事象を観察するモニタリング・スキーマを導入し、授業計画と生徒の反応にズレが生じた際に用いる代替方略が説明できるようなモデルを提示した。

　久我（2007; 2008）は、Schön の主張する「省察的実践家モデル」に対して、Shulman の主張を、教師が実践の前に蓄えておくべき知識を重視した「専門的知識重視モデル」と位置づけ、教師の専門職性がこのどちらのモデルによって特徴づけられるのかを検討している。授業者の発話を分析した結果、授業構想の枠組みに基づいて展開している部分では専門的知識重視モデルの思考過程が見られ、想定外の子どもの発言などをきっかけに即興的な実践的思考様式が駆動していた。このことから、実際の授業においては、この２つの思考モデルが相互に関連性をもって駆動しているという。

　波多野（2001）は、定型的熟達者は慣れた型の問題を素早く正確にとくことはできても、新たな問題を扱う能力は高くないのに対して、適応的熟達者は、専門的知識領域の深い概念的理解から新たな手続きを発明することが可能であること、手続き的知識と概念的知識の間に緊密な結合と、自らの理解水準をモニターするメタ理解が、適応的熟達者の特徴であるという。

　以上、概観すると、小学校以上の教師の適応的熟達者は、広範な専門的知識領域をもつこと、授業の計画に沿って専門的知識を用いながらも、計画と子どもの姿にズレが生じた際には状況に応じた実践的思考を駆動させ、代替方略を用いて対応する、もしくは、新た

な手続きを発明することが明らかにされてきている。つまり、教師の熟達については、専門的知識領域と実践的思考の両方を検討すべきだということになる。

（2）保育学領域における実践知の検討

　保育を「見えない教授法（invisible pedagogy）」と定義した Bernstein（1975/1985）は、その特徴として次の6点を挙げた。

　　①子どもに対する教師の統制は明示的であるよりむしろ暗示的である。
　　②理念的には、子どもが再構成し、探索していくことを期待されているような文脈を
　　　教師が構成するところである。
　　③このように構成された文脈の中で、子どもは何を選択するか、どのように組織する
　　　か、どのくらいの時間の幅で行動するかを自由に決めることができる力を与えられ
　　　ている。
　　④子どもが自分自身の行動や社会関係を明らかに自分で規定することができる。
　　⑤特定の技能を伝達することや、それを修得することはあまり強調されてはいない。
　　⑥その教育方法を評価する基準は多様で拡散しているためそれを測定することは容易
　　　ではない。

（1985, p.121）

　遊びを中心とした保育は、子どもに対する教育的意図を環境構成の中に含ませる特徴があり、その意図は明示的ではないし、またその実践は自由度が高い。保育者の意図が含まれた環境をどのように子どもが扱うか、遊ぶかは、多くの場合、子どもに任されている。たとえ保育者が意図しない遊びに発展しても、その遊びの教育的な意味をどう読み取るか、どう意味づけて再構成するかも保育者次第であるし、保育者によって判断基準が異なる。そこには保育者の暗黙的な理論がかかわっている。

　この暗黙的な理論には、少なくとも価値と実践に関する知識（knowledge of practice）が要素としてあるとされ（Spodek, 1988）、価値は子どもの育ちのために何をすべきか、どうあるべきか、というものであるという（Spodek, 1987）。また、保育者の実践的知識（practical knowledge）は、経験と経験の解釈から生じる個人的に意味のあるものなので、各保育者は自分の個人的な概念を他の基本的側面と共に教育の文脈の理解に応用するよう発達させるという（Spodek, 1988）。保育領域においては、近年保育者の実践方略や実践知に関する研究が行われるようになってきている。保育者の実践知に関する国内外の研究を概観した野澤・井庭・天野・若林・宮田・秋田（2018）は、実践知（practical knowledge）という語を用いた研究はまだ少ないとしながらも、これまでの研究で明らかにされてきた点を①保育者の実践知の明示化、②保育者の実践知における差異とそれを規定する要因、③実践知と実践との関連、の3点とした。保育者の実践知に

は、実に多様な要素が含まれること、また個々の保育者のもつ実践知には共通点がありつつも差異があり、その差異は個人、園、社会・文化という多層的な文脈によって規定されていると述べ、さまざまなありようから学び合えるよう保育者の実践知を可視化・共有化し、学び合える仕組みをつくる重要性を指摘している。

　具体的な保育援助に関する実践研究は数多くあるが、熟達化の観点から援助の専門性について検討したのは高濱（2001）である。高濱は、保育を問題解決場面ととらえ、保育者へのインタビューを行ったところ、保育者の問題解決には、文脈と結びついた手がかりやこつが使われること、その手がかりやこつは幼児の個人差や発達的変化によって変わることが示唆されたという。また、保育場面の観察から、幼稚園におけるごっこ遊びの援助に 4 つの段階があることや、遊びの質的変化に対応した 5 つの方略が用いられることを明らかにした（高濱, 2001）。

　また、実践知という概念を用いて、保育者の片付け場面に関して用いている知識や方略等の検討を行っているのは砂上らである。砂上らは、保育者が経験的に保持している暗黙的な知識や思考様式、方略の総体を「実践知」として定義し、他園の片付け場面の映像を刺激としたグループインタビュー（多声的ビジュアル・エスノグラフィー）を用いて検討を行っている。その一連の研究では、保育者の実践知が、園庭の広さや保育の流れといった園の構造的特徴（砂上・秋田・時田・箕輪・安見, 2009）、戸外か屋内かという状況（砂上・秋田・増田・箕輪・中坪・安見, 2012）、年間における時期（砂上・秋田・増田・箕輪・中坪・安見, 2015）の影響を受けることが明らかにされた。

　また、実践知の可視化・共有化を行い、効果的な研修方法を提示した野澤ら（2018）のパターン・ランゲージの研究もある。パターン・ランゲージとは、よい実践（デザイン）における諸事例に潜むパターンを「言語」（ランゲージ）化したものであり、よい実践（デザイン）を生み出す秘訣・知恵に名前をつけ、共有・活用可能にするための言語の体系とされている。言語とは常に表そうとする意味との間に限界性をもつ。パターン・ランゲージは、どのような言葉で形容しても表現しきれない「よさ」を成り立たせている要素間の関係性に着目し、その繰り返される関係性を「パターン」としてとらえたものだという（野澤ら, 2018）。専門家が意識的／無意識的に知っているパターンを抽出し、専門外の人でもわかるような言葉で表すことによって、専門かどうかにかかわらず、対話が可能になることを目指しているという。

　こういった実践知研究は、暗黙的なものや無意識的に知っているものを言語化・可視化・共有化することができるという前提に立っている。これらの研究においては、養成教育等で教授される形式的な知識や、入職後の所属園における多様な経験から得たその園独自の環境に関する知識や広さと時間感覚など、言語化し比較検討できる内容が扱われており、これまで見えない教育方法（Bernstein, 1975/1985）といわれてきた幼児教育の可視化につながっていくとされる。しかし、福島（2001a）が「言語化が困難とされる暗黙知を調査するのに、それを聞きとりだけで行うというのはほとんど語義矛盾である」（p.49）

と痛烈に批判しているように、実践に用いている経験的知識を調査したとは言えるかもしれないが、暗黙的な知識や思考様式、方略の総体としての「実践知」を調査したとは言えるのか。その現場の文脈や状況や身体といったことと密接に結びついている詳細な知が実践知であるのに対して、そのパターンを見出し言語で共有される知は、実践に用いられている経験的知識のほんの一部を言語化し共有化を試みているのであり、総体としての「実践知」を取り扱っているとは到底言えないのである。

　このように、現在保育学領域における実践知概念は混乱をきたしている状態にある。しかし、実践知研究における本質的な問題はそれにとどまらず、実践知という概念を研究上取り扱おうとする際には必ず言語、身体、状況にまつわる問題構造に突き当たるところにある。すべてを言語化することは不可能である内容を言語上でしか取り扱うことができないこと、その言語化は誰が何のために行うのかによって内容が異なり、共有され理解されるということにはすでに読み手が知っている範囲が大きく影響するということ、状況の具体と結びついた内容を研究プロセスにおいて抽象化すると一般化してしまうことなど、どれも実践知を研究上扱おうとすることは幻想でしかないことを表しているのではないか。それに対して、本論文の立場は、実践知とはこのあとの項で見る、暗黙知、また身体や状況と切り離すことができない特質をもつところが重要であると考える。しかし、本論文の検討においては、この混乱した概念を用いずに、保育者特有の専門性について検討を行う。

（3）暗黙知としての実践知

　Polanyi（1966/2003）は、「言葉にできるより多くのことを知ることができる」（p.18）と述べ、言葉にすることのできない認識が存在することを示し、それを暗黙知と呼んだ。確かに、言葉にできない次元の知は無数にあるだろう。Polanyi は自転車に乗ったり泳いだりできることを説明することが難しいことを例に説明する。しかし、西阪（2008）はこの Polanyi の暗黙知について、疑問を呈している。やり方の知識は内容の知識とは根本的に異なる性格のものであり、「私たちが実際にやっていることの、そのやり方は、決してそのような知識ではない」（p.29）と述べる。知っている仕方が異なるのであって、知らないのではない。保育実践において、言語化されてこなかった暗黙知が多くあると思われるが、それは知らないのではなく、知っている、または実際に使われている知である。しかし、それを記述する方法が定かでなく、見て真似ることによって伝承されてきたものも多くあるだろう。

　楠見（2012）はこの暗黙知を言語化できない経験知であり、通常直接教えられるというよりは周囲の人の行動から推論したり、経験から自分で発見したりして獲得されるとした。また、普遍的な知識ではなく、状況や目標依存的な知識である（楠見，2012）。「暗黙知は、素早く、正確な遂行や、直観的に問題状況を適切に解釈することを支えている。一方の形式知は、客観的論理的で言語的形式的な知識である。マニュアル、仕様書の形で存在し、研修で教えることのできる知識である。実践知は暗黙知が大きな部分を占めてい

るが、それを他者に伝えるときには、形式知に変換する必要があり、また、学校で形式知を体系的に学んで、現場での経験を通して、暗黙知に変換するという知識の変換が重要である」（楠見，2010，p.218）とされる。形式知として学んだことを暗黙知に変換するというのは、個人的な経験を積み、形式的な知識であったものと結びつけ咀嚼し、経験的な暗黙知として実践の中で身につけていくということと考えられる。

　しかし、生活経験の中でさまざまな暗黙知をもっているとするならば、形式知と暗黙知のどちらに出発点があるかははっきりせず、また問題でもない。私たちは、言語と実践のあいだを行き来しながら、動きを修得し、実践を表す言葉を探し、すり合わせていくのではないだろうか。

　保育においては、子どもと共に身体を動かして遊ぶことを通して、その子どもを知るというようなことがよく言われる。保育者は、形式知を身につけた状態で入職しているのだが、個別具体の子どもや遊びを知ろうとするとき、実践においては「言葉にできるより多くのこと」にあふれている現実が目の前に迫り、その多くは一つひとつを言葉にする間もなく過ぎ去っていく。そのとき、保育者は実践の中でどのような経験を蓄積し、専門性を身につけ向上させているのか。どのようなやり方や知識が実践を形作っているのか。それはたとえば、一般の子育てに用いられているものとどのように異なるのだろうか。保育実践の具体を詳細に検討する必要があると考えられる。

（4）保育実践における身体

　無藤（1997）は、倉橋以来の「自由保育」の伝統から、現在の「環境を通しての保育」の根底にある原理として、子どもが自由に探索することで何を学ぶのか、またよりよく学ぶための基本条件とは何か考えることの重要性を指摘している。そのうえで、幼稚園において、子どもは身体と対象との動的なかかわりとして「動き」に習熟していくことが、発達の主要な問題だとし、保育とは、その幼児の多様な動きを可能にするものだと述べる。また、その幼児の身体の動きからどのような意味をくみ取るかが問題であるという（無藤，1995）。津守（1980）は「われわれが知覚する子どもの行動は、子どもが心に感じている世界の表現である」（p.5）と述べ、「文字に記録するのが困難なような、表情や、小さな動作や、ことばの抑揚などに表出される。子どもの心の動きを、表現された行動を通して、いかに読みとるかという課題が、保育者に課せられている」（pp.5-6）と述べる。幼ければ幼いほど、子どもは言葉より身体の動きに内面が表出する。幼い子どもの不明瞭な表現を大人がどう読み取り、かかわり、返していくかが、遊びの発展においても生活においても子どもの育ちにおいても重要である。しかし、実際には子どもの動きは数限りなくあり、多様である。保育者がその意味をいかに読み取り、またその意味はどう実践に生かされているのかを検討することが、保育学において価値のあることだといえよう。

　また、保育者の身体についての検討も同時に重要である。保育者はその身体まるごと保育状況の中に巻き込まれて、子どもと共に一日を過ごす。それは、言葉にならないものを

大量に含み込みつつ、身体感覚と共に記憶されるものも多いと想像される。津守（1997）は、「保育者は身体によって子どもとかかわるが、そこには出会うことからはじまって、刻々に変化する行為の中に願いや悩みを読み取り、それに身体で応答する高度の精神作業が含まれている」（p.288）と述べ、保育実践における保育者の身体的行為に含まれる高度の精神作業が一体となったありようについて指摘している。また「理解の本質は自分の向きを変える意志である。理解するとは知識の網の目の中に位置づけることではない。自分が変化することである。そのとき自分は他者に対して相対化される。自分を絶対化するときには知性は失われる。保育は身体的行為でありながら知的行為である」（pp.288-289）とも述べており、子どもの行動を表現として見て、子どもを理解しようとするとき、子どもを対象化して外側から見るのではなく、身体的行為の中で相互に影響を与え合う関係に位置づきながら、自らの理解を変容させ、よりその子どもの本質へ近づこうとすること、つまり、保育者が自分の向きを変えようとする知的行為が重要であるとしている。保育者は疲労を避けようとする惰性にとらわれてしまわずにいようとする意志、子どもと自らの相互の関係性の中で今をとらえ、自らを相対化し、必要に応じて自らを変容させようとする意志を必要とし、それらを含み込んだ身体的行為としての保育実践がある。

　この保育者の身体のあり方について、榎沢（1997）は、精神（心）と身体を異なる実在として分離する考え方「心身二元論」は、素朴な体験と必ずしも一致しないとし、子どもと保育者の身体が自然に相互的な応答を展開していくために、"自分の身体が相手へと自然に動いていくこと"が必要であると同時に、"相手の身体を受け入れようとする姿勢"が必要だとしている。榎沢は自身の保育記録から、トランポリンを跳んでいる子どもの手が榎沢の方へ動くこととほとんど同時にその手を受け止めるように応答したことについて、「保育者は子どもの身体に志向性を見取った瞬間、その志向性そのものに反応するのである。子どもも同様に、友だちや保育者の身体の志向性そのものに反応するのである」（p.262）と述べ、子どもの身体が何を志向しているのかを把握して動いているのではないことを指摘する。さらにそれは、〈相互に相手の身体の志向性を感知し、その運動に相乗りする〉という仕方で、志向性を共有し、互いの行動を支え合っており、相乗りすることにより子どもの志向の対象も見えてくるとしている。倉橋（1934）の書いた有名な一節「飛びついて來た子ども」も、子どもと大人の相互の関係において、心と身体が一体であることを前提としているように読めるのではないだろうか。

　　　子どもが飛びついて來た。あつと思ふ間に、もう何處かへ馳けて行つて仕舞
　　つた。その子の親しみを氣のついた時には、もう向ふを向いてゐる。私は果し
　　てあの飛びついて來た瞬間の心を、その時ぴつたりと受けてやつたであらうか。
　　それに相當する親しみで應じてやつたらうか（p.1）。

　倉橋は、子どもの瞬間の動きに表されている心を、自らの行為としてぴったりと受ける

ことができたかを問うている。このように、保育とは、身体を抜きに検討することができない営みである。その専門性を問うとき、身体を正面に据えた議論をする必要があるのではないだろうか。

　榎沢（2018）はさらに、保育実践を対話の概念で分析し、保育者と子どもが身体の次元でコミュニケーションを行っていることを具体的に検討した。身体は意識の志向性の表れの場であり、身体を見れば、その人の生きている世界、その人が世界とどのような関係を取り結んでいるのかがわかると述べ、身体からあふれ出る情態感がその場の雰囲気を生み、その雰囲気に影響を受けながら、活動が展開することを指摘している。子どもと保育者は常に何らかの雰囲気を発しつつ、共有し、また生み出すという相互的応答の関係にあると述べている。こういった、保育者と子どもの相互の身体のありようや情態感、また雰囲気の感知は、具体的な事例を丁寧に描き出すことによって、確からしさをもって読み手に迫ってくるものがある。保育実践とは、相互に生み出される身体的な動きや情態感が醸し出す雰囲気の中で、活動が展開していくのであろう。しかし、それは、保育者が積み重ねてきた子ども理解や保育の計画などと、どのような関係で立ち現れるものなのだろうか。保育実践における身体を検討する際に、具体的な場面の詳細なやりとりの分析は重要であるが、現象として立ち現れるもののみが現在を形づくっているとは言い切れない。保育者がもち込む意図的活動や計画と、身体的行為はどのように検討し得るのか。この点について、さらなる挑戦が必要である。

第2節　実践を支える専門性をめぐる概念の検討

1．教育的鑑識眼

　本節では、本論文における保育者の専門性の検討において、重要な概念を見ていくことにする。

　保育実践のダイナミック・プロセスの中で、保育者は何を感知し、判断し、行動するのか。日常の保育実践においては、個々の子どもの様子の違い、昨日と今日の様子の違い、一人のときと集団のときとの様子の違い、月曜日の朝と水曜日の朝の違いなど、日常的で連続的な実践の中にも、常に質感の微妙な違いや変化がある。遊びを中心とした保育において、子どもたちは自分たちで遊ぶ人や場所を選び活動をしている。そこここに独特の質感が漂う中で、保育者は自らがどこにかかわるべきかを常に判断しながら動いていると考えられる。

　この保育者がおそらくもっているであろう実践の質感を感知する専門性について検討していく際に、Eisner の教育的鑑識眼を参照したい。Eisner（1977; 2003）は、教育評価における非常に重要な能力として、教育的鑑識眼（educational connoisseurship）と教育批評（educational criticism）を挙げた。学校で生じる教育実践は、ひどく予測困難

な偶発性に満ちた過度に複雑な出来事であり、教育的鑑識眼はそういった複雑な特徴や質への気づきであり、真価を理解する鑑賞のアートである。一方の教育批評は、教育的鑑識眼でとらえた質を講評するアートである。

　Eisner（1977）は、教育の効果を評価するに当たり、科学的パラダイムに対置させたアート・パラダイムの重要性を主張する。どのクラスにでも、どんな性格の子どもにも、どんな民族的、階級的背景をもっている子どもにも適用できるような科学的方法を見つけるより、教師やその他教育に携わるさまざまな人が、自分が何をしているのかを見て考える力を高めることができるようにすることで、教育の質が向上するという仮説から始めるとしたのである。たとえば、ワインの愛好家は、注意深く味わうことで、微妙な質感を識別できる味覚の嗜好を発達させる。味わいの重厚さ、色味、香り、後味など、ワインの鑑賞を構成する要素がある。現在のワインを味わう経験には、それまでの記憶に蓄積された他のワインが背景となって影響をおよぼす。あるワインを味わった経験が記憶として蓄積され、他の経験と比較して、さらにその味わいを鑑賞する力が上がっていくと想定される。こういったことが教育にも当てはまる。教育エピソードはそれぞれが独特であり、その独特な様相を認識したり鑑賞したりするのに文脈が必要であると述べる（Eisner, 2003）。文脈はすでに経験した教育のイメージに位置づけられる。たとえば保育場面で考えてみると、先に挙げたように、個による差異、場面や時間による差異など、常に同じものがない一回性の出来事の連続の中で、保育者はその質感をとらえているだろう。一度きりの体験が保育者の中で繊細にとらえられていれば、その感覚は記憶に残り、次の場面で今の質感をとらえるために無意識的に参照されているのではないだろうか。つまり、そこにある質感の微妙な差異をとらえようとし続けることで、より繊細に、より正確に、その場の質感を感知する力を高めていくことが可能になるのではないか。そう考えると、保育者の経験の蓄積の中で生じ得る力量の向上とは、単に経験年数が積み重なることによってではなく、実践にある質感を感知する経験を蓄積しながら、その感度を高めていくために繊細に知覚しようとすることによって可能になると考えられる。

　また、こういった鑑識眼は関連分野での経験を通じて培われるので、それは個人的な成果でもある（Eisner, 2003）。このような実践の質感を繊細にとらえようとするとき、同じ実践を見ても、見る人によってその見方は異なる。たとえば、クリスマスツリーの飾りを思い思いに製作している保育場面を観て、「子どもたちが楽しそうに遊んでいた」という大まかなとらえではなく、詳細な描写をしようとしたとき、「A という一人の子どもが自分で製作した物にモールを付け、ある木の下に潜り込み、奥の方の木の枝にくくりつけようと懸命に手を伸ばしていた」と、奥の方に付けるところに重要な質感を感じる人もいれば、「A は一緒に製作していた B から離れて、何も言わずに一人である木の下に入っていき、その木の中心に近い枝の太い部分にくくりつけるのを苦労してやっていた」と、横にいた B との関係性と他の人から見えないところにくくろうとした行為の質感がこの場面において重要な意味をもつと感じる人もいるだろう。前後の文脈をどのように把握して

いるか、どんな質感に重点を置いて感知しようとしているか、それまで感じていた質感とどういった差異を感知するか、それは個人によって異なる。

　しかしそれが、鑑識眼の妥当性を問い、その内容を公共のものにしていくには、鑑識を公的で共有可能なものに変える必要があるとして、そこに教育批判の役割が出てくる。ここでは、教育批判の方には踏み込まないが、保育者同士で見取りを共有し、よりよくその子どもをとらえようとするときに、言語化し、解釈し、その解釈の妥当性を問うことや、どのようなことに価値をおいてみるのかという価値観などが重要になるだろう。しかし、それと同時に、保育者は、いかにその場の質感を感知したのか、という現場の感覚に立ち返り、揺り戻されながら、意味を確かめようとするのではないだろうか。

2．教育的瞬間

　van Manen（1991b）は、子どもに対する何らかの教育的な働きかけが大人に期待される状況に対して、能動的に出会うこと（active encounter）を教育的瞬間とした。その出会いには、具体的にかかわることだけでなく、見守るということも含まれる。教育的瞬間は、実践の中心に位置づいている。子どもとの日常において、しばしばとっさにかかわらなくてはならず、その状況においてどうすべきかを熟慮している時間はない。しかし、子どもたちに何がよきことなのかを行動で示していかなくてはならない。そこで、van Manen は、2 つの教育的実践を区別する必要があるとした。1 つは、教育的経験を通して能動的に生きる側面、もう 1 つは、それらの経験について省察的に語ったり書いたりする側面である。

　鹿毛（2007）は、日常的評価と教育的評価を比較して、教育的評価には「教育的なまなざし」が存在するとした。子どもの姿を把握、判断する際に、人間的な成長という視点からもつ「ねがい」（「こうあって欲しい」「こうなって欲しい」など）や、学習内容とのかかわりでもつ「ねらい」（「こういうことを身につけて欲しい」など）が存在し、その視点から子どもをとらえ、意味づけ、価値づける。さらに、この教育的評価は、こういった把握、判断に基づいて、次の行為を模索し、決定し、実行するという点に特徴がある。鹿毛は次のような例を挙げて説明する。

　　　例えば、ある教師が隣のクラスのヒロミさんと廊下ですれ違ったとき、いつもなら笑顔で挨拶するのに、今日はムスッとしていて元気がなかったとする。日常的な評価なら、このように「いつもと違うな」と感じていてもそのことについては深く考えず、すぐに忘れてしまうかもしれない。しかし、教育的な評価の場合、そのことに気を配り、それとなく彼女の担任にその印象を話すかもしれないし、担任とともにその日の彼女の様子を注意深く見守るかもしれない。

　　　　　　　　　　　　　　　　　　　　　　　　　　　　　　　　　　　（p.115）

　こういった瞬間は、保育の日常においても、そこここに散りばめられている。子どもの
ちょっとした振る舞いの中に、微妙な違和感を感知し、いつ、どのようにかかわるべきか
を判断していく連続が保育実践である。

　この教育的鑑識眼をもって、教育的瞬間を的確にとらえ、それを逃さずに適切な働きか
けを行うことを、鹿毛（2007）は「教師の出」と呼んだ。この教師の出を保育実践に置
き換えて考えてみると、さらに事情は複雑化する。小学校以上の授業のように時間の区切
りや授業のねらいや流れが明確である場合と異なり、保育実践においては、子どもが思い
思いに園のさまざまな場所で遊び、活動する。複数の活動が場所と時間の中で絡み合い、
その中で一人ひとりの子どもの思いが表され、刺激し合いながら、微妙なニュアンスが絡
まり合ってその場の状況が展開していく。保育者はその中で、一体どのような質感に「教
育的瞬間」を読み取り、関与していくのか。さまざまに浮かび上がってくる教育的状況に、
どのような教育的な意義を感じ取り、今優先的にかかわるべき教育的状況を選び取り、能
動的な出会いとしての教育的瞬間を形成していくのか。そのことを理解することなくして、
保育者の専門性を理解することはできないのではないだろうか。

　先の津守の記録から、保育者の専門性は事後の省察だけではないことがわかる。事後の
省察に得た新たな理解をもって保育行為を意味づけたとき、まさに実践のさなかにおい
て、これまでとは違った現象の見え方が立ち現れる。H 夫が砂の入った空き缶を冷蔵庫
のところに持って行き、その扉を開けたときに、「H 夫を信じていれば、彼は私が困るよ
うな扱い方はしないことを信用しようと思った。むしろ、私が H 夫に対する信頼を揺が
せ、先走って制止したならば、――H 夫はそのことは十分に分っているので――そのこ
とが場面を混乱させるだろうと思ったのである」（津守, 1987, p.147）と、その瞬間の
思考を振り返っている。津守は、実践の最中に H 夫が目の前で展開しようとしている姿に、
今このときの教育的な意味をとらえ、自分の心のあり方と振る舞いを決めたことになる。

　この H 夫が砂の入った空き缶を持って冷蔵庫を開けたとき、それまでであれば、先回
りして行動を制止していたかもしれない、とも思われる。しかし、津守は、H 夫とのか
かわりに課題認識をもち、日々省察を繰り返す中で、H 夫の行為に「途中でダメにして
しまうこと」が多いと気づく。その行為の H 夫にとっての意味を探り、H 夫がやろうと
していることをしっかりとやり遂げられるようにすることの意味を考察し、その日の保育
に臨んでいたのである。津守は、実践のさなかにじっくり振り返る余裕はないとしている
が、実践のさなかには、たまたまそのとき生じた子どもの行動に対する瞬時の感知と判断
がある。前日までの省察による H 夫の行為に対する仮説的な理解がその瞬時の判断に生
かされていると思われる。保育者がその場の子どもの行動の意味を瞬時に感知し、判断す
る力量をもつには、日々うまくいかなかったかかわりの省察を繰り返し、常に更新される
仮説的な子ども理解を実践時の判断に生かしていることが、保育者の専門性として重要で
あると考えられる。

　この瞬時の感知と判断は、van Manen（1991a; 1991b）の教育的タクトに当たる

と考えられる。教育的タクトは、教育的瞬間における行為に関する用語である。van Manen によると、タクトフルな行為とは、私が一人の人間として予測不可能な状況に対して、即座に対応しなければならない際の即時的関与のことである。人間の相互作用の一形態として、ある状況において、感情的に、応答的に、注意深く、即座に行為していることを意味する。教育的タクトは、複雑な一連の資質、能力、コンピテンシーで構成されている。第一に、タクトフルな人は身ぶり、ふるまい、表現、ボディランゲージなど間接的な手がかりから内的思考、理解、感情、欲求を解釈する繊細な能力をもっている。第二に、タクトは、ある特定の人の具体的な状況において感じられる内的な様相の心理的および社会的重要性を解釈するための力で構成される。第三に、タクトのある人は、状況にどの程度入り、また個々の状況においてどの程度の距離を保つべきか、自動的に知ることを可能にする基準、限界、バランスのよさをもっている。最後に、タクトは道徳的な直観によって特徴づけられる。タクトフルな人は、何がやるべき正しいことかを感知する。タクトは繊細な状況に対する敏感さであるが、単なる感情や心情ではない。むしろ、全人的な存在、他者の主観に対する積極的な感受性を含む思慮深さの表現であるとされる。

　タクトは感覚に頼りながら洞察力によって支配される、ある種の実践的な知性である。また、タクトを働かせることは、繊細さが必要な状況を見ること、見えていることの意味を理解すること、この状況の重要性を感知すること、何をいかにすべきかを知ること、そして実際に正しく行うことを意味する。タクトフルにふるまうことにはこれらすべてを意味するかもしれないが、タクトフルなふるまいは瞬間的である。必要とされる知覚、理解力、洞察力、正しさへの感情は、必ずしも一連のプロセスにある別々の段階ではない。どういうわけか、洞察力と感情は、ある思考の注意深さを特徴とする行動様式において瞬間的に実現されるという。

　このように、タクトはその場の行動から内面を解釈し、注意深く即座に応答するものととらえられるが、その瞬間の実践に見られるエクセレンスをすべて包括したような概念になっている。たとえば、先の津守と H 夫の事例において、津守が H 夫のふるまいから瞬時に H 夫を信頼しようと心に決める決断も、どのようにその場にいて H 夫の行為にどの程度かかわるかも、すべて教育的タクトを構成するものとなる。タクトと言ってしまうことでどのような性質をもつ専門性が逆にとらえづらくなる。そこで、本研究では教育的タクト概念には依らず、実践に見られる専門性の詳細な検討を行うことにする。その際、なぜそのとき保育者は援助を行ったのか検討するうえで、教育的瞬間という概念を手がかりとしたい。

3. 臨床の知

　哲学者の中村は、近代の自然科学に典型的に見られる「科学の知」と対置される「臨床の知」を提起した（中村, 1992）。「科学の知」は、普遍性・論理性・客観性をその特徴としており、一つの原因に対して一つの結果という単線的な因果関係を説明するのにきわ

めて適している。しかし、たとえ自然現象であっても、そのような単線的な因果関係が成立するのは限られた場合のみであると中村は指摘する。私たちが生きる現実の場面は、多様な側面や多義性を備えている。「臨床の知」は、現実の側面をとらえ直すために、コスモロジー・シンボリズム・パフォーマンス／固有世界・事物の多義性・身体性をそなえた行為の 3 つを原理として、中村がモデル化したものである。

- コスモロジー（固有世界）：場所や空間を普遍的で均質的なものと見るのではなく、一つ一つが有機的な秩序をもつ固有の意味世界と見なす立場
- シンボリズム（事物の多義性）：物事には多くの側面と意味があるのを自覚的に捉え表現する立場
- パフォーマンス（身体性）：相手や自己を取り巻く環境からの働きかけを身体に受けつつ相互作用する、人間の身体性を帯びた行為

中村は、次のように述べている。

　　科学の知は、抽象的な普遍性によって、分析的に因果律に従う現実にかかわり、それを操作的に対象化するが、それに対して、臨床の知は、個々の場合や場所を重視して深層の現実にかかわり、世界や他者がわれわれに示す隠された意味を相互行為のうちに読み取り、捉える働きをする。(p.135)

　保育実践においては、まさに子どもが環境とかかわる具体的行為に多様な意味が生じ、保育者はそれを瞬時に読み取りながら、また探りながらかかわっていく。矢野 (2010) は、「臨床の知」のもつ「意味」や「多義性」や「経験」を論じることで、あらためて「科学の知」とは異なる知の形態があることを明らかにした点で、中村の定義には意味があったと述べる。さまざまに生じる現象の意味や多義性、それを身体に受けつつ相互作用する身体性は、実践の世界において核と考えるべきものではないだろうか。中村の「臨床の知」に示唆を受けたという大場 (2007) は、保育実践のもつ臨床性について、悩み葛藤する実践のジレンマこそ、保育者の専門職能がいかに臨床性に彩られた実践であるかを示すと述べている。診断・治療・療育と接点のある出来事や事例を扱うから“臨床”的だということを論点にしているのではなく、人と人とが苦楽を共にし、具体的な時空を互いに支え合いながら生きること自体が、保育臨床の本質であるとした。
　神田橋 (1990) は『精神療法面接のコツ』の中で、精神療法を身につけていくうえで、「なんとかしてあげたい」という情緒的姿勢が技術よりも不可欠であると述べる。そのうえで、基礎的な技術として「感じる」「関わる」「伝える」の 3 つを挙げる。最も重要な「読みとり」の技術の核となる「感じる」能力は、日常生活の中で、「場の雰囲気を感じること、場の流れを感じること、場の中で自分の心身の流れを感じること、に努めるのがよい」(p.13)

としている。この神田橋の読み取り、感知する能力は、中村のコスモロジーにも通じる考え方ではないだろうか。保育実践においても、子どもの醸し出す雰囲気や、その場の雰囲気など、その場にいながら共に感じることが、実践上の判断の根底にあるのではないかと推測される。この身体が感知するその場の状況に固有の意味といったものを、研究の俎上に上げることが、保育者の専門性の研究において重要であると考えられる。

第3節　身体的・状況的専門性の構成概念

1．身体と状況という視座と保育学

　教育的鑑識眼、教育的瞬間、臨床の知と、理論的アイデアについて述べてきた。しかし、本論文は、教育哲学的立場も、現象学的立場も、はたまた認知心理学的立場も、社会学的立場も取らない。それらを保育を見る視点として参照しつつ、保育学的立場で保育者の専門性を検討していきたい。津守は「理念だけ述べても不十分で、具体的な現象から考えてゆく分野が保育である」(1998, p.149) と述べ、「保育学は、幼児の発達を保証するにはどうしたらよいかを考える学問である。その重要な部分が、幼児との対話の中で形成される。幼児とのふれあいそのものが、学問の資料としてとりあげられなければならない」(1968, p.41) とした。幼児との対話とは、言うまでもなく、幼児と言葉を交わすことそのもののみを指すのではない。津守は保育学を、幼児の傍らにありながら、深くかかわろうとすることを希求する実践の学として構想したのではないだろうか。秋田 (2016) は、「子どもの幸せのために、保育といういとなみのための科学的な基盤を創ることが、保育を発展させる」という日本保育学会設立の理念によって、日本における学としての保育学は始まったと指摘する。この科学的な基盤とはどのようなものか、また、その基盤を創る方法とはどのようなものか、現在も模索の中にあると言っていいだろう。日本保育学会を立ち上げた倉橋、その流れを汲む津守の人間学としての保育学と、保育問題研究会を立ち上げた城戸の保育実践を問う保育学という2つの源流をたどり、秋田は保育学の問いについて以下のように述べる。

　　子どもを観る側から問う、実践という社会文化的な活動を創る実践者の課題から問う、という二つの系譜が織りなす、65年の歩みの中で、日本の保育学の系譜を創り出してきている。暮らしや遊びの中で生じる子どもの内面や育ちの姿を観ること、そこで感じ考えた言葉を紡ぎ出すことと、実践者が研究者とともに実践の出来事から課題を導出し、事例的研究として問うことを通して、保育や園、社会の変革へとつなごうとする意志をもち取り組むこと、その実践が社会文化的文脈の中で置かれる困難を多様な事例を通して問い、そこから制度

　　や社会変革を見据えていくことに、保育学の問いの神髄がある。これはおそら
　　くこれからも変わらないであろう。(pp.103-104)

　保育学は、保育を取り巻く社会文化的な背景までを含む幅広い射程をもつ。その幅広い
射程をもちつつ、倉橋、津守の系譜も、城戸の系譜も、実践から立ち上がる問いを幼児と
実践に即してとらえようとした。その研究方法は、保育学の射程の広さから、多様な学問
領域を参照しつつ広がってきている。

　哲学も現象学も状況論も複雑な社会的実践を記述していくのに十分であろうとするため
に、非常に複雑な概念セットであふれている。複雑な保育実践をそういった立場から論考
することに価値があることは言うまでもない。一方で、保育学が自らの視座として、身体
と状況という視座をもつべきだというのが本論文の主張である。そして、その身体と状況
は密接に結びつき、切り離せないものとしてあると主張する。

　これまで、保育学においても身体や状況について扱われてきた。身体については、保育
実践における身体のところですでに述べた。身体という概念については、たとえば伝統芸
道の教授―学習過程 (生田 , 1987; 福島 , 1995) や知覚に関する生態学的な議論 (Gibson,
1979/1985)、また先に挙げた暗黙知 (Polanyi, 1966/2003) などさまざまな論点がある。
本研究で取り扱う保育実践に見られる保育者の専門性と関係する議論としては、わざや暗
黙知、ルーティン、徒弟制といったことが挙げられる。保育実践は小学校以上の教育実践
のような明示的な到達目標を目指すものではなく、「環境を通しての教育」である。そこ
には「教える意図」を巧妙に含み込ませた環境と保育者の行為を通して、実践される教育
のかたちがあるのではないだろうか。保育者の行為する身体によって、その世界を共有し
ながら意味連関を形成していく側面を検討する必要があると考えられる。

　また、ルーティンと言われて頭に浮かぶのは、繰り返し行われる身体のふるまいやその
パターンである。福島 (2001a) は、ルーティンには反復される行為の核がなければなら
ないが、日常的なルーティンには必ず振動の幅があると指摘する。たとえば、乳児のおむ
つ替えを考えてみても、繰り返される行為の核はありながら、その個別の状況に応じる振
動の幅があることは容易に想像できる。

　徒弟制については、保育者の世界には研修体系もあり、いわゆる職人の親方と弟子とい
う関係性に見られる伝統的な徒弟制とは異なるものの、保育者らしいふるまいの獲得とい
った側面を考えたときに、広い意味での徒弟的関係が見出せるだろう。具体的には、たと
えば、0、1、2 歳児はチーム保育が多く、ベテランと若手が一緒にクラス担任をもつ中で、
ベテランのわざを盗むといったことがあるかもしれない。また、3、4、5 歳児で一人担
任をしている場合や、少子化によってクラス数が減少している園では、各学年 1 クラス
であることも多い。そうなると、今この時期どのように朝の支度を促すか、といった細か
な実践を隣の保育者のやり方を見ながらやってみる、というようなことができない環境に
置かれる。しかし、自由度の高い活動時間においては、たとえば園庭で遊ぶという中で、

保育者らしいふるまいを身につけていくというようなことが起こっているのではないだろうか。保育者の身体によって表されている専門性が、現代の保育環境の中でどのように見られ、また広がっているのか、ということは検討に値する。以上のように、身体にまつわる議論は、保育者の専門性を検討するうえでも重要な視座を与えてくれる。

　そして、この身体は、常にその場に存在し、状況を形成していく側面をもつ。身体と状況は切り分けて検討することが難しい、密接な関係にある。

　この状況については、Dewey（Dewey, 1938/2013）が次のように述べている。「『状況』という言葉で名づけられるものは、単一の対象または出来事ではなく、一組の対象や出来事でもない。というのは、われわれは、孤立した対象や出来事についての判断を経験したり、形成することはなく、ただ脈絡的全体との関連において、対象や出来事についての判断を経験したり、形成するからである。この後者が、『状況』と呼ばれるものである」（2013, p.75）とし、「状況は、その直接に浸透的性質によって、一つの全体であることが注意されなければならない。われわれが、心理学的側面から状況を叙述するとき、われわれは、質的全体としての状況は感覚されるか、感じられると言わなければならない」（2013, p.76）という。この浸透的性質によって、ある部分を対象として取り出すことのできない包括的全体性として感知されるものが、状況であると考えられる。その状況には「攪乱された、厄介な、多義の、混乱した、葛藤する諸傾向に満ちた、曖昧な、などの名前がつけられる」（2013, p.111）とされている。日常的な状況は確定的な言葉で言い表せたり、一部を抽出して全体を表したりすることができない、曖昧で漠とした、しかし、具体的にそこにあるものである。

　この状況について、認知心理学モデルで検討しているのが Endsley（1995; 2006）である。専門性について検討する際、身体能力や意思決定の熟達に焦点を合わせることが多いが、状況認識について検討している Endsley は、状況への気づき（situation awareness, SA）モデルを提案している。そのモデルを用いて熟達についての検討を行い、図 1-3 のようにその影響要因を整理した。特定の領域のシステムや状況にまったく慣れ

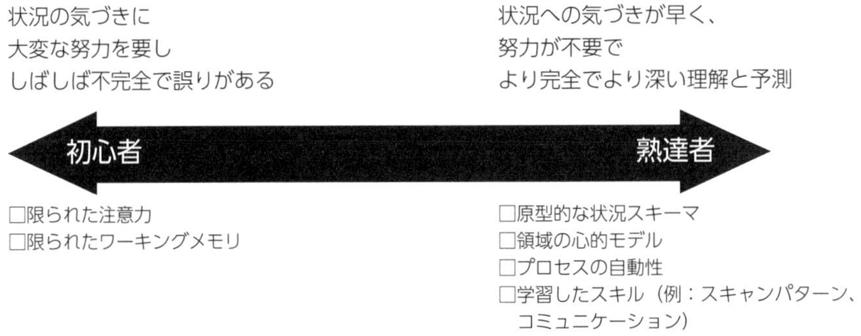

状況の気づきに 大変な努力を要し しばしば不完全で誤りがある	状況への気づきが早く、 努力が不要で より完全でより深い理解と予測
←　初心者	熟達者　→
□限られた注意力 □限られたワーキングメモリ	□原型的な状況スキーマ □領域の心的モデル □プロセスの自動性 □学習したスキル（例：スキャンパターン、 　コミュニケーション）

図 1-3. ある領域における初心者と熟達者の状況への気づきに影響する要因

(Endsley, M. R., 2006. p.637 Fig.36.2. を筆者訳)

ていない初心者は、情報を収集し、それが何を意味するのか理解し、正しい応答をしよう
とすると過重な負担がかかる。初心者は、各情報が最も重要なときに関する知識をもってい
ない。ある重要な情報を無視したり、不必要な情報をオーバーサンプリングしたりする。
これは情報を取り込む方法を学習する必要があるだけでなく、システムの構成要素間の基
本的な関係の知識がなければ、初心者はある情報を受け取ったあと、どの情報を探すべき
かがわからないのである。たとえば、子どもたちが自由に遊んでいる場面で、新任保育者
はどこにかかわっていけばよいかわからないので、寄ってくる子どもたちに誘われるがま
ま遊ぶ。脇でトラブルが起こりそうになっていても気づかなかったり、「あっちに行っち
ゃだめ」などと子どもに言われるとそこから動けなくなったりし、特に援助の必要がない
遊びを共にし続ける。必要な情報を無視して不必要な情報をオーバーサンプリングするこ
とは、実習生の様子などでもよく見受けられる。

　一方の熟達者は、メンタルモデルを発達させ、徐々に多くの状況に遭遇し、それらの状
況から原型的な状況またはスキーマを発達させる。学習されたスキーマに合ったパターン
であれば、状況への気づきや意思決定にかなりのショートカットをもたらす。そしてさら
に自動性を発達させるという。パイロットは航空機の操作方法のメンタルモデルのみなら
ず、航空管制官や他のパイロットとのやりとりに関するメンタルモデルを発達させ、一連
の動きを次第に自動化させていくということは理解しやすい。しかし、この専門家の優れ
た状況への気づきの根底にあるメカニズムは、領域固有性が強い。つまり、保育という領
域固有の問題について、新たに検討する必要がある。メンタルモデルを発達させることで、
想定外のことが生じる保育場面において対応不能なことが多くなったり、自動化すること
で見落としが多くなったりすることは容易に想定できる。しかし、保育領域における特有
の状況への気づきというものがある可能性がある。

　この状況への気づきと専門性について、知覚、理解、予測という 3 層構造で意思決定を
行う認知的モデルが提示されている（図 1-4）。

　　　Level 1 SA: 現在の状況にある要素を知覚する
　　　Level 2 SA: 現在の状況に関する理解
　　　Level 3 SA: 未来の状態予測

　Endsley は、以下のような認知的モデルを提示している。まず、Level 1 SA について、
環境にある関連要素の状態、属性、およびダイナミクスを知覚することだとされる。たと
えば、車の運転手は他の車や障害物がどこにあるか、またそれらのダイナミクスを知る必
要があるし、自分の車の状態やそのダイナミクスを知る必要がある。そのうえで、Level
2 SA は、そのバラバラの要素の単なる認識を超えた統合に基づいている。Level 1 の要
素の知識に基づき、環境の全体像を形成し、物と出来事の重要性を理解する。そして、
Level 3 SA は、ごく短期間でその環境の要素の未来の動きを予測する能力である。たと

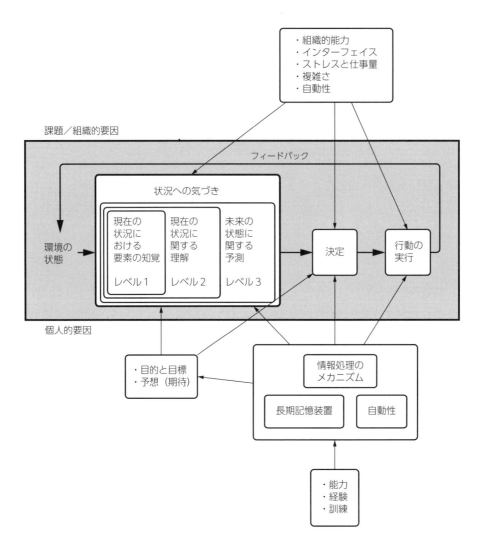

図 1-4. ダイナミックな意思決定における状況への気づきモデル

(Endsley, M. R., 1995. p.35 Fig.1. を筆者訳)

えば、車の運転者は効果的に行動するために起こり得る将来の衝突を検出する必要がある。

　しかし、現在の状況にある要素は無数にある。膨大な個人や環境に関する要素からどれを抽出し、解釈するかという問題があるが、そこには注意と作業記憶がその情報の獲得と解釈を制限する。そして、その制限を克服するための重要なメカニズムとして、心的モデルと目的志向行動が仮定される。また、心的モデルを経験によって発達させることに加えて、自動的な処理を獲得することができる。その自動性によって無意識下で認知的処理がなされるとしている。しかしその自動性は、新しい刺激に対してあまり反応しないリスクをもつ。たとえば、車でいつも通る道に突然停止の標識が建てられた場合、その標識は自動処理の一部ではなく注意を払われないために、多くの人は最初は停止せずに交差点を通

過するだろうというのだ。

　これを保育の場合で考えると、常に進行中の状況下の中で、一人ひとりの子どもがどう環境とかかわっているか、言葉や身体の動き、視線、物との関係、子ども同士の関係など多くの要素がある。どのような要素を周囲の状況から保育者は知覚するのか、ということがまず問題となる。その次に、その知覚したことの意味や重要性を理解する必要性がある。ある子どもにとって、あるグループにとって、また、今日のその子にとって、この遊びにとっての意味づけがなされるだろう。そして、そこから現在の出来事からこれから生じる状況を予測するダイナミクスが、タイムリーな意思決定へとつながっていく。これらは保育実践においては一つひとつを立ち止まって行う時間的余裕がないのが通常である。保育者は状況に常に注意を払い、瞬時の判断を行う必要がある。

　状況にある無数の要素に向ける注意や作業記憶の制限があることや、それらの処理が自動化され無意識下でなされることを仮定しなければ、保育の複雑な状況における認知的処理プロセスを理解することは困難である。しかし、そうすることで、保育者の専門的な判断はブラックボックス化することも否定できない。注意や作業記憶上の制限は、単なる量的なものとは考えにくい。無数にある要素が目標や期待など目的志向的に選び出されるというが、そもそも乳幼児期の場合、保育者にとってまったく的外れな子どもの行為は山のようにある。目的志向的にその場の要素が抽出されると、取りこぼす要素が多すぎるだろう。また、自動化によって処理が早くなることは一見理解しやすいが、新たに起こった小さな変化に気づきにくくなることは保育にとっては弊害でもある。子どもの小さな変化は保育者の目標に沿う場合もあれば、想定外のこともある。なぜ自動的な処理をしながら子どもの小さな変化に気づくことができるのかの説明は難しい。

　さらには、無数の情報を統合し全体的な状況理解を形成するLevel 2 SAでは、保育においては何が重要な要素でそれらを統合してどのような意味づけができるかが、なかなか確定されないことが多い。多様な可能性があり、意味は不確定なまま進行していく。そうなると、未来の状態に関する予測は不明瞭なままに、行為としてはなされるということが往々にして生じる。もちろん明確な意思決定がなされて行為として表される場合もあるが、そうでなく、見通しが不明瞭なままに行為にいたることがある。このことをどう理解すればよいのだろうか。

　榎沢（2018）は、「具体的行為を取り巻く状況や文脈についての理解があって、初めて具体的行為についての理解が可能になる」（p.151）と述べ、「具体的行為等の理解」と「状況・文脈についての理解」の循環が存在するとしている。保育実践における行為と状況は切り離せないものとしてあり、また、互いに行き来しながら進んでいくものであると考えられる。

　また、近年状況に関する議論は、社会学的な検討、特にエスノメソドロジーの発展の中で蓄積されてきた。Suchman（1987/1999）は、人間がコピー機を使用する場面を、人間とコピー機の相互行為として分析し、そこでは人間同士のコミュニケーションから期待

をもち込んだやりとりがなされていることを明らかにした。たとえば、ある A4 用紙 2 枚の原稿から B4 用紙 1 枚の配布用資料を印刷しようとしてコピー機の上部カバーを上げると、ガラス面の左上端に斜めの矢印が書かれている。コピー機にある程度慣れているユーザーなら、その矢印を「コピーしたい用紙の端をここに合わせる」という意味として受け取り、2 枚の原稿をガラス面に下向きに隙間なく並べて置くだろう。カバーを下げると液晶画面に、用紙の選択や倍率の選択、白黒／カラーの選択など、次々と選択肢が提示される。そこで何も選択せずにコピーボタンを押してしまえば、A3 用紙に印刷されたものが出てきて、ユーザーの意図とは異なる結果を生むことになる。しかし、コピー機の方は指示された通りに実行しているので、「印刷できます」という初期の指示を提示してくるだろう。ユーザーが意図した作業は完了していないのに、コピー機の方は完了したと表示してくる状況を見て、ユーザーは自分がした行為をユーザー側の失敗ととらえ、途中からやり直していくことになる。つまり、ユーザーは、コピー機の反応を先に行った自分の行為に対する評価としてとらえ、また次にすべきことの助言を期待する。ユーザーは先の行為においてどの選択を間違ったか、液晶画面が提示する情報を助言として読み解き、一つひとつ確認していくだろう。このように「ユーザーは、次にとるべき行為に関する現在進行中で状況に埋め込まれた質問にとりかかる」(1999, pp.168-169)。相手が機械であっても、人間は自分の目的的行為との関係において生じる状況の中で意味を読み解き、ズレを修正しようとする。

　これを入園直後の 0 歳児との相互行為から考えてみよう。登園後に保育者が子どもを受け取り抱っこすると、母親が保育室から出ていく。子どもは泣きわめく。保育者はその泣きを母親からの分離による不安が原因であると解釈し、「またお迎えにきてくれるからね」などと言ってなだめようとする。泣きやむ様子のない子どもを見て、しばらく抱っこしたままうろうろと歩き回る。室内をうろうろしても激しい泣きがどうにもおさまらなければ、テラスに出てみたりする。そこでフッと泣き声が小さくなると、子どもの目線の先を見て、風に揺れる木の葉に近づいてみたり、近くにつり下げてあったモビールを手で触って動かしてみたりする。0 歳児は言葉でいろいろ説明してくれない。しかし、母親が保育室から出て行くと泣くという状況、その後もなかなか泣きやまないという状況、保育室の中では変化が期待できなければ、他の状況下に身を置く方がよいという判断が生まれる。泣き声が弱まる、体に力を入れて泣いていたのがフッと力が抜ける、顔の傾きが変わってある一定の向きで止まる、そこに何らかの意味を感知し、保育者は抱いた状態で子どもの視線を確認しつつ体を動かしていく。子どもの行動の変化は状況との対話の変化が表象されていると期待がもてること、視線にはその子どもの関心が表れていると期待がもてることという基本的な原則を用いて、身体の動きの変化の理由を自ら状況に変化を生み出しながら探っていくのである。しかしまたすぐに泣き出せば、保育者は他の変化のきっかけを探ることになる。そうやって保育者と子どもは共に状況の中で、その状況固有の意味を生み出し、やりとりしている。保育者は、何とかこの子が楽しく園生活を送れるようになって欲しい

という目的の下で、現在進行中の状況に埋め込まれた多くの問いに取りかかるのである。

　また、本人の理解や目標ではなく、相互行為の具体的進行を通して、相互行為の秩序がいかに組織されているかを記述する立場がある。西阪（1997）は、「相互行為において何がおこなわれているか、さらに相互行為に参与している当人たちが自分たちのふるまいにどのような理由づけをあたえているかは、直接観察可能である」（p.38）と述べ、通常、相互行為の背景とされるような社会秩序や心といったものが、相互行為の具体的な展開のあり方に達成されるという相互行為分析の視点を提示している。西阪は、当事者の発言やその他のふるまいの詳細な分析を行い、行為と意味づけの関係について「解釈する」ということが相互行為的な活動に埋め込まれていることを提示している。ある行為者がある意味を思いその意味にしたがって体を動かす。一方のその受け手がそれを「観察」してその意味を「理解」し、その理解にしたがって体を動かすという二段階モデルでは、人々の実践はとうてい維持できないと、西阪は主張する。理解はある瞬間のひらめきでもなく、ある状態の持続でもない。具体的な状況の中で何がどう達成されるか、そのつどの実践のうちにあるという。

　さらに西阪（2008）は、質問に対する答えが質問に依存しているだけでなく、質問も相手の反応に依存しながら組み立てられることから、「およそ私たちの行為や発言は相互行為的な達成でありうること」（p.118）を明示した。さきほどの例で言うと、フッと子どもの体の力が抜けたときに、子どもの視線の先を確認しつつ保育者がモビールを近寄って触ってみせて「これかな？」と言ったりする。泣きやまない子どもを抱きながら「どうしたの？」と言うこともよくある。保育者の質問や声かけがすでにその相手に依存して発せられているといえる。保育者の「声かけ」や「援助」という言葉で、保育者が主体として発する行為のように表現されるが、実践の状況を見ると、それは先にある状況に依存しながら組み立てられる相互行為的達成の一部なのである。また、この子どもの泣きへの対応は、子どもが泣きやみ遊び出すことが期待されている。だからこそ、泣き声が弱まった瞬間を逃さずに、その行為を意味あるものとしてよくとらえようとするのだ。保育者の動きが変わったことはすぐさま子どもにも伝わっていく。どちらかが主体でどちらかが客体という二分法で実践を見るのではなく、どちらも相互に依存した状況の中で相互行為的に達成しているという見方は、常に相互にかかわりながら動く保育実践において重要な見方であろう。

　また、保育実践の核となる子ども理解と状況との関係について、たとえば、次のようなありふれた事柄を考えてみたい。「1歳児のJくんは車が好きなんです」と保育者が言ったとする。この場合、Jが自ら「ブーブ、チュキ」などと言ったことがその理由となっているとは考えにくい。それは「好き」という表現が発達的に難しいだけでなく、Jが言語の意味をどのように理解して使用しているか定かでないのに、保育者がそれをうのみにするとは考えにくいからである。また、非常に考えにくいが、誰かが「Jくんはブーブが好きなんだね」と言ったことをJが覚えて再現して言っているということがあったとしても、

やはり、それを保育者が自分にも取り込んで他者に伝えるほど強い信念を形成できるとは思えない。保護者が「Jは車が好きなんですよ」と保育者に言ったことがあったとしても、考え方としては同じである。実際に本人がそう言明したのではないにもかかわらず、または言明したことが信じられているのではないにもかかわらず、保育の周辺でこういう発言が日常的に聞かれるのはなぜだろうか。それは、保護者も保育者も「Jは車が好き」と思うにいたる状況を経験し、蓄積しているのである。朝登園すると、まず棚にあるさまざまなおもちゃの中から車のおもちゃを手にして遊び出すこと、絵本棚から必ず車の絵本を取り出して持ち歩くこと、散歩に出れば車を指して「ブーブ！」と何度も伝えてくること等、日々繰り返される行為と行為を取り巻く状況が保育者の中にはある。またそれは、同じように朝来ると車のおもちゃを取り出すKのこと、気づくと人形の世話をしたがるLのこと、前の年に担任していたMが同じ絵本を持ち歩いていたことなど、他の子どもが生み出していた状況も経験として蓄積されており、その中でJの特徴が浮かび上がるということでもある。その蓄積されたJと周辺の織りなす状況の感知から、保育者は「Jは車が好き」と解釈して言っているのであって、これが保育でいう「子ども理解」である。つまり、「理解」という断定的な言葉を使いつつも、その内実は常に仮説であり、確定しない。保育者は「Jは車が好き」だと思っているが、今日もそうかどうかはわからない。それは、今日もやはり同じような状況が目の前で繰り広げられて、「今日もJは車が好きだった」となるのであって、確定したものではない。保育者が「最近Jくん変わってきたね」等ということが起こるのは、この仮説としての「子ども理解」より、今日目の前に繰り広がる状況の方が揺るがない事実としての力をもつからである。常に保育者は目の前で展開されるパワフルな状況に問い返される。状況が繰り返し「子ども理解」を問うているにもかかわらず、仮説であるはずの「子ども理解」を固定化してかかわるのは、保育者としての専門性を放棄していると言わざるを得ない。保育者は常にこの「子ども理解」を未定のものとして宙づりにして、実践の状況に向かうことが求められる。保育者も子どもも、日々揺れ動く実践の状況の中にあると同時に、共にその状況を形成しているのが保育の重要な特質である。

　つまり、保育でいう「子ども理解」とは、常に宙づりにされた未定状態の状況的理解である。過去の状況に関する蓄積を参照しつつも、最も重要なのは現在進行形の実践の状況に関する感知である。その一部が「Jくんは車が好きなんです」と言語化され、共有されることもあるが、多くは言語化もされずに感知レベルで蓄積されているものと思われる。

　Suchman（1987/1999）は、対面的インタラクションにおける相互理解可能性が、言語、表情、そして推論に基づく一連のリソースを利用して達成されることを論じたあと、「行為の理解可能性の根拠をこのように考えるならば、行為の状況は、その行為者が自身の行為の意味を伝達したり、他者の行為を解釈するために利用できるリソースの総体として定義できるだろう」（1999, p.112）と述べる。たとえば、コピー機を使うユーザーの状況は、コピー機の特質とその操作方法に関する先入観を含んでいる。コピー機の側も何がユーザーにとって理解可能な行為であるかをデザイナーが定義している。そのユーザーの状況と

コピ‐機の状況が交差する具体的なやりとりの中で、相互理解可能性が生まれる。子どもと保育者の間においても、相互に利用可能なリソースがうまく活用されたり、それぞれの状況のズレによって理解の問題が生じたりする。本論文では、この具体的なやりとりに利用できるリソースの総体として、状況というものをとらえていく立場を取る。子どもと保育者が相互に言語的、非言語的、そして推論に基づく一連のリソースを利用して行為する、その具体的なやりとりにおいて、どのような保育者の専門性が見られるのか、検討したい。

2. 保育不全感の感知

　以上のことを本研究の理論的アイデアとして、保育者の専門性を検討するための構成概念を提示したい。

　まず、一つ目は、保育不全感の感知である。ここでは、保育実践の最中もしくは省察時に、自らの保育実践が不十分であると感じること、と定義する。保育実践において、子どもとのかかわりやちょっとした表情や動きに、実践者がねらっていたことや瞬間的に予測したこととのズレが感じられたり、通じてなさやわからなさが感じられたりすることがある。実践時にはっきりとズレと感知されることもあれば、何となく気になっている状態であとから「あれは何だったのか」と考え直すということもある。また、ある一つのかかわりについて不十分さを感じるということもあれば、この時間帯の保育がうまくいっていないとか、食事の援助がうまくいっていないとか、この子との休み明けからのかかわりがうまくいっていないというような、あるまとまりをもって感じられる不十分さというのもある。はっきりはしないが「もっとできたのではないか」と、これまでの実践と異なる状況を仮定することで生じるものもあるだろう。不十分さをいつの時点で感じるか、何について感じるか、実践から感じるか思考しているうちに浮かび上がってくるか、といった違いはあるが、いずれにしても、自らの保育実践が不十分と感じることが起点となり、実践者は何が不十分さを生んでいるのか、とその状況に立ち返りとらえ直そうとするのではないか。また、同じ状況は二度と起こらない保育実践であるにもかかわらず、どう改善すればよりよかったかとか、明日はどんなふうにかかわるとよいだろうか、などと考えると推測される。

　日常的に感知される保育不全感の程度には幅がある。子どもとのかかわりで感じられるちょっとしたズレのようなものから、自らの保育実践力のなさと感じてしまうものまである。また、決定的な人員配置の不足感や、極度の疲労感が伴う等、困難と感じられる程度がひどくなると、バーンアウトにつながる可能性もある。その程度の差はあるにせよ、自らの保育実践に不十分さを感じることを、ここでは保育不全感の感知と呼ぶ。

　子どもたちが自分で遊びを選ぶ保育時間において、無数に表れては消える子どもの行為の中から、保育者は自らが関与する行為や場面を選び出す必要がある。常に動いている状況の中で、保育者が何らかのズレや違和感を感知し、意識的であるか無意識的であるかにかかわらず、その状況を変化させようとすることが、よりよい実践を生み出そうとするき

っかけとなっていくのではないかと考えられる。

　その感知を可能にするのは、保育者自身もその場の状況に巻き込まれつつ、心揺さぶられながら子どもと共に過ごしているという、身体と感性の浸り込みがまずあるだろう。

　そのうえで、ある子どもや集団に対して、育ちへの願いや保育のねらいをもっていることで、目の前の行為、その場や状況の質感が、明確ではなくとも、課題感をもって感知される。これはいわゆる認知科学的な目的や目標といった心的表象が、問題状況を抽出し、それに対応する行為を形成するという考え方とは異なる。保育者のもつ育ちへの願いや保育のねらいとは確定的もしくは絶対的なものではなく、大枠として機能していると推測される。つまり、願いやねらいがある個人や集団に対して確定的もしくは絶対的な先行条件としてあり、その条件に基づいて、その場で生じる状況に適した行動を導き出しているとは考えない。保育実践においては、保育者は、時々刻々と変化する保育の複雑で動的な状況に対して、場を共にするメンバーと共に考える間もなく行為し相互に影響を与え合っている。その中で、保育者の行為を方向づけるものの一つとして、願いやねらいといったものが機能しているのではないか。その大まかな方向性をもって相互行為が積み重ねられていく過程で、ある種その方向性にそぐわない行為ややりとりが気になってくる。大まかな方向性の中にあるときは、無数の行為の数々は気にも止まらないままに過ぎ去っていくが、ひとたび方向性のズレが生じた途端、そのズレに微細な保育不全感が生じ、思索の起点となっていく。そのズレが度重なり、どうにも修正できないと「うまくいっていない」という明確な保育不全感の感知を引き起こす。

　中村（1992）の「臨床の知」におけるコスモロジーのように、その場、その子どもの固有の意味世界を感知することが必要とされる。その固有の意味世界が肯定的に感じられないとき、保育不全感の感知となり、専門性の向上への契機にもなっていくと考えられる。

　また、保育者が二人称的アプローチ（Reddy, 2008/2015）で幼児とかかわろうとするなら、かかわる対象を「特別な他者」として、何らかの特別な情感（単なる情報交換以上のもの）をいだく対象として、その対象の「訴え」にすぐに“応じる”義務が生じる対象としてかかわる（佐伯, 2013）ことになる。しかし、親子関係ではなく、保育者と子どもの関係は、1：1の関係と同時に1：多の関係を成り立たせる必要がある。感知される子どもの「訴え」が複数同時に生じた場合、すぐに“応じる”ことが事実上不可能であるケースが一日に何度となく生じるだろう。そこで保育者は当然ながら、二人称的に丁寧なかかわりをしたいと願っても不可能である状況の中に身を置くことになり、どうにもできないジレンマを感じることになるのではないか。

　そう考えると、保育不全感とは、一人ひとりの子どもの育ちへの願いや保育のねらいという目標に対して、実践がうまくいっていないと感じること、または、複数の子どもに対する二人称的かかわりが求められる状況において、その不可能性を感じることで感知されることが推測される。それは省察行為の起点にもなるが、あまりに増大する、または、自らの専門性の問題だと認識してしまうと、離職のリスクが高まるものにもなる。いかに、

保育不全感を個人の能力に帰すのではなく、省察の契機としてとらえる構えとするかが重要になると考えられる。

3．教育的瞬間の感知

　保育者が教育的なまなざしをもって子どもとかかわっている際に、子どもに対する何らかの教育的な働きかけが大人に期待される状況が立ち現れることがある。1歳児と外に散歩に出ようとしたときに、靴を履き替えようと次々と下駄箱のところに来た子どもたちが、隣の子どもを押すということが起こるとする。保育者はある子どもの靴を履かせていたところ、ギャーッと怒ったような声を聞き、パッとそちらの方向を見ると、二人の子どもが互いにつかみかかったような状態になっている。保育者はすぐ近くに行き、二人の手を互いの服から引きはがして、「どうしたの？」と声をかけるかもしれない。このとき、保育者はギャーッと怒ったような声に教育的瞬間が感知されていると考えられる。しかし、たとえば、靴に履き替えて外に出ようという短期の計画が頭に入っており、しかも、すぐに手が出がちなK児とL児の距離が狭まるとトラブルが起こるかもしれないと予測が立っていた保育者は、自分の立ち位置をK児とL児の間にしたり、そもそも、K児が靴を履いてから、L児を部屋から出そうとしたりするかもしれない。そうやっていても、なおかつ、K児が靴を履いているところにL児がやってきて押すかもしれないと目配りをしていく。そうやって普段の子どもの姿とかかわりの蓄積から、ある程度の予測をもとに、起こり得そうな事態に構えているということがあるのではないだろうか。構えが形成されていれば、K児が靴を履いている近くをL児が通り過ぎる場で、保育者は自らの身体をK児の近くに置き、L児の手が伸びてきたときにその手を阻もうとすることができる。しかし、何にも構えていない状態では、無数の子どもの行為がある中、教育的瞬間は感知されないままになる恐れがあるのではないだろうか。

　つまり、教育的瞬間の感知は、構えがあることが前提としてあり、それによって、あちこちで生じる可能性がある教育的瞬間を、逃さずに感知することができるのではないかと考えられる。その教育的な働きかけが期待される状況を感知し、能動的に出会うこと（active encounter）で教育的瞬間が生成される。

　そういった教育的瞬間を逃さずに感知するには、日々の教育的な省察（pedagogical reflection）が重要である。van Manen(1991b)によれば、教育的な省察は、子どもの生活における出来事や状況の教育的な意義を理解することに向けられている。そして、その教育的な理解には、非診断的側面、発達的側面、分析的側面、教育的側面、形成的側面があり、それらは、子どもの成長に対する心ある関心（mindful concern）に作用すると考えられる（van Manen, 1991b）。保育という営みが、人の成長に携わることである以上、そこには、一人ひとりの子どもの育ちに対する願いがある。その願いのもとで今日の実践行為を振り返り、ああかもしれないしこうかもしれない、と考え続けていることが、明日の教育的瞬間の感知に関係してくる。教育的瞬間はさまざまに立ち現れ得るものだが、そ

れを感知するのは保育者の構えと見方によるのではないだろうか。

4. 優先性の即応的判断

　多くの子どもの意図や活動が錯綜する保育実践において、保育者に対する要求は同時多発的に生じる。そのすべてに応じることは不可能であり、そのいずれか、もしくはそのうちのいくつかに応じる、援助の優先性の判断を瞬間的にしなくては対応できない。同時多発的に生じる子どもの要求や対応を迫られる行動に対して、瞬時に優先性を判断し、対応していくことを、ここでは優先性の即応的判断と呼ぶこととする。その優先性の即応的判断には、何らかの保育者固有の法則があることが推測される。

　保育者は一人ひとりの子どもの育ちに対する課題認識をもち、今日の活動の中で、どのような姿が出てくるかを予想し、それらがどのように絡み合いながら展開していくか、状況を思い描いていくだろう。そういったある程度の予想図を頭に描き、実際の実践においてはその予想とのズレが生じたり、突如として教育的瞬間が立ち現れたりする。そのとき、今ここの状況の中で保育者のかかわる意味が最も感じられる場面に対して、行為していくのではないか。たとえば、これまで保育者に頼ってくることのなかった子どもが何かを保育者に持ってくるということが、ある日起こる。保育者がどんなに毎日振り返り、明日の予想をしていても、今ここの子どもはそれを超えてくる。不意にその子どもが保育者に対して自分を表現しようとしてきたとき、それを嬉しい気持ちで受け止めようとするだろう。しかし、実践はそうすんなりといかないことも往々にしてある。そうやって保育者に近寄ってきた子どもの反対側には、主張がぶつかり合って子どもだけでは解決できそうにない二人組がいるというようなことも生じる。そのとき、保育者はそれぞれの子どもの育ちにとっての行為の意味を感知し、また、自らがかかわることの意味を瞬時に予測し、そのいずれを優先的にかかわろうとするか、即応的に判断するのではないだろうか。自らの身をその場に置き、刻々と変わっていく状況に共に巻き込まれていきながら、子どもとともに行為していくが、そこには何らかの専門性のかかわる判断があるのではないか。つまり、その場で同時多発的に立ち現れる複数の意味を身体的・状況的に感知しながら、その意味の間の重みづけが瞬間的になされ、即応的な対応が生み出されていると考えられる。ここで言う身体的・状況的感知とは、多様な子ども・大人や物の位置・向き・動き、人の声、表情、音、天気、時間等の絡み合いが生み出す保育実践のダイナミック・プロセスの中で、保育者も共に動き、話し、かかわりながら、そこここに生じている意味やニュアンスをほとんど言葉にしないまま感知していることを指す。それが、専門的な判断を形成するためには、保育者の中に、それぞれの子どもの育ちや人との関係性のあり方の理解や、そういった子ども理解に基づいた課題認識があることが前提である。しかし、おそらく、それよりも目の前の子どもの遊びや生活の展開の方が、圧倒的な影響力をもつのではないか。むしろ、保育者はその場で立ち現れる状況において、自らの思い描いた今日の保育との折り合いをつけながら、その場の状況に巻き込まれて優先性を判断せざるを得ず、だからこそ、

それに立ち向かう準備性として日々省察を繰り返し、今日より明日にさらによい判断ができるようにしたいと願うのではないだろうか。

　あのときあれでよかったか、と省察するとき、もう一度、保育者の身体に残る感覚をその場の状況を思い起こしながらたどっていく。そのとき、複数の子どもそれぞれがどんな様子だったか、感触を思い出す。ついいつも気になっている子どもに優先的にかかわったが、もう一方の子どもにとってはどうだっただろうか。遊びへのかかわり方を変えたら、二人とも満足のいくようなことができたのではなかったか。いや、むしろいつも待たされている子どもを膝に抱えて話を聞く様子を見せることが、もう一方の子どもにとって意味があったかもしれない。丁寧に振り返れば振り返るほど、かかわりの想定オプションは増えていく。しかし、どれだけかかわりの想定オプションを増やしても、現実の子どもはそれを超えてくることも予測し、ある意味状況に身を委ねることを楽しむことが保育者の専門性の向上として重要なのではないだろうか。

第4節　本論文の目的と構成

1．本論文の目的

　以上のような問題意識から、本論文では、保育者の専門性の議論に、身体的・状況的専門性という新たな視点を導入したい。その内容の定義は以下の通りである。

身体的・状況的専門性 physical and situational expertise

　保育者は、その身体をもって対象とかかわり、実践を生み出していく。ここで言う身体とは、保育行為を実現していく具体としての身体である。具体的なやりとりの場で動き、かかわり、見聞きし、触り、感知するものとしての身体である。その身体で感知するものは言語化される以前のものである。もちろん、感知したものの中には言語化されるものもあるが、言語化されないものも含めて感知する。「身体的」とは、身体で感知している言語以前のものも含めて、その専門的判断に生かしていくという性質をもつ側面を表す。

　また、状況とは、行為者が自身の行為の意味を伝達したり、他者の行為を解釈するために利用できるリソースの総体であり、言語的、非言語的、そして推論に基づく一連のリソースを含んでいる（Suchman,1987/1999）。それはたとえば、人や物の位置や向き、動き、人の声や間合い、表情、におい、音、はたまた時間や天気などの具体的事象であり、また、その具体的事象から推論される一連の事柄である。そして、ここで言う「状況的」とは、「形式的」と対置される概念である。「形式的」という用語は、「状況の云々にかかわりなく成立するという意味で、ある種の普遍主義的な、時空を越えた妥当性を前提としている概念」（福島,2001b,p.129）である。つまり、「状況的」とは、個別具体的な、時空が特定された、

実践行為と結びついて成立する概念である。また、本論文においては、この「状況的」という概念を専門性の議論にもち込むので、こういった個別具体的な事象や事柄を、ある専門的判断に生かしていくという性質をもつ側面を表す。

　しかし、身体はこれまで述べてきたように、その場の状況と切り離せない密接な関係にある。身体は常に具体的な状況の中に存在し、その状況を感知する中で行為する。身体の行為は具体的状況の中でしか存在し得ず、状況をいかに感知しているかということを切り離して身体の行為を繰り出すことは不可能である。前述の身体的・状況的感知とは、多様な事象・事柄の絡み合うダイナミック・プロセスの中で、保育者も共に動き、話し、かかわり、そこで生じる意味やニュアンスを感知することを指すとした。保育実践とは、不安定で不確実な現在において、身体的・状況的感知を生かしてかかわりを生み出す行為であると考えられる。

　つまり、身体的・状況的専門性とは、こういった密接で切り離せない関係にある身体と状況のもつ性質を、実践における専門的判断に生かしていく専門性のことを表す。

　保育者のかかわりの経験は蓄積されていき、また、一部は省察され、言語化され、共有されるものもある。その瞬間の子どもや状況に即応的に判断していることが多く、すべては言語化・意識化されない。また行為の最中に、いくつかの選択肢が浮かび、具体的な場面において試してみる行為もある。無意図的・無意識的な行為と意図的・意識的な行為、非言語・固有／専有の行為と言語化・共有化される行為、即応的な動きと熟慮された動きは、連続的な関係で、2つの間を明確に区分することはできない。

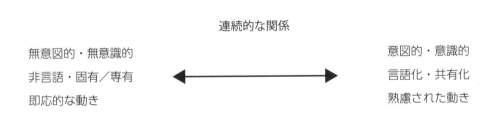

図 1-5.　行為にまつわる連続的な関係

　また、保育者は、その場で生じている状況や活動の動きや意味をその状況の中でとらえ、応じ、変化を加えていく。決定的でなくとも、自分たちの動きや意味を状況の中でどうとらえ、どのように行為していくかにかかわる専門性をもつ。

　本論文で扱う保育者の保育実践という行為は、個別具体的な子どもや環境に影響を受けつつ、自らも影響を与えるという相互の関係において状況を生み出している。このように、状況と行為は相互に影響を与え合う、浸透し合う関係である。さまざまな行為主体や環境が関与する状況は、常にダイナミック・プロセスの中で変容するので、行為主体の状況把握と行為が密接に関係している。身体的な側面と状況的な側面は、それぞれ独立したものとして別個に働くというより、明確に分けることのできない相互に影響を与え合う性質を

もつ。

　保育者は、実践の状況に身体をもって関与しつつ、教育的なまなざしを向けてかかわりの体感を瞬間的に意味づけ、その子ども（たち）の育ちを促すにふさわしいかかわりを生み出そうと即応的に判断していると推測される。その際に、保育不全感、教育的瞬間、優先性を身体的・状況的に感知し、判断する働きが生じているのではないか。本論文では、この仮説に基づいて、実証的に保育実践を検討することを目的とする。

2．本論文の構成
　本論文の構成は図 1-6 の通りである。

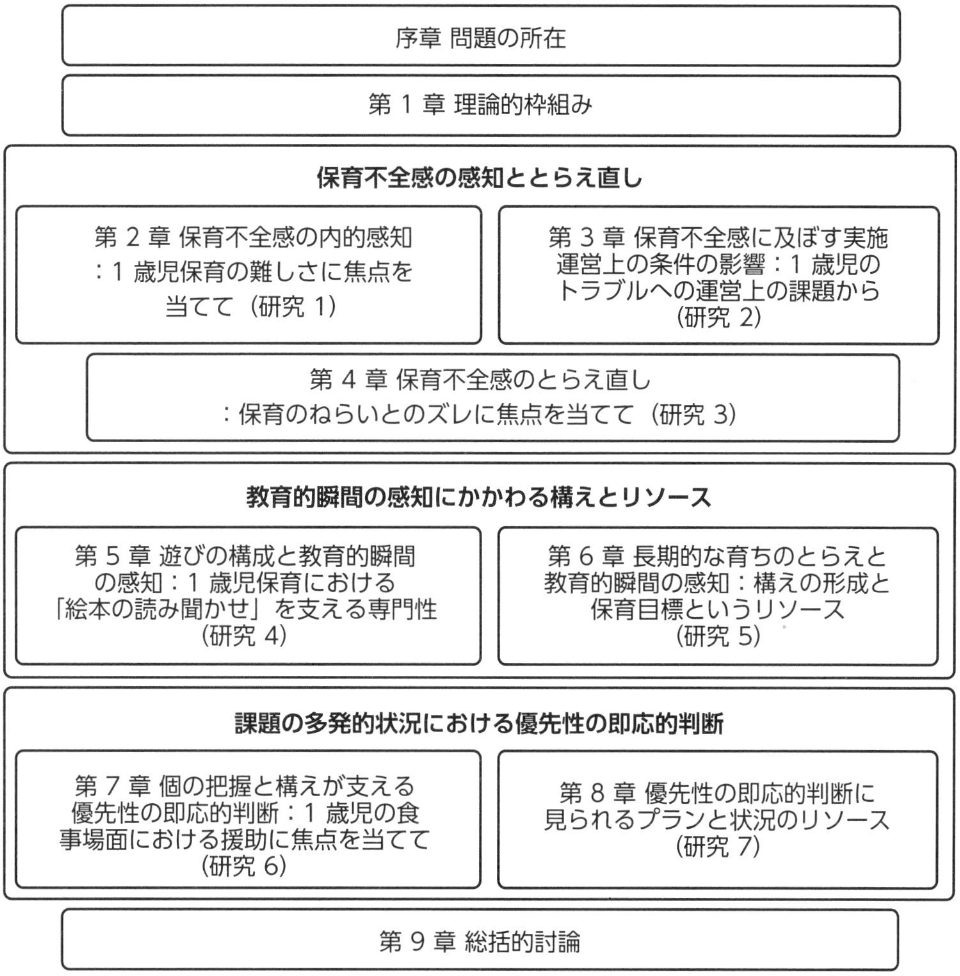

図 1-6. 本論文の構成

　保育実践に見られる保育者の専門性について、保育不全感、教育的瞬間の感知、優先性の即応的判断の 3 つを概念的支柱として、検討を行う。

3．本論文の方法

　本研究は、保育者が「実践において難しさを感じる」ということを、その専門性が立ち現れる契機としてとらえ、着目する。保育者が自らの実践の質を高めていくときには、実践上の課題を感知し、それを乗り越える方策を探るだろう。そのため、本研究では、研究 1、2、4、6 では、「1 歳児保育の難しさ」をテーマとし、研究 5、7 では「指導が難しいと感じる幼児」をテーマとして、調査を行った。研究 3 では、実践における難しさを超えるためのカリキュラム形成プロセスの意味の検討を行った。

　各研究における研究方法の概要は次の通りである。その詳細については、各研究を参照されたい。

① 研究 1 の調査 1 では、認可保育所 7 園における 1 歳児保育担当者または担当経験者である保育士 9 名と主任または施設長 3 名を対象としたインタビューを行った。調査 2 では、私立保育所 W 園において、保育観察および保育後の担任保育者 3 名を対象としたインタビューを行った。
② 研究 2 では、Y 県下全認可保育所および認定こども園 210 施設を対象とした質問紙調査を行った。
③ 研究 3 では、X 保育所の施設長および全保育者 16 名を対象としたインタビューを行った。
④ 研究 4 では、公立保育所 V 園、私立保育所 W 園において、研究 6 では私立保育所 W 園において、保育観察および保育後の担任保育者各 3 名を対象としたインタビューを、隔週 1 回のペースで 1 年間継続して行った。
⑤ 　研究 5，7 では、国公私立幼稚園のクラス担任をもつ保育者 18 名を対象とした保育観察および保育後のインタビュー（各 1 回）を行った。

　これまで、実践的知識や実践知の検討に用いられてきたビデオ再生刺激法には、オン・ライン－オフ・ライン・モニタリング（佐藤ら，1990; 佐藤・秋田・岩川・吉村，1991）、多声的ビジュアル・エスノグラフィー（砂上ら，2009; 砂上ら，2012; 砂上ら，2015）がある。オン・ライン－オフ・ライン・モニタリングは、他者の授業ビデオ記録を提示し、ビデオの再生を中断せずに教師の思考の発話プロトコルを記録するオン・ライン・モニタリングと、ビデオ再生後に簡単な授業の診断と感想のレポートを書くオフ・ライン・モニタリングを併用した方法であり、個人を対象としたものである。それに対して多声的ビジュアル・エスノグラフィーは、日本、中国、アメリカという 3 つの異なる文化における保育場面のビデオを、それぞれの国の保育者に提示し、ビデオ内容について意見

や感想を述べてもらうという方法である（Tobin, Wu,& Davidson, 1989）。こういった保育の映像を用いた方法は、保育実践における体験と思考を言語化することを支援するとされる。多声的エスノグラフィーは異文化における実践を視聴することで、自園や自文化における実践との差異が認識されやすくなる。つまり、言語的に振り返るだけではとらえきれないものが多い、普段は言語化されないままになっている実践の体験について、他の保育実践の視聴による比較を行うことで、自らの体験の言語化を促進することをねらった方法である。それは、保育者の日常的な体験に光を当てる方法の一つであると考えられる。

　しかし、これまで見てきたように、実践知とは多元的で多様な要素を含む複雑な概念である。どの側面に焦点を当てるかによって、採るべき方法が異なる。異なる園文化の保育を視聴することで言語化される実践知とは、そもそも保育者の立脚点が異なるので、園文化に関する大まかな特徴が出てくることが予測される。たとえば、戸外と室内の片付け場面に対する語りの比較を行った砂上ら（2012）では、教員研修用ビデオから戸外と室内の 2 場面 5 分程度を視聴し、グループで自由に語ってもらった結果、43 のオープンコードと 11 の概念が抽出されている。例を挙げると「遊びの尊重」という概念には「遊びに共感したりイメージに沿った言葉をかける」というものがあるが、実践において保育者が行うのは、その子どもがこれまでの遊びでどのような姿を見せ、どのような課題を保育者が感じ、個別のねらいをもっているかによって異なるだろう。実践における専門性の発揮とは、まさに今、この子の育ちにとって重要なことは何かを瞬間的に取り出してくるところにある。なかなかじっくり遊び込めない子どもが細かく作り込んだ製作をしていたら、その子どもが取り組んだ繊細な製作プロセスに言及するかもしれないし、何も声をかけずに隣でしばらく見ほれるかもしれない。隣の子どもに「ねえ見て」と声をかけて一緒に見るかもしれない。実践における専門性は、その場で起こったその子にとっての今の意味をとらえるところで発揮される側面がある。また、「時間的配慮」という概念では「順番にかかわる」「時間的な余裕をもつ」というオープンコードが抽出されている。これについても、おそらく実践においては、この子どもにとっての今日の遊びの重要性を鑑みて、個別に調整をしていくだろう。つまり、実践知というものが、実践における個別具体的な判断に関与するものだとしたら、その研究方法において比較検討し抽象度を高めて検討していく中で、実践または実践知という概念そのものから離れていくという、研究手法上の問題をはらんでいる。

　本論文では、保育者の専門性について、具体的な実践に基づいて検討することを基本とするため、その核となる具体的な研究方法として、新たに対話的ビジュアル・エスノグラフィーという方法を提案する（古賀，2018）。保育者の暗黙的な専門性を検討するに当たり、実践後に忘却していたり、言語化できていなかったりする体験を、いかに言語化しやすくするかが課題である。研究においては言語化が必要であり、直感的で暗黙的、言語化されない部分を多く含む実践知（Schön, 1983/2007）を部分的に検討せざるを得ない。Tobin ら（1989）は、他園の実践映像を視聴し、それに対する語りを分析していく多声

的ビジュアル・エスノグラフィーという方法を提案したが、本研究では、他園との比較ではなく、保育者が自らの保育の個別具体的な内容についてどのように読み取り、どのような実践を行うのかについて取り上げ、当日の保育の映像記録を研究者と共に観ながら振り返り、語ってもらう方法を採った。

　つまり、本研究における対話的ビジュアル・エスノグラフィーでは、現場に根ざすという意味（志水，2002）で、臨床的立場を取る研究方法を採る。保育者を研究対象として距離を置き、研究者が実践に対して無知な立場で質問を投げかけるのではなく、保育者という視点と観察者という視点をもった人間が異なるかかわり方で実践を共にし、それぞれに体験した実践について映像を資料としながら語り合うという方法である。保育後の映像視聴しながらのインタビューの内容には、観察者がこれまでの経験を入れ込みつつ観察した中で、興味深かったポイントを抽出し、保育者に質問することと、保育者が今日の気になった点、もう一度考えたい点を語ること、その両方を内容として含めた。保育者の方から今日の気になった点を語ってもらう際に、研究者に対する質問や意見が求められることもあり、互いの立場で感じたことを語り合い、できる限り今日の実践を通して得た感触を次の日の保育へと生かせるように心掛けた。

　倫理的配慮としては、研究 1 ～ 4、6 については、倫理審査委員会等の審査は受けていないが、保育学研究倫理ガイドブックに基づいて、研究対象者に不利益のないよう丁寧な説明と手続きを踏み、承諾を得たうえで実施した。また、研究 5、7 については、京都教育大学研究倫理審査委員会において審査を受け、許可された方法に基づいて研究対象者への説明を行い、承諾を得たうえで実施した。

　＊本論文で使用する用語について
園 ・・・ 保育所、幼稚園、認定こども園が本研究の調査対象として含まれている。保育所は児童福祉施設であり、保育所または施設というのが制度的呼び方であるが、本研究は制度的に保育所と幼稚園を取り扱うのではないため、すべての乳幼児教育施設の略称として「園」という用語を使用する。
園長 ・・・ 上記の「園」の説明同様、所長・施設長・園長と呼び名を分けて議論する必要性がないことから、すべての乳幼児教育施設の長を園長と表記する。

第2章

保育不全感の内的感知：
1歳児保育の難しさに焦点を当てて（研究1）

第1節　問題・目的

　本研究は、保育者の専門性の向上の契機として、保育者が感じる実践の難しさに着目する。保育者は実践の難しさを感じると、実践のある時点を想起し、そのときの子どもの表情ややりとり、行為の意味をとらえ直そうとすると推測される。それは保育者の中の子ども理解を深めたり、自らの援助について振り返り、次のよりよい援助を生み出そうとしたりすることへとつながると考えられる。

　では、その実践の難しさとは、どのようにとらえられ得るだろうか。まずは指導が難しいと感じる個に対する援助が挙げられる（高濱, 1997; 2000）。次に、個に対する援助の必要感が同時に生じる場合、また個に対する援助を1：1で行うケースで他の子どもの援助が同時進行できない場合等、集団の保育運営の中の個に対する援助が挙げられるだろう（渡辺, 2006）。さらには、集団での活動の展開や子どもの興味・関心に基づいた遊びと行事の展開等、個の発達や興味・関心に応じる部分とクラスや学年、園全体の保育展開に関する部分は、常に関連し合って難しさとして感じられている。研究においては、たとえばいざこざへの対応や食事場面の援助など、対象とする子どもや活動を限定して研究対象とすることが多い。しかし、保育実践とは多数の文脈が絡み合う流動的プロセスであり、保育者の抱える保育の難しさは、それら個別の文脈の中で立ち上がる課題感と共に、その課題感の絡まり合うダイナミック・プロセスとしても感じられているであろう。また、クラス、学年、園全体の文脈との関連については、いわゆる保育の構造的側面とも絡み、個々の保育者では変容させにくい難しさもある。保育実践の質は、その現場固有の条件にのみ影響されるのではなく、職員配置やクラスサイズなどの法的な枠組みといった構造の質に間接的な影響を受けている（古賀, 2008）。保育実践とは構造的側面の影響下で成り立っており、保育者は構造的な条件を引き受けて保育せざるを得ない。

　この日本の保育所保育の構造の質の最低基準である児童福祉施設の設備及び運営に関する基準で定められている面積基準については、近年、観察結果に基づき子ども一人当たりの面積基準の算定がなされ、1948（昭和 23）年の制定以来ほとんど手つかずであった面積基準の問題を指摘する科学的根拠として注目された（全国社会福祉協議会, 2009）。しかし、その調査結果を受けた見直しは未だなされていない。また、保育士の配置基準については、1962（昭和 37）年の中央児童福祉審議会の意見具申を受け、1 歳児保育は制定当初 1：10 だった比率が昭和 42 年度より 1：6 とされた（厚生省, 1967）が、その後の改定は行われていない注1。この空間の広さや保育士配置は、保育者が抱える実践における難しさにかかわっている可能性がある。

　研究 1 ではまず、保育者が集団保育の運営実践上の難しさをどのように感じているのか、ということを探索的に検討することを目的とする。その際、特に集団保育特有の困難な状況が構造的に生じやすいと推測される、1 歳児保育を取り上げる。

　1 歳児は、歩行の開始を始めとする身体的側面、食や排泄などの自立に向けた生活習慣行動、言語や自己など、諸側面の発達がめざましく、個別的なかかわりの必要度が高い年齢である。一方で、児童福祉施設の設備及び運営に関する基準、また、幼保連携型認定こども園の学級の編制、職員、設備及び運営に関する基準に明記された、保育士または保育教諭の配置基準は、0 歳児が保育者 1 人：子ども 3 人、1 歳児が保育者 1 人：子ども 6 人、2 歳児が保育者 1 人：子ども 6 人となっており、個別的なかかわりの必要度にもかかわらず 0 歳児に比べて 1 歳児は子どもが倍増する基準となっている。

　これまで 1 歳児保育については、子どもの発達と援助のあり方について、かみつきやいざこざなどの乳児間のトラブルと保育者の介入（本郷・杉山・玉井, 1991; 本間・金井・増田・渡邉, 2007; 野澤, 2010; 細田・戸田・氏家, 2016; 中川, 2016）、自己の発達と保育者のかかわり（石野, 2003; 中島, 2005; 名和・鈴木, 2014）、食事場面の援助（河原, 1999; 2000; 2001; 2004; 松生・佐田・惠村・梶・豊田, 2007; 河原・根ケ山, 2014; 冨田・中上, 2018）という側面から、また、主に保育の工夫について、空間構成と遊び（阿部, 2003; 齊藤・増田, 2018）という側面から、そして、保育者との相互作用（杉村・桐山, 1991; 芦澤, 2014）について、検討がなされてきた。

　中でも、1 歳児保育の実践における難しさは、自我の芽生えという発達の様相と関係している。河原（2004）は、拒否行動が生じやすい場面として 1 歳児の食事場面に焦点を当てて検討を行った。1~2 歳児の拒否行動と保育者の対応を観察した結果、子どもの主体性を尊重しつつ、保育者の要求にも積極的に応じるような関係構造の重要性を指摘した。この自我の芽生えと保育について、阿部（1999）は自己の確立に向けて子どもが自分の気持ちや欲求を自分のものにすることが重要としている。そのうえで、ぶつかり合う子どもの姿に対して、大人が子どもの気持ちを受け入れながらその内面を調整する働きかけを行うことが必要であると述べる。また、子どもの生活の安定は子どもの欲求の理解と充足を中軸に据え、安定した生活を構造的にとらえることが必要であるとしている（阿部,

2000)。このように、1 歳児保育においては主体としての子どもを尊重し、他の欲求とぶつかり合う中でその内面を調整するというような、丁寧な保育実践の質を保障することが重要であると考えられていることがわかる。しかし、この一人ひとりの子どもの主体性を尊重し、欲求の理解と充足を中軸に据える保育を、集団保育の運営の中で実践するというところに難しさがあるのではないだろうか。また、その個への丁寧な援助とクラス全体の落ち着きという、一見関連性の見えにくい事柄が密接に絡まり合って展開することも保育実践の現実である。保育者はその両方の間を行き来しながら、実践の難しさを内的に感知していると推測される。

　この集団保育特有の問題について、西川（2004）は保育所における「かみつき」を取り上げ、アンケート調査を行った。その結果、かみつきは 1 歳児クラスをピークとして乳児クラスに非常に多いこと、かみつきの多いクラスを決定づける要因は、クラス規模や保育士の配置数からだけでは見出せないことが示唆されたとしている。具体的には、昼食の片付けから昼寝への切り替えの時間帯でかみつきが多く生じていること、その時間帯は保育士が多種多様な援助を次々と行わなくてはならず、人手不足を誰しも感じる時間帯であることから、園全体で食事前後の時間帯の保育士配置を工夫し、保育士がゆったりとした気持ちで子どもに目を向ける余裕をつくる必要性を指摘している。1 歳児保育の昼食後というのは、床に食べこぼしが散らかり、掃除をしなければ布団が敷けないという保育室もある。ある保育者は子どもの様子を横目で見つつ、食器や机、椅子を片付け、床の掃除をしたり、ある保育者は食後の食べこぼしのついた子ども一人ひとりのエプロンを片付け、手づかみ食べをした手をきれいに拭き、その後の排泄介助に当たったり、ある保育者は片付いたところから布団を敷いて寝かしつけたりと、短時間のうちにタイミングを逃さずにこなさなければならない事柄が多く、複数の保育者で分担するものの、それぞれが手一杯になるほど忙しい。つまり、人手不足感は、1 歳児の発達の様相と、保育者の配置という保育の構造上／実施運営上の側面とが絡み合い、1 歳児保育の運営実践全体にかかわって、保育の難しさとして感じられているのではないかと推測される。

　この人手不足感と保育の構造的側面との関連について、西川（2017）は、全国規模の保育研修会における実践報告を分析し、1998（平成 10）年の保育所定員の弾力化や、2002（平成 14）年の短時間勤務の保育士の配置の規制緩和が行われた時期に、「かみつき」に関する叙述が増加したことを明らかにしている。このことは、保育の構造的側面が直接的に保育実践に影響を与えているというより、保育の構造的側面の影響下にある実践の中で、保育者自身が実践の課題感を内的に感知し、何とかしなくてはと考えようとすること、そしてそのことが、実践報告の中で問題化される「かみつき」という叙述となって表出されることを示しているのではないか。西川（2003）は、かみつきを未然に防ぐことに保育者が神経を張り詰めていると、そのぴりぴりとした空気が子どもたちを追いつめ、一層よくない事態を招いたが、クラスのおだやかな雰囲気を維持すること、かみついた子どもを心を込めて抱きしめるようにしたことでクラスが落ち着いてきたという実践報告を例に

挙げる。保育の構造的側面の影響を受けながらも、あくまで実践で内的に感知される課題感に基づいて、保育者は保育を改善しようとするのではないだろうか。

　個の援助と集団把握の葛藤については、新任保育者に焦点を当てた渡辺（2006）の検討はある。しかし、特に新任期における課題感として顕著に表れるということであって、個と集団をテーマとした保育実践の難しさは、常に保育者によって内的に感知されているのではないだろうか。たとえば、1 歳児保育の構造的条件を考慮すると、1 歳児の集団保育の運営実践、いわゆるクラス全体のやりくりが、保育者によってどのようにとらえられているか、という視点から検討することも重要であると考えられる。それにはまず保育者がどのような保育を志向し、どのような実践の手だてを講じ、何を感じているのか、探索的な研究を行う必要があるだろう。その中で、保育者が感じる 1 歳児保育の実践の難しさに関する全体像をつかむことがまず必要なのではないかと考えた。

　そこで、本章では、まず、保育者が感じる 1 歳児保育の実践の難しさについて、その全体像と問題構造を明らかにする。そして、その全体像と問題構造の下で、保育者が実践において内的に感知している課題感とはどのようなものか、検討することを目的とする。

第 2 節　方法

1. 調査 1 について

（1）調査方法

　本調査は探索的性質をもつため、以下のような質的方法を用いた。IC レコーダーとメモを用いた半構造化面接を行った。面接開始時点で、研究への参加は自由意思によるものであり強制されるものではないこと、研究内容と収集されたデータの取り扱いについて説明し、面接の録音については対象者の許可を得て実施した。

（2）調査期間

　2009 年 9 月〜 10 月

（3）調査対象

　Y 県内認可保育所 7 園において 1 歳児保育を担当している、または担当の経験のある保育士 9 名と主任または施設長 3 名（経験年数レンジ：4〜42 年）。

（4）質問ガイド

　以下の質問ガイドを用いて面接を行った。

① 保育の質の向上が求められている保育所保育指針と、児童福祉施設の設備及び運営に関する基準で保障されている内容との間で、1 歳児保育を実践し、感じられていることはどのようなことか。

② 1 歳児保育において、対応が難しいと感じる場面はあるか。同様に、対応が難しいと感じる子どもや一定の時期はあるか。またその理由はどのようなものか。

③ 難しさを感じる場面に対する理想的な対応とはどのようなものと考えるか。

　これらの質問に基づき話された内容について、発話内容を明確化するための質問を適宜行った。

（5）面接所要時間

レンジ 35 分〜1 時間 45 分、平均 59 分

（6）分析手続き

佐藤（2008）を参考に、以下のような手続きで質的データ分析を行った。

① 全面接の逐語記録を筆者自身が作成し、その内容を数回読み返した。

② 全逐語記録を意味の単位ごとにセグメントとして切り出し、各セグメントにその内容を要約した定性的コード（以下、コード）をつけた。

③ 付与したコードにはコードメモとして簡単な定義や発話内容の概要を記録した。

④ 付与されたコード毎にセグメントを切り出し、データベース化し、一覧表を作成した。

⑤ コード毎にセグメントの内容を読み返し、内容を把握すると共に、コード間の差異を明確にしながら必要な箇所はコードの再割り当てを行った。

⑥ コードメモを一覧にし、コード毎の関連や影響関係について、理論メモとして記録した。

⑦ コードメモ、理論メモ、逐語録を適宜参照しながら、内容の関連が深いコードをカテゴリーとしてまとめた。それらのカテゴリーは、【1 歳児保育の特質を構成する要素】に関するもの、【実践上重視する内容の認識】に関するもの、【保育の実践運営上の工夫】に関するもの、帰結としての【保育士の 1 歳児保育に対する思い】という 4 つの枠組みで整理された。また、カテゴリー内でさらに内容的関連が見られるものについて、サブカテゴリーとしてまとめた。

⑧ セグメントの評定について、独立した評定者との一致を確認した。一致率は79.6％であった。不一致箇所については協議を行い、筆者が最終的な決定を行った。

⑨ 各コードについて言及者数を集計し、言及者数が 1 名のみのコードは分析から除外した。また、この調査は、2008（平成 20）年に初めて告示された保育所保育指

針改定の次の年に実施しており、改定による書類仕事の増加等、保育実践を圧迫する諸事情も語られたが、本研究では 1 歳児保育の特質にかかわるものを分析対象とした。なお、セグメント数についても集計したが、面接時のやりとりの流れに大きく左右されていると考えられたため、集計されたセグメント数による分析は行わなかった。

2. 調査 2 について

（1）調査方法

　探索的な調査 1 の結果を踏まえ、さらに具体的な実践における検討を行うために、保育観察と担当保育士のインタビューを行う。調査者（筆者）は、1 人で W 園に基本的に隔週 1 回で訪問し、午前 9 時頃から午睡までの保育観察、および、午睡中の担任保育者全員（3 名）を対象としたインタビューを行った。

　保育の観察記録は、保育室一角に固定したビデオカメラ 1 台を設置し、広角で保育室のなるべく広い範囲が収まるように録画した。音声については、固定のビデオカメラに接続したワイヤレスマイクロフォンを、クラスリーダー保育者 1 名の腕に装着してもらった。また、調査者は、手持ちのパソコンで観察記録ツール CAVScene ソフトを用いた映像記録を撮りながら観察を行った。

　インタビューは、保育者が昼食をとった後、毎回 1 時間程度、職員室または休憩室で行った。持参したプロジェクターと卓上スクリーンを使用して映像を映し、当日手持ちのパソコンで撮った映像記録を必要に応じて視聴しながら行った。都合が合えば副園長もその場に参加した。インタビューの記録は、対象者に許可を得て IC レコーダーで録音し、筆記メモを取った。インタビュー内容は、その日の保育で大切にした点を最初に尋ねたあと、観察された保育行為の意図について質問した。また、保育者が映像を見たい場面があるか確認し、映像を確認しつつ保育者にその場面が気になった理由や映像を見てどう思うかを尋ねた。保育者への負担が大きい調査であることを考慮し、多少なりとも園内研修としても機能するように、インタビュー時間の終了前に調査者に尋ねたいことがあるか必ず質問し、調査者としての感想を述べるなどした。

（2）調査期間

　2010 年 5 月 27 日〜 2011 年 2 月 11 日

（3）事例の抽出

　調査 1 の結果に基づき、保育不全感のカテゴリーのうち、個別対応とクラス全体を見る必要性コード、「十分な保育ができない」コードに該当する内容が、保育観察場面とインタビュー両方に含まれていた 6 月 3 日および 6 月 17 日の事例を取り上げて検討を行う。

（4）調査対象

W 園の 1 歳児クラスおよび担任保育者 3 名。6 月時点の 1 歳児クラス所属児童数は、12 名である。

表 2-1. クラス担任保育者属性

保育所	保育者	経験年数	1 歳児クラス担任回数	雇用形態	養成教育歴等
私立 W 園	黒川*（T）	16 年	7 回	正規	短期大学
	山地（T）	4 年	1 回	正規	専門学校
	岩谷（T）	5 年	4 回	非正規**	短期大学

＊印はクラスリーダー保育者、＊＊印はパートタイム勤務

　記述上の（T）は保育者を示し、(AD) は副園長を示す表記である。なお、副園長は 6 月 3 日は開始時間から終了時間まで、6 月 17 日は開始時間から途中まで、また 6 月 17 日は岩谷（T）が欠勤のため、主任の武市（T）が保育のサポートに入り、インタビューにも参加している。

第 3 節　結果と考察

1．調査 1　1 歳児保育の実践の難しさの問題構造

　分析の結果、保育士がとらえる 1 歳児保育の難しさは、【1 歳児保育の特質を構成する要素】⇒【実践上重視する内容】⇒【保育の実施運営上の工夫】⇒【保育士の 1 歳児保育に対する思い】という枠組みの影響関係で整理され、その全体像は「1 歳児保育の特質を踏まえた援助への志向と構造上の実現困難との間のジレンマ」ととらえられた。各枠組みに含まれるカテゴリーの内容および言及者数について、表 2-2、2-3、2-4、2-5 に示した。以下、上記の枠組みに基づき分析結果を示す。なお、引用した発話[注 2] に該当するコードは末尾の（　）内に記す。

（1）1 歳児保育の特質を構成する要素

　分析の結果、*1 歳児の発達的特徴*（サブカテゴリー：個別援助の必要な発達的特徴、トラブル）、*配慮の必要な子ども*、*家庭的背景*、*1：6* の 4 カテゴリーが、保育士から見た 1 歳児保育の特質を構成する要素として抽出された。

1）1 歳児の発達的特徴

個別援助の必要な特徴として最も言及者数の多かった（58.3％）のが月齢による発達差

である。「4 月生まれの子と 3 月生まれの子の遊びや発達は全然違う（月齢による発達差）」という発話が多く、1 歳児クラスが 12 か月の月齢差をもって構成されること自体に難しさが感じられていることがわかる。ほかに、「6 人が 6 人同じ遊びをするのではないんです。6 人それぞれが今興味のある遊びを見つけて遊びますので（個々の遊びの多さ）」というように、個々が興味をもった遊びをすることや自分の思いに従って動くことが特徴として挙げられている。それらに加えて、年度当初は不安の高い子どもの対応に追われることも伺える。

また、トラブルについてはさまざまな要因が挙げられている。「一緒に遊んでいると気持ちのぶつかり合いであったり、物の取り合いであったり、言葉にうまく出せない子どもたちは気持ちを言葉に表せない葛藤みたいなのがあって、お友達を押したりひっかいたり、かみつこうとしてしまったりする姿があります（言葉の未発達とトラブル）」といった、前後の文脈がわかり、言葉が未発達な状態での意思表示ととらえられる場合がある。一方で、推測的な要因も多く挙げられ、「物の取り合いとか場所の取り合いではなく、単にちょっと朝ごはんを食べられてなくて、お腹が減ってイライラしていたり、大人からしたら意味もなく叩いちゃったみたいな場面もあったりして（子どものイライラ感とトラブル）」という発話に見られるように、生活リズムの乱れなどからくる子どものイライラ感など、保育士は子どもの生活全般の情報と合わせてトラブル要因を推測している。また、トラブル発生時間と保育の流れを重ね合わせることで、活動の変わり目や個別援助に追われる時間帯等にトラブルが多いと感じていた。

2）配慮の必要な子ども

また、特に配慮の必要な子どもの姿について、「最近、親の前では子どもたちが変に遠慮して無理を言えない。保育園に来て保育士に無理を言う（現代の子どもの姿）」というように、以前と相対的に比較して現代の子どもは手がかかるという認識がなされていた。また、「おやつの時間になったら寝そべって全然食べないんだけど、ほかの子どものおやつが終わってから座ってきて。これは 1：1 でかかわって欲しいのだろうと（素直に表現できない）」というように、子どもの行動から配慮が必要な内面をくみ取り、個別にかかわる必要性が感じられている発話も見られた。

3）家庭的背景

ここでは 66.7％ の対象者が、保護者の配慮のなさが子どもの健やかな発達を妨げていることについて言及している。「近頃は紙おむつなので、週末の休み明けにおむつかぶれでお尻が赤くなる子が多い（家庭での配慮不足）」等、現代の保護者の問題が挙げられている。それに伴い、基本的な子どもとの生活やかかわり方について、「何も言わなかったらそのままのお母さんにも、軟膏持ってきてくれたら塗りますよーって言って（家庭支援の必要性）」等、具体的で細やかな支援をする必要性が感じられていた。またそのような

表 2-2. 1 歳児保育の特質を構成する要素

カテゴリー 　サブカテゴリー 　　コード	内　容	言及者数	％
1 歳児の発達的特徴	*1 歳児保育の特質に大きな影響を与える子どもの発達的特徴*	*11*	*91.7*
個別援助の必要な発達的特徴	個別援助が必要とされる 1 歳児のさまざまな姿であり，時期的／発達的に変容していくもの	10	83.3
月齢による発達差	月齢により，歩行の完成，遊びの内容，生活面での自立，生活リズム，自我の芽生え等さまざまな面で大きな違いがあること	7	58.3
年度当初の子どもの不安	保育室や担任が変わり，新入児が泣くことの多い環境の中で，子どもが混乱し，不安が高くなること	4	33.3
個々の遊びの多さ	子どもが集まって一緒に遊ぶのではなく，個々に興味をもった遊びをすること	2	16.7
言葉で伝わらない	言葉の理解が十分でなかったり，自分の思いが強かったりすることで，保育士の言葉より，自分の思いに従って動くこと	2	16.7
トラブル	保育士が対応に迫られる，子ども同士のかみつき・ひっかき等のトラブル	11	91.7
保育士不足とトラブル	保育士が個別対応に追われたり手薄な状態であったりすると，手がかけられていない他の子どもがトラブルを起こすこと	6	50.0
子どもの多さとトラブル	クラス人数が多い状態で保育しているときに，かみつきやひっかきの多いこと	5	41.7
言葉の未発達とトラブル	意思表示としてのかみつきやひっかきが起こること	4	33.3
子どものイライラとトラブル	明確な前後関係というより，生活リズムの乱れや環境，遊びの中でなんとなく子どもがイライラしてトラブルが起こること	3	25.0
活動の変わり目とトラブル	食事と午睡の合間等，活動の変わり目でトラブルが多いこと	3	25.0
配慮の必要な子ども	*1 歳児の標準的な姿というよりは，個別に配慮が必要な状態*	*6*	*50.0*
現代の子どもの姿	家庭で満たされておらず，以前の子どもより精神面・自立面で幼く手がかかる現代の子どもの姿	4	33.3
素直に表現できない	素直に表現できない子どもの姿から，丁寧にかかわり，子どもの気持ちをくみ取る必要性が感じられるケース	3	25.0
家庭的背景	*三世代同居では起こりにくかったと推測される，子どもの養育に関する困難な家庭の状況と支援の必要性*	*8*	*66.7*
家庭での配慮不足	おむつ替えをしない，離乳をしない，生活リズムが乱れている等，子どもの発達を妨げる保護者の配慮のなさ	8	66.7
家庭支援の必要性	保育所保育指針の改定や，現代の保護者の変容を受け，以前にも増して家庭支援を行う必要性があること	6	50.0
家庭の余裕のなさ	核家族化やきょうだいの誕生等で，保護者に時間的・精神的な余裕がないこと	3	25.0
1：6	*1:6 という配置基準から引き起こされる実践現場の状況*	*10*	*83.3*
1：6 の大変さ	1:6 では目が行き届かない，厳しいという現状	8	66.7
健やかで安全な 　　保育環境保持の難しさ	身体的な発達差が大きく，安全な保育環境の保障が難しいこと	6	50.0
乳児の発達差と 　　混合保育の難しさ	途中入所や混合保育によって，個々の気持ちや発達差にふさわしい環境保障が難しくなること	3	25.0

保護者の姿が、自立面で以前より手のかかる子どもの姿につながっているという認識もなされていた。

4）1：6

　1：6という1歳児の保育士配置基準については、83.3％の対象者が言及した。「1：6をどう乗り切っていくか。布団は敷かないといけない、片方はまだご飯を食べている、片方ではおむつを替えている、真ん中にいる子はその間放置されているという状態（1：6の大変さ）」という発話に象徴されるように、1：6という配置基準により生み出されている大変さは、保育士には大きなものとして感じられている。

　また現在、保育所には待機児童の解消という社会的要請が強まり、1歳児保育においては育児休暇明けによる途中入所が増加している。この年度途中で入所してくる子どもへの対応は、保育実践に大きな影響を与え、年間を通した保育の難しさにつながっている。「今までできた生活のリズムがやっぱり違ってきますよね。そこに手がかかったりすると、もう保育士が少ないうえにますます手が取られるような状態になりますし。混合クラス編成にしないと施設上難しいですし注3（乳児の発達差と混合保育の難しさ）」という発話からも、途中入所の子どもに保育士の手が取られ、他の子どもの対応が手薄になる状況が生まれることがわかる。結果、子どもが不安定になり、保育実践が混乱した状況に陥るリスクとなっている。

（2）実践上重視する内容の認識

　このような1歳児保育の特質を踏まえ、保育士は、子どもの発達を促すためには1歳児のときに丁寧にかかわることが重要であると認識している。ここでは、*実践上重視する内容の認識*というカテゴリーに、信頼関係の重要性、かかわりと発達という2つのサブカテゴリーが抽出された。

　まず、信頼関係の重要性については、子どもが保育の場で安心して過ごすことが重要であるという考えから、子どもと保育士との信頼関係、また子どもに影響を与えるものとして保護者との信頼関係が挙げられた。

　また、保育士のかかわりと子どもの発達との関連について、「ひっくり返ってしまうその子の思いに寄り添って、思いをくんであげることが一番大事だし（個々の思いを大切にする重要性）」「やっぱりじっくりかかわると、子どもの様子は本当に違ってきますね（個々の思いを大切にする重要性）」というように、個々の子どもに対して丁寧にかかわることが子どもの発達にとって重要であるという認識が伺える。「1歳の子どもが本当に自分がしたい、しようとしているそのときに、丁寧にその思うことを一緒にしていくことで着実に身についていくと思うんですよ（発達の節目としての重要性）」等、1歳の時期のかかわりがその後の発達に影響を与えると考えていることもわかる。

表 2-3. 実践上重視する内容の認識

カテゴリー　　サブカテゴリー　　　　コード	内　容	言及者数	%
実践上重視する内容の認識	*1 歳児保育の特質を構成する要素から生じる，保育実践上重視する内容に関する保育士の認識*	*11*	*91.7*
信頼関係の重視	家庭の変容を受け，子どもの発達援助のために必要とされる信頼関係	7	58.3
保護者との信頼関係と連携	保護者との信頼関係を築くことや，家庭生活とのつながりの中で子どもを見ていくことが重要であるという認識	6	50.0
子どもとの信頼関係	子どもと保育士の間に信頼関係を築くことが第一であるという認識	3	25.0
かかわりと発達	1 歳児が見せるさまざまな様相に対して，発達を促す観点からなされる保育上の配慮	10	83.3
個々の思いを　　大切にする重要性	個々の思いをくみ丁寧にかかわることで，子どもが安定して過ごせるようになるという認識	7	58.3
発達の節目としての重要性	生活面，人間関係の基礎が 1 歳児のときに形成されるので，今丁寧にかかわることがその後の成長に大きく影響するという認識	7	58.3
発達の未熟さと　　援助の必要性	見通しがもてず，危険察知ができない子どもに対して，その都度個々に援助する必要性があるという認識	6	50.0

（3）保育の実施運営上の工夫

　実践上重視する内容を認識し、それらが可能な限り実現できるよう、保育の実施運営上の工夫がなされていた。中でも最も多く言及されているのは、時間・空間の工夫についてである（83.3%）。1 歳児保育においては月齢による発達差が大きい。歩行が完成していない子どもと既に走り始めている子どもとが同じ空間で過ごすことで危険が生じ、低月齢児と高月齢児各々の発達を促す安全な環境を提供することが難しいといったことが生じる。これは遊びの物的環境も同様である。パズルや積み木といった具体的な物のふさわしい大きさや数が、低月齢児と高月齢児では異なる。そのため、「月齢が低くてまだハイハイしてる子は、4、5、6 月ぐらいまで 0 歳児クラスで生活するようにしてるんですよ。(中略) そういった工夫をしないと、子どもたちの発達に合わないんですよね（時間・空間）」等、クラス配属を越えて、個々の発達にふさわしい環境を提供する必要性が感じられ、実践されていた。

　そして、それはかみつきやひっかき等のトラブルを回避する方策としても語られていた。「狭かったりするとやっぱりトラブルが起こってくる。(中略) 集まりやすい場所にはもうちょっと広い空間を用意してあげて、おもちゃの数を増やして（時間・空間）」「少人数で分かれて遊ぼうよとか、外と中をうまく時間差で使おうよとか（時間・空間）」といったように、保育室の環境構成を大きく変更したり、少人数のグループで空間を分け、時間差で使用したりすることが実践されていた。月齢による発達差や傷につながるトラブルの多さといった 1 歳児の発達的特徴を受けて、具体的な手だてが考えられていることがわかる。

表 2-4．保育の実施運営上の工夫

カテゴリー コード	内　容	言及 者数	%
保育の実施運営上の工夫	*人の動きや連携，環境構成，空間活用等工夫することで，保育上の課題を乗り越えようとする実際の手だて*	*10*	*83.3*
時間・空間	月齢・発達の姿で分けたクラスや発達の姿に合わせた空間の柔軟な活用等により，保育のスムーズな流れをつくること	10	83.3
人的配置	0 歳からの担任のもち上がり，アルバイト・ボランティア，年度当初の加配保育士等，人的配置を工夫すること	6	50.0
担任間の連携	子どもの気持ち，発達の具合，その場の人数等に合わせ，複数の担任が様子を見合いながら連携して動くこと	5	41.7
他の保育士・職員との連携	フリー保育士，主任，施設長，事務職員と連携することで，担任だけで問題を抱え込まず，保育の改善が可能になること	4	33.3
力量ある保育士	1：6 や発達的特徴から「1 歳児保育は難しい」という認識の下に，力量ある保育士を配置すること	2	16.7
担当制	食事の席，布団の位置，生活面でかかわる保育士の固定等により，子どもが安定して生活できるようにすること	2	16.7

　また、担任間の連携を図ることで、1：6 では目が行き届かない部分を少なくしていこうという努力がなされていた。「下の子が生まれてお母さんに甘えたいのに、朝早く登園して遅くに迎えに来られたりする。それではちょっとかわいそうだから、2 人の担任が他の子どもたちを連れて散歩に行く。で、3、4 人くらいでゆっくり部屋の中で見ようかっていうかたちで、ちょっと少人数で加配していく（担任間の連携）」というような、家庭の余裕のなさに影響を受けた子どもの不安定な姿に対して、丁寧なかかわりが可能になるような工夫がなされている。

　さらに「4 月の間、加配の保育士をつけてくれて、それで何とかなってたんですけど（人的配置）」「他のクラスとか補助の職員（注：おしぼりの用意や布団を敷く補助職員）の方も入ってもらって、やっとクラスが回っているなーって（他の保育士・職員との連携）」という発話にも見られるように、1：6 では難しさが多く感じられる場合には、担任の一時的増員や担任外との連携の必要性が強く認識されている。一方で、これらの工夫は雇用とのかかわりが深く、各保育所や自治体の運営上の条件に大きく左右される。

　そして、力量ある保育士を 1 歳児の担任とすることや、担当制による小グループでの保育を行うといった、現在ある人的資源を最大限有効活用しようという、各保育所における運営上の工夫も見られた。

　これらの工夫は、各保育所で複数組み合わせて試みられており、保育実践における課題をなんとか乗り越えるために、さまざまな努力が複合的になされているという実態が見られた。

（4）保育士の 1 歳児保育に対する思い

それでは、帰結として生み出される保育実践について、保育士はどうとらえているのだろうか。ここでは、*人数比率低減の効果*、*成長と保育のゆとり*、*保育士不足感*、*保育不全感*、*保護者との関係*という 5 カテゴリーが抽出された。なお、本研究では、丁寧なかかわりを志向しながら、その実現が難しいことで生じる「自らの保育実践が不十分である」という保育士の思いを、*保育不全感*と定義して使用する。

1）人数比率低減の効果

個別援助の必要な 1 歳児においては、保育士一人当たりの子どもの人数を少なくするような実施運営上の工夫をすることで、目が行き届き、必要な援助がなされ、子どもが落ち着いて遊べる環境が整うと実感されている。「少人数で保育をしたら、すごくゆっくりと遊べるんですね。人数が多いとぱたぱたーとしてしまうけど、少人数で遊ぶと子どもの情緒も落ち着くっていうのがあるから、やっぱり少人数の保育って大事だなあって（かかわりの充実）」「保育士の定数（注：1：6 の保育士の配置基準）だと子どもの思いを大切にといっても基本のところがなかなかできにくくなる。（中略）やっぱり保育士がある程度ゆったりとかかわっているときには、押したり叩いたりする前に働きかけができて、そうならずに済む（トラブル回避）」といった発話が見られた。また、「10 人を 2 人で見るよりも、5 人を 1 人で見るクラスの方が落ち着く（かかわりの充実）」と、クラスサイズは小さい方が子どもは落ち着くという認識も見られた。

2）成長と保育のゆとり

1 歳児保育はその月齢による発達差によって、多様な発達の様相が示され、さまざまな配慮や工夫を必要とする。一方で「9 月明けになって、生活面では大分成長してきて、最初の頃と比べたら、自分でできることも増えて、私たちも余裕をもって見てあげることができるようになってきたかな（子どもの成長と保育のスムーズさ）」というように、発達の様相の変化は保育のスムーズさにつながるという認識もなされている。

3）保育士不足感

1 歳児の発達的特徴を大切に保育したいと志向しながら、人数的にそれが難しく、保育士不足感が感じられている。「1 歳になったらなんでも『自分で』っていう時期になるでしょう。排泄、食事、着脱もそうですが、自分でしたいっていうときに大勢子どもがいると、一人ひとりを大事に見守りたいときに、なかなか保育士の手が足りずについやってしまって、というときもあるんです（探索活動・自我の芽生えと保育士不足感）」という発話から、意欲をもって自分でしようとしている子どもの姿をゆっくりと見守る保育を実践するには、保育士が足りないという実感が読み取れる。

一方、個別のケアが必要な状態が発生すると、1：1 と 1：その他大勢というような状

表 2-5. 保育士の 1 歳児保育に対する思い

カテゴリー 　　コード	内　容	言及者数	%
人数比率低減の効果	*保育士：子どもの比率が低いことで生じる 1 歳児保育への影響認識*	*10*	*83.3*
かかわりの充実	子どもの人数が少ないと，個々にじっくりかかわることができ，子どもが落ち着いてくるという認識	10	83.3
トラブル回避	一人当たりの人数が少ないと，トラブルを未然に防ぐことができるという認識	3	25.0
担当制による 　　子どもの落ち着き	担当制をとることで子どもが安定し，落ち着いてくるという認識	2	16.7
成長と保育のゆとり	*子どもの月齢が上がるにつれ，変容する 1 歳児保育の様相*	*6*	*50.0*
子どもの成長と 　　保育のスムーズさ	保育士との信頼関係ができたり，生活の見通しがもてたりすることで，保育がスムーズに流れるようになるという認識	6	50.0
保育士不足感	*具体的な保育場面において感じられる「保育士の手が足りない」という感覚*	*11*	*91.7*
ケアに手がかかることと 　　保育士不足感	生活面での援助や病時対応で感じられる保育士不足感	8	66.7
慢性的な保育士不足感	時差出勤や欠勤，早期退職，職務の増加等で強く感じられる絶対的な人数不足という保育士不足感	5	41.7
探索活動・自我の芽生えと 　　保育士不足感	自我が芽生え，個々の興味に従って動く子どもに対応する際に感じられる保育士不足感	3	25.0
保育不全感	*丁寧なかかわりを志向しながら，その実現が困難であることで生じる「自らの保育実践が不十分である」という思い*	*12*	*100.0*
個別対応と 　　クラス全体を見る必要性	表現が素直にできない子どもの姿から，丁寧にかかわり，子どもの気持ちをくみ取る必要性が感じられるケース	11	91.7
「十分な保育ができない」	目の前の子どもに今必要なかかわりを認識しながら，現実的にはかなわないことにより形成されるネガティブな自己評価	6	50.0
災害時対応の難しさ	言葉が通じずパニックになる子どもを 1:6 で避難させる困難と，子どもの生命の保持を担う者として，保育士が感じる不安	5	41.7
保育所全体の連携の問題	保育の課題を共有する時間のなさ，アドバイザーの不在により，保育所内の連携が機能不全と感じられること	2	16.7
保護者との関係	*子ども同士のトラブルが，保護者の保育士に対する不信感へとつながる危うさ*	*6*	*50.0*
保護者との 　　かかわりの難しさ	かみつき等のトラブルが保護者間のトラブルに発展する等，以前より難しい保護者が増え，対応に困難を感じること	6	50.0

左端の縦書きラベル：上段「肯定感」　下段「難しさ」

況が生まれ、一人ひとりと丁寧にかかわるということができにくくなる。「『うちの子ミルクしか飲まないんです』って言って入所してくるので、1：6ではとても無理。（中略）今、スプーンで食べることができない子もたくさんいます。噛めない子とか（ケアに手がかかることと保育士不足感）」「子どもというのはいつも健康ではないです。急な発熱があったり嘔吐したり、体調が崩れるともうひとつそこで手がかかってしまって（ケアに手がかかることと保育士不足感）」というように、現代的な子どもの生活の自立面の遅れや、急な体調の変化がよくある年齢の保育において、1：1対応の必要性がたびたび生じる状況が浮かび上がる。このことは、1歳児保育における保育士不足感へとつながっている。

　さらに、各保育所で人的配置の工夫をしても、時間帯等ですぐに保育士が不足する状況も読み取れた。保育が長時間化する中、現在多くの保育所で保育士は時差出勤する。また、土曜・休日保育に出勤した保育士の多くは、平日に代休を取る。「フリーの先生がいても、どこかのクラスの先生がお休みされてたり時差出勤されてたりで、もう手が足りない（慢性的な保育士不足感）」という状況がどこの保育所でも起こり得るのが現状であろう。

4）保育不全感

　保育士は子どもと丁寧にかかわりたいと志向しているにもかかわらず、それがかなわない状況があると、自らの保育実践が不十分であると感じる。この保育不全感については全対象者が言及している。「十分な保育ができないと言ったらいけないんですけど、一人ひとりに合った保育ができないかたちになって（「十分な保育ができない注4」）」という発言が象徴的である。中でも特に言者の多い個別対応とクラス全体を見る必要性（91.7％が言及）については、「やっぱり1：1でかかわって欲しいんだろうなってすごく感じるから、それをしようと思うんだけど、全体のこともついつい気になっていると、その子との関係がつながっているようでなかなかできてなくって（個別対応とクラス全体を見る必要性）」という発話が多く見られた。保育士は実践の中で個別対応の必要性を内的に感知する。しかし、その必要性は目の前の子どもから感知されるだけではなく、強弱はありながらもそこここに感知される。保育士は「今ここ」を大切にしなければと思っている。一方で、目の前の子どもの「今ここ」に集中することは、その他の子どもの「今ここ」の要求に応えられない状況を生み出していく。「周りがすごく気になって、『今これを自分でしたい』っていう芽を『あー摘んでしまったー』っていう失敗が多々ある（個別対応とクラス全体を見る必要性）」というように、丁寧な保育への志向と現実が乖離し、保育士が自らの実践を「失敗」ととらえることが生じてしまう。発達的に個別対応が必要かつ重要な時期だけに、保育士の抱える保育不全感は重い。

5）保護者との関係

　丁寧なかかわりを志向しているにもかかわらず、トラブルが起きることがある。「『見てないんでしょう』って言われて、言い訳になるけど『いえ、一所懸命見てるんですけど、

もうこっち向いた瞬間にこっちをかんでるんです』って言ったこともあって（保護者とのかかわりの難しさ）」という発話には、トラブルの対処そのものへの苦悩のみならず、トラブルに起因する保護者からの不信感にも苦悩する保育士の姿が見て取れる。

（5）調査 1 についての考察：1 歳児保育の難しさとは

　1 歳児保育の難しさは、保育者にとってどのように感じられているのか。このことについて、本研究では、まず、1 歳児保育の特質を構成する要素として、1 歳児の発達的特徴や子どもと家庭の変容により、個別援助が多く必要とされているという保育士の認識が明らかになった。月齢差が大きくトラブルも多く、また個々がそれぞれに遊ぶといった発達的特徴、加えて、近年の家庭環境の変化により、おむつかぶれや離乳の遅れ等、個別対応が必要なケースが増加している。特に、配慮の必要な子どもや家庭的背景による援助の必要性は、保育の難しさに直結しており、さらに今後増大する可能性をはらんでいる。

　そういった援助の必要性が個々の子どもに感じられる一方で、もう一つの 1 歳児クラスの特質を構成する要素として、1：6 という配置基準がある。個々の援助の必要性を感知する保育者は、1：6 という保育士配置基準の中で、常にかかわる対象や場面を選択しなければならない状況に置かれている。

　しかし、そのような状況を踏まえ、保育士は、1 歳児保育の実践上重視する内容を挙げた。1 歳児保育の特質を構成する要素の中には現代的な課題も多く挙げられていたが、ここで見られた数々の保育士の認識は、保育士との信頼関係の形成や丁寧なかかわりがその後の発達を支えるといった、現代的な新しさをもつというより従来から重視されてきた事柄であった。現代的な課題を乗り越えるために、保育プロセスにおける基本的な内容が一層重要視されるにいたっていると推測された。このような実践の質を重視する志向は、保育所保育指針改定の影響だけでなく、じっくりとかかわると子どもが変わってくるといった現代の子どもや保護者とかかわる具体的な経験の中で蓄積された知識（宮崎, 1998）が影響していると考えられる。

　また、そういった関係形成や丁寧なかかわりを可能にする保育の実施運営上の工夫が語られていた。1 歳児の発達的特徴から少人数での保育が有効であるという認識の下、子どもの少人数グループ化や少人数での空間使用といった工夫がなされていた。現在の児童福祉施設の設備及び運営に関する基準にはクラスサイズの規定がないが、信頼関係の形成や丁寧なかかわりを志向する保育士たちは、実現したい実践の質を念頭において運営実施上の工夫をすることによって、難しさを乗り越えようとしていた。こういった空間使用と質保障の問題について、保育所の環境・空間の基準について検討した全国社会福祉協議会（2009）は、「まったく歩行しない時期の子どもと、それ以上の発達段階にある子どもの活動場所をわけることができる広さ、面積が必要である」(p.148)と指摘している。しかし、特に待機児童の多い地域では、0 歳児保育室も入所児童数が面積基準上限に達している可能性が高い。今回のケースのように 1 歳低月齢児への柔軟な対応を 0 歳児保育室で行う

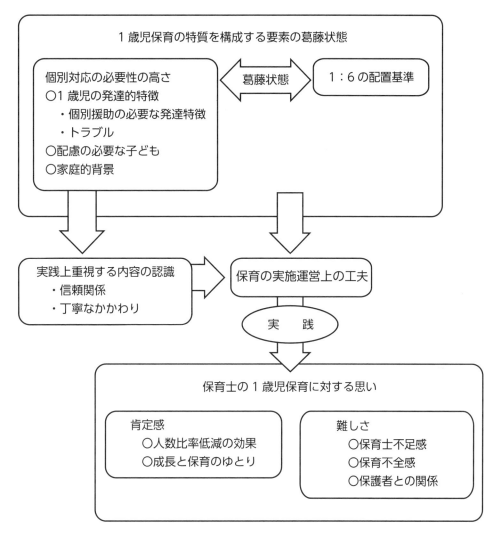

図 2-1. 1 歳児保育の難しさの構造

ことは現実的に不可能であるケースも多いだろう。実践レベルにおける工夫で乗り越えられる難しさには、限界もある。

　子どもの少人数グループ化を行うためには、そのグループ毎に保育士を配置する必要がある。この保育士の配置については、加配保育士や補助職員を自治体や園の自助努力によって雇用している状況が語られた。「他のクラスとか補助の職員の方も入ってもらって、やっとクラスが回っているなーって」という語りから、そうしなければクラスが回らない、つまり保育がうまくいかない状態に陥ると感じられていることがわかる。そういった保育の少人数グループ化や空間使用といった実施運営上の工夫をすることによって、実践上重視する内容を実現できた場合には、かかわりが充実する。そのことで、子どもが落ち着いてくる、また、トラブルの回避が可能になることが実感されていた。また、子どもが成長

してくることによって、保育が次第にスムーズになるとも認識されていた。これについては齋藤（1996）の知見と一致する。こういった実施運営上の工夫を行ったことや子どもの成長によって保育のスムーズさが感じられるようになると、1 歳児保育を行う自らの実践にも肯定感をもつことができる。

　このように、保育士は人数比率低減の効果を認識しているが、実現可能かどうかは保育の実施運営上の財政的な問題とも絡んでいる。個々の保育士が人数比率低減に効果を感じていても、自治体や園で財政上さらなる雇用はできないと判断された場合、実現が難しい。保育士は保育所保育指針にある、一人ひとりの状態に応じ、子どもが自分でしようとする気持ちを尊重する保育や、自我の育ちを見守り、その気持ちを受け止め、友達とのかかわり方を丁寧に伝える保育が重要だと認識し、その実現を志向している。しかしながら、丁寧なかかわりを必要とする状況があちこちで同時に生起する 1 歳児保育において、1：6 という保育士の配置基準が大きな構造上の足かせとなっている。「失敗が多々ある」という語りは、丁寧なかかわりが思うように実現できない状態にしばしば陥ることの自覚の表れであろう。保育士は、丁寧なかかわりが構造的に実現困難な状態にあるにもかかわらず、自らの保育が不十分であると保育不全感を感知している。それは、1 歳児の発達的特徴を踏まえ、その発達を促すための実践上重視する内容が、保育実践の目標として機能していることによると考えられる。自らの保育実践の目標とのズレは、目標が達成できないという「十分な保育ができない」思い、つまり保育不全感として感知される。保育士は、1 歳児保育の特質を踏まえた援助への志向と構造上の実現困難によるジレンマを抱えているといえる。

　全対象者が言及した保育不全感は、丁寧な保育への志向と構造上の実現困難という相容れないジレンマの中で、保育実践の質を向上させたいと願う保育士のネガティブな自己評価となり、深刻な事態をもたらすこともあると考えられる。加えて、保護者との関係の難しさは、若い保育士には一層深刻であろう。解決の方策が見当たらないジレンマが大きくなればバーンアウトへと結びつく可能性もある。力量ある保育士が求められる 1 歳児保育にとって、大きな問題である。

　一方で、実践への肯定感へつながる改善策が講じられたのは、その前の段階で保育不全感の内的感知があり、そのことが検討されたからに違いない。保育不全感の内的感知は、保育者の中で留まり続けるからこそ、具体的な保育実践の質向上へとつながる側面と、積み重なってバーンアウトにつながる側面とをもつ、保育者の専門性の向上へ向かうプロセスにおいて重要な要素であると考えられる。

2.　調査 2　保育不全感の内的感知
（1）保育不全感の内的感知場面と映像視聴時における言語化

　調査 1 では、全員の保育士が保育不全感について語っていた。本論文において、保育不全感とは、「丁寧なかかわりを志向しながら、その実現が困難であることで生じる『自ら

の保育実践が不十分である』と...

調査 2 では、この保育不全...
および「十分な保育ができない」
6 月 17 日のインタビューお...
場面で生じ、その後の保育実...

てさらに検討を行う。
...見る必要性コード、お...
N 園における 6 月 3 日、
...的感知がどのような実践...
か、分析と考察を行った。

【2010 年 6 月 3 日に
保育室には、紐通しや
み木やレールなど床に...
保育室が狭いこともあ...
士は室内では落ち着...
おもちゃを出したり...
この日も朝の保育室...
た。

...遊ぶ机上遊びのコーナー、積
...ままごととコーナーなどがある。
...で行うことにしており、保育
...一人ひとりの手の発達に応じた
...ことを中心として援助している。
...思いに好きなコーナーで遊んでい

売上カード

㈱萌文書林

〒113-0021
東京都文京区本駒込 6-15-11
電話 (03)3943-0576 (代)
FAX (03)3943-0567

9784893473752

ISBN978-4-89347-375-2
C3037 ¥3300E

書　名	著者
保育者の身体的・状況的専門性	古賀松香

定価（本体 3300 円＋税）

注文日　　月　　日

観察エピソード①

を押しながら歩い...
何度も繰り返し...
つけては片付け...
イス大事」など...
し、園庭へ出る...
ヒメカがその...
トはイスの背も...
イミングが合わず、ハルトが床に...
ってきていたものの、間に合わなかった。

...のコーナーからイスの背もたれ部分
...上に乗せたりするのを時々、そして
...離れたところに放置されているのを見
...を押しているのを見ると、「ハルくん、
...うくするとまた、ハルトはイスを押し出
...齢が最も低く自立歩行が完成していない
...きたイスを押そうとする。すると、ハル
...そうとしたそのイスに座ろうとするが、タ
...、泣いてしまう。山地（T）は急いで近寄

この場面のビデオ映像視聴時の語り

黒川（T）：あー、これ好きなんですよね。

筆者：好きなんですねー（笑）、なんかこれ 2 回目なんですけど。

山地（T）：うん。

黒川（T）：彼は、毎日、うん。

筆者：一日何回も？

黒川（T）：何回も。

山地（T）：何回も。したらいかんっていうのを覚えてくれればなあという思いもある半面、きっと、わからんというか、あのまあ、懲りずにするだろうなっていうんもあってー。

黒川（T）：もっと広くて、このイスじゃなくて押す、何か作ってあげれば、そうい
　　　　　う遊びもいいんかなーと思うんですけど、なんかもうイスだとちょっと危ない
　　　　　のと、やっぱりちょっとせま……狭いところでは無理かなって。
山地（T）：（黒川に向かって）でも、ハルトくん今日、朝、ずっとです。
黒川（T）：もう一回？
山地（T）：この（映像の場面の）前も。
黒川（T）：うん、毎回？何回も？
山地（T）：もう 3、4 回、言うと。
黒川（T）：どうしてもやりたかったんやな。
山地（T）：そう、言うとんやけどやっぱり、顔見て、イスはないよ、大事ねーって
　　　　　言うて片付けしようねって言うて片付けたそばから、私の顔をニコーって見な
　　　　　がらまたイスをこう持って行って、するので、こう、もう何回も、やっては片
　　　　　付け、やっては片付けを何回もしよって。

分析：この場面では、ハルトが尻もちをついて泣いてしまっており、ハルトに対応してい
た山地（T）は、何度イス押しを注意してイスを片付けても繰り返すハルトに対して、そ
の都度丁寧にかかわろうとするもののうまく援助できていないという感触をもつ。子ども
の実態と援助の間にズレがあり、保育不全感が内的に感知されているととらえられる。自
らの援助に願いはもちつつも、現実はそううまくいかないだろうとも思っており、クラス
リーダー保育士の黒川（T）に向かって「でも、ハルトくん今日、朝、ずっとです」と訴
える。この「でも」は、この前の黒川（T）の"狭い室内では運動的な遊び環境を出すの
は無理"という考えが語られた後で、発言されている。黒川（T）の考えはわかる、「でも」
子どもの実態はそれではおさまりきらなくなっている、ということをクラスリーダーに向
かって言うのである。「もう何回も、やっては片付け、やっては片付けを何回もしよって」と、
やりきれない思いが語られている。これらのことから、実践時において、山地（T）の中
で保育不全感が内的に感知されていたと考えられる。
　一方で、黒川（T）は、通りがかりにイスを片付けてはいるが、ハルトに対応していた
わけではない。映像を見ながら山地（T）の話を聞いて、日々のハルトの様子を重ね合わ
せ、「どうしてもやりたかったんやな」とハルトの姿を意味づけて語る。また、黒川（T）
の中で、ハルトの押す遊びを安全に楽しめるようにしたいという思いと、狭い保育室とい
う環境的な条件が交錯していることがわかる。押す遊びがやりたいハルトを感じつつ、「狭
いところでは無理かな」という、ハルトの姿に対してこの狭い室内では十分な保育ができ
ないという保育不全感が表れている。

【2010年6月3日に観察されたエピソード②の背景】

　給食前の保育室。この保育室は元々狭いのだが、給食前には保育室の一部が一時的に食事スペースに変わり、遊びのスペースがさらに3分の1程度狭くなる。またクラス担任は3名いるが、保育者の一人は給食の準備に入り、さらにもう一人は順番で排泄の介助に入るので、遊びスペースには保育者一人となる。子どもたちは外遊びから帰ってきて担当保育者と共にトイレへ行く子どもと、遊びスペースで遊ぶ子どもに分かれるが、排泄を終えると順に遊びスペースへと入っていく。この場面は担当児の排泄介助を終えた黒川（T）が、遊びスペースの中のままごとコーナーに入り、次々と起こるトラブルに対応しながら遊びを展開させていく場面である。

観察エピソード②：黒川（T）が排泄介助を行っている間、ままごとコーナーではチェーンリングをスプーンですくって遊んでいたサクラのお皿から、タケオとツバサがチェーンリングを取って下にすべて落としてしまい、2人はカーテンに隠れて遊び出す。ままごとコーナーでサクラは呆然としている。黒川（T）、<u>たんすの前で眠そうにぐずっていた一番月齢の低いヒメカ</u>(A)を抱いて、ままごとコーナーへ。黒川（T）「何つくってるんだろう、ここ。ヒメちゃんもする？おんぶする？さっちゃん（人形の名前）。さっちゃんおるかなあ」と言い、ままごとコーナーにヒメカを立たせて座る。マドカはイスをキッチンに動かして何やら遊んでいる。サクラはテーブルに突っ伏した状態。黒川（T）「さっちゃんってどの子？」とヒメカの方を向いて聞き、「さっちゃんにご飯たべさそか」と顔をサクラの方に向けて言う。サクラはパッと黒川（T）の方を向き「うん」と言い、人形の方を振り向く。黒川（T）「ね」と相槌を打つ。ヒメカは「うーん」と不機嫌そうにぐずり、黒川（T）の膝のあたりに腰を下ろそうとしたので、黒川（T）はヒメカの腰を支え、膝に座らせる。サクラは人形をキッチンのイスに「あい」と言って寝かせるように置く。黒川（T）は「あら、はなちゃん（人形の名前）」と言い、人形をイスに座らせるが、そのうちまた人形は倒れてしまう。サクラは倒れた人形にお茶を飲ませようとする。黒川(T)「お茶飲ますん？

図2-2.「何つくってるんだろう、ここ」

ほんだらこう座らそう。座らしてー」と言って、人形を再び座らせ、回りを見回す。ツバサは人形に自分の持っていた車の絵のボードを見せ、「バス、バス」と言う。黒川 (T)、膝の上に座ったまま静かにしているヒメカに「ヒメちゃんも連れてくる？」と人形のベッドの方を指さす。「るいちゃん（人形の名前）にする？」とヒメカの顔を見ているが答えない。黒川 (T) の背後でタケオが棚の上にあったまな板を床に下ろし、棚の上に登る。（中略）黒川 (T) はお玉をナツミから受け取り、棚の方を見ると、<u>タケオが再び棚に足をかけて登ろうとしている。</u>(B) 登ろうとしているタケオを見ながらパッとお玉を棚の下のかごに入れ、タケオの手を持ち、黒川 (T)「タケちゃんおりる。ないよー。ここは上がるとこ違うね。違う。違うよ」と少しずつ口調を厳しくして、最後はじっと厳しい表情でタケオを見る。タケオは座り込むようにしてじっとする。タケオはパッと手を離しながら立ち上がり、怒ったように「たーっ」と言うが、黒川 (T)「ううん、違うよー。ここは上がりません」と言い切るような口調で言うと、タケオがバン！と棚の上を叩く。黒川 (T) は少し身体を棚の方にずらして座り直し、黒川 (T)「さ、ここはねぇ、トントントントーンって切ろうか。お料理しようか。ねえ。」とタケオの顔を覗き込むように見て言う。黒川 (T)「トントントントントーンって」と言うと、<u>ナツミが寄ってきて、</u>(C) タケオは包丁で切るように手を縦に動かしている。<u>ナツミとタケオの間にカリンが割って入るように来る。</u>(C) 黒川 (T)「包丁いりますかー」と言いながら、下の棚から包丁を出す。ナツミが「ほうちょ？」と言うと、黒川 (T)「包丁でー何切ろうかなー」と言う。すると「きゅーり」とナツミが言う。

図 2-3.「ないよー」

この場面のビデオ映像視聴時の語り

黒川 (T)：そう、そうや（笑）。<u>ヒメカちゃんも起こしとかないかんし（下線部 A）</u>、<u>タケオちゃんが（棚に）上がるんも阻止せな（下線部 B）</u>、でも（他の子が次々）<u>ままごともしにきたし（下線部 C）</u>、みたいな何かちょっと、ぐちゃぐちゃに。

(中略)

筆者：そのあとに（黒川）先生がこう、まな板を持ち出して、「ここはこういうふう
　　　に使うんよー」って。したらみんながどわーっとまた。

黒川（T）：そう、寄ってきたんよねぇ。

筆者：おままごとに寄ってきましたよね。

黒川（T）：で何か後ろでもなんか（笑）起こって（笑）。

（視聴中のビデオ映像から子どもの怒ったような声が響く）

筆者：うんうん（笑）。

黒川（T）：（笑）うん。やっぱり。増えてくると、うん、人口密度が増えてくると、
　　　　　かなり、忙しくなるいうか大人の、こう、うん。きょろきょろしないと（点線部）、
　　　　　いつどこで何があると。

筆者：じゃあ私から見てたら、あの、ここはちゃんとこういうふうに使う場所だから
　　　っていうふうに伝えることで、まあそういう使い方が、子どもたちが集まって
　　　きて、そうなったっていう場面かなと思ったんですけど、

黒川（T）：ああ、ああ。

筆者：（黒川）先生としてはぐちゃぐちゃな感じ（笑）だったんですか。

黒川（T）：私としては、そうですね、ちょっと（笑）ぐちゃぐちゃな感じというか。
　　　　　ちょっとヒメカちゃん抱きながらだったんで、何かこう中途半端に、遊んであ
　　　　　げるのも、まあ、ねえ、ちょっと興味もって寄ってきて、もうちょっと、遊ん
　　　　　ではあげたかったんですけど、ちょっと、うん、いろいろ、何か後ろでも声が
　　　　　したり、（笑）してたんで。

分析：この場面は、観察者（筆者）から見て非常に印象的な場面であった。一人ひとりの
発達の文脈や遊びの文脈、子どもの個性、そして保育士がその場に1人で、狭い遊びスペー
スという保育条件が錯綜した状態で混沌としていた。めまぐるしい展開の中で、黒川（T）
は遊びのイメージを提示し、危険行為を止めながら子どもたちをごっこ遊びへと誘い込ん
でいた。複雑に入り組んだ状況の中で黒川（T）のもつ高い専門性が発揮されていると感
じられたので、インタビューの際にこの場面を取り上げた。しかし、黒川（T）にとって
は一連の流れの中の1コマであり、ビデオを流し出してやっと、「そう、そうや」と思い
出して笑ったのである。Suchman（1996）は、協調した一連の行動に利用可能なリソー
スを瞬発的に動員する必要がある出来事でも、当事者にとっては取り立てて取り上げるほ
どでもない出来事で、その瞬間が過ぎ去るとすぐに忘れ去られると述べている。黒川（T）
はこのとき、給食前の時間帯に自由に遊ぶ子どもたちを担当しており、排泄介助のために
保育室から出ている保育士が戻ってくるまでの間、遊びスペースの中にいる保育士として
1人で位置取り、そこにある物や子どもそれぞれの動きをリソースとしながら、遊びへの

流れをいかにつくるかということに没頭していたと考えられる。１歳児クラスの保育の時間・空間の大きな一連の流れの中で、今自分が担当している活動に対してマインドフル状態で対応していたのだろう。

　しかし、映像を見ると、黒川（T）は、そのときの感覚がよみがえったかのように、その混沌とした状況についてどう感知していたかを語り出している。二重下線部で語られたのは、"ヒメカを起こしておく""タケオが棚に上がるのを阻止する""ままごとに興味をもって寄ってきた子と共に遊ぶ""その他のトラブルを防ぐ"といったことが、同時にぐちゃぐちゃと進行していたという感覚である。しかし、実践の意図の詳細を検討すると、「ヒメカちゃんも起こしとかないかん」という語りにはさらに細かな事情を背景にもっている。ヒメカは月齢も低く、早朝保育から登園するので、給食前に眠くなりやすい。歩行がまだ確立されておらず眠くなってぐずり出すと保育者は抱っこするが、なるべく給食を食べてから午睡させたいので、無理のないようにつかまり立ちの体勢を取らせたり遊びに誘いかけたりしている。その後、立っているのが辛くなってか、ぐずり出して座ろうとするヒメカの動きにも対応する。「タケオちゃんが上がるんも阻止せな」には、タケオの棚に登る行為は危険なので止めなければならないが、タケオは性格的に短気なので、注意する場面を長引かせないようにすることも個別の配慮として含まれている。それと同時に、場所や物の使い方を端的に伝えて遊びに誘うことで、危険な行為を繰り返さないように展開させている。「でもままごともしにきたし」には、遊びの場が動き始めたことで、関心をもって近寄ってきたナツミやカリンのことも巻き込みつつ、遊びを展開させたいという願いが生じていたこともわかる。さらに、ここではサクラへの援助については語られていないが、普段よく遊ぶサクラが机に突っ伏している状態であるのを見て、ヒメカに対する誘いかけをサクラに対しても同時に行い、サクラが遊び出すきっかけをつくっている。次々と考える間もなく生じる事柄に対して、その都度一人ひとりの子どもの特徴を踏まえた現在の援助を繰り出していくことで精一杯であっただろうことが想像される。

　実践自体は考えたり落ち着いて整理したりする余裕はないにもかかわらず、ヒメカ、タケオ、ままごと、周辺での声、それぞれの特徴を踏まえた援助で、かつ、それらがままごと遊びを核としてつながっていくような援助がなされているととらえられる。しかし、次々と新たな状況が生じていくことで、保育士に内的な感知は次々と生じるが、言語化されないままにそれらは過ぎ去っていき、映像などの手がかりがなければ、一つひとつを思い出したり、つながりを思い出したりすることも難しいのではないだろうか。この多数の文脈が絡み合う複雑な状況に対して、明確な意図をもって援助を行ったというより、「ぐちゃぐちゃに」進行していった感触が、黒川（T）の中に「自らの保育が不十分である」という保育不全感の内的な感知として残っていると考えられるのである。

　黒川（T）は、その不明瞭な感触をもっていた状態で、映像を見ながら観察エピソード②の場面のことを想起していった。そして、「いつどこで何があると」と言うように周辺の子どもたちの様子を見回していないといけない忙しい状況になると述べる。筆者はそれ

に対して、黒川（T）が場所の使い方を伝えモデルを示すことで、ごっこ遊びが展開し、子どもも集まってきて一層広がっていった場面と解釈したことを伝えるが、黒川（T）は「ああ、ああ」と答えるのみである。黒川（T）が感じていたことは、その後、言語化されたものと考えられる。つまり、子どもと遊ぶのも中途半端になってしまったこと、関心をもって遊びに来た子どもたちともう少し遊んであげたいという願いがあったこと、それができずにぐちゃぐちゃな感じで終わってしまったということが、途中「まあ、ねえ」とか「ちょっと、うん、いろいろ、何か」という言葉をはさみながら、あまり整理されないままに語られていく。

「ぐちゃぐちゃに」進行していったという保育不全感の内的感知は、黒川（T）の中に感触として残っていたものと思われる。このケースでは、映像やインタビューという語りを求められる場で、想起すること、言語化することが求められ、黒川（T）の内面に留まっていたものが言語というかたちをもって表現された。その「中途半端に」終わってしまったという保育不全感は語られることにより、この場のクラスの保育士に共有されていく。

（2）言語化された保育不全感のもつ実践再編を駆動する力

保育不全感は、２つのエピソードを通して見てきたように、実践の中で保育者一人ひとりが内的に感知しているものとして、まずはある。それが実践後に言語化され、共有されると、クラスや園全体として実践における課題として認識され、改善策が考えられる契機にもなっていく。つまり、言語化された保育不全感は、実践を再編へと向かわせる力をもつものと考えられるのである。

具体的には、インタビューの中で、この日の保育全体を振り返っている語りの内容から検討する。

> 黒川（T）：おもちゃがあるからおもちゃで遊ぶっていうことだけではなくって、まあその、そうですね、子どもがしたい遊びを提供するっていうんが、ま、今後の課題かなっていう、うん。
>
> 久保田（AD）：さっきのイスの件にしても、確かにイスは危ない、んだったら、もう少し、んー、何て言うの。
>
> 黒川（T）：押してもええやね。うーん。
>
> 久保田（AD）：押しても大丈夫のような安定感のある箱を切って布貼るとか、それかまあ、０歳の手押し車、ま、借りてきてもちょっと部屋がねえガタガタなったら……。
>
> 黒川（T）：ちょっと、うん、だけんそれをするんだったらもう、外、の方が環境的に今は動的な遊びは入れん方が無難かなっていう。部屋ん中ではちょっとこう……。

久保田（AD）：狭いからね。確かにね。

黒川（T）：毎年4月とかは割合、動きが、うん、まだ静かなんですよ。だんだんだんだんやっぱり5月中旬ぐらいから、すごい、変わってきたな、やっぱり。

久保田（AD）：うーん、一回2階（子育て支援センター）で遊んでる様子ちょっと見てん。私も去年それを見て、ヒントを。あ、これ、もしかしたら動的環境入れたら、ほかの子の遊びを壊されないで、こうある程度、こう、すみ分けというか遊びのすみ分けができて、ほんで、遊べてないのかと思ってたんよ、1歳児。ほんなら2階にたまたま遊びに行ってるのを見たときに、あれ？みんな結構ちゃんと遊んでる、それなりに、こう、と思ったときに、何が違うん？下と、と思ったときに。

黒川（T）：動的な環境がある。だからあのジムですか。

久保田（AD）：うん、うん。

黒川（T）：うーん。

久保田（AD）：それで、提案してみたんやけど。

黒川（T）：ああいうのを子が……何ていうても狭いな、あの部屋に置くのは。

久保田（AD）：うーん。

黒川（T）：いかんな。

久保田：うーん、というのはあの滑り台が手ごろだったから。

黒川（T）：そうやな。

久保田（AD）：ちょっとあれ出してきてやってみるっていう話になって、うん。

黒川（T）：結局まあ、何かあれ出してみても、いいですし……うん。

分析：久保田副園長（AD）は、昨年度1歳児クラスに小さな滑り台を置いてみたら子どもたちが落ち着いて遊べるようになったことを少し語った後、黒川（T）と上記のように話し、室内では静的な遊びとしてきたところを子どもの実態に即して変えてみてはと提案する。黒川（T）は、子どもがしたい遊びを提供することが課題としながらも、動的な環境を入れるのは「狭いな」「いかんな」と言う。この語りの中では「あれ（室内用滑り台）出してみても、いいですし……」と言うものの、揺れ動きながらも結論としては出さずに、保留となる。しかし、おそらく、山地（T）のやりきれない思いを受け、また、実践時のぐちゃぐちゃな感じを思い起こし、黒川（T）はどうするのがよいのかとその問いに留まり考え続けていたことが、次の調査日6月17日の実践の変化とインタビューで明らかになる。

【2010年6月17日に観察された保育室内での運動的環境の導入】

この日観察に行くと、1歳児の保育室内に小さな室内用滑り台が設置されていた。子ど

もが常に滑り台に集まっており、保育者のうち 1 名が常に横について見ている。子ども
は腹這いで滑ったり、横や下から上ってみたり、立って下りようとしたり、なかなか滑ら
なかったりとさまざまな姿を見せる。

　滑り台を室内に設置したことについて、インタビューでは次のように語られていた。

筆者：保育室を変えようと思われたのは。

黒川（T）：はあ。えーと、やっぱりあのー、保育室でこう遊ぶというよりも、走っ
　　　　たり、……うん、棚に登ったり、何かこう、ちょっと部屋で遊べてないかなと
　　　　思ったんや。あとやっぱりあの、ロッカーの置いてるところの方で、うん、何
　　　　人もやっぱりあれ（イス押し）がなかなかやまらなくって、ちょっと変えてみ
　　　　ようかなと。うん。気分、まあ気分転換というか。うん。

筆者：で、何をじゃあ重視して変えられたんですか？

黒川（T）：まあひとつはその動的な遊びをやっぱり入れてみようかっていう。で、
　　　　あのー、よく動く、まあ、ハルトくん？

筆者：ええ。

黒川（T）：がよく動いてたんですよ。ハルトくんに、まあその、部屋変える 1 週間
　　　　前は、ま、何か遊びがないかなっていうんで、まああの、お絵描き、クレパス
　　　　で描画にさそったり、してみたけど、やっぱり、うん。うん、何か、うん、し
　　　　っくりこなかって、やっぱりもっと動きたいっていうか、あってて、うん。ま
　　　　あまず始めにまあ動的なものをやっぱり入れてみようかっていうのと、あと、
　　　　ままごとのコーナーを、ちょっとこう、お世話のコーナーとキッチンとに分け
　　　　てみようか。うん。

筆者：ああ。……それは何か、きっかけというか、子どもの姿……。

黒川（T）：子ども……えー。それはまあ、あのー、ま、そんなに、まあままごとでも、
　　　　そんなにしっかりは遊べてなくって、……まあ分けてみたらどうなるかなって
　　　　いうんで、うんうん。

筆者：（環境を変えてみて）子どもたちはどうでした？

黒川（T）：そうですね、コーナーを変えて、えーっとー、ちょっとこの、あのー赤
　　　　い滑り台、置く前は、ここで結構汽車遊びと積み木遊びが前に比べるとこう、
　　　　時間を長く、うん。まあひとりが遊べる、こう集中して遊べる時間が増えたか
　　　　なと。ちょっとこれ置いて、また、別のとこでにはなったんですけど。まあ、
　　　　でもあそこでも、思った、前ほど何かこう壊されたり、は、減ったかなーって。
　　　　うん。机上でのパズルとか紐通しが、まあ、うん。あんまり変わらないような。
　　　　もうちょっと小さいもの出したいんですけど、ちょっと口に入れる子もまだい
　　　　るし、で、ちょっと迷ってまだ出してないんです、うん。

（中略）

黒川（T）：ま、棚に上がるー、あの回数もやっぱり滑り台出したことで、完全になくなってはないんですけど、減ったかなとは思います。うん。

筆者：うんうん。

黒川（T）：たり、あの、押す。な。

山地（T）：うん。

黒川（T）：ハルトくんとかがイスを押してたんですけど、ま、押すスペースがなくなったっていうんもあるんかもしれませんけど、ま、ちょっと滑り台の方に行ってもらえたら、その押したいっていうんか、ちょっと、うん、なくな……なくなったというか、うん。

分析：黒川（T）は、この 2 週間の間に、特によく動くハルトに対して、静的な遊び環境のままで遊べるようになるかということを試してみたと語る。しかし、ハルトだけでなく「何人もやっぱりあれ（イス押し）がなかなかやまらなくって」というクラスとしての子どもの実態や、ハルトに新たな遊びに誘ってみても「しっくりこなかって」というハルトと援助とのズレ、さらにはままごとコーナーで見られた子どもの実態として「そんなにしっかり遊べてなくって」という保育不全感が語られる。子どもの姿を丁寧に見返してみたり、さまざまな遊びの提案をしてみたりと、いろいろに試行錯誤する中で、保育不全感はより明確なものになっていく。

そこで、前回のインタビュー時に副園長から提案のあった小さな室内滑り台を設定したところ、子どもが集中して遊べる時間が増えたり、遊んでいた物が壊されることが減ったり、という肯定的な変化が感じられていた。しかし、パズルや紐通しが「あんまり変わらない」と、新たな課題が語られ始めていた。

（3）調査 2 についての考察：保育不全感の内的感知の保育実践における意味

調査 1 で全員の保育士が語った保育不全感について、1 歳児保育の保育実践とその映像視聴時における語りから、その具体的な様相について検討した。

1 歳児クラスの担任保育士たちは、一人ひとりの発達の様相や生活的な背景、遊びの文脈、子どもの個性、保育室等の環境的な条件が錯綜する混沌とした実践の状況下で、落ち着いて考える暇などない保育実践のダイナミック・プロセスの中に投げ込まれている。その中で、子どもの実態と自らの援助のズレや、繰り返される子どもの行為、さらには「よく遊べていない」という質感が、「自らの保育が不十分である」という感触として、次々と内的に感知されていると考えられた。保育不全感は、実践の最中に一人ひとりの保育者によって内的に感知され、言語化されたり整理されたりしないままに蓄積されるものと考えられる。

　その内的に感知され蓄積された保育不全感が、事後の振り返り等で言語化されることにより、保育者間で共有され、当該クラスにおける実践の課題として取り上げられ、保育実践の実施運営のあり方の再編を駆動する方向へと展開していくことも見られた。保育士は「自らの保育が不十分である」と感知すると、それを何とかしようと子どもの実態と援助や環境のズレについてとらえ直し始める。今回取り上げた事例では、新たな運動的室内環境の導入と W 園における室内保育の構成原理の変更という、比較的大きな実践面の変化を伴った。ほかに、給食時に設置する食事スペースを 15cm 広げる、などの細かい調整がなされたこともあった。W 園の場合は特に「保育室が狭い」という条件下で、できる限りの工夫をしようという改善へ向かう契機として、保育不全感が機能していると考えられた。

第 4 節　総合考察

　研究 1 では、保育者の専門性の向上の契機として保育者が感じる実践の難しさに着目した。その際、これまであまり取り上げられてこなかった集団保育の運営上の難しさを検討することとし、特に集団保育特有の困難な状況が生じやすいと推測される 1 歳児保育について検討を行った。

　1 歳児を担当する保育者は、個別対応の必要性が高い 1 歳児の実態に対して、丁寧にかかわりたいと考えているが、保育構造上の条件との間で葛藤状態に置かれている。それに対して、園内やクラス内における環境構成や保育補助者の配置等、園やクラス、また自治体レベルにおける実施運営面での工夫がなされている。しかし、それでもなおかつ、保育者は日々の実践における難しさを感じており、中でも「自らの保育が不十分であると感じる」保育不全感は調査対象者全員から語られた。

　そこで、次に、すべての保育者が語る保育不全感とは、保育者の専門性の向上において、また、保育実践において、どのような意味をもつのか、具体的な実践の様相から検討を行った。個々の保育者が、実践時において言葉にしないまま次々と内的に保育不全感を感知していると推測されること、しかしそれは、事後の省察等の中で言語化され共有されることで、新たな保育の構想を生んだり、保育の実施運営上の条件を再考したりする契機となっていくことも示唆された。一方で、保育不全感が蓄積される一方になり、各保育者が抱え込んでしまうことが生じたり、また、過剰な保育不全感が蓄積されているにもかかわらず、園内やクラス内での検討が正常に働かず、保育実践の改善が見込めないときには、深刻な事態をもたらすことも考えられる。保育者のバーンアウトやチーム保育の機能不全等、保育実践の危機につながる可能性がある。内的に感知された保育不全感は、省察等において言語化・共有化されることが重要であり、さらに保育実践の再考に向けて生かされるこ

とによって、専門性や実践の質の向上にも影響を与える性質をもつものと考えられる。

第 5 節　研究 1 の課題

　研究 1 は小規模な探索的研究であり、さらに都市部を含めた大規模な調査が必要である。また、今回の観察事例においては、保育室の面積が実践面の課題と結びついていたが、各保育現場における実践にかかわる実施運営上の条件には多様性がある。それら実施運営上の条件と保育不全感がどのように関連しているのか、検討することが今後の課題である。

注 1）0 歳児はその後 1：3 と改定された。
注 2）発話部分は読みやすさに配慮し、方言等の微修正を行った。その内容について、調査対象者もしくは施設長に確認を依頼し了解を得た。
注 3）当該園の 0 歳児保育室が施設構造上狭いため、年度途中で 0 歳児入所児童が多くなると、高月齢児から 1 歳児クラスでの混合保育がなされるという個別事情。平成 22 年 4 月以降は、厚生労働省より保育所入所児童について認可定員による制限の撤廃がなされ、面積基準を下回らない限り途中入所が認められるようになったため、今後この問題の深刻化が予測される。
注 4）この「十分な保育ができない」という発話は複数の保育士から語られ、象徴的な発言と感じられたので、当事者の言葉をそのまま使用するインビボ・コードとした。

第3章

保育不全感に及ぼす
実施運営上の条件の影響：
１歳児のトラブルへの運営上の課題から
（研究２）

第1節　問題・目的

　探索的な研究１では、１歳児保育の難しさを保育士がどのようにとらえているのか、検討を行った。保育士は１歳児の発達的特徴を踏まえ丁寧にかかわりたいと考えているが、保育構造上の条件との間で葛藤状態に置かれていた。保育士は自らの実践が十分ではないと感じており、全調査対象者が保育不全感を語った。その保育不全感は実践の中で一人ひとりの保育士が内的に感知していると考えられるが、それが言語化、共有化されることによって、実践における難しさを乗り越えようとする契機ともなり得ることが明らかになった。たとえば、自治体による加配保育士の配置や施設長による補助職員の雇用、クラス運営面では子どもの少人数グループ化、グループ毎の空間使用、室内環境の構成原理の再考等、保育の実施運営上の条件の改善によって、実践における難しさを乗り越えようとする工夫がなされていた。つまり、保育不全感の感知には、保育実践の再考へと駆動する力があると考えられる。

　研究２では、このことを踏まえ、１歳児保育における保育不全感がどのような条件の下で感知されているのか、規模を拡大して検討を行う。その際、１歳児保育における保育不全感に関係していると思われる、かみつき・ひっかき等の身体攻撃を含むトラブルに着目し、それらのトラブルと１歳児保育の実施運営上の条件との関連を明らかにしたい。以下、その理由について述べる。

　１歳児クラスの保育では、１～２歳代までの幅広い発達に対する援助が行われる。研究１でも述べたように、歩行開始、自我の芽生え、探索活動の活発化、言葉の獲得、排泄の自立等、さまざまな側面がめざましく発達し、その保育プロセスでは個別対応が必要になる場面が多い。

　たとえば、１～２歳児期は所有意識の発達に伴い、物を媒介としたやりとりが多く

（Mueller & Brenner, 1977）、その取り合い等のトラブルも多い（Hay & Ross, 1982; 高木 , 2000）。この時期の物をめぐるトラブルの特徴として、物に焦点化したやりとりは次第に減少する一方、1 歳後半になると攻撃や要請等の相手に直接向けた行動が増加することが指摘されている（杉山・本郷・玉井 , 1990; 本郷・杉山・玉井 , 1991）。この相手に直接向けた行動には身体攻撃が含まれ、身体攻撃が見られた場合に保育士は介入することが多い（朝生・斉藤・荻野 , 1991）。中でも、傷になりやすいかみつきやひっかきといった身体攻撃への対応が保護者対応等の問題へと発展し、保育士の精神的な負担となり、保育そのものへ影響を及ぼす可能性もある（細田 , 2002）。研究 1 では、1 歳児の発達的特徴として、このかみつきやひっかきといったトラブルについて、12 人中 11 人が言及している。中でも、保育士不足やクラス人数が多い状態で保育しているとき、また、活動の変わり目にトラブルが多いと感じられていたことは、さらなる検討に値する。なぜなら、このことは、単に発達的特徴によりトラブルが起きやすいだけでなく、保育の実施運営上の条件によりトラブルが生じていると保育士が感じている可能性を示唆しており、保育不全感の感知にも関与していると推測されるからである。

　また、介入場面の多くは個別対応となり、その個別対応を行っている時間、他の保育士は 1 歳児保育の保育士配置基準である 1：6 を超えた多数の子どもに対応する場面が少なからず生じる。つまり、トラブルの中でも傷になりやすい身体攻撃は、保育士の精神的負担となるうえ、渦中の子どもだけでなく他の子どもと保育士を巻きこみ、1 歳児保育のプロセス全体に影響を及ぼしていると考えられるのである。傷になりやすい身体攻撃が生じるトラブル自体が、保育不全感を引き起こすと推測されるだけでなく、トラブル対応による保育士不足感が保育不全感を引き起こすことにつながると推測される。このことから、本研究ではかみつきやひっかきといった身体攻撃を含むトラブルに着目することとし、本研究における「トラブル」を「かみつきやひっかきといった身体攻撃を含むトラブル」と定義する。

　これまで身体攻撃のうち、かみつきについて、午前 10 時から 11 時過ぎにかけての時間帯と給食を挟んだ時間帯（藤岡・八木 , 1998）や昼食の片付けから午睡への切り替え時（西川 , 2004）に多いとする研究があるが、その発生要因は推測の域を出ていない。かみつきの理由について Kinnell（2008）は、「発達的な問題」「感情の表出」「子どもに合っていない環境やスケジュール」の 3 つのカテゴリーに分けて整理した。この 3 つの理由に応じて、保育士は専門性を発揮して対応することが求められるが、特に 3 つ目のカテゴリーの、刺激過多や過密、子どもの欲求を満たしていないスケジュールといった問題は、クラスの保育の実施運営面にかかわる条件ととらえられ、研究 1 で保育士が語った保育の工夫と関係が深い。保育士が構成する環境や計画が、子どものトラブルとどのように関連していると保育士に感じられているのか、検討が必要である。

　日本の 3 歳未満児の保育者と子どもの人数比は、他の OECD 加盟国と比較しても多くはなく（OECD, 2012）、おおむね適切とされている（Taguma, Litjens & Makowiecki,

2012)。しかし、クラスサイズの規定がないことで前述のような 1 : 6 を越えた対応場面が生じ得る。また、日本の保育標準時間認定最長 11 時間というのは、NICHD Early Child Care Research Network（2005）の大規模長期縦断研究における対象児生後 12 ヶ月時点の平均保育時間約 6.8 時間（週 5 日で計算）と比較して 4 時間程度も長い（古賀, 2008; 野澤・淀川・髙橋・遠藤・秋田, 2016）。日本の集団保育で生じる過密や長時間保育のスケジュールといった実施運営上の条件との関連を検討する必要がある。

　そこで本研究は、1 歳児クラスの過密やスケジュールの問題にかかわる実施運営上の条件と、身体攻撃を含んだトラブルとの関連に焦点を当てる。空間的な過密の問題や空間構成と子どもの活動の関係についてはすでに詳しい検討がある（阿部, 2003; 村上・汐見・志村・松永・保坂・富山, 2008；村上, 2009；全国社会福祉協議会, 2009；中川, 2015；藤井・定行, 2016；齊藤・増田, 2017；増田・齊藤, 2017；齊藤・増田, 2018）ので、本研究では長時間保育のスケジュール上生じる保育士一人当たりに対する過密を主に取り上げる。研究 1 で、1 歳児保育における保育士の丁寧な援助への志向と構造上の実現困難との間にジレンマが生じ、保育不全感が感知されていることが示されている。研究 2 では、その詳細を探りたい。

　また、前述のように 1 歳児の 1 年間の発達はめざましく、トラブル場面における保育者の介入に対して、前期は拒否行動がほとんど見られないにもかかわらず、中期・後期にかけては拒否し続ける子どもの行動が増加するというデータもある（本郷, 1992）。生活習慣の自立面で 1 歳児前半と後半を比較すると、見通し能力が発達し目標に向け流れに沿って行動するようになる（齋藤, 1996）。保育士は、この生活習慣の自立に伴い保育に余裕が生まれてくると認識しており（研究 1）、成長に合わせてスケジュールの微調整が行われていることも推測される。そこで、1 歳児保育の年度の前半と後半それぞれの時期における、実施運営上の条件とトラブルとの関連について検討する。

第 2 節　方法

1. 調査方法
　Y 県下全認可保育所および認定こども園を対象に、「1 歳児保育の質に関する調査」として質問紙調査を行った。調査目的の説明と協力依頼を書面にて行い、回答は完全に任意であると明示した。質問紙を回答者が返信用封筒にて投函することで調査への参加に同意したものとした。

2. 質問紙の構成および配布の手続き
　質問紙は、施設長または主任保育士が記入する質問紙①と、担任保育士が記入する質問

紙②の 2 種類で構成した。2010（平成 22）年 2 月に全 210 施設に配布し、165 施設より返送があった（回収率 78.6％）。質問紙②については、1 歳児クラスが 1 施設に 2 クラス以上ある場合、1 クラスにつき 1 部の回答を依頼した。質問紙①の回答者数は 165、質問紙②の回答者数は 217 であった。欠損値の多い質問紙等を除いた有効回答数は、質問紙①で 162、質問紙②で 212 となり、それらを分析対象とした。調査に協力を得た施設の 99.5％ が認可保育所、0.5％ が認定こども園であった。協力施設の認定こども園は保育所型で、回答内容上認可保育所との差異が認められなかったため、認可保育所に含め分析した。

3. 分析に用いた質問紙の項目概要

（1）施設長または主任保育士用質問紙
・認可形態：認可保育所／認定こども園の種別
・各施設の実施運営の質に関する項目：開所時間、合計児童数
・1 歳児クラスの実施運営の質に関する項目：1 歳児クラス担任保育士数、1 歳児クラス所属児童数、各保育士経験年数、担当制の有無

（2）担任保育士用質問紙
・1 歳児クラスの実施運営の質に関する項目：一日の保育スケジュール（4 月、2 月）
・プロセスの質に関する項目：子ども同士のトラブルが多いと感じる時間帯

　本研究では、活動を時系列で並べた予定表に加え、保育士の時間帯毎の配置人数や個別対応が必要となる排泄介助の時間帯を含め、「保育スケジュール」と表記する。この保育スケジュールの記入フォームは全国社会福祉協議会（2009）を参考に、各時間帯における活動種を線で書きこむようにし、本研究独自の項目として各時間帯における保育士人数、トラブルが多いと感じる時間帯、排泄介助の時間帯を追加し作成した（図 3–1）。回答用の記入フォームは図 3–1 に示した記入例と共に、4 月時点と調査時点（2 月）の保育スケジュールを記入するフォームをそれぞれ作成し、「ご担当されている 1 歳児クラスの通常の保育スケジュールについて、【4 月】の状況と【現在】の状況を記入例に従ってご記入ください。」と尋ねた。排泄介助の時間帯については「排泄にさそう時間帯がおおよそ決まっている場合には、線上に○印を記入してください。」とした。なお、担当制を取り入れており、活動時間に幅がある場合は、いずれかのグループについて記入を依頼した。
　トラブルが多いと感じる時間帯については「子ども同士のトラブル（かみつき、ひっかき等）の多い時間帯はありますか。ある場合は該当する時間帯すべてについて【4 月】【現在】の表両方にマーカーで線を引いてください。」と記入を依頼し、該当する時間帯すべてについて、回答した保育スケジュールの活動種線上にマーカーで線を引いてもらった。

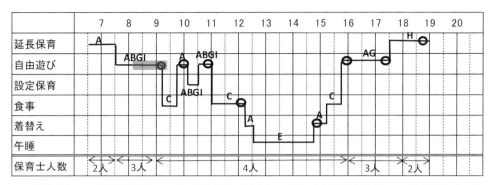

＊トラブルの多いと感じる時間帯はマーカーで線を引いてもらい，排泄にさそう時間帯が決まっている場合は，その時間帯に○を記入してもらった。
＊＊子どもが活動する場所について A 〜 J の記号で回答を求めたが，今回の分析には含めていない。

図 3-1. 質問紙に示した保育スケジュール記入例

4. 保育スケジュールとトラブルマークの回答のデータ化について

　保育スケジュールの回答は、4 月、2 月それぞれ、15 分毎に活動種、保育士人数、排泄介助有無、トラブルが多いと感じる時間帯を数値化した。活動種については、名義尺度として、延長保育＝ 1、自由遊び＝ 2、設定保育＝ 3、食事＝ 4、着替え＝ 5、午睡＝ 6、保育時間外＝ 999 として入力した。7:00 〜 19:00 までの 12 時間× 4 セル＝ 48 セルを集計し、分析に用いた。線やマークの始点と終点があいまいな場合は、記入用紙の時間軸の直線と点線の間に中間線を引き、判定、数値化した。なお、ここでの保育士人数は時間帯毎の集計であり、質問紙①で尋ねた 1 歳児保育担任保育士数とは異なる変数として分析に用いた。トラブルの多いと感じる時間帯は「15 分刻みのトラブルマークを 1 点とした数値」を「トラブルマーク度数」と定義し、各 1 歳児クラスの一日の保育スケジュールにおけるトラブルマーク度数の集計を「日トラブルマーク度数」、各時間帯のトラブルマーク数を「時間帯別トラブルマーク度数」として、4 月、2 月でそれぞれ集計した。結果の統計処理には、SPSS statistics 22 を使用した。

第 3 節　結果

1. 日トラブルマーク度数と各施設の実施運営の質変数との関連

　日トラブルマーク度数（4 月、2 月）と実施運営の質に関する変数との相関係数を算出したところ、合計児童数は日トラブルマーク度数の 4 月、2 月の両方で正の相関が見られた。また、1 歳児クラス所属児童数は、4 月のトラブルマーク度数との正の相関が見られた（表 3-1）。保育士一人当たりの子どもの人数は合計児童数と 1 歳児クラス所属児童数と正の相関が見られるが、保育士一人当たりの子どもの人数と日トラブルマーク度数の相

表 3-1. 変数間同士の単純相関係数

	1	2	3	4	5	6
1. 4 月 日トラブルマーク度数	1.00					
2. 2 月 日トラブルマーク度数	.78**	1.00				
3. 保育士一人あたりの子ども数	.02	-.06	1.00			
4. 経験年数平均	-.07	-.01	-.13	1.00		
5. 合計児童数	.17*	.15*	.21**	-.23**	1.00	
6. 1 歳児クラス所属児童数	.16*	.05	.23**	-.26**	.62**	1.00

*p<.05, **p<.01

関は見られなかった。保育士の経験年数は、合計児童数と 1 歳児クラス所属児童数との間で負の相関が見られた。なお、開所時間と担当制の有無についての検討も行ったが、有意な相関は見られなかった。

2. トラブルマーク度数の時期別比較

　日トラブルマーク度数を 4 月と 2 月で集計し、対応のあるサンプルの t 検定を行ったところ、t(211)=3.83, p<.01 で有意な減少が見られた（表 3-2）。

　このトラブルの減少について、一日の保育の流れとの関連を検討するために、保育スケジュールと時間帯別トラブルマーク度数のグラフを重ね合わせた図を図 3-2、3-3 に示す。図 3-2、3-3 から、トラブルには 3 つの高感知時間帯があることがわかる。そこで、4 月時点で 40 以上のトラブルマークがあった時間帯をトラブル高感知時間帯として設定し、検討を行った。具体的には、高感知時間帯① 8:30~9:29、② 10:00~10:59、③ 15:45 ~ 16:59 と設定し、対応のあるサンプルの t 検定を行ったところ、高感知時間帯①は t(843)=4.73, p<.01、高感知時間帯②は t(835)=3.27, p<.01、高感知時間帯③は t(1048)=5.17, p<.01 となり、各高感知時間帯におけるトラブルマーク度数について、4 月から 2 月にかけて有意な減少が認められた（表 3-3~3-5）。

　また、保育スケジュールの切り替わり前後 15 分とその他の時間帯でトラブルマーク度数に差があるかどうか、χ^2 検定を行ったが、有意な差は見られなかった。

表 3-2. 4 月と 2 月のトラブルマーク度数比較

	N	平均	標準偏差	t	p
4 月トラブルマーク度数	212	6.0	5.835		
				3.83	**
2 月トラブルマーク度数	212	5.1	5.452		

**p<.01

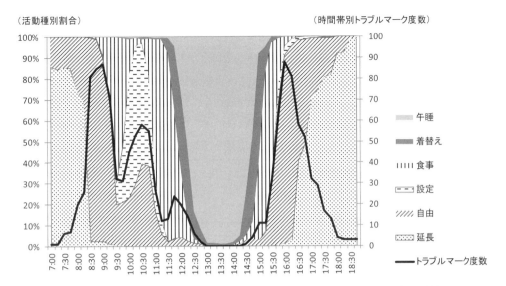

図 3-2. 4 月の保育スケジュールと時間帯別トラブルマーク度数（折れ線）

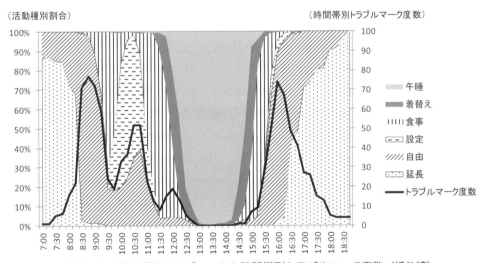

図 3-3. 2 月の保育スケジュールと時間帯別トラブルマーク度数（折れ線）

表 3-3. 高感知時間帯①の 4 月と 2 月のトラブルマーク度数の比較

	N	平均	標準偏差	t	p
4 月高感知時間帯①	844	0.38	0.487		
				4.73	**
2 月高感知時間帯①	844	0.33	0.471		

**p<.01

表 3-4. 高感知時間帯②の 4 月と 2 月のトラブルマーク度数の比較

	N	平均	標準偏差	t	p
4 月高感知時間帯②	836	0.25	0.432		
				3.27	**
2 月高感知時間帯②	836	0.21	0.406		

**p<.01

表 3-5. 高感知時間帯③の 4 月と 2 月のトラブルマーク度数の比較

	N	平均	標準偏差	t	p
4 月高感知時間帯③	1049	0.33	0.469		
				5.17	**
2 月高感知時間帯③	1049	0.27	0.443		

**p<.01

3. トラブルマーク度数と各 1 歳児クラスの実施運営の質の関連
（1）活動種との関連

表 3-6. 高感知時間帯①活動種とトラブル（4 月）

			トラブル		合　計
			トラブル無	トラブル有	
活動種	延長保育	度数	15	15	30
		期待度数	18.5	11.5	30.0
		標準残差	-0.8	1.0	
	自由遊び	度数	741	561	1302
		期待度数	803.1	498.9	1302.0
		標準残差	-2.0*	2.0*	
	設定保育	度数	15	0	15
		期待度数	9.3	5.7	15.0
		標準残差	1.9	-2.4*	
	食事	度数	166	6	172
		期待度数	106.1	65.9	172.0
		標準残差	5.8**	-7.4**	
合計		度数	937	582	1519
		期待度数	937.0	582.0	1519.0

*p<.05, **p<.01

　各高感知時間帯における活動種とトラブルマーク度数との関連について、期待度数 5 未満の活動種を除外して χ^2 検定を行ったところ、4 月の高感知時間帯①は $\chi^2(3)=111.87$ (p<.01)、高感知時間帯②は $\chi^2(2)=103.34$ (p<.01)、高感知時間帯③は $\chi^2(3)=150.49$ (p<.01)、2 月の高感知時間帯①は $\chi^2(1)=47.68$ (p<.01)、高感知時間帯②は $\chi^2(2)=34.66$ (p<.01)、高感知時間帯③は $\chi^2(3)=66.20$　(p<.01) で有意であった（残差分析結果は表 3-6〜11 を参照）。

表 3-7. 高感知時間帯②活動種とトラブル（4 月）

| | | | トラブル | | |
			トラブル無	トラブル有	合　計
活動種	自由遊び	度数	306	198	504
		期待度数	377.1	126.9	504.0
		標準残差	-3.7**	6.3**	
	設定保育	度数	679	177	856
		期待度数	640.4	215.6	856.0
		標準残差	1.5	-2.6**	
	食事	度数	135	2	137
		期待度数	102.5	34.5	137.0
		標準残差	3.2**	-5.5**	
合計		度数	1120	377	1497
		期待度数	1120.0	377.0	1497.0

*p<.05, **p<.01

表 3-8. 高感知時間帯③の活動種とトラブル（4 月）

| | | | トラブル | | |
			トラブル無	トラブル有	合　計
活動種	延長保育	度数	345	45	390
		期待度数	264.1	125.9	390.0
		標準残差	5.0**	-7.2**	
	自由遊び	度数	713	498	1211
		期待度数	820.0	391.0	1211.0
		標準残差	-3.7**	5.4**	
	設定保育	度数	47	11	58
		期待度数	39.3	18.7	58.0
		標準残差	1.2	-1.8	
	食事	度数	59	1	60
		期待度数	40.6	19.4	60.0
		標準残差	2.9**	-4.2**	
合計		度数	1164	555	1719
		期待度数	1164.0	555.0	1719.0

*p<.05, **p<.01

表 3-9. 高感知時間帯①活動種とトラブル（2月）

| | | | トラブル | | |
			トラブル無	トラブル有	合　計
活動種	自由遊び	度数	460	274	734
		期待度数	488.4	245.6	734.0
		標準残差	−1.3	1.8	
	食事	度数	85	0	85
		期待度数	56.6	28.4	85.0
		標準残差	3.8**	−5.3**	
合計		度数	545	274	819
		期待度数	545.0	274.0	819.0

*p<.05, **p<.01

表 3-10. 高感知時間帯②活動種とトラブル（2月）

| | | | トラブル | | |
			トラブル無	トラブル有	合　計
活動種	自由遊び	度数	93	62	155
		期待度数	116.7	38.3	155.0
		標準残差	−2.2*	3.8**	
	設定保育	度数	194	40	234
		期待度数	176.2	57.8	234.0
		標準残差	1.3	-2.3*	
	食事	度数	24	0	24
		期待度数	18.1	5.9	24.0
		標準残差	1.4	−2.4*	
合計		度数	311	102	413
		期待度数	311.0	102.0	413.0

*p<.05, **p<.01

表 3-11. 高感知時間帯③活動種とトラブル（2月）

| | | | トラブル | | |
			トラブル無	トラブル有	合　計
活動種	延長保育	度数	176	27	203
		期待度数	148.6	54.4	203.0
		標準残差	2.2*	−3.7**	
	自由遊び	度数	490	250	740
		期待度数	541.8	198.2	740.0
		標準残差	−2.2*	3.7**	
	設定保育	度数	45	3	48
		期待度数	35.1	12.9	48.0
		標準残差	1.7	−2.7*	
	食事	度数	57	1	58
		期待度数	42.5	15.5	58.0
		標準残差	2.2*	−3.7**	
合計		度数	768	281	1049
		期待度数	768.0	281.0	1049.0

*p<.05, **p<.01

　保育スケジュールの内容を 4 月と 2 月とで比較すると、2 月の方が午前中の設定保育の実施率が若干高く（ピーク時である 10:15 の時間帯において 4 月は 66.0%、2 月は 70.7% の実施率）、実施時間が延びているが（11:00 の時間帯において 4 月は 16.8%、2 月は 20.2% の実施率）、χ^2 検定を行った結果、有意な差は見られなかった。

（2）時間帯別保育士一人当たりの子どもの人数との関連

　時間帯別保育士一人当たりの子どもの人数については、多くの園が延長保育実施となる時間帯を除いた通常保育時間帯 8:30 〜 16:30 で集計した（図 3-4）。保育士一人当たりの子どもの人数が 5 人以上になる 9:00 以前と 16:00 以降はトラブル高感知時間帯と重なる。トラブルの発生と保育士一人当たりの子どもの人数との関連について、各クラスの時間帯別保育士一人当たりの子どもの人数と、当該時間帯におけるトラブルとの相関分析を行った。その結果、4 月については、各時間帯別の保育士一人当たりの子どもの人数とトラブルの有無に有意な相関が見られた（表 3-12）が、2 月については相関が見られなかった。

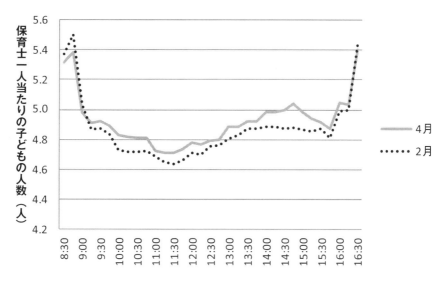

図 3-4. 時間帯別保育士一人当たりの子どもの人数変化

表 3-12. 時間帯別の保育士一人当たりの子どもの人数とトラブルの相関分析（4 月）

	1	2
1. 4 月時間帯別保育士一人当たりの子どもの人数	1.00	.041**
2. 4 月時間帯別トラブルの有無	0.41**	1.00

$**p<.01$

（3）排泄介助との関連

1 歳児はトイレットトレーニングを行う時期であり、一日に何度も行われている（図 3-5）。その時間帯には排泄介助に保育士のうち少なくとも一人はかかり切りになることを考え、トラブルとの関連について分析を行った。

図 3-1 の記入例にあるように、排泄介助の時間帯に○印を記入してもらったが、分析では 1 回の排泄介助時間を 15 分と仮定した。そのうえで、全排泄介助時間に対する排泄介助時間内のトラブルマーク時間の割合を、全保育時間に対するトラブルマーク時間の割合と比較するため、対応のあるサンプルの t 検定を行った。その結果、4 月は t(172)=7.45, p<.01、2 月は t(172)=6.564, p<.01 となり、排泄介助時間中のトラブルが有意に多かった（表 3-13,14）。

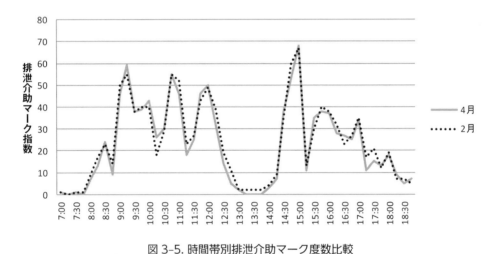

図 3-5. 時間帯別排泄介助マーク度数比較

表 3-13. 全保育時間中トラブル割合と排泄介助中トラブル割合の比較（4 月）

	N	平均	標準偏差	t	p
4 月保育時間中トラブル割合	173	0.14	0.13		
				7.45	**
4 月排泄介助中トラブル割合	173	0.25	0.26		

**p<.01

表 3-14. 全保育時間中トラブル割合と排泄介助中トラブル割合の比較（2 月）

	N	平均	標準偏差	t	p
2 月保育時間中トラブル割合	173	0.11	0.11		
				6.56	**
2 月排泄介助中トラブル割合	173	0.20	0.23		

**p<.01

第 4 節　考察

1. 各施設の実施運営上の条件とトラブルの関連

　日トラブルマーク度数と実施運営上の条件変数との関連を見たところ、4 月と 2 月では差が見られた。4 月には合計児童数と 1 歳児クラス所属児童数の両方でトラブルマーク度数との正の相関が見られたが、2 月では 1 歳児クラス所属児童数との相関は見られなかった。このことから、特に年度の前半において、合計児童数または 1 歳児クラス所属児童数が増えるとトラブルの多さを感じることが増える、という傾向が見られた。研究 1 では、少人数グループ化が効果的だと保育士は感じていたが、1 歳児クラスのかみつき・ひっかきのトラブルには、子どもの人数の低減が有効である可能性を示唆している。しかし、年度の後半においては、トラブルマーク度数も減少し、クラスの人数との相関は見られなくなり、合計児童数で表される園の施設規模のみが、保育不全感を感知しやすくなるリスク要因として残ることがわかる。

2. 時期によるトラブルマーク度数の変化

　日トラブルマーク度数は 4 月から 2 月にかけて明らかに減少していた。これについては、攻撃や要請といった相手に直接向けた行動が 1 歳後期（1~3 月）に増加するとした先行研究と異なる結果となった（杉山・本郷・玉井, 1990；本郷・杉山・玉井, 1991）が、年度の後半には子どもの発達によって保育がスムーズになるという保育士の認識（研究 1）と一致している。また、保育士の一人ひとりに対する子ども理解も進み、適時適切な援助がなされるようになっていることが影響していると推測される。また、本研究で使用したデータは保育士が感じるトラブルの多さであり実測値ではないこと、時間帯別保育士一人当たりの子どもの人数が 4 月より 2 月の方が少ない（図 3-4）という本調査の特徴に影響を受けた可能性もある。子どもの行動の実態については、さらに大規模調査や保育プロセスの変容を見る観察研究等を通じて明らかにする必要があるが、保育士の感知するトラブルの多さは、年度の後半に向けて落ち着いてくるといえよう。

　また、合計児童数、1 歳児クラス所属児童数が多いと、保育士一人当たりの子どもの人数は多く、保育士の経験年数が浅くなる傾向があることが明らかになったが、日トラブルマーク度数との直接的な相関関係は見られなかった。

3. 保育スケジュールとトラブル

　保育スケジュールとトラブルとの関連についての検討では、まず、一日の流れの中で①8:30~9:29、② 10:00~10:59、③ 15:45~16:59 の 3 回のトラブル高感知時間帯があること、①~③すべての高感知時間帯におけるトラブルは 4 月から 2 月にかけて減少する

ことがわかった。

　次に、この 3 つの時間帯でトラブルが多いと感知される要因を検討した。①と③については子どもの登降園と保育士の出退勤が重なる時間帯であり、②は午前中の遊びが中心となる時間帯である。特に①、③は、延長保育から通常クラスへの場所の移動、延長保育担当保育士と担任保育士の交替、送迎時の保護者対応、活動の切り替えの際の排泄介助等が行われると推測される。そこで、時間帯別保育士一人当たりの子どもの人数との関連および排泄介助の時間帯との関連を検討した。

　まず、時間帯別保育士一人当たりの子どもの人数との関連では、4 月については時間帯別保育士一人当たりの子どもの人数が増えると、トラブルが多いと感知されることが増える。4 月は育児休暇明けで入所する新入園児が多く、保育士は保護者との関係を築きつつ個々の子どもの特徴を把握し、保育を進めていく時期である。登降園時に保護者とやりとりする時間も 4 月の方が長いと推測されるが、その時間帯は保育士の出退勤時間と重なり、時間帯別の保育士一人当たりの子どもの人数が増加する（図 3-4）。各園でシフト制を敷いて長時間保育に対応しているが、子どもの登降園のピーク時間帯より早い時点に保育士のシフト時間帯をずらすことが、高感知時間帯①と③のトラブルに起因する保育不全感低減へ向けた効果的な取り組みとなる可能性がある。

　しかし、高感知時間帯②を含めた要因分析を進めるために、排泄介助の分析を加えると、事情は一層複雑になる。本研究では、その他の保育時間に比べて、排泄介助の時間帯にトラブルが多いと感知されていることが明らかになった。1 歳児保育においては、食事や排泄等の生活の自立面における援助が多く必要とされているが、食事の場合は、テーブルについた子どもは食べることに気持ちが向きやすく、保育士も数人の子どもに対応することが可能であることが多い。一方の排泄の場合は、完全に個別対応が必要である。本調査では排泄時間をどのように設定しているか質問しておらず、調査の限界はあるが、自我が芽生える発達的時期と重なり、嫌がる子どもへの丁寧な対応が必要であることは推測される。今回着替えについてはスケジュール化が困難であることが予測されたため、検討要因として含めていないが、実際にはさまざまなタイミングで必要となる着替えも同様の事情が生じると推測される。生活習慣の自立に向け個別の丁寧な援助を行うことは、1 歳児に対する重要な保育内容である。しかし、排泄介助の時間帯には、その丁寧な個別対応とその他の子どもの遊びの保障を両立させることが求められる。今回の調査対象の特徴として、保育士が全員出勤した時間帯では、平均すると一人当たりの子どもの人数が 1：5 を下回っていた（図 3-4）が、それでもなお、保育士の手が足りない時間帯が一日何度もあるということではないだろうか。

　また、高感知時間帯①〜③と保育内容との関連について活動種を検討したところ、設定活動や食事（おやつを含む）時間に比べて自由遊びの際にトラブルが多いと感知されていることが明らかとなった。自由に活動する時間には子ども同士のかかわりも増え、活動場所も広がり、保育士の手が足らず、トラブルにつながることも増えると想像される。しかし、

そのことを理由に自由遊びではなく設定活動を導入すべきと短絡的に考えてはならないだろう。1歳児は自我が芽生え、探索活動が活発になる時期である。この時期に、環境に対して自らの関心と意欲をもって主体的にかかわる経験は非常に重要である。物の取り合い等を通して自己主張することも社会的発達に必要な経験であることを考えると、一人ひとりの遊びを十分に保障し、かつ、ケガにつながるかみつきやひっかきを防ぐために、より多くの保育士の手が必要とされていると考えるべきである。

　研究2では、トラブルの実測値ではなく保育士が「トラブルが多い」と感じる時間帯を記入する方法により、保育不全感が感知されやすい条件の検討を行った。2月に4月の状態を想起して記入してもらった方法上の限界と課題があるが、施設の合計児童数や1歳児クラス所属児童数とトラブルの多さの感知との関連等、定員超過や大規模化する施設保育のあり方が、保育不全感の感知と関連する可能性をもつことが明らかになった。本調査対象にも1歳児の保育士配置基準を1：5や1：4.5とし、実施運営上の条件の向上へ向けて努力している自治体が見られた。保育不全感を言語化、共有化することのみならず、その関連要因を整理し分析することによって、保育不全感の感知を起点とした実施運営面における実践の再考という可能性がひらかれることが示唆された。

　以上の検討により、保育者が感知する保育不全感には、その実践をかたちづくっている実施運営上の条件が影響を及ぼしているといえる。しかし、同じ条件下であっても、年度の前半と後半では違いが生じていた。このことから、保育者はその保育不全感が感知されやすい条件をそのままにしておくというより、いかにしてそれを乗り越えるか、実践における工夫を重ねたり、条件を変えることは難しくても、たとえば、「なぜ今日のあのときトラブルが生じたか」とそのときの環境や子どもについての理解を深めようとしたりしていくのではないか。そういった、保育不全感の感知を起点とした保育実践の再考が駆動されていく中で、実践の具体的な様相が変容していくということが生じている可能性がある。また、保育不全感を乗り越えようとするプロセスにおいて、信頼関係の深まりや子どもの成長という変容を受けて、子どもと保育者のかかわりや子ども同士のかかわりが変容していくということも生じているだろう。保育不全感が感知されやすい時間帯や活動について、深刻な悩みを放置すれば離職率が高まるリスクが生じると示唆される。一方で、その保育不全感の感知が実践の改善へ向かう再考プロセスを駆動するという側面もあると考えられ、この点について、さらに検討を行っていくことにする。

第5節　研究2の課題

　研究2では、個々の保育者が抱える保育不全感が実施運営上の条件と関連をもちながら生じていることが示された。この保育不全感の感知が各園における保育実践の再考への契

機となっていくために、どのような実施運営上の展開が有効であるのか、さらなる検討が必要である。また、保育実践において、どのように保育不全感が感知され、その後の実践に向けた再考プロセスが駆動していくのかについても、詳細で具体的な検討を行う必要がある。

第4章

保育不全感のとらえ直し：
保育のねらいとのズレに焦点を当てて
（研究３）

第1節　問題・目的

　これまでの検討で、個々の保育者が抱える保育不全感は保育実践の再考プロセスを駆動する契機となり得ることが示された。しかし、個々の保育士の保育不全感の感知が、園レベルの実施運営面の再考プロセスに向かっていくには、何らかの組織的取り組みが必要だと考えられる。

　そこで、研究３では、2008（平成20）年の保育所保育指針改定時に、全認可保育所に作成が義務づけられた当時の保育課程編成の取り組みに着目する。保育課程は、各園の保育理念や全体的な内容にかかわる計画を示すものであり、その中心は、入所から就学前までのいわゆる保育内容のカリキュラムである。個々の保育士が感じている保育不全感は、直接的には子どもとかかわる保育実践と深くかかわっている。その実践を園全体でとらえ直すための仕組みとして導入された保育課程の編成を取り上げることで、個々の保育士の保育不全感と実施運営面の再考との関係をとらえたい。園内において、個々の保育士の保育不全感はどのように開示され、問題化し、園の課題として吸収され、協働的な保育実践の再考プロセスへ向かうことができるのか。また、実施運営面の再考プロセスが実質的に機能するためには、保育士の関係性が効果的なチームとして形成される必要があると考えられる。そこで、本章では、実施運営面にかかわる取り組みの中でも、保育課程の編成を取り上げ、保育不全感がどのような保育実践のとらえ直しや効果的なチーム形成につながり得るのか、保育不全感との関係について検討を行う。

　この保育課程の編成は、『保育所保育指針解説書』（厚生労働省，2008b）に挙げられた改定の要点４点のうちの１点「保育の質を高める仕組み」の中に位置づけられたものである。保育課程の編成により、組織的・計画的な保育の取り組みや、一貫性、連続性のある保育実践が期待されると述べられており、保育課程の編成は、保育の質の向上を図る取

り組みの一環として義務づけられた。

　このことは、多くの保育所関係者に大きな衝撃をもって受け止められた。社会福祉協議会が発行する月刊誌『保育の友』には 2008 年 5 月号から 3 回連続で取り上げられ（増田 , 2008; 増田・倉掛 , 2008a; 2008b）、年度末の迫った 2009 年 2 月号では「保育課程をどうつくる？」という特集記事が組まれた（天野・増田・上村・相澤 , 2009）。それらの記事において各地の熱心な取り組みが紹介されるなど、当時の関心の高さが見て取れる。これには、保育課程の雛形は示さず、各園の創意工夫を期待するとされたことも影響していたと思われる。実際の編成に当たり、保育課程とは何か、どのように編成すればよいのかといった戸惑いの声が多く聞かれた。

　阿部・前原（2009）は、保育課程について、子どもの主体性を尊重する子ども観に立ち、検討を行っている。保育における計画のあり方を検討する中で、時系列の計画がふさわしくないということから、ウェブ方式でカリキュラムをつくる創発カリキュラム（emergent curriculum）の発想で指導計画を作成する園内研修の過程が描かれている。前原（2009）は、保育課程を時系列の到達目標ではなく育ちの方向目標として位置づけ、創発カリキュラムの指導計画作成が子どもを中心とした保育課程に反映されているとしているが、保育課程の編成プロセスには触れられていない。横松・渡邊（2009）は、保育課程を編成し、指導計画に具体化し、保育実践を実施し、事実に基づいて省察し評価し、保育の計画と実践を改善していく一連の営みを「保育課程開発」と定義した。横松らは、「保育士集団がより事実に基づいて考察し、より論理的に論じて、より発展させることを目指すことで、保育課程開発研究・保育実践研究が育っていくことが重要である」（p.30）と主張し、園文化創造アドバイザーという役割の検討を行った。横松が園文化創造アドバイザーとして行った園内研修を通して園文化や自園の保育の意味を保育者がより理解し、向上意欲をもつようになるといった意識変化を取り上げ、それは保育課程の編成をするうえで求められる保育者集団の意識変化であるとしている。しかし、この研究における保育課程の編成は著者の横松と渡邊（対象園副園長）および園長によってなされ、保育士にその内容の確認を求めたものであり、2008 年の保育所保育指針改定で求められた、全職員による取り組みとしての保育課程の編成プロセスとは異なるものである。したがって、保育者自身が保育課程の編成を行うことで、どのような変容が起こるのかは検討されていない。

　保育所保育指針施行後半年の時点でアンケート調査を行った清水・小椋・鶴・南（2011）は、保育課程を編成している園の割合が高くないこと、さらに収集された保育課程の内容が画一的であったことを指摘し、「保育課程が画一的になった理由が、特定の保育士等がこの原案を作成し、承認を得る形で編成されていたためであるならば、保育課程作成を機とした共通理解は得られないと考えられる」（p.128）と述べている。横松らの研究のように、多くの園で園長等によって編成した保育課程を、トップダウンで現場に下ろす方法が取られているのであれば、保育士同士のチーム形成にはつながらず、また、実践からのボトムアップによる保育運営面の見直しにもつながりにくいことが推測される。

こうした各園レベルにおける保育課程編成における課題について、上村（2017）は、編成前段階、編成・見直し段階、共有段階、活用段階の 4 段階それぞれの課題をアンケート調査から整理した。まず、編成前には各保育者の保育課程に対する意識・理解の乏しさがあると、非関与という状況を誘発すること、編成・見直し段階には、表記の難しさ・発達の非連続性・独自性欠如といった内容面の課題や、編成・見直し時間の欠如といった構造面の課題があること、共有段階には、共有時間の欠如により、全職員参加・共有・周知徹底の難しさが生じること、活用段階では、トップダウン作成に伴う非現実感などによる活用頻度の乏しさが課題として挙げられた。また、編成者は、園長 33%、園長と主任 27%、園長・主任・リーダー等の主要チーム 8%、市町規定の保育課程の援用 18% と、トップダウン方式を採る園が 86% に対して、全職員で編成した園が 14% という結果であった。全職員による保育課程の編成は、各園において困難な取り組みであったことが伺える。しかし、14% の園は全職員で編成している。上村の調査で指摘された上記の課題が、8 割を超えるトップダウン方式での編成によるものだとしたら、全職員による編成過程で生じた実践のとらえ直しやチーム形成が、トップダウン方式とどのように異なっていたのか、検討する必要がある。

このように、保育課程の編成が各園の全職員によって取り組まれているとは言いがたいのが現実であった。シフト勤務やパートタイム勤務の保育士の存在は、全職員での取り組みを難しくしていたであろう。また、保育士は幼稚園教諭と異なり、法的な研修時間の保障がないことも要因となっていると考えられる。逆に言えば、そのような状況下だからこそ、保育課程の編成は、全職員で取り組むことを義務づけることによって、保育をとらえ直す仕組みとして機能するように考え出されたものでもあるだろう。ここでは、この保育課程の編成を全職員で取り組んだ園の事例を分析することにより、保育実践のとらえ直しがどのようになされたか、またその中で、個々の保育士が感知している保育不全感はどのようにとらえ直され、実践の再考へと駆動していったのか、検討を行うこととする。

第 2 節　方法

1. 研究の対象
（1）X 園の保育課程編成

本研究は、全職員で保育課程の編成に取り組んだ、ある園（以下、X 園）の事例を取り上げ、保育課程の編成プロセスの中で、個々の保育士が感知している保育不全感と園の実施運営面との関係性について検討を行う。

『保育所保育指針解説書』（厚生労働省，2008b）において、保育課程の編成は、施設長の責任の下、「全職員が参画し、共通理解と協力体制のもとに創意工夫して編成すること

が大切」（p.127）であるとされ、また、地域特性や各園で積み重ねられてきた記録や資料等を活かし、「特色あるものとしていくことが大切」（p.128）だとされている。しかしながら、金澤（2008）が述べるように、「保育指針を抜粋しただけのもの」や、「一見対外的な面も垣間見えなくもない」（共に p.35）といった保育課程が散見されるというのも事実である。

　本研究で取り上げる X 園では、保育課程の内容について全職員が繰り返し検討を行い、X 園の子どもの実態をとらえ直しながら編成を行っていった。その点で、保育課程編成の取り組みが、実際にどのように各保育士と X 園に作用したかを検討するに値すると判断した。

（2）Y 県 Z 町の保育所における保育課程編成

　Z 町には全 8 施設の園があるが、すべて公立である。通った園によって、小学校就学後に子どもたちの育ちが大きく異なることのないように等の配慮から、保育の年間指導計画を Z 町の全保育所間で共有していた。しかし、前述の通り、2008 年に改定された『保育所保育指針』において、保育課程は「各保育所が創意工夫して保育できるよう、編成されなければならない」と明記されたことから、各園において新たに編成されることとなった。同じ Z 町にある園で同じ研修を受けていても、X 園以外の園では園長が一人で保育課程を編成するということもなされており、その取り組みはそれぞれに異なっていた。

（3）X 園の概要

　Y 県内の公立園で、定員 120 名。0 歳児〜5 歳児までの各年齢 1 クラスずつの構成で全 6 クラスある。園長・主任を含め、保育者 16 名。主任はクラス担任と兼任である。

（4）研究者の立場

　筆者は当時、Y 県内の保育士・幼稚園教諭養成校である 4 年制大学に勤務しており、保育所保育指針改定内容に関する研修講師を、県、各市町、各園等から依頼され、講演を行っていた。Z 町に関しては、Z 町保育士全員研修、主任クラス研修で講演する中で、X 園園長とも顔見知りの関係になり、園内のマネジメントや研修等の相談を受けるようになっていた。その後、保育課程の編成に当たり、指導助言を要請されたことから、保育の参観や園内研修に参加し、助言する立場にあった。しかし、直接的に園内研修体制の構築や保育課程の編成に携わるのではなく、X 園が構築、編成した内容に対してコメントを付すかたちでかかわっていた。

2．調査方法
（1）インタビュー調査

　X 園の園長および全保育者を対象とした、半構造化インタビューを行った。実施日時は

以下の通りである。

　1）園長インタビュー：2009（平成 21）年 3 月 9 日 10:00 〜 11:30
　2）3 歳未満児クラス担任保育者インタビュー ＊：2009 年 3 月 18 日
　　　13:00 〜 14:00　（* 以下、未満児クラスインタビューと記す）
　3）3 歳以上児クラス担任保育者インタビュー ＊＊：2009 年 3 月 18 日
　　　14:00 〜 15:00　（** 以下、以上児クラスインタビューと記す）

　なお、2）と 3）は未満児／以上児の全担任保育者および園長に対するグループインタビューである。すべてのインタビュー内容は、対象者全員の了承のうえ、IC レコーダーで録音したものを文字化した。

　インタビューの際に使用したインタビューガイドは以下の通りである。
　1）園長インタビュー
　　①具体的な編成プロセス
　　②編成プロセスの中で難しかった点
　　③保育課程編成を行ってよかった点
　　④保育実践は変化してきていると感じるか。感じるとすればどのような点か
　2）・3）未満児／以上児クラスインタビュー
　　①編成プロセスの中で大切にした点
　　②編成プロセスの中で難しかった点
　　③保育実践は変化してきていると感じるか。感じるとすればどのような点か

　（2）編成時のメモの収集
　X 園の保育課程とその編成プロセスを理解するために、その編成プロセスにおいて担任保育者が内容を推敲していったメモ、園長が全体の検討内容をまとめた 12 月時点と 3 月時点の保育課程を参考資料とした。

　3. 分析方法
　保育課程の編成プロセスの全体像については、全体のマネジメントを行った園長へのインタビューを元にまとめた。保育課程の編成の内容的側面や、実践の変化をどう感知しているかについては、すべてのインタビューデータと収集したメモを資料として、保育不全感のとらえ直しがどのように生じたか、またそのとらえ直しがチーム形成にどのような影響を与えたか、という点について、分析を行う(注)。
　以下、インタビューデータは □ で、編成時のメモを含めた文字資料は┊┉┉┊で囲んで示す。なお、各データにおける下線は、検討のために筆者が付したものである。また、「見

通し」という語が、子どもが主語となっている場合と、保育者が主語となっている場合が
あるため、子どもが主語の「見通し」を「見通し」と表記することにする。

第 3 節　結果

1．X 園における保育課程編成の体制と方法
（1）編成体制の構築
　保育課程の編成に関する Z 町保育所主任研修会の内容を受け、園長が栄養士等を含む
全職員で保育課程を編成する体制を構築した。本研究では保育実践に直接携わる保育者が
編成した部分を取り上げる。
　編成内容の分担については、保育者全員がそれぞれ現在担任している年齢の保育課程編
成を担当することとし、複数担任のクラスについては、クラスリーダーを置き、リーダー
がクラスで検討した内容をリーダー会にもち寄ることとした。その他、部会等も必要に応
じて開かれ、図 4-1 のように重層化した編成体制が組まれた。

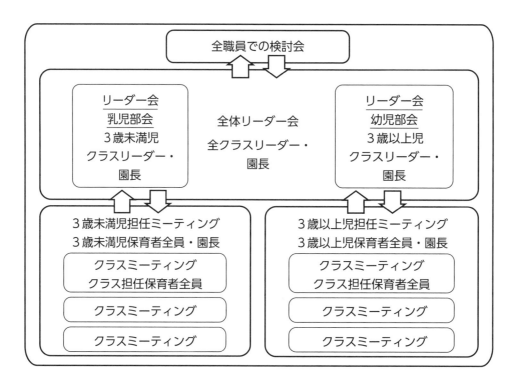

図 4-1．X 園の保育課程編成体制

（2）保育課程の内容編成の方法

それまで町内共通で使用されていた年間指導計画や保育目標、改定された保育所保育指針の内容、子どもや保護者の実態等を照らし合わせながら、担当している年齢に必要な保育課程の内容について各クラスで原案を作成し、各種ミーティングおよびリーダー会、リーダー部会において検討が行われた。異なる構成メンバーでの検討を繰り返す中で推敲をすすめ、最終的には全職員で検討された。

具体的には、まず、保育理念、保育目標、目指す子ども像について、全職員で検討を行った。その結果、保育理念等は以前より X 園が大切にしているものであることから、その重要性を確認すると共に内容の変更はしないとした。

次に、「心豊かにたくましく生きる力をもつ子どもを育てる」という保育目標や「元気に遊ぶ子ども　感性豊かな子ども　よく考え工夫する子ども」というめざす子ども像に向かって、どのような内容を大切にしていくかが話し合われ、X 園が保育課程を考えていく際の基本方針として、次の 4 点が確認された。

・3 歳未満児は心の安定や生活習慣の基礎の確立を中心とする。
・心の安定を基盤として、さまざまな体験を通して自己表出を育み、豊かな感性の育ちへとつなげていく。
・子どもたちの姿から課題として感じられている運動機能の発達について、運動遊びを通して元気に遊ぶ子どもを育む。
・3 歳以上児は育ちにかかわる行事について、そのあり方や時期等含め十分検討する。

この 4 点に基づき、各年齢におけるねらいや、各期における内容について、その具体的内容が精査された。

2. 保育課程編成プロセスにおける保育不全感のとらえ直し

（1）ねらいと実践の間を往還する

上記の基本方針の下、保育目標や目指す子ども像を実現するために、保育実践の内容について、具体的な検討がなされた。それは、ねらいと実践の間の往還による、ねらいと実践それぞれのとらえ直しとなっていたととらえられる。ここでは、ねらいのとらえ直しの側面について取り上げる。その 2 つの間の往還について、年齢別のねらいの検討プロセスを取り上げる。特に、保育者が子どもの姿に立ち返り、ねらいの修正を行っていったことが端的に示されている、2 歳と 5 歳を例に挙げることにする。

1）2 歳児のねらいに関する検討内容

（原　案）「保育者との安定したかかわりの中で身の回りのことが<u>できるようになり、自分でできる喜びを味わう。</u>」
（最終案）「保育者との安定したかかわりの中で身の回りのことを<u>自分でしようとする。</u>」

　この原案は、文献を参考に作成されていた。しかし、その原案の内容と実際の X 園の子どもたちの実態とを見比べて、原案の一文がどういう具体像を指しているのかを理解すると同時に、ズレが感知されている。原案を修正した過程について、インタビューでは次のように語られている。

園　長：「はっきり言って最初に書いたのは理想やねって」「いざ<u>自分の子どもたちに下ろしたら、達成できてない</u>。無理っていうのがすごくわかって」「だから結局、<u>一般的なことを書いている</u>のであって、<u>うちの園のものじゃなかった</u>よなって」

2 歳児担任保育者：「もう 10 年前の 2 歳児とはもう、ほんとに手がかかるというか、それはやっぱり保護者の育児能力の低下かなと思ったり」「前の世代だったらたぶんおトイレも、もう夏くらいまでにはほとんどの子がオムツからパンツになってたんですけど、今ではやっと 3 月になって最後の子がのく*ようになりました」「それで今回のねらいも、やっぱりあのいろいろ考えてしたんですけど、<u>これではちょっと難しいちがうん？できんのとちがうん？</u>って」

＊ここでの「のく」はオムツが外れるという意味

　原案の段階では「身の回りのことが<u>できるようになり</u>」とあるが、子どもの実態としては、以前に比べて身辺自立が遅くなっていると保育者はとらえていた。特に 10 年以上の経験をもつ保育者は、その実態には現代の家庭的背景が影響しているととらえ、以前の子どもの姿と比較した現代の子どもの実態に焦点を当て、一人ひとりに応じたねらいをより明確に意識していった。原案にあるねらいを掲げると、子どもに無理をさせてしまったり、保育者が焦って「できていない」と保育不全感を感知したりする状況が生じることが危惧される。最終的には「身の回りのことを<u>自分でしようとする</u>」という、子どもが意欲をもつことをねらいとしたことがわかる。文章の内容を具体的な姿として思い浮かべ、実態と比較したうえで、発達へのふさわしさという点で、細かな表現が検討されている。
　次に、5 歳児のねらいについては、以下のような修正が重ねられていた。

2）5 歳児のねらいに関する検討内容

> （原　　案）「基本的生活習慣が自分の判断で進められる。」
> （第 2 案）「基本的生活習慣の必要性が分かり自分から進んで行う。」
> （最終案）「遊びや生活に見通しを持ちながら主体的に活動する。」

　リーダー会での話し合いの中で、5 歳児の担任保育者が、育ちへの願いと子どもの実態との間で葛藤しながら検討を進めていったことが、以下のインタビュー内容から伺える。

> 園　　長：「（リーダー会の検討の中で）『自分の判断で進められる』、そんなん無理やしーって」「年長になってね、本当はこれをねらいたい。（5 歳児担任保育者が）自分でも今どんなんやろって。いやーまだ無理やなって。そしたら何なんやろって言うたら、やっぱり見通しをもって欲しいっていうことを今すごく言いよるから、うん。見通しをもってやっぱり自分たちが主体的に動く。それがまず一番大事かなと」

> 5 歳児担任保育者：「ほんとは子どもが自分で考えて行動するようになって欲しいなっていう気持ちはあるんですね。でも、今の 5 歳児さんがそれができるかって言ったら、まあヒントとか、ちょっと声をかけたらできるっていうところで。（中略）で、まあ『見通しを持ちながら』っていう感じに」

　5 歳児は担任が一人であるため、リーダー会での検討が自分のねらいや保育のあり方について同僚保育者たちと振り返る、よい機会となったようである。

> 5 歳児担任保育者：「たぶんみんなでこう話したり、あの、それこそね、『こうなって欲しいのに』っていうけど、『いやいやそこまでいかんでもええんやってー』ってみんなに言われたら（中略）今まで、せないかん、せないかん、もうここまでがんばらないかんって思いよったんが、いや、ええんやんかーってなったんもあるかなー」

　リーダー会において、5 歳児担任保育者は 5 歳児に対する育ちへの願いを提示するも他の保育者に問い直され、子どもの実態に立ち返ることが求められていく。「理想が高かった（5 歳児担任保育者）」と子どもの実態とのズレを認め、実態を踏まえたねらいを立ち上げようと考え方を変化させたことがわかる。こうなって欲しい、ここまでがんばらなければ、と保育者が自ら設定したねらいに沿うように子どもを引き上げようとすることによって、子どもの実態とのズレが生じ、保育不全感が感知されやすくなる。特に年長児は就

学を前に「こうなって欲しい」という、保育者側の願いがつい強くなることもあるだろう。しかし、他の学年の保育者に子どもの実態とのズレが大きいのではないかと指摘され、日常の保育実践を振り返り、保育者の願いを見つめ直し、再考している。ここで保育者の願い先行でねらいを定めるのではなく、子どもの実態からねらいを立ち上げることへの転換が起こったと考えられる。「これってどういうことを意味するんやろうって。（中略）理論と実践が結びついていないっていうあたり？そのところにみんな気づいて、じゃあもう一回って。自分たちのわかる言葉に直そうって」（園長）という語りが端的に示す通り、「自分たちの保育を文章に表す」ということが常に「保育の実際と照らし合わせて検討する」態度と結びつくようになっていく。

　このように、各年齢におけるねらいを定めるプロセスにおいて、ねらいと実践の間の往還を重視する姿勢が認められた。子どもの実態に合わないねらいを掲げると、「達成できていない」という保育不全感につながりやすい状況が生じる。「せないかん、せないかん、もうここまでがんばらないかんって思いよった」という5歳児担任保育者の語りが象徴しているように、ねらいと子どもの姿のズレは、子どもをねらいまで引き上げなくてはという見えない拘束力や強制力を生み、それができないことで焦ったり、子どもの育ちを否定的にとらえてしまったりし、自らの保育が不十分であるという保育不全感の感知も生じやすくなると考えられる。一方で、保育不全感がなぜ生じているか検討されると、実践を再考する契機となっていく。

(2) 発達の連続性の中でとらえ直す
1) 体にかかわるねらい

　ねらいと実践との往還を繰り返す中で、保育者はさまざまな角度から発達の連続性をとらえ直すようになっていった。

　X園では、子どもたちの実態から運動機能の発達に課題があるととらえ、保育内容に工夫をしてきた経緯がある。そこで、今回の保育課程においても、運動機能の発達をねらいの一つとして掲げることにした。

　2歳から5歳までのねらいに体にかかわるねらいを設定し、各年齢におけるふさわしい運動機能の発達を整理してまとめた。たとえば、2歳では以下のような修正がなされていたが、そのプロセスにおいて、保育課程に掲げるねらいが指導計画に生かしやすい内容かどうかという点も検討されていった。

〈体に関わるねらい（2歳）〉

（原　案）「のびのびと体を動かして遊び、いろいろな遊びを通して体力や基礎的な運動能力が身についていく。」

（最終案）「のびのびと体を動かして、歩く・走る・跳ぶなどの基本的な運動機能を身につける。」

> 園　長：「この発達はここでおさえないかんっていうところはあるので」「やっぱり
> 　　　　これを指導計画に下ろしていける、活用できる保育課程にするためにって
> 　　　　いうことで」「誰が担任になっても使える保育課程でなかったらいかんよ
> 　　　　なって」

　原案の「いろいろな遊びを通して体力や基礎的な運動能力が身についていく」という文章は、子どもの発達の流れを大まかにおさえている内容となっているが、最終案では「歩く・走る・跳ぶなどの基本的な運動機能」というように、獲得して欲しい運動機能が明確にされている。これによって、指導計画を立てる際にこの時期の子どもにふさわしい活動がより明確にイメージできるようになっている。

　また、保育課程はその園の保育内容の核と方向性を書き表したものであるから、毎年大幅に変更するものではなく、必要に応じて内容の調整を行う程度にとどまるのが通常のものである。そのように考えると、保育課程は誰が担任になってもどの時期にどのような発達をねらっているかがわかり、年間指導計画、月案、週案に具体化していくことができるという点も重要である。そこで、保育課程に基づいた実践を意識しながら、どの時期にどのような内容を大切にしたいのかとらえ直し、文章を練り直していった。このことが年齢別のねらいと内容の検討においても引き継がれていく。

2）0歳児のねらいと内容

　0歳児の担任保育者は、0歳児の保育課程のねらいと内容を考える際に、まず0歳から2歳までのねらいと内容を、文献を参考にしながら、B4用紙2枚を貼り合わせた大きな用紙にまとめた。そのメモには、2歳までの発達を0～3、3～6、6～10、10～15、15～18、18～24カ月未満と6期に分け、ねらいは18項目、内容は食事、睡眠、排泄、運動感覚に関するもの全40項目が挙げられていた。この第1案について、担任保育者は次のように語っている。

> 0歳児担任保育者：「ずーっとね、書き出してみたんですよ。で、立派な言葉が。
> 　　　　　　　　　自分もこう本を見ながらするんで（笑）。でも、結局は集約していくと、
> 　　　　　　　　　この0歳にたどり着くんですよね。（中略）結局は0歳でこの世に生まれ
> 　　　　　　　　　た生命を、いかにその何て言うんかな、その子の思いを周りの者がどうや
> 　　　　　　　　　って受け止めてやってそれを伸ばしていくかっていうことが一番大事なか
> 　　　　　　　　　ら、それは0歳の目標だっていう」

　担任保育者は、0歳から2歳までの保育の内容とねらいを、参考文献を見ながら書き出していくうちに、0歳のときに子どもの思いを受け止め伸ばすことが基本であるという

考えにたどり着く。つまり、担任クラス以外の年齢を含めた長期的な発達をとらえたうえで、0歳児保育に必要なことを見定めている。これは長期の発達を見渡したときに見えてくる発達の基盤とでもいえるものに対する再認識である。

このような認識を踏まえ、まず最初の期のねらいは「食事、睡眠、排泄などの生理的欲求が満たされ、安定した生活ができる」「一人ひとりの甘えなどの依存欲求が満たされる」の2項目に整理された。内容は、食事、睡眠、排泄、言語、遊び、運動に関するものに分けられ、この時期にふさわしい発達の姿が精選されていった。

また、0歳児保育の期はX園の受入月齢である6～10カ月が1期、10～15カ月が2期とされた。それは、途中入所も多い中、子どもが園の環境に慣れるのに3、4カ月かかるという認識をもとにしていた。

> 0歳児担任保育者：「6カ月から引き受けるんですけど、6カ月から入所して、私たち自身もその子どもに慣れるのにやっぱり3カ月4カ月かかるんですね。だからそのねらいっていうのは細かく分けることによって、その子に対する保育の本当の大切なところをきちっと受け止めてやれるんではないかなあと思って」

そして、しっかりと受け入れられ情緒の安定がある程度はかられた後、子どもが意欲的に環境とかかわり出す時期にどのような発達をねらいとするかが考えられていった。

> 〈言語〉
> （6～10カ月未満）　喃語や発語を十分受けとめてもらう。
> （10～15カ月未満）喃語や片言を受けとめてもらい、発語や保育者とのやりとりを楽しむ。

ここには発達の連続性を踏まえて子どもの姿が描かれていると同時に、入所して数カ月後には保育者にも慣れ、安心してやりとりを楽しむ姿がねらいとして描かれている。各期の子どもの育ちのための援助がイメージしやすくなっている。

3）4歳児のねらいと内容

4歳児は3歳と5歳それぞれの保育内容とのつながりの中で、また、行事との関連も見ながら、年間を4期に分け、ねらいと内容が検討された。

> 4歳児担任保育者：「3歳児の4期から4歳児の1期、4歳児の4期から5歳児の1期へ、こう、つながりがある保育課程というところを大切にしました。（中略）今の現状の子どもの3歳児さん4歳児さん5歳児さんの様子を頭に

> 思い浮かべながら、先生たちと話し合いをしながら、うん」

〈3 ～ 5 歳の生活についての内容〉
3 歳児保育課程 4 期の内容
　　「生活に必要なきまりや身の回りのことが分かり、自分でしようとする。」
4 歳児保育課程 1 期の内容
　　「片付けの仕方や生活の流れを知り、できることは自分でしようとする。」
4 歳児保育課程 4 期の内容
　　「異年齢交流を通して、年長になることへのあこがれの気持ちを高める。」
5 歳児保育課程第 1 期の内容
　　「新しい環境に慣れ、生活の仕方や一日の流れが分かる。」

　具体的な検討をしていく中で、クラス環境が変化することで、子どもの実態が「ちょっと戻る」部分もあることが検討される。

園　　長：「ほんとだったらこう 1 期 1 期に子どもの成長はあるけど、やっぱりクラス環境が変わったということで」
4 歳児担任保育者：「ちょっと戻ってみる」
3 歳児担任保育者：「3 歳児の 3 期よりかはちょっと戻る部分があるかもねえとかって話になったんねえ」
園　　長：「まずは 4 歳児になったら、生活が 4 歳児としての生活の流れっていうのがクラスの持ち物の片付けの場所が変わったりとか、いろんなことがすごく変わってきてるので、そういうところを知るっていうところからやねーっていうあたり」

---

　3 歳においては「生活に必要なきまりや身の回りのこと」という身近な内容がわかることが挙げられ、4 歳においては「生活の流れ」という大まかな一日の過ごし方を「知り」、できることをしようとする姿が挙げられる。また、5 歳児の内容においては「生活の仕方や一日の流れが分かる」とした。子どもが認識する内容の検討とともに、4 歳児は「知る」、5 歳児は「分かる」と言葉の細かな違いについても検討されたことが見て取れる。
　また、具体的な子どもの実態を思い浮かべながら話し合いがなされる中で、発達と保育の長期的な流れについてもとらえ直しがなされていく。

---

4 歳児担任保育者：「3 歳ここまでできてなかったらいかんよねーとか頭で思ってることがすごくあって、うん。実際、話し合う中で、あ、違うかったよなー、そういやあ先生とまだ手一つないでトイレも行きよったよなあとか、うん、

> そうようなあ、みんなの前で話できんよなぁとか、うん。些細なことを気
> づいたりとか」

　このような具体的な子どもの実態を想起することで、3歳までの子どもの実態から4歳児の保育のねらいと内容で求められることが見定められていった。

4）夏（2期）の遊びに関するねらい

　X園は、保育課程編成の基本方針にもあるように、3歳以上児の保育内容において、行事も重要な位置づけのものとして検討を行っている。そこでは、行事を通して育みたいことを各年齢で明確にすることが求められる。また、異年齢交流を取り入れていることもあり、保育課程にその横のつながりをどう反映させるかということも検討された。

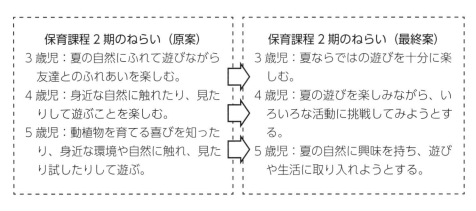

図4-2.　ねらいの横断的検討

　この異年齢保育の内容が保育課程の内容に生かされているかについて、園長はインタビューの中で「まだ不十分」としながらも、夏の遊びなどについては検討したとしている（図4-2）。その内容を見てみると、3〜5歳の原案においては、どのねらいも自然に触れて遊ぶ、または遊ぶことを楽しむとなっていたものが、3歳の最終案では、「友達とのふれあい」が削除され、「遊びを十分に楽しむ」ことがねらいとされた。4歳の最終案では遊びを楽しむことから一歩進んで、「いろいろな活動に挑戦してみようとする」という、環境に対する子どもの意欲的で主体的なかかわりをねらいとして設定したことがわかる。さらに、5歳児の最終案においては、「夏の自然に興味を持ち」という知的な側面の発達が含まれた表現となっている。園長は、以上児クラスの同時期の遊びのねらいについて「3、4、5が一緒やったらいかんよね」と、保育者との話し合いを振り返り語っているが、夏の遊びを通して、それぞれの年齢の子どもたちにどのような育ちを願いとしてもつか、ということが具体的に検討されたことがわかる。

　以上のように、さまざまな視点から保育課程の内容を検討することで、発達の連続性が

あらためて意識化され、各年齢や時期で大切にしたいことが明確にされていった。

（3）保育者がとらえた保育実践の変化
1）主体的に学ぶ保育者へ

では、これまで見てきたような保育課程の編成プロセスは、保育実践にどのような影響を与えたのだろうか。この点について、保育者自身がどのような変化を感じているか、インタビューでの発話から検討する。

前述の通り、X園の保育課程の編成は、正規保育者／臨時保育者といった雇用形態にかかわらず、また経験年数によらず、全職員でなされた。その中で、新任の臨時保育者が自ら書店に通い参考図書を見つけて読みこむといった、主体的に学ぶ姿勢が見られるようになったことを園長がインタビューで語っている。

> 園　長：「職員が伸びてきたかな。とにかく保育指針をよく読んでるし、他の参考文献もよく読んでるし」「何が嬉しいってこう、『先生こんな本があったー』って。その若い子がね、本屋さん行って、自分で勉強してっていう姿勢がすごく嬉しかった。うん。それは今までにないことだったんですよね」

こういった園長の語りから、これまでの園内研修では見られなかった、保育指針や文献を読みこむ保育者の姿が保育課程の編成をきっかけとして見られるようになり、そのことが保育者の成長につながっているという認識が伺える。

2）保育者間の関係性の変化

保育課程について話し合うことは、他のクラスの保育者が考えている保育のねらいを知るということにつながった。また、X園の保育全体が子どもの発達を軸としてつながりをもって意識され、検討されるようになった。

> 4歳児担任保育者：「あれ何しよったんとかってやっぱり聞いてみたくなるし、ああ、みな見とんや自分のこととかって思うし。うん」

このような発言は、保育者同士がお互いの保育を見合うようになり、その援助の意図を後から質問するなどして、他のクラスの保育を理解しようとする関係ができてきたことについて語られている。このように、他の保育者の実践について、ねらいを意識して見合い、具体的な援助とねらいが結びついて理解されるようになってきていることがわかる。

そして、ねらいを知ることでお互いに意見が言いやすくなり、繰り返し意見を出し合うことが日常化する。その中で、自らの保育における課題や悩みを話すことができるようになっていった。園長は以前と比較して、保育者が困ったときに頼ってくれるようになった

と語っている。

> 園　長：「わからんことがあったら必ず聞きに来てくれるようになった。こういうことがあったんやけど、先生どうしようかとか。今こんな状況で先生来てとかって、よく呼んでくれるようになった」

　クラス担任の中で保育の課題を解決しようといった閉じる方向性ではなく、他の保育者からの質問を受け自分の保育を説明したり、困ったときには助けを呼ぶことができたりといった子どもの保育を担任外へ開いていく関係性が築かれていった。
　また、保育者同士がお互いのねらいを理解しておくことで、他のクラスの子どもの育ちを見合い、共に喜ぶ姿が見られるようになる。

> 園　長：「保育者同士が会話するときに、やっぱりみんなこれを知っとくことで、『年長さんこんなんあったよー』とかって、喜んだんな。よかったー（笑）」
> 5 歳児担任保育者：「よかったー（笑）」

　このように、意見を言い合うだけでなく、担任していないクラスの子どもの育ちを読み取って報告し合い、共に喜ぶという肯定的なやりとりが生じていた。特に 5 歳児担任保育者は前述の通り、「せないかん、せないかん、もうここまでがんばらないかん」と思って保育をしていたことを吐露し、保育者としての思いと子どもの実態との間で揺れ動きながら、ねらいを再考していった。そこに意見を出しながらかかわっていた他の学年の保育者は、自分のクラスの保育をしながら、園庭などで 5 歳児の姿を気をつけて見るようになったのである。5 歳児の担任の悩みを知ることで、それまでは何となく見ていた他の学年の子どもの姿を、その意味を読み取ろうとして見るようになる。たとえば「見通しをもって主体的に活動しているかどうか」ということに留意して子どもをよく見るようになることで、5 歳児の実態がとらえられていく。他の学年の保育者が視点をもって子どもを見るようになったことで、5 歳児担任保育者が大切にしたいと考えていた子どもの姿を見取り、伝え、喜び合うことが可能になるのである。これは、同僚の抱える保育不全感を受け止め、原因を探り、共によりよい実践をめざそうと再考する中で、子どもの実態に基づくことの価値の共有が生じたことによる変化である。

3）発達の長期的な見通しをもったゆとりある保育へ

　子どもの発達をとらえることと並行して、期に分けた遊びのとらえ直しによって、遊びを通して何を育てたいのかということが意識され、これまでどのように援助してきたのかという自らの具体的な援助にあらためて焦点が当てられた。子どもの実態に基づいた保育目標、ねらいおよび内容の検討をし、担任しているクラス以外の保育者と話し合いを重ね

る中で、発達の長期的な見通しへの認識や意図のある保育がより研ぎ澄まされていく。

> 園　長：「(5 歳児担任保育者が) とにかく見通しがもてるようにしたいなって。じ
> ゃあ見通しがもてるような言葉がけは何だろうなっていうあたりを、今す
> ごい頑張ってしてくれてる。だから少しずつ変わってきてる」

　何度も検討し直した 5 歳児のねらいであったが、最終的に「遊びや生活に見通しを持ち
ながら主体的に活動する」というねらいを立てた。このねらいが実践と結びつくには、今
の子どもの実態に沿って「見通しを持ちながら主体的に活動する」ために必要な部分を援
助しなくてはならない。どんな場面でどんな言葉がけをすることが子どもたちの「見通し
を持ちながら主体的に活動する」ことにつながっていくのか。その点を考えながら実践に
取り組んでいることがわかる。つまり、よりねらいを明確にした実践へと変化していった
ことが認められた。
　また、発達の長期的な見通しをもつことで、一人ひとりの発達は連続性をもつものであ
り、常に今の子どもの一歩先にある発達の最近接領域に対して必要な援助を考えようとい
うことが意識されるようになる。

> 2 歳児担任保育者：「この話（保育課程の話し合い）をするようになるまでは、(中略)
> できない子にばっかり目がいって、できる子はできるでしょみたいに思っ
> てたんですけど、やっぱりこう考えていくと、その一人ひとり？できるで
> しょうって言われた子のことを今までは考えていなくて、これから先伸び
> なきゃいけないのに、そこの部分でこう、私がかかわれてなかったかなー
> と思いました」

　この語りから、保育者の保育行為を形成する判断軸が転換していることが読み取れる。
それは、ある行為についての「できる／できない」を読み取り、「この援助が必要／不要」
を見るという、ある行為の獲得に対する援助の必要性を軸にしたとらえから、一人ひとり
の子どもの実態をとらえ、次に必要な援助を考えるという、判断軸の転換である。
　また、発達の長期的な見通しがより明確にもてたことで、今の子どもの姿に対して余裕
をもって見ることができるようになったと、多くの保育者が語っている。

> 4 歳児担任保育者：「見通しがより具体的になったんじゃないかな。（中略）そのた
> めには自分たちの援助はこういうふうにしていかなければならないとか。
> うん」
> 5 歳児担任保育者：「頭の中にこのねらいとかがふっと出てくるというか、入っとる」
> 園　長：「ゆとりがもててよんかなーって。子どもを待てよるなあっていうのは感じ

> るかなー。言葉がけでも、待ちよるかなっていうのは感じる」

　発達の長期的な見通しをもち、ねらいを念頭に置いて保育することによって、子どもの育ちを援助する具体的なあり方が明確になってきていることがわかる。ただ待つというのではなく、何のために今待つのかということが明確になり、焦らずに保育できることにつながっていったのではないかと思われる。

> 2 歳児担任保育者：「言葉がけも私は変わりました。やっぱり頭ごなしに言いよったんが、やっぱりその子の気持ちを。ちょっとこう注意してたのが、『どうして叩いたん？』に。（中略）子どもの思いを聞いてあげてっていう。うん」
> 0 歳児担任保育者：「私はやっぱり気長くなったなあと自分なりには思うんですよ。（中略）お母さんたちのその言い分も、（中略）ほんとはここここうして欲しいなと思うても、あんまりね答えをこうこちらが要求することはできないけれども、自分自身が気長くなったし」
> 0 歳児担任保育者：「誕生月の子やきん、もうちょっとハイハイがんばりなよーみたいな（笑）しよったんですけどー、もう今はそんなに」

　保育の中で主体である子どもをまずは理解しようという姿勢で実践がなされるようになっていったことや、特に 3 歳未満児の一人ひとりの発達に応じてゆったりとかかわるようになっていったことがわかる。
　また、保護者支援についても、保護者の変容をすぐに求めるのではなく、長期的な構えでかかわれるようになったことが語られている。この語りから、子どもの保育だけではなく保護者支援についてもとらえ直しが起こり、実践が保護者の姿に合わせて変容していったことがうかがえる。
　以上のように、X 園における保育課程の編成は、子どもの実態とのズレから生じていた保育不全感を共有し、子どもの実態をとらえ直そうとする保育実践の再考プロセスが生じていった。そのことがさらに、互いの悩みを理解し合い支え合う保育者集団へと、保育実践を支える関係性の質の向上をもたらした。また、子どもの発達と援助に対する保育観や理念の共有といった専門職集団としての質の向上により、子どもや保護者の今の姿を起点とした援助へと具体的な実践が変化した。

第4節　考察

　X 園における保育課程の編成プロセスは、保育実践とねらいの両方を言語化していく園内研修を重ねていく中で、次第に各学年の保育者の子どもへの願いと実態のズレから生じる保育不全感が共有されていった。その保育不全感の共有は、各保育者が時に学年を越えて子どもの実態を把握し、長期的な発達の見通しの中で今の姿を位置づけることができるようになることにつながっていた。

　保育課程のような長期にわたる保育のねらいや見通しにつながる全体的な計画の検討やその内容のあり方は、各園の創意工夫の下、さまざまな取り組みが行われていると思われる。保育の質を高める研修のあり方について、中島（2009）はある保育所の 4 年間の園内研修の検討から、1. 園長のリーダーシップ、2. 園内研修の体制作り、3.（1）保育者一人ひとりの自己評価につながる（2）日々の保育実践と循環する（3）共通理解が深まる、研修の内容と方法、4. 子どもや保育について話しやすい関係作り、5. みんなで考えていこうとする保育者集団であること、6. 外部からの参加者の存在、という 6 点を重要項目として挙げている。研究 3 では、これらの中の 1 ～ 5 については、同様にその重要性が確認されたといえる。特に園長がリーダーシップを発揮して、保育課程の編成を全職員で行う取り組みとし、重層的な編成体制を整え、継続的な検討を行ったことは、個々の保育者が感知している保育不全感を園レベルで言語化、共有化し、認め合いとらえ直そうとする、安心できる効果的なチーム形成につながり、その関係を基盤として保育実践の再考プロセスが進展していったと考えられる。発達をより明確にとらえたうえで再度文章を練り直すことによって、自らの保育が何を目指しているのかを突き詰めることになった。そして、日々の保育で常にねらいを念頭に置いてかかわるようになり、計画的で一貫性のある保育へ向かって保育実践の質が向上したと考えられる。

　研究 3 の事例で見られた保育実践のとらえ直しは、年間指導計画等の既存の保育の計画の編成プロセスと何が異なるのだろうか。まず、子どもの実態－保育者の願い－文字化された内容との間を往還し、子どもの発達とこれまでの計画をとらえ直すという細かな作業が引き起こされた点が最も異なる点ではないだろうか。本来、計画とはすべてそのような過程を経て立てられるべきものなのだが、実際には日常の忙しさの中で深く考察する時間が取れないという実情もあるだろう。保育課程の編成は、あらためて計画に書かれた文言一つひとつに込められた保育者の願いや具体的な実践内容を問い直す仕組みとして機能した、という点が一つ挙げられる。

　また、担任が自分のクラスの計画を立てるというだけでなく、保育課程で一覧にして並べて検討することを通して、クラス別の年間指導計画ではとらえられていなかった発達の連続性をあらためて考えることとなったことも、保育課程編成プロセスにおける重要な点

である。担当しているクラスの子どもたちの発達を長期で見通すことによって、今のねらいをとらえ直したり、クラスの移行期において必要な配慮を組み込んだりすることが行われた。具体的な子どもの実態から長期的な発達をとらえ直すのは膨大な時間がかかる作業であるが、それが丁寧になされることによって、保育者の学び直しの契機となった。発達の理解と保育の計画にかかわる保育者の専門性が向上したと考えられる。

　これまでも述べてきたように、保育不全感とは、自らの保育が十分でないと感じるという個人的な内的とらえから発しているものである。ともすれば、自らの力量不足に個人的に悩み、自信を失うことにもつながりかねない要素をもっている。しかし、今が不十分であるということをその後の実践の改善につなげていくことができれば、保育不全感は保育の再考プロセスに寄与するものとなる。今回の検討によって、保育不全感を安心して共有できる関係形成は、その後の保育実践の再考プロセスの進展の基盤となることが示唆された。

　同じクラスの保育者であれば、子どもの実態も保育の課題も共有しやすい環境にあるかもしれないが、6 学年という大きな発達の違いを抱え、研修時間の確保も十分でない園等においては、園全体では子どもの実態も保育の課題も共有しにくいのが現実である。研究3 では、全職員が自分の問題として引き受ける研修内容と、持続可能な研修体制を整え、保育不全感が個人的な蓄積に終わらず、保育実践の再考プロセスにつながっていく仕組みの導入として、保育課程の編成が機能していた。研修内容や研修体制は各園の実情に即したものであることも当然ながら求められるだろう。いずれにしろ、保育不全感が保育実践を再考する契機となるためには、不十分であることをも認め合い、励まし合い、子どもと保育者の現在を肯定的に受け止める関係形成を基盤とすること、また、見取りとかかわりの言語化、共有化を中心とした持続可能な研修体制の充実がはかられることが重要であると考えられる。

第 5 節　研究 3 の課題

　研究 3 は 120 名定員の公立 X 園を対象とした事例研究であることから、大規模園や新設園における研修の難しさなど、さらなる調査が必要である。また、中島（2009）の指摘している 6. 外部からの参加者の存在については、筆者の訪問や助言等が X 園の研修内容等にどのように影響したかを検討する必要があるが、今回の調査内容には含めていないことも課題として残されている。

　さらに、現在、各園における研修のみならず、複数園での協働的な研修や園種別を越えた公開保育研修の仕組み等が発展してきている。そういった新たな研修の仕組みの中で、保育不全感が安全に開示できる関係構築や場の形成のあり方や、ある保育者の保育不全感

が刺激となり各園の保育実践の再考プロセスに生かされていくために必要な研修方法等について、検討する重要性が増してきているといえるだろう。

（注）編成プロセスの内容についての記述や図は園長による確認・修正を経ている。また、これ以降のインタビューの引用についても同様に確認を依頼し、許可を得たものである。

第5章

遊びの構成と教育的瞬間の感知：
1歳児保育における「絵本の読み聞かせ」を支える専門性（研究4）

第1節　問題・目的

　これまでの検討から、保育者は、子どもに対する丁寧なかかわりを志向しつつも、1歳児保育の構造的な条件の下、実現困難であるというジレンマを抱えていること、そのジレンマが「自らの保育実践が不十分である」と感じる保育不全感となって語られていることが明らかとなった。そこで、さらにその保育不全感に結びつきやすい1歳児クラスにおけるかみつきやひっかきといった身体的攻撃を含むトラブルについて、どのような実施運営上の条件と関連しているかを検討した。その結果、一日の保育の流れの中で、トラブルが多いと感知されている時間帯は、保育士の出退勤時間と子どもの登降園時間が重なる時間帯、排泄介助の時間帯、自由遊び場面であり、その時間帯に保育不全感が感知されやすいことが示唆された。保育不全感の感知は言語化、共有化されることによって、保育実践の再考プロセスを駆動していく側面をもつが、これまで検討してきた実施運営面における条件の改善や園内研修でのとらえ直しは、保育実践に対して間接的な影響をもつものである。研究1の調査2において見られたように、保育実践の最中にはマインドフルになることが大いに想定される。特にトラブルが多く感知される1歳児クラスの自由遊び場面において、保育不全感がどのように感知されるのか、また、その保育不全感が感知されている場面を、どうその場で乗り越えているのか。すなわち、保育不全感には、言語化、共有化を待たずしてその場の保育行為に生かされていく側面はあるのか、保育実践の具体的な検討が必要だと考えられる。

　1歳児クラスの自由遊び場面では、一人ひとりの子どもがそれぞれに関心をもった遊びを展開することになり、ある子どもはパズルをし、ある子どもはままごとをし、ある子どもは車のおもちゃで遊び、ある子どもは積み木を積むという展開になる。2017（平成29）年改定『保育所保育指針』第1章総則　1　保育所保育に関する基本原則（3）保育の方法　オには、「子どもが自発的・意欲的に関われるような環境を構成し、子どもの主体的

な活動や子ども相互の関わりを大切にすること。特に、乳幼児期にふさわしい体験が得られるように、生活や遊びを通して総合的に保育すること。」（厚生労働省，2017，p.5）と書かれている。一人ひとりの子どもが、保育所における豊かな環境に自ら意欲的にかかわることを重視する保育においては、子どもが「やりたい」と思ったときに十分にそれを実現し楽しむことを通して育ちが促されるようにすることが、保育者に課されている。しかし、集団保育において、一人ひとりの1歳児の「やりたい」という思いを、そのときそのとき、それぞれの遊びにおいて十分保障することは容易ではない。保育不全感を感知しやすい条件を抱えながら、保育者は日々、どのように子どもの思いを実現し、育ちを促そうとしているのだろうか。保育実践は混乱した状況に陥っても、時間を止めることも巻き戻すこともできない不可逆の流れの中にある。そこでは、たとえ、保育不全感を感知したとしても、その苦境を乗り切ろうとする専門性があると想定される。つまり、保育不全感を感知すると、教育的な働きかけが期待される状況ととらえ、教育的瞬間に対して能動的な出会いを形成することで、乗り越えようとするのではないだろうか。

　そこで、本研究では、1歳児保育における「絵本の読み聞かせ」という場面に着目する。絵本の読み聞かせは、子どもの言語スキルやリテラシーの発達を促す重要な活動として推奨されてきた（Fletcher & Reese, 2005）。読み聞かせの頻度が語彙の獲得や言語能力の発達を予測することは1980年代頃から活発に議論されており（たとえばSnow & Goldfield, 1983; Whitehurst, Falco, Lonigan, Fischel, DeBaryshe, Valdez-Menchaca & Caulfield, 1988）、今もなお膨大な議論がある（たとえばFlack, Field & Horst, 2018）。しかし、絵本の読み聞かせに関する研究は、3歳未満児については家庭における母親による読み聞かせやその介入研究（たとえば村瀬・マユー・小椋・山下・Dale, 1998; O'Farrelly, Doyle, Victory & Palamaro-Munsell, 2018）、3歳以上の幼児を対象とした集団保育における読み聞かせの研究（たとえば横山・秋田, 2001; 中澤・杉本・衣笠・入江, 2005; 佐藤・西山, 2007; 並木, 2012）がほとんどであり、集団保育の3歳未満児クラスにおける読み聞かせ場面の検討は数が少ない。また、それらの研究関心として、乳幼児の言語発達への影響が多く、援助方略に関しては今後の発展に期待するところが大きい。

　数は多くないが3歳未満児を対象とした研究の中に、Gardner-Neblett, Holochwost, Gallagher, Iruka, Odom & Bruno (2017) のものがある。Gardner-Neblett らは、6名の3歳未満児を対象に、保育者と子どもが1：1で相互にやりとりをする読み聞かせ、やりとりのない読み聞かせ、子ども単独の絵本読みのいずれが最も子どもの絵本への関与と関連するか検討した。この研究では、子どもの絵本への関与を、子どもの視線の継続時間の測定で検討している。その結果、保育者が1：1で相互にやりとりしながら読み聞かせした場合が最も子どもの絵本への関与が高かった。しかし、実践においては保育者の読み聞かせの仕方そのものが多様であることや、特に日本の実践においては複数の子どもに対する同時的関与が求められることを検討する必要がある。

　小椋・清水・鶴・南（2012）は、3 歳未満児のままごと場面と読み聞かせ場面における保育士の働きかけを分析した。その結果、絵本の読み聞かせ場面は保育士始動の働きかけがほとんどであり、相互交渉のターン数が少ないこと、また、読み聞かせ場面での働きかけはほぼ全体の子どもに対しての働きかけと、その合間にほぼ全員の子ども一人ひとりへの働きかけがなされていることを明らかにしている。しかし、この研究では、設定場面での働きかけを検討しており、自由遊び場面でどのように絵本の読み聞かせが実践されているかについては検討されていない。

　自由遊びにおける読み聞かせ場面を取り上げたものでは、絵本の読み聞かせ場面で 1 歳児の自発的身ぶりがどのように見られるかということを検討したものがある（平澤，2017; 2018）。自発的身ぶりの中でも手と指の動きに焦点を当てて分析したところ、指示対象への指さしが見られるが、その身ぶりのくみ取りには保育者がそれまでの子どもとのかかわりの経緯を判断材料としていることが示唆されている。子どもの方から保育者に対して自発的身ぶりで何か表される場合、そこには何かを伝えたいという子どもの意図がある。身ぶりからその子どもの伝えたい内容を読み取るには、当然ながら、その絵本や指さした箇所、表情、行為の連鎖、保育者の言葉への反応など、さまざまなその場で生じる相互行為を総合的に感知しつつ、保育者は子どもが伝えようとしている内容をあれこれと推測しながらかかわることになる。保育者の方はときにトライアンドエラーを繰り返し、子どもは保育者の言葉や行為を受け、さらに何かを身ぶりで伝えようとする、といった、相互のやりとりが繰り広げられることになる。Suchman（1987/1999）は、対面的インタラクションにおける相互理解可能性は、言語、表情、推論に基づく一連のリソースを利用して達成されるとした。そして、「行為の理解可能性の根拠をこのように考えるならば、行為の状況は、その行為者が自身の行為の意味を伝達したり、他者の行為を解釈するために利用できるリソースの総体として定義できるだろう」（1999, p.112）と述べている。1 歳児の絵本の読み聞かせ場面においても、保育者と子どもが相互に行為の状況をリソースとしながら、理解可能性を探りつつかかわっているのではないかと推測される。

　1 〜 2 歳代は自己主張が激しくなり、身体的にも歩行可能になる活発な時期である。自由に遊ぶ場面では、子どもたちが、その時々のやりたいことを実現させようと主体的に動き回ることが想定される。絵本の読み聞かせは、子どもの発達への影響から重要視されている活動であるが、自己主張が激しく、動き回る子どもたちとの間で、どのように実現されているのであろうか。設定場面であれば、ある程度子どもの動きや声を制限し、活動への集中を形成しやすい環境を保育者が構成して、読み聞かせを行おうとするだろう。発達にふさわしい絵本が選ばれ、見やすい場所に子どもが集まって座り、読み聞かせが始まると、子どもたちの視線は絵本に次第に集まっていく様子はよく見られる。しかし、1 歳児の場合、一旦座った子どもが動き出そうとしたり、保育者の意図しないところで子どもの発話が生じたりすることは容易に想像できる。そのような中、絵本の読み聞かせはどのような専門性が発揮されて達成されるのだろうか。

　一方の自由遊び場面においては、絵本を読んで欲しいという子どもの要望に応えるかたちで読み始めたり、保育者の方が子どもを誘って読み始めたりしたとしても、他の遊びをしている子どもの動きや声と混じり合う中での読み聞かせとならざるを得ず、子どもの集中を保ちにくいことが推測される。つまり、保育における絵本の読み聞かせの重要性を認識していても、十分に実現できないという保育不全感の感知が生じやすいのではないかと考えられる。

　ここに、1 歳児保育の絵本の読み聞かせ場面を検討する意義がある。まず、設定場面と自由遊び場面とで保育不全感の感知が異なるのは、どのような行為の展開があるからなのか、検討することが可能になる。また、詳細な検討によって、自由遊び時間における保育援助の困難を超えようとする、保育者の専門性をとらえる一助となると考えられる。

　絵本の読み聞かせ場面は、読み聞かせるという特徴によって、保育者主導的な活動と見る向きもあるかもしれない。しかし、たとえ設定場面であったとしても、保育者と子どもの行為は相互に影響を与え合っている。保育者がうまく設定しようとしても混乱が生じることは十分にあり得る。

　以上のことを考慮すると、1 歳児クラスにおける絵本の読み聞かせ場面は、保育不全感を感知しやすい場面であると考えられる。そのような中で読み聞かせを成立させるために発揮されている専門性とはどのようなものだろうか。研究 4 では、絵本の読み聞かせ場面を、保育者と子どもの参与する相互行為で構成される教育的場面として見ることとし、その相互行為の連なりの中で発揮されている保育者の専門性を探ってみたい。

　第 1 章で述べた通り、van Manen（1991b）は、子どもに対する何らかの教育的な働きかけが大人に期待される状況に対して、能動的に出会うこと（active encounter）を教育的瞬間とした。ここでは、保育実践の具体的な事例に則して、保育不全感の感知が保育実践に生かされていく一つのあり方として、教育的瞬間についての検討を行う。教育的な働きかけが大人に期待される状況とは、保育実践において数限りなく想定できる。それに対して「能動的に出会う」とはどのようなことを指すのであろうか。van Manen（1991a;1991b）は、教育的瞬間における行為に関して教育的タクトという概念を提示している。それは実践時の繊細な状況に対する敏感さ、思慮深さ、道徳的な直観、状況における距離感やバランス感覚で特徴づけられ、それらを特徴とする行動様式において瞬間的に実現されるとした。しかし、教師としてふるまっている間は、自らの行為を客観化したり距離を置いたりしないとも述べている。実践のさなかにおいて、言うべき、またはすべき正しいことを探し、敏感に子どもにかかわっているときでさえ、自らの行為にほとんど無自覚であるというのだ。そうであるならば、保育実践において多様な子どもの行為が入り組んだ状況があるとき、保育者は一体どのような状況を教育的瞬間ととらえ、行為するのだろうか。さらには、それを研究としてどのようにとらえることが可能だろうか。van Manen の言うように、ほとんど無自覚であるとするならば、インタビュー等で保育者が自覚できるレベルの専門性について検討を行うより、まずは実践の具体を詳細に検討する

ことが一つの方法となるだろう。

　そこで、本研究では、自我の芽生えを迎えた 1 歳児クラスにおいて、絵本の読み聞かせの場がどのような相互のやりとりの文脈の中で構成されているかを明らかにし、そこにもち込まれている保育者の専門性の検討を、保育不全感と教育的瞬間に焦点を当てて行うことを目的とする。

第 2 節　方法

1. 調査フィールド

　研究 2 で実施した Y 県下全認可保育所および認定こども園を対象としたアンケート調査の末尾に、観察調査への協力が可能かどうかを回答してもらった。可能と回答した 47 園から、筆者が定期的に観察訪問をするのに可能な園数として、公立 1 園、私立 1 園を選定することを前提に、定員規模が同程度の園であり、かつ、アンケート結果から主体的な遊びを中心とした保育を行っていることがわかる園を候補として選定した。調査候補として選定した園に電話をかけ、具体的な観察研究の内容を伝え、依頼した。そのうち、了承を得られた Z 町の公立 V 保育所（以下、V 園）と Q 町の私立 W 保育所（以下、W 園）を本研究の対象としている。Z 町、Q 町、どちらも農村地帯であり、2010（平成 22）年時点の 100 の位を四捨五入した Z 町の人口は約 25,000 人、Q 町の人口は約 28,000 人、県庁所在地からの Z 町役場、Q 町役場の距離はどちらも車で 30 分程度である。一年間の観察調査の許可を、V 園、W 園の責任者、クラス担任、保護者、ならびに Z 町保育課から得た。

　公立 V 園は、Y 県 Z 町にある、定員 90 名の保育所で、調査を行った年の 1 歳児クラスは 1 クラス 16 名、保育者 3 名である。私立 W 園は、Y 県 Q 町にある、定員 85 名の保育所で、1 歳児クラスは 1 クラス 13 名（4 月時点）でスタートしたが、その後、途中入所および途中退所があり、観察終了した 2 月時点では 15 名、最大 16 名（9 〜 11 月）の人数構成であった。クラス担任は保育者 3 名だが、9 月から臨時保育者 1 名が加わり、保育が行われた。2 園の保育者の経験年数等は、表 5-1 の通りである。経験年数は一年目を 1 年として計算し、1 歳児クラス担任回数は一年目を 1 回として、インタビュー参加者票に記入してもらった。

　V 園では、1 歳児クラスの保育形態を「ゆるやかな担当制」と称している。その概要は、3 人の保育者ごとに担当の子どもを決め、排泄、食事、午睡の場面ではその担当者が担当児の援助を行うが、排泄介助以外ではグループごとに時間をずらすことはない。一方の W 園は、3 人の保育者ごとに担当の子どもを決めているのは同じだが、コダーイの育児担当制を敷いており、グループごとに「流れる日課」といわれる保育方法を実践している。

「流れる日課」とは、グループごとに活動時間をずらすことで、靴を履く、着替えをする、といった際の場の混雑を低減させ、スムーズな保育運営を行うことを指す。また、いずれの担当制も、保育者との愛着関係を基盤とした丁寧な生活面での援助を行うことが重視される。なお、W 園は年度途中入所が 4 名あったので、年度後半に臨時保育者を 1 名増員したが、グループを担当したのは年度当初からクラス担任であった 3 名のままであった。また、勤務時間の関係等により、臨時保育者についてはインタビュー調査の対象としていない。

表 5-1. クラス担任保育者属性

保育所	保育者	経験年数	1 歳児クラス担任回数	雇用形態	養成教育歴等
公立 V 園	宇野 *(T)	7 年	2 回	非正規	短期大学
	森沢 (T2)	17 年	6 回	非正規 **	短期大学
	髙田 (T3)	2 年	1 回	非正規	看護師
私立 W 園	黒川 *(T)	16 年	7 回	正規	短期大学
	山地 (T2)	4 年	1 回	正規	専門学校
	岩谷 (T3)	5 年	4 回	非正規 **	短期大学

＊印はクラスリーダー保育者、＊＊印はパートタイム勤務、
T, T2, T3 はトランスクリプト上の表記を示す。

　両園共に、生活面の自立にかかわる場面においては、担当制で援助を行うが、遊びの場面においてはすべてのクラスの子どもとかかわっている。担当している子どもと担当していない子どもとでは、当然ながら関係性の濃淡はあると推測されるが、両園共に保育者同士が子どもに関する情報を共有する発話が観察され、遊び時間には子どもは自然とグループに関係なく混じり合って遊んでいる。本研究は、この遊び場面に焦点を当てる。

2．調査手続き

　調査者（筆者）は、一人で各園に基本的に隔週 1 回で訪問し、午前 9 時頃から午睡までの保育観察、および午睡中の担任保育者全員（各 3 名）を対象としたインタビューを行った。観察記録は、保育室の一角に固定したビデオカメラ 1 台を設置し、広角で保育室のなるべく広い範囲が収まるように録画した。食事場面など子どもと保育者が 1 カ所に集まる場合はその場所の全体が録画できるように、カメラの向きを動かした。音声については、固定のビデオカメラに接続したワイヤレスマイクロフォンを、各クラスリーダー保育者 1 名の腕に装着してもらった。また、調査者は、手持ちのパソコンで観察記録ツール CAVScene ソフトを用いた映像記録を撮りながら観察を行った。手持ちのパソコンは、園庭や園外保育に出る際にも持ち出し、クラスリーダーの周辺を中心として、映像記録を連続的に取り続けるようにした。

　インタビューは、保育者が昼食をとった後、毎回 1 時間程度、職員室または休憩室で行った。持参したプロジェクターと卓上スクリーンを使用して映像を映し、当日手持ちのパソコンで撮った映像記録を必要に応じて視聴しながら行った。両園共に、都合のつく場合

には、V 園は園長、W 園は副園長がそれぞれオブザーバーとしてインタビューに参加した。インタビューの記録は、対象者に許可を得て IC レコーダーで録音し、筆記メモを取った。インタビュー内容は、その日の保育で大切にした点を最初に尋ねたあと、観察された保育行為の意図について質問した。また、保育者が映像を見たい場面があるか確認し、映像を確認しつつ保育者にその場面が気になった理由や映像を見てどう思うかを尋ねた。保育者への負担が大きい調査であることを考慮し、多少なりとも園内研修としても機能するように、インタビュー時間の終了前に調査者に尋ねたいことがあるか必ず質問し、調査者としての感想を述べるなどした。

　その他、月間指導計画等の資料収集、昼食時やインタビュー終了後に保育者や園長と交わした会話内容等は、園を出た直後に筆記メモを取った。

3．観察期間

　　V　園　2010 年 8 月 26 日～ 2011 年 2 月 15 日
　　W　園　2010 年 5 月 27 日～ 2011 年 2 月 11 日
　＊ V 園は 5 月 20 日から観察を開始したが、担任保育者 1 名の休職により観察を中断した。本研究では新体制でクラスが営まれ、あらためて研究協力の許可が得られた 8 月後半からデータ化を行った。

4．分析方法

（1）絵本の読み聞かせ場面の抽出

　保育者が絵本（紙芝居を含む）を読み聞かせている場面を全データの中から、下記の通り抽出した。

読み聞かせの場の生起：読み聞かせ開始の前兆となる行動（子どもの要求／保育者の提案と子どもの承諾）が表れる／保育者の設定で読み聞かせを開始する。
読み聞かせの場の消滅：絵本を読み終え、保育者がその場から立ち上がる／子どもが全員その場からいなくなる／保育者が絵本を片付ける、もしくは手放す、のいずれか最も早いタイミングまで。
文字記録：場の生起から場の消滅までを 1 エピソードとし、各エピソードは読み聞かせの場にいる保育者と子どもだけでなく、周辺で読み聞かせの場の方を見ながら動いている子どもまで文字化した。そのうえで、周辺の子どもを含む場の出入りを図式化して整理した。

（2）読み聞かせにいたらなかった場面の抽出

　子どもが絵本を読んで欲しがった／保育者の目の前で子どもが絵本を読んでいるときに、保育者による読み聞かせにはいたらなかった場面を抽出した。

文字記録：子どもの要求が表出する／保育者が絵本を読んでいる子どもとかかわり始める
　ときから、保育者が「今は読めない」などと断る／子どもが絵本を置いて立ち去る、の
　いずれか最も早いタイミングまでを文字化した。

（3）相互行為分析の視点

　上記の（1）、（2）の場面の抽出後、各園の特徴的なエピソード（詳細は後述）をトラ
ンスクリプトとして書き起こし、石黒（2001）を参考に相互行為について微視的分析を
行った。

　石黒によれば、相互行為分析の目標は「そのやりとりに参加している人びとの達成する
意味をとらえること」であり、「重要なのは、それを背後の文脈とともに切り取り、その
意味を分析者が解釈することである」（p.123）とされる。ここでいう意味とは、ある個
人の主観的な意味ではなく、行いの過程に埋め込まれた「社会的な」意味である（石黒，
2001）。

　保育実践の研究に相互行為分析の視点を用いる理由としては、保育者は複雑な実践の中
にあり、当事者としてその実践の意味を言語化することが難しい側面をもつということが
挙げられる。しかし、その保育実践に表れる専門性をとらえようとするときには、実践の
具体を切り取り、言語化し、検討する必要がある。当事者の保育者は、クラスや園という
集団単位、また保育室や園庭、遊戯室といった場所単位、一人ひとりの今と 24 時間の生
活とこれまでの連なり、子ども−保護者−保育者−地域等、さまざまな関連性の中に位置
づく実践を生きている。そこにある意味を当事者がすべて言語化することは不可能であろ
うことはすぐに想像されるが、研究者にとっても、そこにある意味をどういう単位でどの
ような視点で切り取って検討の俎上にのせるか、ということは重要かつ難題である。「背
後の文脈」には果てしない広がりがあると考えられるが、石黒（2001）は、この文脈を
2 つの次元でとらえることができるという。1 つは、やりとりそのものがつくり出す文脈
の次元と、もう 1 つはある発話や行為の背景知識としての民族誌学的文脈といわれるもの
である。やりとりそのものがつくり出す文脈の次元に着目する立場に、エスノメソドロジ
ーや会話分析の立場がある。Psathas（1995/1998）は「エスノメソドロジーと会話分
析の課題は、社会秩序が、社会の成員の実践的な行為のなかで、またこれを通して、現在
進行的に生み出され、達成され、認識可能な出来事として構成される仕方を発見し、記述
し、分析することにある」（1998, p.149）と述べ、相互行為の中で達成されている現象
の規則性に着目する。一方、解釈学的アプローチやエスノグラフィーの立場では、やりと
りの文化的枠組みに位置づく意味に着目する。Geertz（1973/1987）は、Ryle の少年た
ちの行動を題材にした「厚い記述」に関する論議を引用し、次のような指摘をしている。
Geertz によると、カメラのレンズでとらえられる現象としては同じまぶたの運動であっ
ても、それが自然のまばたきか、目くばせか、目くばせの真似か、目くばせの練習か、そ
の意味を理解するには、知覚され、解釈される社会的な意味の構造のヒエラルキーがある

ことを認めなくてはならない。そして、「理論構成の基本的課題は、抽象的規則性を取り
だすことではなく、厚い記述を可能にすることであり、いくつもの事例を通じて一般化す
ることでなく、事例の中で一般化することなのである」（1987,p.44）と述べる。

　保育実践を分析するに当たって、やりとりそのものがつくり出す文脈を取り上げること
が重要であることはいうまでもない。しかし、具体的なやりとりを切り出すに当たって、
そのやりとりがどのような調査の全体像の中の選択であるのかを示す必要がある。すべて
のやりとりは、その民族誌学的文脈の中に位置づくものとして、その背景を記述したうえ
で、やりとりの分析を提示する。

　また、やりとりそのものがつくり出す文脈について、保育実践の不可逆な時間の流れの
中で形成される保育不全感の蓄積も含めて検討をするために、切り出した場面は時間の流
れに沿って記述し、分析を提示する。

（4）子どもの位置取りと保育者の援助の関連の検討

　自由遊び場面で読み聞かせを行う W 園については、子どもの絵本の読み聞かせの場の出
入りが不随意に何度も生じる。それぞれの子どもの読み聞かせの場における位置取りと保
育者の援助との関連について、子ども毎に列を分け、時系列で横軸が一致するようにそろ
えた表を作成し、分析を行った（巻末資料 2）。

5．各園の絵本の読み聞かせ場面の背景

（1）観察時間数等

　2 園の観察回数、総観察時間、一日平均観察時間は表 5–2 の通りであった。

表 5-2. 観察回数・総観察時間・一日平均観察時間

	観察回数	総観察時間	1 日平均観察時間
Ｖ 園	9	28:06:12	3:07:21
Ｗ 園	17	51:39:03	3:02:18

（2）一日の保育スケジュールと絵本の読み聞かせが生起した時間帯

　2 園の保育形態と絵本の読み聞かせには、表 5–3 のような特徴が見られた。絵本の読
み聞かせは下線を引いた時間帯に見られていた。

　両園共に、保育スケジュールは、厳密には観察時期や観察日によって異なったが、おお
まかな流れを記載している。V 園の朝の自由遊びの時間帯は、登園後の荷物のチェックや
ノートの整理、おやつの準備等を行う保育者と、おやつ前の排泄介助を行う保育者、朝の
視診をしながら遊びを見る保育者と、役割分担が見られた。実質的にこの時間帯に遊びの
場にいる保育者は 1 人であった。W 園では朝食をしっかり家庭でとってきてもらい、外遊
びの前後に水分補給をするが、午前のおやつはなくしている。そのため、保育者のうち 1

表 5-3. 2 園の保育形態と絵本の読み聞かせ実践の時間帯

V 園	W 園
保育形態：ゆるやかな担当制 保育スケジュール： 　9:00　自由遊び・視診・おやつの準備 　9:30　朝のおやつ 10:00　設定保育 10:45　集まり（一斉保育）・排泄 11:00　給食 12:00　午睡	保育形態：育児担当制 保育スケジュール： 　9:00　室内自由遊び・水分補給 　9:30 ～グループ毎に外遊びへ 10:15 ～グループ毎に室内自由遊びへ 11:15 ～グループ毎に給食へ 11:25 ～食事が終わった子どもから　午睡へ 　※ W 園の遊び時間はすべて自由遊び

※下線部の時間帯に絵本の読み聞かせが行われていた。

人は水分補給を促しつつ遊びを見るが、残る 2 人はそれぞれ遊びのコーナーにおり援助を行っていた。

　読み聞かせが生じた時間帯に関しては、V 園では 9 時からの自由遊びの時間帯での読み聞かせと、給食前の集まりの時間帯に一斉保育活動としての読み聞かせが行われていた。W 園では室内自由遊びの時間帯に生起していた。

（3）絵本に関する環境構成の特徴

　2 園の絵本に関する環境構成には、表 5-4 のような特徴があった。まず、絵本が子どもにとって自分の手に取れるところにあるか、という点に大きな違いがあった。V 園では、本棚を床面に設置してあり、自由遊び時間には子どもが自由に自分で絵本を手に取ることができた。しかし、読み聞かせにはなかなか移行しないので、子どもは絵本を持って保育室内をうろうろと歩いたり、床に座ってページを自分でめくったりするのが主であった。一方の W 園は壁面の上部にウォールポケット形式で絵本ポケットが付けられており、大人が出し入れするようになっていた。主に子どもが絵本ポケットの方を指さして要求することで、大人が絵本を取り出し、読み聞かせ場面が生起していた。

　また、W 園には通常の年間指導計画以外に「遊びの年間計画」が作成されており、絵本、わらべうた、おもちゃについて、月毎に何を出していくかが計画されていた。絵本については、福音館書店のえほんのいりぐちシリーズは年間を通して出し、その他、月によって 3 ～ 8 冊の絵本が季節等によって配列されていた。4 月は『いないいないばあ』といった関係づくりに関する絵本が入っていたり、6 月には『どろんこどろんこ』、7 月には『しろくまちゃんのみずあそび』といった季節の遊びに関する絵本が入っていたりしている。年間計画に基づいて絵本ポケットの中の絵本は入れ替えられており、ポケット内の絵本の表紙が必ず子どもから見えるように収められていた。また、事務所廊下前に大きな絵本棚のあるスペースがあり、雨の日はグループで絵本スペースまで出かけてそこで読んでもらったり、子どもが読みたがった絵本を保育室に持ち帰って読んだりしていた。ほか、子どもが自分でめくっても破れない木製絵本が 3 冊、子どもの背丈より低い棚の上に表紙を上

向きにして並べてある。読み聞かせの途中で立ち上がり、木製絵本を持ってきて自分でめくり出す子どももいた。

　一方のV園はキャラクター色の強いボードブックが多い傾向であった。また、階段上に絵本コーナーがあり、2階に1歳児保育室があるため、園庭から保育室に帰る際等必ず絵本コーナーの脇を通り過ぎるが、絵本コーナーで保育者と子どもが一緒に過ごしたり、絵本を保育室に持ち帰って読んだりする姿は一度も観察されなかった。

表 5-4. 2 園の絵本に関する環境構成の特徴

V 園	W 園
・絵本棚設置位置：子どもが自分で取れる場所にあり、自由遊び時間には自由に取って読めるようになっている。 ・絵本の内容傾向：学研などキャラクター色の強いボードブックが多い。 ・設定保育と給食前の間に、全員が壁づけに置かれたベンチに座った状態で、手遊びや保育者が選んだ絵本を読む時間がもたれる。 ・保育所内の階段を上りきったところに絵本コーナーが設置されているが、保護者と一緒に借りる用途が主で、保育者と保育室に持ち帰り読む場面は観察されなかった。	・絵本棚設置位置：絵本棚は設置せず、壁面上部につけられた絵本ポケットに表紙が見えるように収納。保育者が子どもの指さし等を受け、出し入れする。 ・絵本の内容傾向：福音館書店012シリーズが多く、雑誌はなく単行本のみである。 ・絵本に関する年間指導計画があり、壁面ポケットにある絵本の入れ替えを計画的に行っている。 ・事務所前廊下に絵本棚があり、保育室に子どもたちが持ち帰り読むこともある。 ・絵本に関する研修を、園独自に講師を招聘する等して実施している。

　2園の絵本の読み聞かせの場の構成には、それぞれ特徴があった。ビデオ映像の静止画像をキャプチャしたものにから線画を起こしたものを図5-1、5-2、5-3に示す。

図 5-1.　V 園　設定場面における絵本の読み聞かせ

　図 5-1 は V 園の設定場面における絵本の読み聞かせの場の構成である。壁づけされて置かれた手作りのベンチに、担当グループごとに座るように促される。絵本をもつ保育者と子どもの間には 1m 以上の距離があり、子どもたちは読み聞かせの間、絵本を触ることはない。絵本に出てくる食べものを食べるシーンで、保育者が子ども一人ひとりに絵本に出てくる食べものを食べさせるふりをする事例が見られたが、保育者が子どもたちの方に絵本を持って近寄り、子どもたちはベンチに座ったまま食べるふりをする様子が観察されている。

図 5-2.　V 園　自由遊び場面における絵本の読み聞かせ

※丸枠内に保育者が持つ絵本がある

　図 5-2 は、V 園の自由遊び場面における絵本の読み聞かせの場の一例である。V 園の 1 歳児保育室は、比較的広い室内が遊びスペース、食事スペース、運動遊び・午睡スペース（畳）、ロッカー・着替えスペースと、各 4 分の 1 程度のスペースに分けられ使用されている。絵本棚はままごとコーナーの隣に設置されており、子どもたちは自由に絵本を取り出しては持ち歩いて、時々保育者に差し出して読み聞かせの要求と取れる行為が見られた。しかし、計 7 回見られた要求のうち 6 回が読み聞かせ不成立となっており、

図 5-3.　W 園　自由遊び場面における絵本の読み聞かせ

子どもは絵本を持ち歩き、時々開いては床に放り、ほかのことを始める、という行動が観察された。

　これに対して、W園では設定保育を行わないため、自由遊び場面の事例のみだが、図5-3が、典型的な絵本の読み聞かせの場の構成となる。

　W園の保育室は、V園の3分の1程度と狭く、給食と午睡の時間には、給食スペースを作るため、棚を少し動かし仕切りを作り、空いている壁沿いのわずかなスペースにコット（簡易ベッド）を敷いていく方法をとっており、寝食分離が不可能な空間となっていた。

　登園してきた子どもは思い思いに保育室のあらゆるスペースで遊ぶが、絵本を読みたい子どもは壁の上部に吊ってある絵本ポケットの絵本を「ん。ん」等と言って指さし、保育者に要求する。すると、保育者は「これ読む？」と声をかけて確認し、絵本を取り出して読み聞かせを始める。保育者は図5-3のように壁と棚のコーナー部分に座り、絵本を子どもたちの方に向けて読み出す。ままごとコーナー（図5-3では真ん中の棚仕切り手前部分）や机上遊びコーナー（図5-3では右奥部分）からは一定の距離が保たれており、他の遊びと混ざることはなかった。読み聞かせを要求した子どもが、保育者の目の前に座り、一緒に読みたい子どもが次々と集まっては座っていく。途中で立ち上がって、他の遊びを始める子どももいれば、他の遊びから移ってくる子どももいる、流動的なメンバー構成となる。子どもの要求がなくなる、または、外遊びなどの時間の区切りがきて保育者が読み終えた絵本を片付け、「お外行こうか」と声をかける等して、読み聞かせが終了する。

（4）読み聞かせの環境構成と各園の読み聞かせ実践の独自性

　以上のV園、W園の絵本の読み聞かせの環境構成のあり方が、子どもの経験に及ぼしていた影響について、3点の特徴が挙げられる。1点目は、絵本へのアクセスである。子どもが手に取れる場所に絵本が置いてあるかという点については、V園は常に手に取れる場所に絵本があるが、W園については、木製絵本3冊のみが手に取れる場所にある。W園は紙製の絵本については、常に子どもの手が届かないウォールポケットに収納してあり、出し入れするのは保育者である。絵本棚の設置という点では、V園は自由にアクセス可能であり、W園は限定された絵本のみが子どもにとって自由にアクセス可能で、紙製の絵本については制限されている。しかし、このことは読み聞かせへのアクセスとは別問題であった。

　子どもが絵本を手に取れる時間帯という点については、主に9時半以降の時間帯で差が表れていた。V園では9時半以降におやつおよび設定保育が行われていたため、その時間は絵本へのアクセス権が子どもにはない。また、10時45分ごろからあらためて保育室に集まって一斉保育が行われるが、その中で絵本の読み聞かせが行われる際は保育者が実施も絵本の選定も決定するので、自由に主張できるという意味での絵本へのアクセス権は、子どもに与えられていない。一方W園は、戸外遊びや給食・午睡以外で室内で過ごす時間には、子どもに絵本へのアクセス権がある。保育者に要求すれば紙製の絵本へのアクセス

が可能になる仕組みとなっている。

　2点目は、他の遊びとの距離である。Ｖ園は設定場面においては、他の遊びを排除しているので、他の遊びとの距離は読み聞かせの障害とならないが、自由遊び場面においては、広い室内を４分割した１つである遊びスペースの中でままごと、パズル、ブロック等の他の遊びと距離を置かずに絵本が広げられる展開であった。図5-2 は、後述する微視的分析の場面Ｖ⑥の一場面をキャプチャしたものだが、ままごと遊び等との距離がなく、他の遊びを楽しむ子どもの動線が交差する中に絵本を見る子どもがいるという状況になる。一方のＷ園は保育室の全体の面積は狭いが、図5-3 の奥が机上遊びおよび水分補給のスペース、右下の棚の手前がままごと、棚の反対側がレール遊びのスペースとなっている。子どもたちは遊びを思い思いに移動しながら楽しむが、遊び同士の距離があること、絵本を読み聞かせる際に保育者が壁と棚のコーナーに背中を向けて座ることで、移動する子どもの動線とも重ならずに読み聞かせの場が構成されていた。

　3点目は、読み聞かせの際の絵本と子どもとの距離である。Ｖ園の設定場面における絵本との距離は、図5-1 を見ればわかるように直接触れられない距離である。１歳児の視力の発達や、20cm四方程度の大きさの絵本が多い年齢であることを考慮すると、絵の細部には気づきにくい環境であることが危惧される。たとえば『ブルドーザとなかまたち』(山本忠敬・作）という絵本には、小さな犬がすべての見開き毎に描かれており、Ｗ園ではページがめくられる度に「わんわん！」と指さしで見つけるのを楽しむ姿が見られたが、Ｖ園では読み聞かせの場面において絵本の細部を楽しむ姿は見られなかった。

　以上のように、Ｖ園、Ｗ園の読み聞かせの環境構成は、読み聞かせの実践のあり方と子どもの経験の違いに大きく影響していた。「絵本の読み聞かせ」と一口に言っても、その実態は各園独自のものがあり、そこで発揮されている保育者の専門性も異なっていることが示唆される。

6. 各園の絵本の読み聞かせ数
（1）エピソード生起数
　２園の絵本の読み聞かせの生起数および不成立数について、観察期間中すべての事例を集計した結果が、表5-5 である。

表 5-5. 絵本の読み聞かせエピソード数

		自由遊び場面	設定場面	合計
Ｖ園	生起数	1 一日最大エピソード数 1	4 一日最大エピソード数 2	5
	不成立数	6	0	6
Ｗ園	生起数	56 一日最大エピソード数 7	0	56
	不成立数	2	0	2

　方法 3 および表 5–2 に記載した通り、V 園は急な事情のため観察を中断せざるを得なかったため、2 園のデータの量に違いがある。したがって、単純なエピソード数の比較はできないが、V 園は自由遊び場面での絵本の読み聞かせが成立しにくく、生起数より不成立数の方が上回っていることに特徴が見られる。子どもが保育者の目の前で絵本を見ていても、保育者による読み聞かせにはほとんど移行しなかった。設定場面での絵本の読み聞かせについては、観察日数 9 日のうち 4 回見られているが、一日 2 回行われたこともあったため、9 日のうち 3 日は、全員の子どもたちが読み聞かせを経験したということになる。

　それに対して、W 園は、絵本棚が子どもの手が届くところにないにもかかわらず、不成立数は 2 にとどまっており、読んで欲しいという子どもの要求行動が表れると、すぐに保育者が絵本ポケットから指さされた絵本を取り出し、読み聞かせ場面が生起する様子が多く見られた。また、W 園は一日を通して設定保育を行わないので、設定場面における絵本の読み聞かせは見られなかった。

表 5-6.　読み聞かせした絵本延べ冊数

保育所	保育者	延べ冊数	延べ冊数合計	1 エピソード最大冊数
V 園	宇野　　(T)	1 冊	6 冊	1 冊
	森沢 (T2)	3 冊		1 冊
	髙田 (T3)	2 冊		2 冊
W 園	黒川　　(T)	36 冊	104 冊	9 冊
	山地 (T2)	23 冊		4 冊
	岩谷 (T3)	22 冊		5 冊
	臨時保育者	23 冊		3 冊

（2）読み聞かせた冊数と園文化

　各保育者によって読み聞かせした絵本の延べ冊数は、表 5-6 の通りであった。なお、ここでは、子どもが経験した絵本の読み聞かせを延べ冊数として示しており、読み手として臨時保育者も含めている。

　子どもが経験した絵本の読み聞かせとしては、2 園の差は観察時間の差で説明できる範囲を大きく超えている。一言で絵本の読み聞かせといっても、園の文化によって保育者の実践は大きく異なっている。保育者一人当たりの延べ冊数は、保育室にいる時間の長さ、全体の援助の種類、各時間帯の役割分担等に影響を受ける。しかし、1 エピソード中にW 園各保育者が読んだ冊数が多いのは、子どもが「もう 1 回」と繰り返し読むことを要求することや、別の絵本を次々と読んで欲しがるといった行動の連鎖が影響しているだけでなく、それに応えることを重要視している園文化があると示唆される。それは、絵本に関する年間指導計画が立てられていることや、外部講師を招聘して絵本に関する園内研修を実施していることからも推測される（表 5–4）。

7．読み聞かせの実践の微視的分析

　以上のように、2 園の絵本の読み聞かせの実践については、園文化の違いが大きく表れていることが示唆される。しかし、現実的には、年間指導計画が実践されているとは限らないし、研修についても必ず効果を上げているとは限らない。つまり、実際に実現されている各園の絵本の読み聞かせに関する文化的側面については、相互行為的に達成していると考えられるため、映像データの微視的分析において検討を行うこととする。V 園では、5 つのエピソードのうち 4 つが設定場面の読み聞かせで、自由遊び場面における絵本の読み聞かせは 1 回観察された以外は不成立であった。これに対して、W 園は 56 エピソード観察された。保育不全感を感知しやすいと想定される 1 歳児保育における絵本の読み聞かせを、どのように保育者は行うことで、読み聞かせの場を維持しているのか。それぞれ、最も読み聞かせ冊数の多い保育者の事例を挙げ、トランスクリプトの微視的分析を行い、そこに表れる専門性とはどのようなものかを検討したい。

　具体的には、V 園では森沢（T2）が読み聞かせ冊数が多く、1 月 24 日の読み聞かせが 4 分 49 秒（読み聞かせの場に子どもが座り出すところから立ち去るまでは約 14 分間）と、場の継続時間も最も長かった。W園では、巻末表 1 の W-2 エピソード、6 月 3 日の黒川（T）の絵本の読み聞かせが、場の継続時間 17 分 7 秒と最も長く、かつ、読み聞かせた延べ冊数も最も多い。流れとしては巻末表 1 の W-1 エピソードから続いているのだが、途中、子どもが机上遊びコーナーのイスを動かしたのをしまいにいったり、床に寝転がっている子どもを「眠たいん？」と言って体を起こしたりする援助に保育者が動いたことで、子どもたちも立ち上がり、読み聞かせの場が一旦消滅する。しかし、子ども A と子ども B が W-1 エピソードの終盤に次に読みたいと主張した絵本を保育者が持って歩いているので、A も B も保育者の後について回り、もう一度保育者が座るとそこに A と B、さらに通りかかった子ども C も立ち止まり、読み聞かせが再開される。このエピソードで読み聞かせの場に加わった子どもは計 10 名で、そのうち自ら読み聞かせを要求した子どもは 7 名であった。

　加えて、園文化によっては、絵本の読み聞かせを重視していないがために教育的瞬間が生じない場合もあることが想定される。V 園における 11 月 8 日の不成立エピソードの微視的分析を通して、その点について検討を行うこととする。

　※トランスクリプトの冒頭「場面 V ①」という表記は、V 園の 1 番目の場面を意味する。一番左の数字はトランスクリプト番号、その次の左の数字はビデオのタイム表示、T は保育者、◎ は不特定多数の子ども、その他アルファベットは個別の子どもを表す。＊は上の行の発言と重複していることを示す記号で、その行の文頭位置が重なりの最初の位置である。語尾の「？」は発音が上がっていることを示す。

第3節　結果・考察

1．保育不全感の内的感知から教育的瞬間への移行の契機

（1）行為規制ルールの徹底と齟齬

　園庭にて全員で遊んだ後、保育室に戻り、排泄が終わった子どもから、壁づけされたベンチに座っていく。ベンチはグループ毎に色分けされており、自分のグループのベンチに座るようになっている。保育者は排泄介助 1 名、給食準備 1 名、設定保育 1 名に分かれている。この日設定保育を担当した保育者が、排泄を終えた子どもたちがそろうまで、先に終えた子どもたちと待っている場面である。

場面 V ① おいす座って

1	00:24	T2	A ちゃん、おいで、はい、おいすはどこかな。おいすーはどーこかなー。A ちゃんのおいすはどーこかな。
2	00:40	A	あ、あった！（と水色のベンチを指さして座る）
3	00:42	T2	はい、すわってー。（T は子どもから離れた位置に座る）みんな用意ドンしたねー。（園庭で走って遊んだこと）
4	00:47	◎	うん。
5	00:50	T2	あつい？あつくなーい？
6	00:52 *	◎ ◎	（口々に）あつい。 　　　　　　あつくない。（首を振りながら）
7	00:53	T2	はい、おてて上に上げてのびのびのびー。
8		◎	（ベンチに座っている子どもたちが手を上に上げ出す。A が T の方に歩き出す）
9	00:56	T2	あ、座る座る座る。（右手を A の方に伸ばしベンチを指さす）
10	00:58	A	（A くるっとベンチに方を向いて帰り、ストンと座る）
11	01:02	T2	（畳に座っている B に）おいす座って B ちゃん、おーいーす。
12	01:06	◎	おーいーす。
13	*	T2	おーいーす。
14	01:08	T2	はい、のびのびのびのびー。

　園庭から保育室へ戻ってきた A は、ベンチから離れた、広い保育室の対角にあるおもちゃの置いてある場所をうろうろと歩いていた。保育者は自らも移動しながら、うろうろしている A にイスを探す声をかけると、A は保育者といっしょにベンチの近くまで戻り、自分の座る場所を指さして「あった！」と言って座る。集まる目的も座る目的も言葉では共有されていないが、壁づけされたベンチによって、子どもの体の向きは決められ、ベンチの色によってグループ分けされる。自分のグループの色のベンチを見つけて座るという行為は、日常的に繰り返されていることでもあるが、この場面だけ見ても、「おいす座って」という言葉とそこで実現される行為は直接的に結びついている。保育者の言葉とベン

ヂの配置という環境設定によって、この時間の子どもの行為を規制するルールが示され、子どもは言葉のみでなく行為としても応答している。ルールとの齟齬は保育不全感の内的感知を引き起こし、保育実践の再考プロセスへと展開する。そして、間を置かずに教育的瞬間が立ち上がり、すぐにAの歩き出した行為は保育者によって修正される。場面Ⅴ①トランスクリプト9（以下Ⅴ①-9というように示す）で、保育者は立ち上がった子どもにすかさず、ベンチを指さしながら座ることを指示する。Aの行為で表出した教育的な働きかけが期待される状況に対して、保育者は能動的に出会っているととらえられる。それに対してAは保育者の指示通りに座る。ほかにもベンチに座っていない子どもに「おいす座って」（Ⅴ①-11）と言うが、11の最後の部分で「おーいーす」と引き延ばして言うと、ほかの子どもたちが復唱して「おーいーす」と言う。保育者もいっしょに復唱してすぐに「のびのびのびのびー」と話題を変えていく。Bはすぐにはベンチに座らないが、体を伸ばしているうちにベンチに座る。一貫して座る行為が明確に求められており、それに違反することは修正すべき行為として、教育的瞬間が感知される。保育者の言葉や指さし（Ⅴ①-9）によっても、子どもからの発言（Ⅴ①-12）としても、その違反行為は繰り返し指摘を受け、修正を要求される。

　また、子どもと保育者のやりとりには、保育者の質問－応答－承認、保育者の指示－応答－承認という基本的なユニットが見出せる。これはMehan（1979）の「開始（Initiation）－応答（Reply）－評価（Evaluation）」という授業活動の構造や、石黒（2001）の「保育者による質問（Question）－子どもの応答（Reply）－保育者の承認（Acknowledgement）」という保育場面の構造と似ている。この時点で、子どもたちはまだこの後に絵本の読み聞かせがあるとは知らない。給食前の集まりの時間の過ごし方として、保育者はルールを示す側となり、子どもはルールとして求められた行為を実現する側となっている。しかし、ここでの承認は言葉による明確な承認ではなく、承認可能な応答を「待つ」（石黒, 2001）ことや承認のまなざしや笑顔を向けることによって示される。逆に、承認できない行為が表れると、保育不全感が感知され、教育的瞬間としてとらえられ、すぐさま制止などの明確に否定的な反応が示される。

　ベンチに座るというルールが徹底される中、クラスの子ども全員が排泄を終え、ベンチのところに集まる。

場面Ⅴ② お座りしておめめかくして

1	06:12	T2	さぁ、じゃあちょっとお座りしとって、おめめ隠しとって。おめめかくしていないいなーいしておいす座っとってねー。（と言いながら立ち上がり、座っていない子どもを手でソッと触ってベンチの方に促す）
2	06:23	T2	Cくんも座って。（うろうろと歩いていたCを両手で少し抱え上げるようにしてベンチに座らせる）
3	06:33	T2	先生がね、絵本もってくるからー、おめめかくしてもーいーかーいって言っててねー。（絵本の置いてあるところまで歩きながら）
4	06:35	◎	もーいー

5	06:37	T2	さんはーい？もーいーかーい。まーだだよー。もーいーかーい。
6	＊	◎	いーかーい。まーだだよー。　もーいーよー。
7	＊	◎	もーいーかーい。
8	06:50	T2	まーだだよー。はい、おめめかくしとってよ、上手に。
9	06:56	◎	（14 人中 9 人が両手で顔を隠す）
10	06:56	T2	はい、上手。
11	06:58	T2	（小さな声で）おめめ隠しとってよー。
12	06:59	T2	（隠してない D に声を低くして）D ちゃん？（D パッと両手で顔を隠す。保育者、寝転んでいる E に）E ちゃん疲れた？ふふふ。E ちゃん疲れたの。E ちゃんがんばって走ったら疲れるん？
13	07:10	T2	座れる？じゃぁ座って。（E に近寄り、手を取って体を起こし、ベンチに座らせる）
14	07:14	◎	もーいーよー、まーだだよー、もーいーよー。
15	07:20	T2	あ、まだ、おめめかくしとってよ。
16	07:23	T2	（子どもたちはシンとなり、再び小さな声で）もーいーかい？もういいかい言うてー。さんはい。
17	07:27	◎	もーいーかーい。
18	07:30	T2	はい、もーいーよー。はい、おめめかくしとん、
19	＊	◎	もーいーよー。
20	07:37	T2	おててのけてください。バッ。
21	＊	◎	バ！

　Ⅴ②-3 で初めて「絵本もってくるから」ということが提示される。ただ座って待っていることが難しい 1 歳児に目を隠すことと座っていることが求められている。目を隠すことにより子どもたちは動き回るという選択肢をほぼ失ったに等しくなる。また、保育者は途中で「絵本」というこのあと起こることへの期待を持たせ、「もういいかい？」「まぁだだよ」というやりとりを開始させる。目隠ししてかくれんぼの鬼役になるふり遊びを入れ込むことが、待つという行為と期待の持続に役立っている。少し発達の遅れが気になる C については、抱きかかえるようにベンチまで戻して座らせる。その後「さんはー？」（Ⅴ②-5）というリズムある言葉によって呼吸を合わせ唱和しやすくする声かけがあり、集団としての行為の統制がなされていく。Ⅴ①-11、Ⅴ①-12 にも見られたように、引き延ばして発音することで、子どもたちに唱和しやすいリズムを意識させている。保育者の指示を聞いて行為していることは「上手」とほめられ、価値づけられる（Ⅴ②-10）。この場面においても、保育者の指示－応答－承認という基本的なユニットが明確に維持され、指示内容はこの場のルールとなる。ルールとの齟齬は保育不全感の内的感知となり、すぐさま教育的瞬間の感知へ展開していく。

　Ⅴ②-11 で小さい声で目を隠すことを要請するが、Ⅴ②-12 でさらに名前を呼ぶことで D に対して個別の強制力が働いている。保育者の楽しげな朗らかな声から一転して、声を低くして名前を呼ばれると、大人でも身を固くして注意されていると感じる。D はこの声に瞬発的に応答し、パッと両手で顔を隠す。一方、E は「疲れたから横になっている」

という解釈が保育者から提示され、座れるかどうか、本人に質問している。しかし、「座れる？」という質問は、「座れない？」という質問とは異なる。子どもは座ることができないという選択肢ではなく、座ることができるという選択肢を先に提示され、座れるという方向に誘われている（Eの反応はビデオ映像では確認できない）。そして、体を起こすように手助けされ、Eもベンチに座る一員となるのである。イスに座ること、目を隠すこと、もういいかいと唱和することが求められ、そのルールとの齟齬は保育不全感→教育的瞬間と感知されていくのである。

　「もういいかい？」「まぁだだよ」という応答、時々挿入される目を隠すことへの再要求（Ⅴ②-3、8、11、15）、「もういいかい」と言うことへの明示的要求（Ⅴ②-3、16）、唱和の要求（Ⅴ②-5、16）が繰り返される中、子どもは絵本の読み聞かせが始まる前にすでに保育者の投げかけに応答する者としての位置づけが明確にされる。今から絵本を読むことも、どの絵本をどのように読むかということも、保育者の方が先に提示する中で、子どもは静かに座って待ち、提示されるものを受け止める側に位置づけられる。

　次の場面はいよいよ絵本を読む前の儀式に当たるものである。場面Ⅴ②の後、保育者は絵本を持ってきて子どもが直接絵本を触れない位置に座る。全員ベンチに座った状態になり、ベンチから2ｍ程度離れたところに保育者が子どもに向かって座る。

（2）逸脱承認ルールによる保育不全感の透明化
　保育者によって子どもの行為が次々と統制されていく中でも、ルールから逸脱する行為が繰り返されることもある。そのとき、保育者は厳格に統制するのとは異なる方略を取り入れる。

場面Ⅴ③　しずかに聞きましょ

1	08:46	T2	（絵本の表紙を子どもたちに見せながら）じゃぁ、これは誰かな？
2	08:48	◎	（口々に）ぞうさーん 。
3	08:52	T2	じゃぁ今から、はい（両手をゆっくり叩いてリズムを取り出す）。
4		◎	（子どもたちも両手を保育者に合わせて叩き出す）
5	08:55	T2	絵本、絵本、ぱちぱちぱち。うれしい絵本、たのしい絵本、
6	＊	◎	うれしい絵本、たのしい絵本、
7	09:05	T2	（人差し指を口の前に立て）しっしっしっしっしっ静かに聞きましょ。
8	＊	◎	しっしっしっしっしっ
9	09:11	T2	（ふたたび寝転がったEに）Eちゃん大丈夫？うふふ。

　Ⅴ③-1の表紙の絵の質問はゾウを見せてゾウと答えさせるもので、答えがほとんど確定している質問を提示することにより、子どもたちが同じ答えを口をそろえて言う一体的行為が生じている。その後、「じゃぁ今から、はい」と区切りを入れてリズムを叩き出す。子どもがリズムと体の動きを合わせやすいように明確な動きとゆっくりしたリズムで、絵本を始める歌を歌う。ここでさらに静かに聞くというルールが行為を通して確認されてい

く。

　ここまで場の統制が繰り返されたあと、Ｅが再び寝転がってしまっていることを「Ｅちゃん大丈夫？うふふ」と表明することで、Ｅの行為は「疲れている」という条件の下、この場で認められる範囲であることが保育者から提示されている。逆にいえば、保育者は寝転がったＥの行為に触れずにこの場をやり過ごすことはできない。ルールとの齟齬に対して、保育者はルールに従うように修正させるか、新たなルールを提示するかのいずれかで対応するしか、この場の統制を保つことはできないからである。ここでもＥの寝転がる行為は保育不全感の内的感知から教育的瞬間の感知へと移行するが、繰り返されるＥの行為を認める発言を提示するという展開を見せる。Ｅに対しては「疲れている」ということを保育者が認めることを条件とした、逸脱を認める特別ルールの適応によって、保育者の提示するルールとの齟齬という保育不全感は透明化する。それによって、Ｅの行為は排除されず、この場に取り込まれていく。

（3）保育者始点ルールの徹底とその齟齬

　このような読み聞かせ前の場の統制が行われたあと、絵本の読み聞かせの中でも子どもたちの発言をめぐって、行為は統制され続ける。絵本のある部分に保育者がコメントをすることにより、他の要素は取り上げられない。

場面Ⅴ④ なんて言うん？

1	09:32	T2	見えるかな？始まり始まりー。
2	09:37	T2	（小さい声で）これは誰かなー？
3	09:39	◎	ねじゅみしゃん。
4	09:40	T2	ちゅうたくんがおもちゃ箱をお片付け。動かないなー、うーんうーん。
5	09:47	T2	みんな見える？
6	09:48	◎	うん。
7	09:50	T2	（ページをめくり）手伝うよってパオくん。
8	09:53	T2	ぞうさん来てなぁ、おもちゃのお片付け手伝ってくれよるねー。（と子どもたちを見る）
9	09:58	T2	じゃぁなんて言うん？
10	10:00	◎	ありがといわないかーん。
11	10:01	T2	ありがといわないかんねー。
12	10:02	◎	ありがとう。
13	10:04	T2	あーりーがーとう。
14	＊	◎	りーがーとう。

　場面Ⅴ④の発話の中で、絵本に書かれている内容はⅤ④-4、7のみである。一貫して保育者の質問に対する確定的な答えが子どもたちには求められており、求められた答えが発せられると認められ、唱和されるという流れを繰り返す。場面Ⅴ③で、保育者がゾウの絵を見せて子どもがゾウと答えるやりとりと同様に、ネズミの絵を見せて、ネズミと答

えるやりとりがなされたあと（Ⅴ④-2、3）、絵本の内容に入っていくのだが、Ⅴ④-8で
ゾウが片付けを手伝うという他者に感謝されるべき行為をしていることを解説したうえで
「じゃぁなんて言うん？」（Ⅴ④-9）という問いが提示される。子どもからⅤ④-10「あ
りがとういわないかーん」という反応が出されたあと、保育者はそれを全面的に評価する
（Ⅴ④-11）。さらに、子どもから出た「ありがとう」（Ⅴ④-12）のあとに、唱和させる
リズムを保育者が発する（Ⅴ④-13）と、子どもはすかさずそこに合わせて「りーがーとう」
（Ⅴ④-14）と声を合わせて言うのである。Ⅴ④-12の「ありがとう」では不十分である
ことが、Ⅴ④-13の保育者の発言で提示されたととらえられる。ここまでのやりとりでは、
ずっと保育者の指示／質問－子どもの応答－保育者の承認で構造化されていたが、Ⅴ④
-12はそのルールからの齟齬の表出ととらえられるのである。つまり、不規則発言として
とらえられるⅤ④-12は間髪入れずにすぐさま保育不全感として感知され、教育的瞬間
の感知へと展開し、保育者はあらためて「あーりーがーとーう」の唱和という行為を提示
する。

　この絵本は同じようなやりとりが繰り返される内容であったため、この「ありがとう」
をめぐるやりとりは、1冊を読み終えるまでの間に保育者と子どもたちの間で何度も繰り
返され、子どもは徹底して応答する側に置かれた。読み終えたあと、さらにこの「ありが
とう」は子どもたちの生活上の教訓として位置づけられていく。

　子どもたちはベンチに座ったまま読み聞かせが終わる。

場面Ⅴ⑤ ようしっとるねー。かしこい

1	13:32	T2	おーしーまい。ほらみんなでお手伝いでなかよし。
2	*	◎	まい。
3	13:39	T2	よかったねえ、上手にお片付けができて。じゃぁね、先生がこれFちゃんにこれ、どうぞってしたらFちゃんなんていうん？
4	13:49	F	ん？ありがとう。
5	*	◎	ありがとうって言わないかん。
6	13:47	T2	ありがとうって言わないかんねー、ようしっとるねー。
7	13:54	T2	さ、じゃぁこれお片付けするからもう一回お顔見えなくして。
8	13:58	T2	（小さい声で）かしこい。
9	13:59	◎	もーいーかい。
10	14:00	T2	はい、まーだだよー。
11	*	◎	もーいーよ。　もうわんかい。
12	14:08	T2	まーだだよー。
13	*	◎	もーわんかい。
14	14:11	T2	はい。もーいーよ。パッ！（と両手で顔を覆ってから離す）
15	14:16	T2	じゃぁ、みんなの机見たらね、給食の用意ができたので、手を洗ってー、
16	14:23	◎	うん。
17	14:24	T2	手洗って終わったらー、ちゃんとタオルで手を拭いて、エプロンつけてご飯食べるよ？はい、じゃ、袖こうして、お袖をギュ。（と袖を上にたくし上げる仕草をして見せる。
18		◎	（子どもたちはTや横の子どもの様子を見ながら袖をたくし上げる）

　場面Ⅴ⑤-1、2では、保育者と子どもの共同行為のように「おーしー」と保育者がゆっくり言ったあとに「まい」と唱和される。絵本が終わるまで一貫してこの言葉のリズムの変化を部分的に取り入れることにより、子どもが参加できる部分を明示して読み聞かせがなされている。つまり、その参加のあり方は自由ではなく、どのような参加が求められているかが常に保育者からその場に提示されている。

　また、この場面で特にⅤ⑤-3の発話は興味深い。絵本で一貫して出てきていた、誰かのために奉仕行為をしたことに対して感謝し言葉で伝えることが重要である、という教訓的内容に対して、保育者が子どもに物（実際には絵本）を渡したことに「ありがとうって言わないかん」という反応が引き出されるのである。「片付け」が出てくる絵本の内容であったこともあり、読み終えた絵本を誰かに渡すことは、絵本を片付ける行為を想起させる部分があるが、実際にはそのような解釈は一切場に提示されない。物語で繰り返された内容と、保育者が例示した内容は異なるにもかかわらず、絵本の読み聞かせの最中に繰り返された「ありがとういわないかん」が適用されるものと子どもには解釈されたと考えられる。それはⅤ⑤-6の後半に「ようしっとるねー」と承認されることから、保育者がねらっていた発言だったことがわかる。保育者は絵本の内容が子どもたちに理解されているかを尋ねる質問がなされる場面で、絵本の内容と異なる内容を問うているにもかかわらず、子どもたちはその差異をものともせず、そのまま読み聞かせ中のやりとりの中で繰り返された言葉を言う。そのことにより、この絵本の読み聞かせは保育者にとって満足な状況が達成されて終わっている。

　「ようしっとるねー」「かしこい」という肯定的評価は、知っていること−知らないこと、賢いこと−賢くないことという２つの極をもつことで、その後の子どもの行為を制御するシステムとして機能している。大人が提示してきた問いに対して満足させる答えを提示したり、求められた行為を提示したりすることで認められると、さらに相手の評価軸で認められるための行為が促進されるという関係である。その関係の中で、保育者が絵本を片付ける間も静かに待っていることが求められ、さらには給食の準備でもきちんと保育者の言うことを聞く行為が求められていく（Ⅴ⑤-17）。

　このように、Ⅴ園の設定保育における絵本の読み聞かせは、保育者から発せられる指示−応答−評価という基本的ユニットが繰り返されていた。何度も繰り返される基本的ユニットの中で、子どもは行為可能性が狭められた状況に置かれるが、さらに保育者から「ベンチに座る」というルールが提示されると、それに違反する行為がすぐに修正すべき行為としてターゲット化する。Ⅴ①-9、11、Ⅴ②-2、12、13は保育者が提示したルールに違反している状態になった瞬間、保育者に保育不全感の内的感知から教育的瞬間の感知に移行していると考えられる。具体的には、Ａが保育者の方に歩き出した瞬間、それを察知して教育的な働きかけをすべきと判断する。また、一部修正できそうもない行動は、保育者が逸脱ルール（この場合、Ｅは疲れているから寝そべっていても仕方がないという逸脱を承認するルール）を提示することで、場は次第に統制されていく。しかし、それは決し

て一方的な強制ではなく、双方向のやりとりによって達成されるのだ。子どもが、開始されたユニットに必ず求められたように応答することや、ルールとの齟齬は修正することによって、Ｖ園の設定場面における絵本の読み聞かせは相互行為的に達成されていた。

　絵本の読み聞かせの場の維持がどのように相互行為的に達成されているかということと、保育不全感がどのように感知され、教育的瞬間へ移行していくかということは、密接に関連していることが示唆される。Ｗ園における絵本の読み聞かせは、まったく異なる園文化の中でなされる。しかし、その読み聞かせの場の相互行為的達成と保育不全感および教育的瞬間の立ち上がりには、やはり密接な関連が見られるのである。

2. 保育不全感の感知の基盤としての場の形成と暗黙的ルールの発生
（1）子どもの意思表明としての行為と合意形成としての絵本選択

　Ｗ園での遊び時間は、自由に子どもが遊びを選び、活動していく。その自由な遊びの時間に、時に絵本の読み聞かせの場が形成され、展開していくのだ。しかし、1歳児の子どもは集中時間も短く、周辺では多様な遊びが展開している中で、保育者はどのように絵本を読み聞かせていくのだろうか。

　この日は、朝の遊びの時間に、絵本の読み聞かせが次々と連鎖していった。途中多くのトラブルを乗り越えたり防いだりしながら、保育者は絵本を読み聞かせ続けたのである。そこで発揮されている保育者の専門性を詳細に検討していくことにする。

　まず、場面Ｗ①は、この前にすでに『ぶーぶーじどうしゃ』を2回読んだところである。保育者がＡに「Ａちゃんもういーいー？」と聞くと、Ａは立ち上がり絵本を指さして「どーばん」と言う。保育者は立ち上がり、絵本ポケットの絵本を引き出して見せながら、Ａがどの絵本を読みたがっているのかを探り出す。

場面Ｗ①　どれ見る？

1	05:52	Ｔ	これ見るん？どれ見る？
2	05:53	Ｔ	あああ、大丈夫？（転んだＢに）
3	05:55	Ａ	こでー。
4	05:56	Ｔ	これ？　これ？　どれ？
5	06:01	Ｔ	これ？どろんこ？どろんこしようか。
6	06:04	Ｂ	ど
7	06:06	Ａ	（首を横に振る）
8	06:07	Ｔ	ん？違う。かんかんかん。バス。あ、これかな？ずかんじどうしゃ。
9	＊	Ｂ	バチュ、バチュ、　　　　　　　　　　　うん
10	06:11	Ｔ	ずかんじどうしゃかなー。（『ずかんじどうしゃ』と『どろんこどろんこ』を絵本ポケットから抜き出し、机上コーナーへ）
11	06:15	Ａ	どうどうしゃ。　　　どうどうちゃ！

　Ａが立ち上がり、絵本を指さしたところから、保育者も立ち上がり何を指さしているのかを探り当てようとしている。ここでは、Ｖ園で見られた開始－応答－評価というユニッ

トとは異なる応答が見られる。Aの「こでー」（W①-3）は保育者の問いに対する応答でもありながら、保育者によって答えが決められている問いではなく、指示語によるAの意思表明としての「こでー」（これー）という表現でもある。それに対して保育者は、具体的な絵本のどれを指しているのか、絵本を触って問いかけながら確認をしている。一旦は「これ？どろんこ？どろんこしようか」（W①-5）と『どろんこどろんこ』の絵本を見せながら言うが、それに対するAの反応が明確な拒否と受け取れる行為（W①-7）で示されたため、再度探りへと戻る。今度はAではなくBが「バチュ、バチュ」（W①-9）と言い、Aはそれに対して黙っているところで、保育者が「バス。あ、これかな？ずかんじどうしゃ」（W①-8）と言う。Bからは明確に「うん」（W①-9）と返事があるが、Aは特に肯定も否定もない。しかし、前にW①-7で拒否行為を明確に示していることとの対比によって、この『ずかんじどうしゃ』の選択は受け入れられたと解釈できる。保育者は確認するように「ずかんじどうしゃかなー」（W①-10）と言いながら、出ていたイスを机に戻したりする。一貫して保育者は、子どもの視線や体の動き、発せられる言葉に注意して、AとBが双方満足する絵本の選択を探っている。

　しかし、ここで一点考えておきたいのは、W①-10で、なぜ保育者は『どろんこどろんこ』を一緒に絵本ポケットから取り出したのか、という点である。Bは確かにW①-6で「ど」と『どろんこどろんこ』に関係するような音は発音しているが、それが『どろんこどろんこ』を読みたいという意思表明とまでは言い切れない。しかもその後、Aによって明確に拒否され、絵本ポケットに戻したにもかかわらず、保育者は『どろんこどろんこ』を手に取った。ここには、この場での相互行為のみでは説明できないものがある。

　そこで、遊びの年間指導計画の絵本の欄を見てみると、6月は『ぶーぶーじどうしゃ』『こんにちは　どうぶつたち』『どろんこどろんこ』の3冊が記載されている。各月に読み聞かせたいという願いをもって年間指導計画が作成されているとすると、保育者は子どもが要望した『ずかんじどうしゃ』を読むことと併せて、保育者の方から読み聞かせたい絵本として『どろんこどろんこ』を取り出したのではないかと考えることができる。保育者はその場の相互行為のみによってでなく、自らが内的に保持している計画やねらいなどをリソースとして、その場の行為を生み出している可能性が示唆される。このリソースに関する議論については、後章に譲る。

　このように、この場面で子どもから発せられるW①-3、7、9は、受け身的な応答というよりは、それぞれの意思表明としての発信であり、その具体的な内容を探る役割を保育者が担っている。子どもが直接絵本を本棚から出すのではなく、保育者が抜き出すという方法を採ることにより、多くの絵本を子どもが持ち歩きバラバラと散らかる状況や、持ち歩いた絵本をびりびりに破って遊ぶような状況にはならないような管理がなされていると言えるし、子ども同士の絵本を選ぶ行為がぶつかっていざこざになることも避けられている。子どもの手の届かないところに絵本ポケットを設置することにより、それぞれの子どもの意思がその場で言葉や身ぶりで提示され、選択されたり共有されたりする。つまり、

読み聞かせの絵本の選択が、その場にいる子どもの意思の確認とある程度の合意決定となるプロセスが包含されている。

（2）共同的な読みの生成と保育不全感の感知、そして教育的瞬間への移行

　いよいよ読み始めるという段になり、場面Ｗ②で、まず保育者は、その場に一緒に来た子どもに何を読むのかについて意思確認をする（Ｗ②-1）。ＡとＣは保育者の問いかけに対してうなずいており、Ｂは興奮気味に保育者の目の前に座ることで、保育者の提案は承認されている。Ｗ②-5、7は子どもから発せられた明確な問いである。それに対して、保育者は指さしと共に答えている（Ｗ②-6、8）。読み手である保育者から近い位置に子どもがいることで、子ども側が絵本を指さしたり、質問したりする行為が生まれる。また、それに対して保育者が答えることで、質問－応答ペアの連鎖が観察される。しかし、すべてに対して肯定的に受け入れた応答をするのではない。Ｗ②-9でＢが「クアックーいたい」（トラック見たい）と言って、Ｗ②-12でページをめくろうとすると、Ｗ②-13で保育者はすかさず指で押し戻している。ＣはＷ②-10で他のところへ移動していき、この場にはＡとＢと保育者の3人になっているが、Ａはジッと絵本を見ている。ここで、少なくともほかにも絵本を見ている子どもがいるときに、保育者は読み飛ばす行為を認めていないと解釈できる。

　『ずかんじどうしゃ』から読むということに関して合意形成し、子どもからの問いと保育者の応答という質問－応答ペアの連鎖によって、共同的な読みが展開していく。絵本に書かれている文章の読み聞かせは保育者が進めながら、その絵本を間に介したやりとりや、その場でＡがジッと聞いている様子も含めて、共同的な読みが生成されている。ＡとＢと保育者の3名で共同的な読みの生成がなされている途中において、Ｂがページを飛ばしてめくろうとする行為が表出すると、保育者はすぐさま関与すべきと判断している。Ｂの読み飛ばす行為は、共同的な読みの継続に対して保育不全感を感知させるものであり、すぐさま関与すべき教育的瞬間へと移行していくのである。つまり、共同的な読みの生成がなされていることが、その維持を目的としたルールを生じさせ、その暗黙のルールに齟齬をきたす行為が生じると、保育不全感が感知される。そして、それがすぐさま教育的瞬間へと移行し、保育者が指でページを押し戻すという行為を取ることで、共同的な読みの場は維持されていく。

場面Ｗ② ずかんじどうしゃみるん？

1	06:29	Ｔ	ずかんじどうしゃみるん？ずかんじどうしゃからみようか。いこうか。
2	06:35	Ａ・Ｃ	（うなずく）
3	＊	Ｂ	かんしゃー、かんしゃー。（Ｔの膝の前に膝がつくくらいの位置に座る）
4	＊	Ｔ	はい。ずかんじどうしゃ。（※読み始める）
5	06:50	Ｂ	これはー？これはー？

6	06:51	T	（B の指さした絵を指して）これはリムジン。
7	06:52	B	これはー？
8	06:53	T	（B の指さした絵を指して）スポーツカー。
9	06:57	B	クアックー、クアックーいたい（トラック見たい）　　　クアックー、クアックー
10	＊	C	（くしゃみをする。おもちゃ棚の方へ歩いて行く。）
11	＊	T	（C を見る）うん。（絵本に視線を落とし）ライトバン、ルートバン
12	07:02	B	（ページをめくろうとする）
13	＊	T	（B がめくろうとするページを指で押し戻す）郵便車、パネルバン、（C の場所をチラッと見てページをめくる。）
14	07:09	B	クアック。
15	07:11	T	ハイウェイバス。（と絵を指さし A の顔を見る。A は絵本をジッと見ている）
16	07:12	B	ウェイウェイバス。

※読み聞かせの本文読みのみの発話はここでは省略している。

　一方で、W ②-10 でCはおもちゃ棚の方へ歩いて行き、他の遊びを始めるが、保育者は特にその様子を引き留めたり、呼び戻したりすることはない。Cの様子を視認するのみである。B は絵本を触ったり問いかけたりすることで、絵本への集中が保たれていることが明示的だが、言葉を発したり、絵本を触ったりしてこない A については、W ②-15 では保育者がAの様子を視認することも怠らない。その場にいる子どもの聞き手としての様子を確認すると、A には声をかけずに読み進めていく。場の維持に関して、メンバーが減るということは場の消滅の可能性を高める行為とも考えられるが、絵本についての関心がなくなった子どもがその場にいることより、その時々の関心の濃淡に応じて動くことを認めることで、場が維持されることにつながっている。

　ここで、W園の絵本の読み聞かせの場の形成（W ①全体およびW ②-1）と維持において、子どもの意思表明と相互行為としての共同的な読みの生成がかかわっていると考えられるのである。読む絵本を子どもと共に選ぶこと、読みたいという意思をもってその場にいることが、保育者によって言語的・非言語的に常に確認される。逆にその意思がなくなったのであれば、そこに留まることは求められない。絵本が読みたいという意思は、その場にいる・聞く・見つめる・指さす・絵本に関する言葉を発する行為等によって実現され、それが共同的な読みの生成へ展開していく。ひとたび共同的な読みの生成がなされ始めると、その維持に向かうルールが暗黙的に発生し、そのルールとの齟齬は保育不全感の感知とその直後の教育的瞬間への移行と展開するのである。

3．保育不全感の感知と教育的瞬間の感知

（1）子どもの不満や逸脱の表出と教育的瞬間の感知

　絵本の選択には子どもの好みもかかわってくる。1 冊絵本を読み終える度に、ここで場を閉じるか、読み続けるか、同じ絵本をもう一度読むのか、違う絵本を選ぶのか、といったことが問われる。その選択によっては絵本の読み聞かせの場が崩れ、消滅することも

ある。逆に、場が盛り上がり、絵本を読みたいと思う子どもがさらに増えることもある。
W 園では、1 冊読み終える度に、保育者と子どもとの間で絵本の選択をめぐるやりとり
をする。時に不満が表明され、読み聞かせの場は揺らいでいく。

　次の場面 W ③は、保育者が『ぶーぶーじどうしゃ』『ずかんじどうしゃ』を読み終え、
次の絵本へと移ろうとしているところである。この場面 W ③の前に、D が読み聞かせの
場に来て、保育者が持っているもう 1 冊の絵本『どろんこどろんこ』を手で引っ張る場面
がある。そのとき保育者は、「D ちゃんちょっと待ってね、次見ようね」と声をかけていた。

場面 W ③ もういーい？

1	09:29	T	次、くまさん見る？（『ずかんじどうしゃ』を閉じ『どろんこどろんこ』を前に持つ）
2	09:30	A	（腰を浮かせて、絵本の方に両手を伸ばすが、首を横にぶんぶんと振り）タイ！（『どろんこどろんこ』の絵本を叩く）
3	09:31	T	（A の様子を見て笑顔で）いかんのー。これ見てもいーい？
4	＊	A	（『ずかんじどうしゃ』に手を伸ばす）
5	09:36	T	（じっと A の様子を見て『ずかんじどうしゃ』を A に手渡す）
6	09:37	A	（『ずかんじどうしゃ』を自分の身体の前の床に置いてめくって見始める）
7	＊	B	（ちらちらと A がめくっている『ずかんじどうしゃ』を見て）ん、ん、ん、ん。
8	09:38	T	（D をちらっと見て）これ見る？（『どろんこどろんこ』を見せる）
9	＊	D	（その場で足を歩くように動かす）うん（立ち止まる）
10	09:39	T	どろんこどろんこ＊
11	09:48	E	（歩いて絵本の方へ近づき、D の後ろ当たりで立ち止まり見始める）
12	09:50	B	ん、ん、ん、ん。（腰を伸ばして T の読んでいる絵本に両手を伸ばす。両手を絵本の幅くらいに広げて中心に寄せる動作をする）
13	10:03	E	（A の後ろに座ろうとして斜めに倒れるが A と B の少し後ろから絵本を見る）
14	10:09	A	（T が読んでいる絵本をのぞき込み、T の絵本を自分の方に開いて見る）
15	＊	B	ん、ん、ん、ん。（腰を伸ばして T の読んでいる絵本に両手を伸ばす）
16	10:10	A	（B を少し見て『ずかんじどうしゃ』を見る）
17	＊	T	B ちゃん待ってねー。読むねー。
18	10:13	B	（自分の膝をパンパンと叩き A の絵本を見る。右手を水平方向にぶんぶんと振る）
19	10:15	T	（ページをめくり）どっこいしょ。（D を見る）
20	10:16	D	（立ったまま絵本をジッと見ていたが、棚のハンマートイに手を伸ばし、カンカンカンと音をさせて遊び出す）
21	10:19	T	（D を再び見て、ハンマーの動きを止め）D ちゃんもう見ない？いい？
22	10:20	D	ううん。
23	10:21	T	見るの？
24	＊	D	（絵本の方をむき直しうなずく）
25	10:24	T	（ハンマートイを棚の一番下に入れ）今度は穴掘り 。

＊読み聞かせの本文読みのみの発話はここでは省略している。

　保育者は、W ③ -1 で『どろんこどろんこ』を読むことを提案すると、A の明確な拒否に遭う（W ③ -2）。保育者は W ③ -3 で笑顔で「いかんのー」と応答するが、「これ見てもいーい？」と質問する。しかしそれは、「一緒にこの絵本を読もう」という誘いかけではなく、少なくとも私（保育者）と D は読みたいと思っているが、読んでいいか、という A の様子を窺うような問いかけである。A はそれには答えず、『ずかんじどうしゃ』に手を伸ばす。保育者はその様子をジッと見て A に『ずかんじどうしゃ』を手渡すのである。W ③ -4 で示される A の行為は、W ③ -3 の問いかけに対しての応答にはなっておらず、ここで保育者は保育不全感を内的に感知していると考えられる。ここで内的に感知された保育不全感は、A の行為と読み聞かせの場との間でどう展開すべきかの判断に生かされていく。A は明確に『どろんこどろんこ』を拒否し、『ずかんじどうしゃ』に手を伸ばした。その A の明確な意思表明に対して保育不全感が内的に感知されたことで、ジッと A を見つめ、保育者は今ここの教育的瞬間を感知する。『ずかんじどうしゃ』を手渡すという承認と A に対する読み手の明け渡しによって、読み聞かせの場は混乱が続いたり崩壊や消滅したりすることを免れている。

　一方で、B は、A が『ずかんじどうしゃ』を自分の手元でめくり出し、保育者が『どろんこどろんこ』を読み始めると落ち着かなくなる。W ③ -7 で A がめくっている『ずかんじどうしゃ』をチラチラ見ながら「ん、ん、ん、ん」と言い出し、W ③ -12、15 で保育者の本に両手を伸ばしている。W ③ -12 では、絵本を閉じるように動作して見せる。そして、W ③ -15 で再度両手を絵本に伸ばすのである。保育者はその行為を、絵本を閉じようとする動きに感じたのか、W ③ -17 で「待ってねー」と声をかける。W ②場面の様子からも B は『ずかんじどうしゃ』が気に入っていることが推測され、『どろんこどろんこ』の読み聞かせの場は、このとき D と E を聞き手として成り立っていると理解できる。

　しかし、W ③ -20 でその聞き手であったはずの D がハンマートイで遊び出す。保育者は W ③ -8、9 のやりとりにおいて、『どろんこどろんこ』の読み聞かせをするかどうか、D とのやりとりを通して決めていった。『ずかんじどうしゃ』に執着を見せる A と B ではなく、D がハンマートイを手に取った行為は、保育不全感として内的に感知され、関与すべき教育的瞬間の感知へと移行していく。保育者は次の瞬間、手で D のハンマーの動きを止めて、「もう見ない？」と意思の確認をするのである。D は「見ない？」という否定形の問いかけに「ううん」という否定形で答えて、絵本を見ることを再主張する。すると、保育者は D が遊び出していたハンマートイを D の手から離して場所を変える（W ③ -25）。ここでは、『どろんこどろんこ』の聞き手としての D の意思を確認し、さらに意思の揺れの原因となるものを遠ざけることにより、読み聞かせの場の維持がなされている。

　もしここで D が「見ない？」と聞かれて「うん」と答えていたら、D 以外には明確な意思として『どろんこどろんこ』が読みたいと表明した子どもはいなくなり、少し離れたところから静かに見ている E を聞き手として頼るほかなくなっていたかもしれない。しかし、D が絵本を見ると再度意思表明をすることにより、読み聞かせの場が維持された。

　場面 W ③の『どろんこどろんこ』絵本の読み聞かせは、保育不全感が感知される度に教育的瞬間の感知へ移行し、子どもの意思の確認がなされる。場面 W ③は、子どもの不満の表出や逸脱行動がその契機となっており、そこですぐさま教育的な関与がなされることによって、絵本の読み聞かせの場の維持がなされている。

（2）蓄積される保育不全感と展開の舵を切る教育的瞬間

　日々の実践とは、保育者のかかわりがうまくいくときばかりではない。子どもへのかかわりが拒否されたり、子どもと保育者の間のズレがどんどん大きくなったりすることもある。そのとき、保育者の中には保育不全感が内的に感知され続けることになるだろう。自らの実践がうまくいっていないと感知することは、その後の展開にどのように作用していくのだろうか。

　場面 W ④は再び絵本の選択という場の揺らぐときの様子である。場にはA、B、E、F、Gと保育者がおり、Aは『ずかんじどうしゃ』を自分でめくって見ている。保育者は、この日読み聞かせを始めてから、『ぶーぶーじどうしゃ』『ずかんじどうしゃ』『どろんこどろんこ』『じどうしゃぱん』と 4 冊の絵本を延べ 8 回読んだところである。

場面 W ④ もういいかな

1	17:21	T	（最後まで読み終えて、表紙を再度見せながら）じどうしゃぱん (4.4) ※もういいかな。（立ち上がって絵本ポケットにしまう）
2	17:31	A	（左手を上に伸ばして）もういたい。（もう一回？）
3	17:32	T	これ（『くだもの』）見ようか、おいしそうやもんねえ。
4	17:34	A	（顔を左右に大きく何度も振る）
5	17:35	T	A ちゃんいやなん。
6	17:36	A	（左手を上から下に振り下ろしながら）いかん！
7	17:37	T	じゃぁこ、あの、見せて？私これ見たいんやけど見せて？いい？
8	17:41	T	A ちゃんこれ見よって（『ずかんじどうしゃ』を指さす）。A ちゃんあのじどうしゃがええんね。
9	17:45	A	（手元にあった『ずかんじどうしゃ』を放り投げる）
10	17:46	F	（『ずかんじどうしゃ』を触ろうと左手を伸ばす）
11	17:47	A	（もう一度『ずかんじどうしゃ』を放り投げる）
12	17:48	T	それ見よってねー。
13	17:49	T	あーあ（本の方に手を伸ばして引っ込め、F の左手をさすり）あー
14	＊	F	（A を左手で叩く）
15	17:53	T	A ちゃんじどうしゃすきね。じどうしゃ見よってね。
16	17:57	F	（『ずかんじどうしゃ』の方に体を傾ける）
17	17:58	T	（F の左手を持ち、体を起こすようにしながら T の方に引き寄せる）F ちゃん見る？こっち見る？
18	＊	A	うー、うふー、うえええ。（泣き声）（顔を左右に大きく何度も振る。投げ出して座っている両足をじたばた動かすと F に当たる）
19	18:00	F	（『くだもの』を両手で持とうとする）

20	18:01	T	うん、こっち見よう？一緒に見せてー？F ちゃん。一緒に見せてね（F の体の向きを保育者の方に向ける）。
21	18:06	T	A ちゃん痛い痛い。
22	18:07	A	（顔を左右に振る）
23	18:08	T	（顔を左右に振りながら）痛い痛い。
24	＊	A	（両足をバタバタさせる。足が F に当たる）
25	18:09	T	痛い痛い。これ読んだらダメなん？ダメ？
26	18:13	A	（動きを止めて T を見て、こくりと小さくうなずく）
27	18:14	T	おいしそう、これ。これはねぇ、さくらんぼや（表紙を見せながら）。くだもの。
28	18:20	B	きーろ、きーよ。（G のよだれかけを触って黄色と言っている？）
29	18:21	D	（三角巾を手に歩いていたが、絵本のあたりで立ち止まる）
30	18:22	G	ううん。
31	18:23	F	（G のよだれかけを触る　　　　　　　G の耳を触る）あ
32	18:26	T	（よだれかけをジッと見て）うん、星だね。うん、ほーし、ほーし、みーみ。（ジッと F を見る）
33	18:31	B	みーみ。（隣にいる A の耳を触る）
34	18:32	T	みーみ、みーみ。G ちゃんのみーみ。自分の耳触る、自分の耳（B の手を A の耳から離し、B 耳を触るようにする）
35	18:37	T	自分の耳触って―（F の手を G から離し F の耳の方へ動かす）。お友だち触ったらイヤかもしれんよー。
36	18:38	H	（ままごとコーナーの方から歩いてきて G の後ろに座り、自分の耳を触る）
37	18:45	T	みーみ。（それぞれ自分の耳を触っているのを見て）そう。
38	18:46	A	（耳を触っていたが背後で T2 が片付けをしているところにハイハイしていく）
39	18:49	T	くだもの。(3.3)＊　すいか。
40	＊	G	すいかー！

※発話の流れの中での沈黙を秒、および 10 分の 1 秒単位で示している（参考：Psathas, 1995/1998, p.161）。

　この場面は主に 5 人の子どもと保育者で展開していく。W ④ -1 では、『じどうしゃぱん』を読み終えると、沈黙が約 4.4 秒続き、その間、子ども 5 人の視線は絵本／保育者のあたりに留まっているように見える。W 園の読み聞かせでは、読み終えた瞬間に「もう 1 回」という子どもの発話があることも多いが、この場面では誰も言い出さず、また、誰もほかに移動していなくなることもない。保育者は余韻を味わうように絵本を閉じてから、一呼吸置く。そして、「もういいかな」と『じどうしゃぱん』を絵本ポケットにしまう。4.4秒の沈黙と「もういいかな」は、そこで子どもの意思表明があるかどうかの待ちにもなっており、その間に子どもから意思表明がなかったことで「もういいかな」と読み聞かせを終えているととらえられる。この時点では、絵本の読み聞かせを終えるということなのか、『じどうしゃぱん』の読み聞かせを終えるということなのか、「もういいかな」の発話の意味は確定できない。しかし、保育者が立ち上がっても、子どもたちは立ち上がらず、座って保育者の様子を見守っている。すると、保育者はもう 1 冊絵本ポケットから取り出して、「これ見ようか、おいしそうやもんねえ」（W ④ -3）と言う。5 人の 1 歳児が静かに待っていることが、保育者の次の絵本を取り出す行動につながっていると考えられ、相互行為

的に読み聞かせの場が維持されていく。

　この間「もういたい」（W ④ -2）というＡの発話があり、"もう一回"という意味かと思われるが定かではない。Ａはまだ言語が不明瞭であり聞き取りづらいので、保育者にうまく聞こえなかったのか、取り上げられない。Ａが伝えたかったことと異なる内容が保育者から示されたらしいことが W ④ -4 で明示される。すぐに保育者は「Ａちゃんいやなん」（W ④ -5）と応答するが、Ａの拒否的な行為はしばらく収まらない。W ④ -4、6、9、11、18、22、24 と声を荒げたり足をバタバタさせたりする。その間、保育者は『ずかんじどうしゃ』を見ることを薦めたり（W ④ -8、12、15）、足がＦに当たっていることを「痛い痛い」ととがめたり（W ④ -21、23、25）しているが、Ａは聞く耳をもたないといったふうに怒りもしくは悲しみの態度である。特に W ④ -8、12、15 のＡの好きな絵本（『ずかんじどうしゃ』）や車が好きであることを、拒否しているＡに繰り返し言う保育者と、それに対して『ずかんじどうしゃ』を放り投げたりしてあからさまに拒否的行為を繰り返すＡ（W ④ -9、11、18）とが衝突状態に陥っている。

　また、ＡとＦも W ④ -10、11、14、16、18、24 と衝突状態にある。保育者は、同時に 2 つの衝突が生じている場を整理するかのように、Ｆの体をＡから離そうとする（B ④ -17）。その間もＡの行為は収まるどころか、激しさを増していくが、ＦはＦで保育者が読もうとしていた絵本を自分で読もうとするように両手で持ち出す。保育者はＦの絵本を取り返しながらＡの収まらない行為をおさえようとするが、うまくいかず、再びＡのバタバタさせている足がＦに当たる（W ④ -24）。Ｆは W ④ -14 でＡを叩いている。ＡとＦの体を離そうとした保育者の行為は衝突状態の回避につながらず、W ④ -24 によってＡとＦの互いの攻撃的行為が始まる可能性が高まったともいえる。この W ④ -4 から W ④ -24 まで、保育者の中には保育不全感が蓄積されていっていたと考えられる。保育者は、『くだもの』を読もうとしたあとのＡの拒否的な行為に対して、場面 W ③のように保育者が読む絵本とＡが読む絵本を分けようとするがうまくいかず、Ａの拒否的な行為は続く。ＡとＦの衝突回避もうまくいかない。『くだもの』も読み始められない。Ｂ、Ｅ、Ｇは絵本の読み聞かせを待って、そこに居続けている。蓄積された保育不全感は、W ④ -24 を契機として、保育実践の再考プロセスを駆動していく。何とかしなければ、と保育者は方向転換の道を探り、新たな一手を打つ。教育的瞬間がここでやってくるのである。

　保育者は W ④ -25 で「これ読んだらダメなん？」とＡに尋ねる。これは明らかな方向転換である。W ④ -6 から互いに一方通行であったＡと保育者のやりとりから、保育者がＡの気持ちを聞くという方向へ転換したのである。すると、Ａの動きは止まり、保育者を見て小さくうなずくのである。絵本を放り投げたり足をバタバタさせて怒って泣いたりしていたＡが、体の動きを止め、保育者を見て、小さくうなずいた W ④ -26 は、一方通行のやりとりが終わり、Ａの気持ちが切り替わったことが示されている。保育者がＡの反応に手応えを感じた瞬間であると思われる。そこからＡと保育者の行為はがらりと変わり、場が展開していく。

　W ④ -27 で保育者が表紙を見せながら「おいしそう」と話し出すと、A を含め、その場にいた子ども 5 人はみな絵本を見て聞き出すのである。興味深いのは、ダメだということを主張したことが理解される（W ④ -25、26）と、保育者は W ④ -26 に対する応答はせずに子どもをすぐに絵本の世界に引き込んでいくし（W ④ -27）、A もそれ以上拒否的行為を提示し続けることなく、よだれかけの柄や耳の話題を共有していく。A の意思表明はじどうしゃが好きだとか『ずかんじどうしゃ』を読みたいということではなく、『くだもの』が読みたい絵本ではない、ということであった。そのことが保育者によって言葉にされ、理解されることで、A の拒否的行為は収まり、一参加者として目立たなくなっていく。

　ここで、もう一つの議論のポイントがある。それは、保育者は W ④ -27 でもう一度方向転換をしたと考えるのが妥当か、ということである。おそらくそうではない。保育者は一貫して『くだもの』を読もうとしていた。しかし、A の拒否的行為や A と F の衝突行為があり、その行為に応答をし、A の気持ちが切り替わったと感知された瞬間、そのチャンスを逃さず『くだもの』を読み始めるのである。その場で生じる一人ひとりの子どもの行為に応答しながら、読み聞かせができるようにその場を整え、読み始めることができる瞬間を待ち続けていたからこそ逃さずにパッと場面を切り替えて読み始めることができたのではないだろうか。ここに、待ち構えてとらえるという、もう一つの教育的瞬間が生じていると考えられるのである。このことについては、本章 3（1）および後章の議論に譲る。

　W ④ -28 は、『くだもの』の表紙の絵に G のつけているよだれかけの柄が似ていたことから、よだれかけを触りながら「きーよ」と発話した可能性があるが、明確ではない。この場でなぜそのような展開になったかは不明瞭であるが、それ自体が重要なのではない。それよりも、「きーよ」という発話が何を指しているのか、その場のメンバーが B の視線の先を共有しようとし、保育者がそれを「うん、星だね」と応答することの方が重要である。なぜなら、この場は絵本を読み聞かせようとしている場であるにもかかわらず、それに関係するかしないか不明瞭な発話に対して、子どもも保育者も受け止めようとしたからである。特に、保育者のこの場の行為が絵本の読み聞かせの場の集中状態をつくることを目的としていると考えた場合には、そこから外れていく周辺へのかかわりと考えられ、目的にそぐわない。むしろ絵本の読み聞かせからの不明瞭な逸脱ともとれる。にもかかわらず、保育者は「きーよ」が何を指しているのか探り、応答しようとするのである。

　この逸脱ともいえる意味不明瞭な一連の行為は、W ④ -28 で B が発信してすぐに D の足を止め、G の返答を引き出し、F が G のよだれかけと耳を触るという行為に広がっていく。保育者は W ④ -32 でよだれかけをジッと見てその行為の意味を読み取ろうとしているかのようである。しかも、F は G の耳を触り出している。F は前述の通り、自分が攻撃されたわけでなくても W ④ -14 で A を叩いている。また、A についても怒りや不満が身体的に表出する傾向（本を放り投げる、足をばたつかせて隣の子を蹴る）があることがこの場面からもわかる。F が G の耳を触る行為（W ④ -31）、B が A の耳を触る行為（W

④-33）という身体的な接触に、保育者はリスク回避をする必要性を感知し、W④-34、35で、Bの手やFの手を他者の耳を触ることから自分の耳を触ることに移し替えながら、「みーみ」と言っていく。その理由は、W④-35で「お友だち触ったらイヤかもしれんよー」という発話で示されている。1歳児は近寄っただけでトラブルが起きることもある年代である。保育者は子ども同士の身体接触に敏感に対応しているといっていいだろう。しかし、この場で生じている相互行為としては、W④-31でFがGの耳を触り出したことを察知したTが「みーみ」（W④-32）と言うことで、BやA、またその場に後から加わってきたHにも耳を触る行為が伝播し共有されていくことであろう。W④-28の「きーろ、きーよ」もW④-31の行為も、行為者の意図は不明瞭である。しかし、絵本の読み聞かせの場にいるメンバーの中で、その意図がどうであれ、視線の先にあるものや行為が共有される。ひとしきり耳を触って「みーみ」と言ったあと、場は落ち着いてW④-39「くだもの」と表紙を見せながら一呼吸（約3.3秒）してページがめくられ、絵本の世界に入っていくのである。

　W④-28の「きーろ、きーよ」もW④-31の耳を触る行為も、絵本の読み聞かせ場面としては唐突な印象を受ける。しかし、1歳児保育の場面としてはごく自然な姿でもある。こういう一見唐突に見える子どもの行為を排除するのではなく、保育者がその関心を受け止めようとしながら、トラブルを回避するようにその場の展開に応じて行為することが、結果的に絵本の読み聞かせ場面の維持につながっているとも考えられる。W④の前半部分はAの怒りや悲しみの表出が続き、絵本を読むどころではなかった。Aの拒否的行為を受けて、Aとは別の絵本を読むということでAを『くだもの』の読み聞かせから排除しようとしたときに、Aと保育者の間で衝突的関係が見られた。衝突的関係が生じているときには、保育者は子どもの意思表明を確認するのではなく、Aは車が好きという保育者側の解釈による発話が続く。その間、衝突的関係は解消されない。しかし、W④-25で子どもの意思表明を確認すると、すぐさまその場は読み聞かせに向けて回復していく。そして、「きーろ、きーよ」の発話についても耳を触る行為についても、やはり子どもの意思（ともつかない何らかの思いの）表明を周囲の子どもと保育者が受けて行為することにより、その場は混乱も崩壊もせず維持される。そして、ひとしきり耳を触った子どもたちが落ち着いてくると、絵本を読み始める頃合いを待ち構えていた保育者はその教育的瞬間を逃さずに、絵本の読み聞かせを始め、子どもたちは絵本に集中する。

　また、この保育者の「ほーし」や「みーみ」にはリズムが付加されている。これはV①～⑤で見られたリズムの付加された言葉とは何が異なるのだろうか。V①～⑤の保育者の言葉のリズムは、子どもたちの行動を抑制し、唱和によるコントロールにかかわっていた。一方のW園の保育者の言葉にリズムは、子どもの指さしの先や触っているものを言葉にして、伝わりやすさを付加するリズムである。子どもたちの復唱を明示的に求めることはないが、リズムと言葉と動きの共有となっている。ここでは、ある子どもの行為－保育者の言語化－共有化・ひろがりというユニットが見出せる。

　この場面全体としては、Aの怒りや泣き、感情的な行為、またFの攻撃的行為や他児に触れる行為によって読み聞かせの継続が危うくなる。1歳児クラスでは多様なトラブルが頻発することがある。中でもこの場面は、直接的に場の継続に影響を与える仕方でトラブルが起こったことが一つの特徴である。が、W④-25とW④-34、35の保育者の発話と行為によって、場が読み聞かせの継続に向けて好転し、W④-39で『くだもの』の読み聞かせが開始される。ほかの場面と同様、場の出入りについて触れられることはなく、途中でDが戻ってきたり、新たにHが加わって一緒に耳を触っていたり、ずっと読み聞かせの場にいたAが最後に他の場へ移っていったりしているが、そのことについて保育者は目で追うことはあっても、言葉をかけることはない。むしろ、保育者が子どもに能動的にかかわる教育的瞬間は、絵本の選定に関する合意形成のプロセス、子どもと保育者の衝突や子ども同士の衝突からの解決へ向かうプロセス、身体接触によるリスクを回避するプロセスの進行に対応していく中で立ち現れる。絵本を読むことを前提とした場に居続けているメンバー間での相互行為に保育者自身も巻き込まれた中で、あるときは保育不全感を蓄積し耐えかねたように、またあるときはその瞬間を逃さないように待ち構えておいて、教育的瞬間がやってきたときに時機を逃さず舵を切るのである。

4. 教育的瞬間の感知と援助行為
（1）教育的瞬間の予期と構え

　これまでもいくつかの場面で、衝突のリスクを回避する保育者の援助行為が見られていた（たとえば、W④-17、34、35など）。このリスクを回避する援助行為には、保育者の中に何らかの予期があると考えられる。教育的瞬間の感知は、予期の働きとどのような関係をもっているのだろうか。

　次の場面W⑤は、『くだもの』を読んでいる最中に起こるリスク回避場面である。『くだもの』を読み始めた保育者とB、E、F、G、H。子どもたちは保育者の前に座って聞いている。その少し離れたところに三角巾を手に持ったDが戻ってきて、立ったまま見ている。うろうろと歩いているIも少し後ろから見ている。

場面 W ⑤ 後ろへ座ってね

1	18:56	T	さあどうぞ。
2	18:57	G	（絵本の絵をつまんで食べるふりをする）
3	18:58	T	おいしーい？
4	19:00	G	うん。
5	19:01	B	（絵本の絵をつまんで食べるふりをする）
6	19:02	T	おいしいねー。もーも、さぁどうぞ。
7	＊	D・I	（それぞれにだんだんと近寄ってくる）
8	＊	T	（DとIをチラチラと見ている）
9	19:06	D	（Bの足を越えて絵本に近づいて来ようとする）

10	19:08	T	Dちゃん（体がBの前に来ないように手で抑え）後ろへ座ってね。
11	19:09	D	うん。
12	＊	T	うん。

　ここでは、場面W④のような明示的なトラブルではなく、トラブルに発展しそうな場面で未然に防ぐという保育者の行為が立ち現れる。絵本『くだもの』を読んでいる途中で、Dがほかの遊びから帰ってくることと、うろうろしているIがこの場に近寄ってくることが同時に生じる。保育者は絵本を読みながらも（W⑤-6）、2人の動きを視認している（W⑤-8）。そして、Dの足が読み聞かせメンバーであるBの足を越えてさらに絵本に近づこうとしたときに、保育者はそれ以上のDの動きを手で止めながら「後ろへ座ってね」（W⑤-10）と言う。Dの行為は絵本に関心をもって、メンバーへ復帰しにきたと受け取れるが、先にその場に座っているメンバーより前に位置取りすることは、座っているメンバーにとっては絵本と自分を結ぶ視界に他者が割り込むことになり、トラブルが生じやすい。Bが拒否的行為を起こす前に、保育者が予防線をはるように手で抑えることで、トラブルを未然に防ぎ、読み聞かせの場が維持されていると考えられる。

　特にW⑤-7のDの動きは読み聞かせを聞いている集団の中心へ向かう方向性をもって移動してきていた。DがBの手前で立ち止まるか、このまま進んでくるのかは、見ていなければわからない。しかし、もしDの足がBより前に出てくるようなことがあれば、読み聞かせを聞いている子どもの邪魔になり、他の子どもの怒りや不満の表出がすぐさま生じるであろうと推測される。保育者は、読み聞かせながらも、数秒後に生じるかもしれないトラブルを予測し構えつつ、そうなる前に止める必要性を感知していたと考えられる。その構えがあったからこそ、DがまさにBの足を越えようとしたところで、その教育的瞬間を逃さずに、体の動きを手で抑えて止めることが可能になっている。

　この予期には、おそらく子どもの動きとトラブルに関する保育者のこれまでの経験がリソースとなっていると思われる。まさに今起こりつつある状況の特徴を的確に感知するには、その状況がどのような具体的な展開につながり得るのか予測できるかどうかがかかわっていると考えられる。そこに、各保育者が蓄積している保育経験に関する情報のリソースが影響しているのではないだろうか。そうでなければ、保育者が、行為としてはただ単に近づいてきているDの様子を、絵本の読み聞かせをしながらも把握しようと努めている様子（W⑤-8）であることも、Dの足がBの足を越えて絵本に近づいてきたまさにその瞬間に、片手に絵本を持った状態でDの体の動きを抑えるように手が動く（W⑤-10）ことも、説得的な説明ができない。保育者にとっては、このDの動きは見逃すことのできないものであり、絵本の読み聞かせを一瞬止めてDの動きを抑制することが、むしろ、Dも他のメンバーも望んでいる絵本の読み聞かせの継続にとって有効であると瞬間的に判断されている。その判断には、Dの動きに含まれる、絵本の読み聞かせの場の継続にとってのリスクが感知されていなければならない。そのリスクの感知は誰にでもできるもので

はなく、W 園の保育形態や文化の中で経験を蓄積している保育者がもつ、経験のリソースが背景としてあると考えらえるのである。この予期とリソースについての議論は、第 8 章で行う。

（2）役割分担と教育的瞬間の感知

　1 歳児クラスの保育は、その保育士配置基準からも複数担任となることが多く、その役割分担は重要である。それはたとえば、どこでどんな子どもの泣き声や怒り声が生じるか、そのとき各保育者がそれぞれどこで何をしているか、それがどのような時間帯に生じているかによって、誰が何に関与すべきかを瞬時に判断する必要があるということにもつながっている。W 園では、スムーズな保育運営のための役割分担を徹底しており、それは教育的瞬間の感知によって誰が動くのかということにも関連して見られている。それは時には「今、絵本を読むことはできない」という判断にもなる。巻末資料 1 絵本の読み聞かせエピソード一覧の 1 月 17 日の不成立エピソードでは、臨時保育者が給食準備に入る時間になり、絵本の読み聞かせを他の保育者（T）に交代しようとするが、その保育者はトラブル対応をしている最中で「ごめんね、ここ今絵本読めないわ」と断っている。保育とは、時間的条件、メンバー、活動とその活動の特徴に応じて求められる援助の特徴、同時進行する他の活動の特徴といったことが影響し合う中で進む。保育者は常にその場にかかわるそれらの多くのリソースを加味したうえで、総合的な判断をすることが求められている。

　実はこれまでに挙げた場面においてもそうだが、W 園における絵本の読み聞かせにおける援助の一つの特徴に、保育者が無用に立ち上がらないということが挙げられる。絵本ポケットから絵本を取り出すとき以外、保育者は壁と棚を背にして座り、読み終わるまで動かない。不意にさまざまなトラブルが生じる 1 歳児の保育において、保育者が無用に動かずに読み聞かせを続けるためには、徹底した役割分担の理解と絵本の読み聞かせの援助に関する理念の共有が必要であると考えられる。このことを、W ⑥、W ⑦の 2 つの場面で見てみることにする。

　次の場面 W ⑥は、『くだもの』の読み聞かせの途中で、H がくしゃみした際に派手に鼻水が出た場面である。

場面 W ⑥　ごめん、鼻

1	19:11	T	ぶどう、さぁどうぞ。（小声・低い声で T2 に）あ、ごめん、H ちゃん鼻。
2	＊	D	（三角巾をふわふわさせながら座らずに見ている）
3	＊	I	（どんどん近づいてくるが、H の顔を見る）
4	19:17	T2	鼻が。
5	＊	T	うん。（読み続ける）
6	19:28	T2	（ティッシュを持ってきて鼻水を拭きながら）びっくりしたねー、くしゃみがでたねー。

　この場面は、子ども同士のトラブルではないが、即時的に対応が迫られる場面の一つである。読み聞かせを継続しつつ、子どもに必要な援助をどう行うかということについて、保育者同士の連携を入れ込むことで解決している。この場面 W ⑥ は、教育的瞬間を感知したのは T であるが、援助行為を T2 に言語により明示的に委託している。そのことにより、T は無用に動くことをせずに、読み聞かせを続けられている。

　一方、次の場面 W ⑦ では、派手な叫び声が上がったトラブル場面である。ここでも T は、教育的瞬間を感知しつつも、動かずに絵本を読み続ける。W ① では A と B の 2 人だけであった読み聞かせのメンバーも、今や B、D、E、F、G、H、I と増え、トラブルの当事者である D と I 以外のメンバーは保育者の周りでジッと読み聞かせを聞いている。T は叫び声を上げた D のすぐそばにいて、トラブルを見ていながらも絵本を読み続け、トラブルに対する援助をしなかった。D はその様子を見て一層大きな叫び声を上げ出し、その叫び声が保育室内に響き、ままごとコーナーで遊んでいた T3 が援助に向かう。

場面 W ⑦ あああああ！

1	20:02	G	いちどー。
2	20:04	T	おいしそう、いちご、さぁどうぞ。
3	20:10	D・I	(D が三角巾をふわふわさせていたら落とす。床から拾うときに I が取ろうとして引っ張り合いになる。
4	20:12	T	(D・I の様子を見ながら) バナナ、さぁどうぞ。
5	＊	D	ああーん (T を見ながら) うわああああ！あああああ！
6	20:22	T	じょうずにむけたね。
7	20:23	T3	(ままごとコーナーから D と I の方へ行き) あら、どしたん、もってこうか。(ままごとコーナーに同じ物を取りに行く)
8	20:28	G	あ、こえーー。(絵本の絵を指さす)
9	20:30	T	ねえ、むけたねえ皮。皮むいてたべるんだよ、バナナは。
10	＊	T3	わ、これみてー、いっしょだ、ほら。(三角巾を D に渡す)
11	20:31	D	(三角巾を受け取る)
12	20:32	T	皮剥いたらやわらかい、あまーいが出てくる。うん、かわいいねー。かわいいね。
13	＊	G	(中腰になって絵を指さし) あ、　こえーーー。　　　　　こえーー。
14	20:36	I	(三角巾を顔にかぶせて取り、絵本の方へ近づいて行く)
15	20:37	T	だれかなぁ。　　　　　　　　ねえ。かわいいねえ。
16	＊	H	(身を乗り出して絵本を指さし) かあいいねえ。かあいい。
17	20:44	T	もう 1 回見る？もういい？
18	20:45	I	(絵本に手を伸ばす)
19	20:46	E	(人差し指を立てて、上下に振ってみせる)
20	＊	T	(E を見て人差し指を立てて) もう 1 回？
21	20:48	E	(うなずく)

　W ⑥ -1 では直接的明示的に他の保育者に指示している。「ぶどう、さぁどうぞ」と言っているときの声のトーンと明らかに違う声を使うことによって、子どもたちにも他の保

育者にも、絵本の読み聞かせとは性質の異なる発話であることが提示されている。そこでパッと T2 保育者が動く。そして、同時進行的に絵本の読み聞かせは続けられている。

　一方の場面 W ⑦では子ども同士のトラブルが生じる。しかし、このトラブルの場面の特徴は当事者であるDとI以外は振り向きもせず絵本を読んでいることである。この点で場面 W ④とは大きく異なる。場面 W ④は、読み聞かせの絵本を選定する段階でその場全体に影響を及ぼすかたちでAの拒否的行為、そしてAと保育者の衝突が起こり、さらにAとFのトラブルが生じる。場面 W ④でのトラブルは絵本の読み聞かせの進行にかかわる内容であり、当然ながら、その解決のためには読み聞かせをしている保育者が対応する。一方、場面 W ⑦の場合は、読み聞かせの進行中に、読み聞かせの周辺で生じたトラブルととらえることができる。Iは場面 W ⑥で新たに参入してきて、場の一番外側に座り、絵本ではなく鼻水が出たHの顔を見ている（W ⑥ -3）。Dは場の周辺部分に立って、三角巾を上下に振ってふわふわさせていたが、それを落としたことから物の取り合いが起こっている。場所としても絵本の読み聞かせと他の場との境界部分で生じている。絵本のそばで見ているB、E、F、G、Hはトランスクリプトにほとんど表れない、つまり、読み聞かせの場にいる子どもの行為としてはジッと聞き入っており透明である。

　この場面で、読み聞かせをしている保育者は、D が大声を上げる（W ⑦ -5）前から、DとIの様子を見ている（W ⑦ -4）。しかし、ここでは保育者は立ち上がりもしないし、他の保育者にも声をかけない。絵本の前に集まっている子どもは一人もDとIの方を振り返らずに絵本を見ている。保育者の読み聞かせの行為が変わらないことで、子どもたちの聞き手としての行為も変わらずに維持される。しかし、Dの声はほかの場にいる保育者にとっても明示的である。ままごとコーナーにいる T3 がDとIに近づいていったとき（W ⑦ -7）、Tの感知した教育的瞬間は完全に T3 に明け渡される。T3 がDとIに渦中の物と同じ物を提示すると、事態は急速に収束する。収束するとIは絵本の方へ近づいていく（W ⑦ -14）。

　ここから、保育者の行為は、その場の遊びや活動の内容にある程度規定されることがわかる。絵本の読み聞かせは、保育者が動いてしまうとその場が一気に崩壊へと向かう可能性をはらむ。しかし、ままごと遊びはもともと子どもが動きながら遊ぶ特徴があり、保育者が動くことや、物を持ち歩くことはその場を荒らすことにならない。むしろ、W ⑦ -7 の行為はままごと遊びにとっては透明である。それらの遊びで見られる行為の特徴を生かしつつ、絵本の読み聞かせをしている保育者は、トラブルが起こっている状況の中で読み聞かせを続ける。そのことにより、他の遊びの場にいる保育者にトラブルに対する援助を明け渡している。つまり、教育的瞬間の感知は、そのまま援助へと移行するものばかりでなく、さらに誰がその援助を行うべきかを瞬時に判断することも生じさせる。場全体の動きとも連動した中で、教育的瞬間は感知され、時に明け渡され、引き受けられていくといえる。

　この役割分担に関して、保育者たちは事後のインタビューで次のように語った。

> 筆者：T3 先生はもともとこっちのおままごとコーナーにいらっしゃったんですけ
> 　　　ど。
> T3 ：ちょっと振り向きざまのところで取り合いが見えたんで、でおんなじ、まっ
> 　　　たくおんなじのがあったから、あるよって言ったら落ち着いたから、うん。
> 筆者：それは、行った方がいいっていう判断をされたのは。
> T3 ：近くにおったけど、また違う子の方を向いてたというか見てたから、ここは
> 　　　行った方がいいかなと思って、はい。

　T3 は子どもの様子も保育者の位置も確認したうえで動いていたことがわかる。T が近くにいたが、違う子の方を見ていたから自分が行った方がいいと思って動いたと、T3 は語っている。一番近くにいる T の耳に D の大きな声が聞こえていないことは考えにくい。聞こえているのに、そちらを見ていないということは、意図的に絵本の読み聞かせ場面への援助を優先していると解釈されたということだろう。

　これに対して T は以下のように語った。

> T：あまりにもちょっとこれはケガとかになりそうだったらすぐに止めに入るんで
> 　　すけど、取り合いはすごくもう頻繁にあることで、ちょっと様子見てもいいか
> 　　なっていうんで、うん。で、まぁたぶん誰か来てくれるんが見えたら、そこで
> 　　もう、こっちは絵本に集中した方が。絵本読みながらも、あの場所は結構見渡
> 　　せるんで。

　読み聞かせをしていた T は視野を広く取ってケガになりそうなことは止める気でいたこと、誰か来てくれるのが見えたら、自分は絵本に集中した方がよいという判断で動いていたことがわかる。このほかにも、A が T の後ろの棚を押して動かし出したときにも、T は絵本の読み聞かせを続け、T2 が A に声をかけて棚の位置を直していた。その場面についての語りは以下の通りである。

> T：A ちゃんがあれ、押しよったんやろ。
> T2: うん、押しよったし、T さんは絵本読みよって、ほかの子もよう聞きよったけ
> 　　ん、私がちょうどそんな泣きよる子もおらんし、動けたので、パパッと行って
> 　　止めました。

　このように、W 園では、絵本を読み聞かせている保育者だけではなく、その場の保育者全員が他の活動や保育者の様子を見ながら連携を取って動いている。特に絵本の読み聞かせについては、そのとき、集中して聞いている子どもが優先され、読み聞かせを行ってい

ない保育者が動いて必要な援助を行うことが共通認識としてもたれていた。1人の保育者の専門性の高さによって場が維持されているというよりも、絵本の読み聞かせが行われていることをその場にいる全保育者が意識して動いていることにより、その場が維持されているという側面があった。つまり、教育的瞬間は、個々の保育者が目の前の対応をする中で立ち現われるものでもあり、その場全体の動きの中で価値づけられた援助行為と役割分担の中で感知されるものもあると考えられる。それらは、各園の保育者が何に価値を感じ、その価値を共有し、実践しようとしているかが影響している。

5．園文化と教育的瞬間
（1）教育的瞬間の透明化
　これまで見てきたように、教育的瞬間は各園文化の中でどのように活動が形成されていくのか、保育者が何を重視しているのかによって、立ち現われ方がまったく異なる。たとえば、絵本の読み聞かせという観点で見ると教育的瞬間と解釈され得る行為も、絵本の読み聞かせを重視していなければ、そこに教育的瞬間は立ち現われないと考えられる。
　この点について、V園における11月8日の不成立エピソードをもとに考えてみることにする。V園の自由遊び場面では、読み聞かせにいたった事例は一例のみであり、むしろ、読み聞かせないことの方がV園における絵本の自由遊び場面における典型的対応であることが推測された。具体的には場面V⑥の微視的分析を提示する。
　登園後、排泄を終えた子どもから遊びコーナーでそれぞれ遊んでいる。Gは絵本を持ち、Tのいる方へ歩く。Tはままごとコーナーで遊ぶ子どもたちに話しかけている。

場面V⑥ 読んでごらん？

1	35:00	G	あい。（両手で絵本をTに渡す）
2	35:02	T	はい。（絵本を受け取り）絵本こっちで読む？（Gの背中を軽く押してままごと隣のカーペットスペースへ）
3	35:07	T	Gちゃんあれは？ないないしてきたん？売店の。ないないしてきたん？（Gの髪を触りながら）ないないしてきたん？
4	＊	G・H	（Gは答えないがTの方を振り返っていっしょにカーペットに座る。Tの後ろからHが近寄る）
5	35:16	T	（絵本を開き）読んでごらん？
6	＊	H	（Tの前に立ち、Tを見て自分の胸を叩く）
7	35:18	T	おしっこ行ってきたん？
8	35:19	H	（うなずく）
9	35:20	T	あ、Hちゃん、ちょっと。（と絵本をGに返す）
10	35:21	G	（絵本を両手で持つ。Tを見たり、絵本をひっくり返して見たりしている）
11	35:22	T	（Hの首の両耳の下あたりを両手で触る。その後Hの両手を握り）Hちゃん今元気？
12	35:34	H	うん。
13	35:36	T	ほんとー？
14	35:37	H	うん。（と言い、膝をカクンとTの膝の上にのせる）
15	35:39	T	えらかったら＊Hちゃん帰るー？（と言いながら、Hを膝の上で抱き、トントンする）

16	＊	G	（T の横で絵本を半分開く）
17	35:43	T	（G が半分開いた絵本を最後までめくって開き）ぞうさんバスに乗ってお出かけやって。（絵を指さして）ぶっぶー。
18	35:46	H	（絵本を指さして）……（聞きとり不能）
19	＊	◎	（一人遊びをしていた周りの子どもが 3 人顔を上げて、保育者を見る。そのうち I が G の横に座り絵本を見だす。J は保育者を見て腕をぐるぐると動かす）
20	35:50	T	ん？（J を見るが、J の視線は保育者から外れる）
21	35:54	H	（保育者の膝の上にまたがって座り、絵本を見始める）
22	35:59	T	（背後のままごとコーナーの K を見て）そこで何ができるん？
23	36:02	T	はい（絵本のページを一枚めくり）パトカーが、パトカーどーれだ？
24	36:04	H	にゃっとぅー。（絵を指さす）
25	36:06	T	これ、救急車だ。
26	36:08	T	（右後ろに近づいてきた L の方を振り返り、M が排泄の間、保育者に預けていったおもちゃを手に持っているのを見て）あ、これ M ちゃんが大事に持っとったやつ。うふふ。先生持ってなかったわ。
27	36:17	T	M ちゃんがおしっこから帰ってきたらあげよう。（N が保育者に近づきおもちゃに手を伸ばす。N の様子は映像上重なっていて見えない）
28	＊	L	あ、ピーポーピーポーピーポーわいわいやー。（絵本を触って指さす）
29	36:22	H	ピーポー！（体を前のめりにし絵本に覆い被さるようにして指さす）
30	＊	L	ピーポー！
31	36:25	T	ん？これ M ちゃんのだいじだいじで？（背後にいる N と会話が続き、保育者の体の前にいる G、H、L の様子は見ていない）
32	＊	H	ピーポー！ピーピー！（L の顔に向かって叫ぶ）
33	36:26	T	N ちゃん持っとってくれるん？
34	＊	L	ピーポー！
35	＊	H	ピーピー！
36	36:30	T	N ちゃん持ってくれるん？ありがとう。先生持っとこうか？
37	36:33	T	N ちゃんが持っとってくれるん？ありがとね。
38	＊	L	ピーポー 。
39	36:40	L	バーシュ！バーシュ！（絵本を閉じてしまう）
40	36:41	T	（絵本の方を向いて）何があった？
41	36:42	L	ピーポー。
42	36:43	T	ピーポー。ピーポーあった？（と絵本を開く）
43	36:44	L	あー！ピーポーがあったー。（指さして T を見る）
44	36:45	T	なぁぁ、車大好きやなあ。

※体調が悪い、疲れているなどを意味する方言。
表記：子どものアルファベットは日毎に振り直しているので、1 月 24 日のトランスクリプトとは異なる個人を指す。

　この一連の流れの中で、絵本の内容に関する発話は V ⑥ -17、23、25 のみである。また、その内容も絵本に書かれた文章を読んだものではなく、「～やって」（V ⑥ -17）と、絵本の読み聞かせではない独特のスタンスでコメントをしている。「パトカーどーれだ？」とクイズを出している発話（V ⑥ -23）や、子どもの答えに対する応答としての「これ、救急車だ」（V ⑥ -25）も、どれも絵本の読み聞かせをするというスタンスではない。そのことを端的に表しているのが、トランスクリプト V ⑥ -5「読んでごらん？」である。絵

本を渡されて V ⑥ -2 では「絵本こっちで読む？」と保育者は言うが、そこに主語や「いっしょに」という副詞はない。V ⑥ -3 は G が持っていたものを片付けたのか確認しているが、G はそれに対しては答えない。そのまま、向かい合うようにしてカーペットに座ると、保育者が絵本を開いて「読んでごらん？」と 1 歳児に言うのである。ここまできて、V ⑥ -2 の「絵本こっちで読む？」は、「こっちで一緒に絵本を読もうか？」という保育者が読み聞かせる場所を提案しているのではなく、「あなたはこっちで絵本を読んでね」という、G を読み手とした読む場所に関する問いかけであった可能性が浮上する。G に絵本を渡されて受け取ることは、保育者が読み聞かせをすることを応諾したのではないことになる。しかし、そのことは V ⑥ -5 の発話まで不明瞭である。G は何らかの意図もしくは期待をもって保育者のところまで歩いて行き、絵本を渡したと推測される。が、その G の意図は「絵本を読む」という行為の実現という方向性では受け取られたかもしれないが、「絵本を読んで欲しい」という要望として受け取られ実現されることはなかった。H の体調不良を思い出した保育者は「ちょっと」と言い（V ⑥ - 9）、渡された絵本を G に返すのである。G はその後、保育者を見たり、絵本をひっくり返して見たりする（V ⑥ -10）。絵本というモノとのかかわりが混乱してしまっている。

　カーペットに座ってからの保育者の行動では、絵本を読むことや絵本を読む G のことよりも、周辺の子どもとのかかわりが優先されている。それは、「読んでごらん？」（V ⑥ -5）の直後にその場に近づいてきた H との会話に移ること、V ⑥ -17 の絵本に対する発話の直後に J に保育者の関心が移ること（V ⑥ -20）、さらに V ⑥ -22 では子どもから視線が向けられてもいなければ話しかけられてもいないのに、背後を振り返って K に話しかけていること、V ⑥ -25 の「これ、救急車だ」の後も右後ろの L の方を振り返り、その後さらに N との会話が続けられていることに表れている（V ⑥ -26、27、31、33、36、37）。保育者の行動は、G に絵本を読むのにふさわしい場所を薦め、絵本を開いて書いてあることは何か、言葉をかけることをしたとはいえるが、徹底して読み聞かせはしないのである。それどころか、左右を見回し、近くの子どもに言葉をかけたり、ゆっくりと会話をする。絵本とのかかわりよりも、むしろ、周辺の子どもとの会話に重点が置かれている。保育者が N と会話している間に、保育者の体の前で H と L が大声で言い合っている間 G の声は一言も発せられていないが、保育者はそのことを気にする様子もなく、顔を背後にいる N の方に向けたままである。G は自分が保育者に持っていった絵本が、H と L に乗っ取られたようなかたちになり、L によって絵本が閉じられてしまう。やっと振り返った保育者は閉じられた絵本が L の手にあるのを見て、「何があった？」と言う。G が絵本をどのように読むか、もしくは絵本とどのようにかかわるかということについて、保育者が注意を払っているとはいいがたい。

　一方の G は、最初こそ保育者に絵本を持っていき「あい」と言って渡すが、その後は同様の行為が繰り返されることはなく、要望らしい行為は見られない。「読んでごらん」と言われて混乱したような行動を見せるほかは、座って絵本を開き、見ている。たとえば、

絵を指さして保育者に見せたり、ほかの方を向いている保育者を呼んだり、もう一度絵本を差し出すようなことはしない。絵本を持っていくという行為は、保育者から絵本を返されるという応答によって、相互行為の中で「読んで欲しい」という要望と意味づけられなかった。Gの行為は「私は絵本を読みます」という表明として受け止められ、読む場所を探すプロセスに導かれる。つまり、保育者が絵本を読み聞かせるものとしてとらえてないだけではなく、Gも絵本を読んでもらうものとして行為し続けないことで、相互行為の中で絵本は読み聞かせる対象として取り扱われていないのである。

　読み聞かせの発話がなく他が優先される保育者の行為は、この事例の保育者に限ったことではなく、Ｖ園の他の不成立ケースにおいても同様に見られる。唯一読み聞かせに移行した事例では、絵本を次々とカーペットの上に広げていったり、いっぱい本を持ち歩いている子どもが複数いる状況に、保育者が「読みたいん？」と問いかけ、読み聞かせになっていた。しかし、それ以外には読み聞かせは成立していない。Ｖ園の自由に遊ぶ時間における絵本は、むしろ通常、保育者が読み聞かせるものとして扱われていないと考えられる。それは、保育者の行為のみではなく、子どもが繰り返し読んで欲しがる行為も見られず、相互行為的に達成されているＶ園の絵本に関する文化的側面であるといえよう。つまり、Ｖ園の自由遊び場面における絵本をめぐっては、子どもに対する何らかの教育的な働きかけが大人に期待される状況は生じているが、それに対して保育者が能動的に出会っているとは言いがたく、絵本をめぐる教育的瞬間が繊細に感知されている状況も見出せなかった。保育者が絵本の読み聞かせに価値を置いていない中では、Gが絵本を読み続けられていなくても、Gの行為にまつわる教育的瞬間は透明化していくのである。

（2）園文化の中で立ち現われる教育的瞬間

　2つの園の絵本の読み聞かせのプロセスにはそれぞれ文化的な特徴があったが、どちらも相互行為的に達成されていた。Ｖ園においては、自由遊び場面での絵本を、基本的に保育者が読み聞かせる対象として扱っていなかった。そのため、自由遊び場面では絵本に関する教育的瞬間は生じにくいと考えられた。それは、子どもに対する何らかの教育的な働きかけが大人に期待される状況が生じた際に、大人がその状況に能動的に出会うためには、その状況の教育的な意味が感知されなければならないからである。その場で読み聞かせることへの教育的な意味が感知されなければ、何らかのかたちで子どもが絵本を読むという行為が実現されればよいことになる。たとえばＶ⑥-28、29、30、32、34、35、38、39は、絵本の読み手の乗っ取り場面となっており、Gを読み手の主体としてとらえた際には大人に能動的な教育的働きかけが期待される場面であるとも考えられる。しかし、保育者は乗っ取り場面が終了してから「何があった？」と言うだけで、このあとは保育者がもう一度絵本を開いて見せるのみである。つまり、Gのやりたい遊びの実現に価値を置いていれば教育的瞬間ととらえられてもよさそうな場面ですら、教育的瞬間として浮上しない。それは、その瞬間を見ていないからではなく、見ようとしていないからである。多様なことが

生じる保育実践において、何をどのように見るのかという教育的な意志としての構えが保育者になければ、教育的瞬間は透明化して見えない。むしろ、V 園における自由遊び場面は、子どもの健康視診や保育者一人で遊び全体を見ることに重点を置くことと、個々の遊びに入り込んで援助を行うこととがトレードオフの関係にあるととらえられる。

　また、V 園においては、絵本の読み聞かせは主に設定場面においてなされていたので、子どもの自由な動きは制限された中で読み聞かせの場が維持されていた。そのための仕組みとして、全員を一斉に座らせて読み聞かせを行うことを可能にする明確なルールとやりとりのユニットが機能していた。ベンチに座るという外見上も行為としても理解されやすいルールが徹底されることで、それに違反する行為が生じると瞬時に感知され、能動的な働きかけがなされており、V 園の絵本の読み聞かせ場面の維持にかかわる教育的瞬間が感知されているととらえられた。

　一方の W 園においては、自由に子どもが出入りしているにもかかわらず、絵本の読み聞かせの場が維持されていた。詳細な事例の検討を行うと、絵本の読み聞かせの場に、入れ替わり立ち替わり来るような子どももいれば、長い時間絵本の前で集中して聞いているような子どももいた。保育者はどういう子どもの行為に能動的にかかわっていたのだろうか。

表 5-7. D の様子と保育者の対応

	保育者の対応	対応前の D の様子	対応時 / その後の D の様子
W③-8	「これ見る？」と声をかける。	『どろんこどろんこ』を触る。	立って T を見ている。
W③-21	ハンマーの動きを制止し、「もう見ない？いい？」と声かけ。	おもちゃ棚のハンマートイに手を伸ばしカンカンと音をさせる。	ハンマーを止められ、中腰で T を見ている。
W④-29		三角巾を持ってうろうろと歩く。	絵本のあたりで立ち止まる。
W⑤-8	チラチラと見ている。	三角巾を持って絵本のあたりで立ち止まる。	絵本の方に近寄ってくる。
W⑤-10	D の体を手で押さえ「後ろへ座ってね」と声かけ。	絵本を見ながら近寄ってくる。	B の足を超えて絵本の場の中心に入ろうとして止められる。
W⑥-2		後ろに座ってと言われて、B の後ろに戻る。	座らずに三角巾をふわふわさせて見ている。
W⑦-4	絵本を読み続ける。	三角巾をふわふわさせて落とす。	I に三角巾を取られそうになり、T を見て大声をあげる。

　トランスクリプトの微視的分析では、中心的に読み聞かせに参加している子どもと保育者との間では、質問－応答ペアの連鎖や、ある子どもの行為－保育者の言語化－共有化・ひろがりのユニットが生じており、また、読み聞かせの意思の揺らぎが感じられると保育者は一貫して子どもの意思を確認していた。保育者は子どもが絵本を読みたいと思っているのか、発話や視線、質問による確認をし、子どもの意思に応じた対応を行っていた。それは、たとえばＤに対する対応を例に挙げると表 5-7 のようになる。

　特に、W④-29 とW⑤-8 の保育者の対応の違いに注目したい。W④-29 は耳を触り出した子どもたちの行動が次のトラブルに発展しないように、絵本の前に座っている子どもたちに注意を向けており、周辺をうろうろしているＤの方に視線を向けてはいない。しかし、場が落ち着き絵本を読み出してから、Ｄが絵本の方に近寄り出すと、パッとそのことを視認し、その横にもう一人寄ってきたＩについても見ている。これは、W園の絵本の読み聞かせでは、子どもが場に近寄ってくる行為をどう援助していくかが、その場の展開において一つの重要な分岐点となっているからである。

　この周辺から中心へ、またはその逆の中心から周辺へ向かう、行為の揺らぎが見られる、いわば中間層に対する援助は、他のエピソードでも一貫して見られていた。W園の読み聞かせの場を維持することにとって、周辺でうろうろしている子どもは特に問題にならない。しかし、興味をもち始め、近寄ってきたときに、どう場に位置づいていくかは留意しなければならない。場の中心部で絵本を見ている子どもの集中を途切れさせないように読み聞かせを継続しながら、場が荒れるような行為を修正していく援助を行うのである。これはＤに限ったことではなく、他の子どもに対しても同様であった。たとえば、Ｉも場面W⑤のあと絵本に近づこうとし、Ｂの隣に座るが、Ｂの足の間に座ってしまったので、すぐに保育者は「Ｉちゃんこっちに座ってね。ここ。ここ」と床を指さして示す（19:55 時点）。しかし、さらに周辺で立って見ている子どもには声をかけない。それはトラブルに対しても同様であり、周辺部で起こったトラブルはW⑦-4 に見られるように、絵本を集中して見ている子どもに読み聞かせを継続する。

　そこで、W園の保育者の援助についての階層構造をまとめると、表 5-8 のようになる。

　このように、W園においては、絵本の読み聞かせを行っている保育者が読み聞かせの場を支える専門性のあり方として、援助の三層構造を見出すことができる。保育者は揺らぎの中間層の動きに合わせて、「今ここ」で関与すべき教育的瞬間を感知し声をかけていた。

　しかし、読み聞かせをしているときの対応について、子どもの行為を場合分けやタイプ分けをして対応しているといったことは、一度も保育者から語られることがなかった。ＡのときにはＢという対応を取る、ということは語られず、常に「このときは○○だったから、△△した」と実際に生じていた具体的な状況に基づいて語られていた。つまり、保育者たち自身は絵本の読み聞かせを自覚的に三層構造でとらえて、教育的瞬間を感知しているというより、具体的な姿に応じて教育的瞬間を感知している可能性がある。

表 5-8. W 園における読み聞かせの援助の三層構造

	中心層	中間層	周辺層
定　義	絵本を読んで欲しいと表現し、絵本をジッと見て座って聞いている。	絵本を読んで欲しいと表現はするが、立ったり座ったりする／逸脱行動を取る。絵本を読んで欲しいと表現はしないが、ジッと座って聞いている。	うろうろと寄ってきては、また別のところへ行く／立ったまま絵本を見る／別の絵本を見る。
保育者の援助	子どもからの指さし、「こえはー？」等の質問に丁寧に応える。いざこざが起こると子どもの座る場所を変えたりして、集中できるように調整する。	1 冊読み終えると、中間層の読みたい本を聞く。逸脱行動が見られると、制御したり、意思確認したりする。座って見るように時々声をかける。	目を配り、時折ほほえみかける等する。座るようには促さない。

　W 園の絵本の読み聞かせは、自由遊び場面の中で行われているため、子どもたちの様子を見定めながら、なるべく集中して絵本が読めるように、注意深く場が構成されているといっていいだろう。保育者の座る位置取りによって、他の遊びと混ざりにくく、子どもの意識もそれにくくなっていること、絵本棚がなくウォールポケットであることで、子どもが絵本を読みたいという意思を明確に示すことが求められていること、それだけでなく、一人ひとりの子どもが今、どの程度この絵本に興味をもっているか見定めながら、中間層の子どもにはその意思を確認し、それぞれが絵本に意識を向けていられるように援助を行うことで、絵本の読み聞かせの場が安定感をもって維持できるように実践されていた。そういった綿密な場の形成がなされていく中で、場を崩壊へ向かわせるような逆の方向性をもつ行為については教育的瞬間が立ち現われていることが示唆された。

第 4 節　総合考察

　1 歳児保育における「絵本の読み聞かせ」場面の検討を通して、以下のようなことが考えられた。

　保育不全感とは実践後に保育者の内に留まり続け、また、言語化、共有化されて保育実践の再考プロセスを駆動する側面をもつだけでなく、実践の最中において展開力を生む側面をもつことが明らかになった。子どもとのズレ、その場で形成されたルールとの齟齬などから感知される小さなほころびのような保育不全感が、実践の今ここの教育的瞬間をつかむことにつながっている。突如として感知される保育不全感に瞬発的に教育的瞬間の感

知に移行するものもあれば、実践のプロセスの中で蓄積されてきた保育不全感に軌道修正としての舵を切る教育的瞬間もある。いずれにしろ、教育的瞬間の感知には、相互行為の中で形成されているルールや活動展開において暗黙的に目指されているものがかかわっていると考えられる。目指したいものがなければ、そのズレとして感知されるはずの保育不全感は立ち現われない。たとえば、絵本の読み聞かせを重視してなければ、子どもが絵本を読めていなくても、その状況は透明化し、問題化しないのである。

　具体的検討においては、同じ「１歳児保育における絵本の読み聞かせ」といっても、その実践内容はまったく異なっていることが明らかになった。読み聞かせの場の形成の仕方が異なることで、その場で相互行為的に生成されるルールが異なる。そのことにより、どこで保育不全感が感知され、教育的瞬間へと移行していくかも異なっていた。

　設定保育で絵本の読み聞かせを行うことがほとんどであるＶ園では、保育者が発信するルールに従って行為することが子どもに求められ、そのルールに対する齟齬は保育不全感として感知される。しかし、どうしてもそのルールに従うことが難しいケースが現れると、逸脱を承認するルールが保育者から発せられ、保育不全感が感知され続けることは回避されていた。さらに、子どもは絵本の意味そのものを理解するというより、保育者の行為の意味を推論し、それに基づいて行為していることも観察された。自我の芽生えを迎えた１歳児といえども、自由気ままにふるまっているというより、保育者の発信するルールや言葉や表情のトーンなどを受け止め、それに応じて行為しようとしており、Ｖ園の設定保育における絵本の読み聞かせは相互行為的に達成されていた。保育者がルールを提示し、子どもがそれを守ろうとする相互行為によって読み聞かせの場が形成されていくので、そのルールの齟齬に保育不全感が感知され、すぐさまその齟齬を修正するために教育的瞬間へと移行する特徴が見られ、それはすなわち、その齟齬がすぐに修正されればその場の進行はスムーズになり、保育不全感は感知されにくくなることにもつながっていた。

　このことは、研究２で示した、トラブルの高発生時間帯（４月の高発生時間帯③ 15:45 〜 16:59 を除く）において設定保育はトラブルが有意に少ないと感知されていることと整合する。ルールの提示とその齟齬の修正により、子どもの行為は制限され、トラブルを起こす行為の選択可能性の幅が巧妙に狭められている。

　Ｗ園は保育不全感が感知されやすい自由遊びのみの保育形態を取っている。その中で、子どもが絵本を読んで欲しいと主張することが起点となり、相互行為が展開していく。保育者は子どもの視線、身体の動き、発せられる言葉等のリソースを利用して、子どもの行為の意味を理解しようとする。そのやりとりの中で、子どもの意思表明および絵本選択に関する合意形成がなされ、「絵本が読みたい」という意思のあるメンバーと保育者により読み聞かせの場が形成されていく。そこでは共同的な読みが生成されることにより、その進行に関する暗黙のルールが生じていく。すると、そのルールとの齟齬は保育不全感として感知され、すぐさま教育的瞬間へ移行することが見られた。Ｖ園においては保育者から発信される明示的なルールに対する齟齬であったが、Ｗ園においては、場のメンバーと保

育者の共同的な読みの生成が前提としてあり、その共同的な読みの継続を危うくする要因が保育不全感を感知させているという構造にあった。たとえば、子どもの行為が集中状態から外れて意思が揺らいでいる、または不明瞭になってきていると感知されると、保育者が声をかけて意思の確認がなされていた。逆に他の遊びから絵本の場の中心に入ってくる際には、意思の確認のみでなくすでに場の中心の子どもの邪魔にならないように座る位置の指示が行われていた。この中心−周辺の揺らぎは、絵本の読み聞かせを支える教育的瞬間として感知されていると考えられた。

　ほかに、自分の好きな絵本を何度も繰り返し読んで欲しいという主張、その本は読まないで欲しいという主張など、子どもはそれぞれに感じていることを行為で表してくる。絵本の読み聞かせプロセスとしては、子どもの不満の表出で度々滞ることも生じる。すると、さらにメンバー間でのトラブルにもなり、保育者の中では保育不全感が蓄積されていく。このように、自由遊び場面においては、絵本を読みたいという意思がその場を形成していくにもかかわらず、読み聞かせている過程においても、絵本選択の場面においても、それぞれの思いがぶつかり、衝突状態に陥ることが繰り返し見られていた。

　しかし、保育者はその保育不全感の蓄積を経て、その場を何とか立て直すために方向転換の舵を切る、教育的瞬間へと展開させていた。それには、ある絵本を読もうとしている子どもや保育者の意思があり、保育者がその実現のチャンスを伺いながら子どもたちとのやりとりを展開していることが必要である。何とかこの絵本を読むことができるように展開させたいと願うからこそ、その行き詰まる衝突状況を打開しようとするし、子どもの様子がふっと落ち着きを見せた瞬間に読み聞かせを始めることが可能になっていると考えられた。

　さらに、衝突のリスクを含んだ子どもの行為については、保育者は読み聞かせを続けながらも注意深く視認し、衝突が起きそうになった瞬間に止めるといった行為も見られ、保育者は教育的瞬間への構えを形成し、待ち構えてとらえる教育的瞬間があることも明らかになった。

　以上のように、保育不全感とは保育者個人が内的に感知するものであるという、個人の実践や経験、その場の感覚に依存するものである一方で、園文化や保育観などの文化的側面や具体的なその場の活動展開と保育者間の連携までが影響する中で、立ち上がったり透明化したりする。しかし、保育不全感は一旦立ち上がると、保育者がどうにかしたい思いをもつことで、教育的瞬間へと展開させていく契機としても機能する。

　研究 4 では、保育不全感から教育的瞬間の感知への移行について焦点を当てて検討を行ったが、教育的瞬間には保育不全感に基づかないものもあると考えられた。W 園の絵本の読み聞かせにおいては、絵本の読み聞かせに集中している子どもたちと、質問−応答ペアの繰り返しや、ある子どもの行為−保育者の言語化−共有化・ひろがりのユニットによって、絵本の楽しみをじっくりと味わう場ができていた。そこには、子どもから提示される質問や指さしなど何らかの意図のある子どもの行為が提示されると、それが教育的瞬間

として感知され、応答や言語化がなされていると考えられる。

　保育実践においては、常に、どの時点で声をかけるかという判断がなされている。「今ここ」という教育的瞬間での行為を繰り出すには、その前の構えが保育者の中にあることも示された。表5-7で示したDの様子をとらえる保育者のように、具体的な行為の中で構えができることもあれば、省察の中で、明日こんなことが起こったらこうしてみようと予測を立て、ある行為に照準を合わせるというようなこともあるだろう。実践においては、当然ながら、その日のうちに解決される保育不全感ばかりではない。蓄積され、解決されない保育不全感は、それを何とかしたいと保育実践を再考するプロセスを駆動し、そこから明日の保育へ向かう構えを立ち上げる側面があるのではないだろうか。日常的な保育不全感は、省察等におけるとらえ直しの中で、どこに留意して明日の実践に向かうかが意識されることにつながっている。それは、多様なことが生じる予測不能な実践に入る際に、すくい取りたいものがすくえる網を保育者が構えることにつながっているのではないか。次章は、教育的瞬間の感知と構えについて、さらに検討を行うことにする。

第5節　研究4の課題

　研究4は、遊び場面のうち絵本の読み聞かせという室内における静的な遊びを取り上げた。その中で、保育者の動きや連携の取り方が活動によって異なることが見られたことから、さらに他の遊びや場、また時間帯における保育不全感から教育的瞬間の感知への移行のあり方を検討する必要があるだろう。

　教育的瞬間については、保育不全感に基づかないものもあると考えられた。この点については、研究方法も含め、さらなる検討が必要である。

　また、V園の実践の検討で明らかになったように、子どもの行為の選択可能性の幅を狭めることが、保育不全感の感知を少なくし、保育をスムーズにすることにつながっていた。しかし、このことは、子どもの主体的な活動や子ども相互のかかわりを大切にすることを原則の一つとしている保育所保育指針に照らしても、決して望ましいこととはいえない。子どもの主体的な活動や子ども相互のかかわりを十分に保障することを中心に考え、保育不全感を乗り越えていく教育プロセスを生み出すことが重要である。たしかに、保育不全感の過剰な蓄積は、保育者のバーンアウトにもつながる可能性をもつだろう。そのネガティブな側面と教育的瞬間への展開の契機となる側面とは表裏一体の関係であると考えられ、どのような条件が教育的瞬間への展開の契機へと導くのか、さらなる精査が必要である。

第6章

長期的な育ちのとらえと
教育的瞬間の感知：
構えの形成と保育目標というリソース
（研究5）

第1節　問題・目的

　これまで研究4では、1歳児保育における絵本の読み聞かせ場面の検討を通して、教育的瞬間の感知がどのような相互行為の中で生じているかを明らかにした。教育的瞬間は、相互行為の中で形成されているルールや活動展開において暗黙的に目指されているものがかかわっており、そのルールとの齟齬から感知される保育不全感が即時的に教育的瞬間へ移行することや、実践のプロセスの中で蓄積されてきた保育不全感が軌道修正としての舵を切る教育的瞬間へと展開することが見られた。その中で、「今ここ」という教育的瞬間での行為を繰り出すには、その前の構えが保育者の中にあることも示された。保育不全感は、その日のうちに解決されるものばかりでなく、蓄積される保育不全感もある。しかし、これまでの検討で明らかになったように、保育不全感を感知すると、保育者は「何とかしたい」と実践を新たな方向へ展開させたり、省察の中で再考したり、子どもの行為の意味やかかわりの意味を考えたりし、次の実践に向けて何らかの構えを形成するのではないかと考えられる。そして、その保育不全感がもととなる何らかの構えを保育者がもっていることにより、教育的瞬間をとらえることが可能になると考えられた。そこで、研究5では、保育者が日頃の保育の省察において保育不全感を感知しているケースを取り上げることで、構えと教育的瞬間の関係を明らかにすることを目的とする。

　ここで、どのような日常的な保育不全感を取り上げるかが問題になる。どの保育者にとっても日常的であると推測されることの一つに、個の育ちの課題が挙げられる。保育者はダイナミックに動き複雑に絡み合う保育の文脈の中で、それぞれの子どもの育ちの課題を意識しながら実践しているだろう。高濱（2001）は、保育者が経験にかかわらず指導の難しい幼児という認識をもつこと、また、経験によって指導の難しさを感じる幼児のタイプや幼児の問題の定式化の仕方、幼児を理解した方法に違いがあることを明らかにした。おそらく保育者は具体的な子どもとのかかわりの蓄積の中で、一人ひとりの育ちの課題を

意識するようになる。一人ひとりの具体的な姿や場面に応じてかかわり方を変えたり、何度もとらえ直したりしているだろう。それは、自らの保育が十分でないという保育不全感を感知している個人へのかかわりを考える際には、より明確に意識されると推測される。研究5では、保育者が個に対するどのような課題意識をもって保育実践に臨んでいるのか、また、どの子どものどのような性質や特徴に対して、どのようなアプローチを取り、育もうとしているのかという、実践の具体に焦点を当てる。その際、保育不全感が明確な個人を取り上げることで、教育的瞬間がどのように感知されているのか、検討を行う。

　ここで、研究上、教育的瞬間をどのようにとらえるかが問題となる。van Manen（1991b）のいう、子どもに対する何らかの教育的な働きかけが大人に期待される状況に対して、能動的に出会うこと（active encounter）を教育的瞬間とするにしても、誰が何をもって"教育的な働きかけが大人に期待される状況"と判断するかが問題となる。研究4では、絵本の読み聞かせの場を支えるということに関して、相互行為を分析した中で、暗黙のルールに対する齟齬や中心―周辺の揺らぎの中で声かけがなされているといったことを、教育的瞬間の感知として読み解いた。しかし、保育不全感を感知している個人へのかかわりを対象とした場合、どのような内容で保育不全感を感知しているかも個々に応じて異なると推測され、研究4のような場面で区切った検討は難しい。そこで、本研究では、保育者が教育的瞬間ととらえたと考えられるインタビューでの語りを手がかりに、当該場面の観察で得られたかかわりの分析を行い、指導の難しい幼児に対する具体的保育実践のありようについて明らかにすることを目的とする。

　なお、本研究においては、教育的瞬間を、「子どもに対する何らかの教育的な働きかけが保育者に期待される状況に対して、今ここでかかわらねばと育ちへの願いを込めてかかわる瞬間」と定義する。そのうえで、教育的瞬間が感知される前後に生じている保育者にとっての文脈と、その場で即興的に生じる相互行為的文脈の2つの視点から検討を行う。

　保育者にとっての文脈とは、研究者が外部者の客観的視野から期間や時間を区切って検討するものではなく、保育者が今日のこの事例につながるものとして感知している文脈である。それは、言語でとらえようとする限り、どこまで意識化されているか、記憶されているか、言語化できるかなどの問題を含むものであるが、本研究においては、実践に身を置く保育者がその瞬間を感知するまでのかかわりの蓄積を関連づけて語る範囲を、保育者にとっての文脈として検討する。当然ながら調査には時間的な限界、技術的な限界がある。Harper（1987）はある一人の機械工の専門的知識を、写真を用いて引き出している。しかし、写真を用いたからといって、豊かな語りがすぐさま引き出されるわけではなく、その機械工は一連の写真を驚くほど簡単にまとめるので、研究者は質問したり自らの考えを述べたりして詳しく説明させる必要があった。また、機械工の沈黙が、写真を見ながら考えていることを意味しているとわかり、研究者は次第にその沈黙になれていったこと、写真の対象物への理解が深まるにつれ、質問にも自信がもてるようになったことが記述されている。しかし、現場における調査は、現場の仕事を中断させてしまう側面がある。その

時間を現場の仕事に生かせるものにする努力をするにせよ、それほど長時間居座るわけにはいかないという現実的時間的限界がある。

　さらに、Harper は自らが研究対象とした機械工と、合理化された修理工（部品交換をする人）とを対比させ、機械の音をどう解釈するかといったことをマニュアルから学ぶことは困難であると指摘し、熟練の機械工の作業は、素材に関する詳細な知識の上に築かれた、音や微妙な身体感覚の解釈によってなされると述べている。たとえば溶接の技術について非常に具体的な内容が語られても、そこには塩梅のようなものが含まれており、急いでやるとうまくくっつかないが、ゆっくりやりすぎると穴が空くというような微妙なポイントを語りきれることはない（福島, 2001a）。たとえば保育においても、ゆらゆらと歩き始めた子どもの手をそっと離すとき、なぜそのとき離したのか語りきれることはないだろう。しかし、教育的瞬間は保育者が感知するものであるとするならば、その語りきれない限界はありながら、保育者自身が感知する文脈の中に位置づけて分析することに一定の意味があるだろう。それはつまり、なぜそれが感知されたかということの一つの説明として、一定の意味があると考える。その保育者にとっての文脈を検討する中で、研究 4 で考察された構えが見られるのかどうか、見られるとすればどのような性質のものか、検討を行う。

　もう一つの視点は、その場の相互行為的文脈である。やりとりの応答のさなかのことは本人にも認識しにくい側面があるとしたら、教育的瞬間が感知されたその場で生じていたことの詳細な観察は、具体的に生じていた相互行為の文脈を理解することに有効であると考えられる。

　以上のことから、本研究では、保育者が感知する教育的瞬間を、実践の文脈に位置づけつつ検討することを目的とする。その際、保育者にとっての文脈とその場の即興的な文脈の 2 つの視点から検討を行うこととする。

第 2 節　方法

1. 調査フィールド

　本研究は、関西地方の国公私立幼稚園でクラス担任をもつ保育者 18 名を対象とした。幼稚園をフィールドとしたのは、保育所での調査の経験からである。それは、午前中に観察をして給食後の午睡時にインタビューを行う場合に、保育所では午睡時に子どもの呼吸の状態を確認するなど、目を離さないことが保育者に求められる。研究 4 の調査先では、インタビューの時間帯には、他のクラスの保育者が連携を取り 1 歳児保育室に入ってくれていた。しかし、そのような調査はよほど調査に協力的な園でないと実施は難しい。筆者は調査開始時点で異動直後であり、負担の重い調査方法を採る関係性もなかった。さらに、

調査内容として、教育的瞬間の感知はかなり個人差の大きい内容であると想定されたことから、縦断的な変化を追うことよりも、まずは多様なケースについて知ることに重点を置くこととした。以上のことから、保育時間が 4 時間を標準とする幼稚園を対象として、延長保育を含まない通常保育の観察と、降園後のインタビュー調査の依頼を行った。具体的な依頼先としては、遊びを中心とする指導を行っている園を探し、その園からの紹介を通じて広げていった。

　調査対象者の属性は表 6-1 の通りである。多様な保育者を対象とするため、依頼先の園に所属する保育者の経験年数が、初任期（1 ～ 5 年）、中堅期（6 ～ 10 年）、熟達期（11年～）で分けた際にだいたい同程度になるように依頼した。

表 6-1. 調査対象者属性

保育者仮名	A	B	C	D	E	F	G	H	I
国公私別	公立	公立	公立	国立	公立	私立	私立	私立	私立
雇用形態	正規	正規	正規	正規	正規	非正規	正規	正規	正規
幼稚園免許	有	有	有	有	有	有	有	有	有
保育士資格	有	有	有	無	有	有	有	無	無
担当クラス	3歳児	5歳児	4歳児	5歳児	5歳児	3歳児	3歳児	3歳児	3歳児
担当クラス年齢担任回数	1回	5回	1回	14回	6回	1回	3回	1回	2回
幼稚園教諭としての経験年数	17年	10年	1年	27年	10年	1年	4年	10年	2年
経験年数群	熟達	中堅	初任	熟達	中堅	初任	初任	中堅	初任
養成課程	4年制大学	4年制大学	4年制大学	4年制大学	4年制大学	短期大学	短期大学	短期大学	短期大学

保育者仮名	J	K	L	M	N	O	P	Q	R
国公私別	私立	私立	私立	私立	公立	公立	公立	公立	国立
雇用形態	正規	正規	正規	正規	正規	正規	正規	正規	正規
幼稚園免許	有	有	有	有	有	有	有	有	有
保育士資格	無	有	有	無	有	有	有	有	無
担当クラス	4歳児	4歳児	5歳児	5歳児	3歳児	5歳児	5歳児	4歳児	5歳児
担当クラス年齢担任回数	2回	5回	7回	1回	4回	4回	5回	3回	10回
幼稚園教諭としての経験年数	2年	20年	13年	2年	10年	13年	19年	6年	27年
経験年数群	初任	熟達	熟達	初任	中堅	熟達	熟達	中堅	熟達
養成課程	通信教育	短期大学	短期大学	通信教育	4年制大学	4年制大学	短期大学	4年制大学	4年制大学

＊幼稚園教諭としての経験年数1～5年を初任期、6～10年を中堅期、11年以上を熟達期とした。

2. 調査手続き

　本研究は、調査開始前に京都教育大学研究倫理委員会の審査を経て行った。調査時に、保育の様子を録画するため、調査対象者である保育者のみならず、録画の対象者である子どもの保護者に対しても研究協力の承諾を得て実施した。

　調査者（筆者）は、一人で各幼稚園に朝 8 時半頃に訪問し、午前 9 時頃から昼食時を除く午後 14 時頃の降園までの保育観察、および降園後の担任保育者 1 名を対象としたインタビューを行った。保育観察は、保育者に保育不全感が感知されているケースに焦点を当てるため、「特別支援が必要とはされていないが、指導が難しいと感じる幼児」を 1 名抽出してもらい、抽出児を中心とした観察を行った。ここで「特別支援が必要とはされて

いないが、指導が難しい」という条件をつけたのは、近年「気になる子ども」という表現される子どもに、保育者が巡回相談等での外部の専門家等から具体的な保育方法の示唆を受けて実践しているケースが増えているという実情がある。本調査の観察対象として「発達障がいが疑われるケース」が挙げられた場合に、AならばBというように、行動タイプと保育者の対応が固定的に組み合わされ実践されていることもある程度想定された。公私立幼稚園・保育所を対象として「気になる子ども」についての保育者の意識を調査した久保山・齊藤・西牧・當島・藤井・滝川（2009）は、「気になる子ども」への対応としては「個別の関わり・声かけ」「けじめ・注意」が約 66％であるのに対し、「保育上の工夫」や「友だちづくり・関係調整」「活動の設定」といった質的に工夫のある支援は全体で約 20％であったという。このことから、久保山らは、「気になる子ども」の気になる行動の改善を直接的に支援することになりがちな傾向に警鐘を鳴らしている。また、小田（2001）は、問題行動を含めすべての行動を是認することは、適切な指導の放棄であるのみならず、「その子らしい世界」が見えなくなり、その子が生かされなくなることや、振る舞いが目立たない子どもが教育的死角になりやすいことを指摘している。そのうえで、保育者は「子どもを一般的な固定化された類型像でとらえるのではなく、常に動的に変化していくものとして、その変化の芽を正しい方向でとらえる目をもつことが求められている」（小田，2001, p.119）と述べている。どの子どもにとっても、類型化や固定化されない見方や方法でのかかわりの経験が重要であり、個をとらえ、個に合わせた保育上の工夫を考える保育者の専門性をとらえる必要性があると考えられる。そこで研究 5 では、一人ひとりの子どもの姿を保育者自らがとらえようとする専門性について焦点を当てたいと考え、「気になる子ども」や「特別支援の必要な子ども」という、現状ではある種の固定化の方向性をもつ思考に結びつきやすくなっている子どもを対象としないことにした。類型像でとらえられがちなケース、すなわち「特別支援が必要とされる」ケースを除外して抽出児を選んでもらうこととし、「気になる子ども」には多様な子どもが含まれているので、あえてここでは触れないこととした。また、幼稚園教育における意図的な教育方法として使用される「指導」という用語を用い、主語は保育者として「指導が難しいと感じる幼児」という表現とした。

　観察には、iPad mini にアプリケーション CAVScene をダウンロードしたものを用いて、継続的に抽出児周辺の様子を録画した。観察者は、子どもに危険のない限り積極的に関与しない客観的立場を採った。録画中に活動の切り替わり等に応じて、画像の切り出しを行い、インタビューまでの間に、サムネイル毎の内容を見返し、インタビュー時に具体的な場面の内容が語られたときにすぐに該当の映像が映し出せるように整理しておいた。

　インタビューは、保育終了後に録画した映像を必要に応じて視聴しながら、担任保育者を対象とした半構造化面接を行った。筆者と調査対象の保育者が 1：1 で話ができる園内の場所を借りて実施した。調査対象者に許可を得て、IC レコーダーに録音しながら、筆記メモを取った。その際、家庭的な背景等を理由に「記録に残さないで欲しい」という

申し出があった場合には、ICレコーダーを停止して、筆記メモも残さない配慮を行った。使用したインタビューガイド項目は下記の通りである。

【インタビューガイド項目】
　・抽出児を選んだ理由
　・昨日までの気になる姿と遊び
　・抽出児に対する保育目標（短期・長期）
　・今日の保育における抽出児とのかかわりの留意点
　・今日の保育におけるクラス全体へのかかわりの留意点
　・今日の感触／迷ったところ／つかめた感じ
　・気になった場面、ビデオで確認したい場面（何がなぜ気になったか）

3. 調査期間
2014 年 11 月 10 日〜 2016 年 2 月 26 日

4. 分析方法
（1）教育的瞬間の語りの抽出
　インタビューをすべて文字起こしし、その中から、保育者が「今ここでかかわらねば」と思いかかわった場面（教育的瞬間）についての語りを抽出する。教育的瞬間についての語りが抽出できたケースについて、詳細に検討を行う。
　また、「今ここでかかわらねば」という思いについての語りは、その前提として「最近感じられる抽出児の変化」が語られている特徴があった。その語りについてここでは「ターニングポイントについての語り」と呼ぶこととし、あわせて検討資料とする。なお、文中の子どもを含む個人の名前はすべて仮名である。また、保育者の一人称の語りで性別がわかるものについては、個人が特定されることを避けるため、すべて「私」で表記している。

（2）子どもの育ちに関する課題認識の感知と保育目標
　教育的瞬間についての語りが抽出されたケースについて、保育者が子どもの育ちに関するどのような課題認識と保育目標をもっていたのか明らかにするため、以下のようなインタビューデータの整理を行った。まず、抽出児の気になる姿についての語りから、特に育ちに関する課題認識について語られた部分をすべて抜き出した。また、保育目標についての語りもすべて抜き出した。抜き出されたすべての文章を俯瞰したうえで、要約を行ったものを「育ちに関する課題認識」とした。保育目標も同様に要約を行い、さらにキーワードをつけた。

（3）教育的瞬間の実践場面のエピソード分析

　インタビューで語られた教育的瞬間の実践場面については、映像をエピソードに文字起こししたものを資料とする。多数の子どもが入り交じる動的な遊び場面は、静的な絵本の読み聞かせと異なり、言葉ではない動きだけで展開をする側面も大きくある。そのため、行為も含めて文章化するエピソード記述の方がふさわしいと判断した。

（4）教育的瞬間の語り

　インタビュー調査のデータ量については表 6-2 に示す。また、18 名の保育者 A 〜 R のうち、その日の保育における教育的瞬間について語ったのは 7 名（保育者 A、B、D、G、M、P、Q）であった。研究 5 はこの 7 ケースについて検討する。

表 6-2. インタビュー調査のデータ量と教育的瞬間についての語りの有無

保育者仮名	A	B	C	D	E	F	G	H	I	J
インタビュー時間（分）	76	111	129	71	96	79	89	75	89	97
文字数（字）	22976	28181	32528	31326	22620	18048	21911	24595	24778	25654
教育的瞬間についての語り	有	有	無	有	無	無	有	無	無	無

保育者仮名	K	L	M	N	O	P	Q	R	合計	平均
インタビュー時間（分）	95	92	81	98	107	126	147	68	912	96
文字数（字）	20618	21142	14654	22508	23302	40940	32728	20023	252617	112133
教育的瞬間についての語り	無	無	有	無	無	有	有	無		

　なお、教育的瞬間の語りが生じるかどうかは、その日たまたま見られた子どもの姿と保育者の保育目標の関係や、インタビューでの語り口など、本論文の方法の限界から影響を受けると考えられる。これらのことから、教育的瞬間の語りが生じているかどうかが専門性の高さとかかわっているという立場は取らない。ここで分析対象とする 7 ケースの詳細な検討を通して、保育実践のもつ特徴を浮き彫りにしていく。

第 3 節　結果・考察

1．課題認識の感知から保育目標というプランの生成へ
（1）具体的な育ちとその課題に向き合う保育目標のケース検討

　保育者がどのような子どもの姿に教育の必要性を感じ、援助の工夫をするかということを検討するために、7 ケースで語られた抽出児の育ちに関する課題認識と、それに対する保育目標をインタビュー内容から整理した。保育目標はその内容を表すキーワードを〈　　〉内に示した。

1）かかわりの難しさ→他を受容する（シンスケ・3 歳児・保育者 A）

育ちに関する課題認識の感知の語り：「あの子にじっくりかかわることってなかなか難しいなって思ったのが 1 学期の印象だったんです。で、でもあの子はもう絶対、『今はぼくの先生』っていう存在、自分だけにかかわってくれる存在をすごく必要としてる」「で、いくらこう、こっちがまあ『今日はじゃあシンスケくんにつくわ』ってカシハラ先生と交代交代に『できるだけシンスケくんと 2 人の時間をつくろう』って言って今までやってきたんですけど、なんぼこう、こっちから一生懸命やっても足りひん。本人は満足するまでいってないなっていうことを感じています。で、だから、まだまだなんやなって。もっともっとどうやったら彼は満足いくんだろうなって」「遊びも、『ほなこんなしてみるか？』って 2 人のときに提案しても、割とマイナス的な表現、『それは今なくなりました』とか。今日も、私とのかかわりの中では『もうシンスケが食べて無いよ』って言ってた。あの辺が、どういう彼の心の揺れなのかなっていうとこがつかめてないことが、すごく、えっと、わからない、今、うん、ところでもあります」

保育目標に関する語り：「まだまだね、3 年の保育として考えていかなくってはいけないんですけども。集団がまず、割と少人数なので、やっぱり彼の居場所を友達の中で見つけてやりたいなっていうか、自分でそういう力つけて欲しいな。それには受け入れてもらえる嬉しさもやけど、彼がやっぱり人を受け入れていくっていう力を、少しずつつけてあげたいなっていうのを、すごく思っています」

育ちに関する課題認識：自分だけにかかわってくれる存在を強く必要としているが、じっくりかかわることが難しく感じる。保育者ができるだけ 2 人の時間をつくりかかわっているが、どれだけかかわっても満たされない感じがある。遊びの提案をしても「それは今なくなりました」などマイナスな反応が多く、心の揺れがつかめない。

保育目標：他者を受け入れていく力を少しずつつけてあげたい。〈他を受容する力〉

2）スッと離れる姿→友達に思いを表現する（ハンナ・5 歳児・保育者 B）

育ちに関する課題認識の感知の語り：「ハンナちゃんはというと、まぁ、うーん、一番こう、いろんなことを表に出さないタイプなのです。で、前の保育園のときも全然、こう、誰かのところに遊びに入って楽しむというよりも、見ることを楽しんでいるっていうタイプでしたっていうふうにお母さんも言ってはったんですよ。それで、あの、まぁ、ちょっと様子を見てたんですけども、で、えっと、途中何回か、

あの、ハンナちゃん、でもちょっと何とかしなくちゃというかね、と思って、えーと、一緒に遊ぶ、やっぱり最初は教師との関係だと思うので、で、私と遊ぶっていうことを何回かしたのですけども、でも、かといって私のところに先生っていって親しみを感じてくるわけでもなかったんですよ」「パターンもいろいろで、あの、私が一緒にこれしないって言うて誘うパターンもしたし、で、ハンナちゃんが砂場で遊んでたら砂場に一緒に遊ぶっていうパターンもあったし、で、何かいっぱい友達がいるところにハンナちゃんもやろうよっていうふうに誘うっていう、いろんなやり方をやったりしたんですけども、何か気がつけばスッと離れていってしまうっていうことが、あの、毎回そうやったんです」

保育目標に関する語り：「（今友達とやっている）劇の中で自分の役のときに何か出てくるというか、ということができればいいなっていうのが短期的な目標ですね。まぁ、えっと、長期的にはやっぱり友達と遊びを誘い合って進める、漠然としてますけど、というふうなことができればっていうふうに思うのと、それと、あの、その自分の思いがちゃんと言えたらいいなって。やっぱり今はこう、ぐっとこう黙って、おそらくいろいろ思ってるけどもなかなか出せずにいるけども、やっぱり、その、遊びを通してでもちょっとずつでも、何か出せたらいいなって思います」「ハンナちゃんに対しては、えーと、まぁ、ストーリーは、まぁ大体もうみんなわかっていると思うし、で、じゃあその中でその役割をもってどのように参加するかっていうことと、それから、ざっくり言うと友達と自然なかかわりができるかっていうところ」

育ちに関する課題認識：5 歳になってから転園してきたが、いろいろなことを表に出さず、見ることを楽しんでいるタイプ。まずは保育者との関係をつくることだと思い、いろいろにかかわるが、気がつくと毎回スッと離れていってしまう。

保育目標：長期的には自分の思いが表現でき、友達と誘い合って遊びを進めることができるようになって欲しい。短期的には友達と自然なかかわりができることをねらっていく。

〈思いの表現、友達とのかかわり〉

3）素直に表現できない姿→自信をもつ（ミエコ・5 歳児・保育者D）

育ちに関する課題認識の感知の語り：「本人はまだその友達を、本当はもっといろんな子と遊びたいんだけど、あの、今日仲良くしてたマキちゃんには自分の思ってることは言えるんだけど、あとまだほかの子にはまだそこまでのお友達がいなくって。で、まぁ本人は広げたいと思っていると思うんやけど、まだ、まぁそこまで踏み出せないところもあるし。で、あの、まぁあと少しっていうところでね。えっとー、

自分に自信がないところもあったので」「こう出しかたがストレートじゃなくって、ちょっと素直に出せなくって、本当は自分とこ来て欲しくても、何かこう甘えられなかったりとか」

保育目標に関する語り：「あの、素直に自分の思ったまま出して欲しいっていうのと。それと、あの、自信がなかったので、何かこう自信をつけたいなと思ってて」「今は、あの、すごく自信をもって生き生きしているし、みんなのところでも手挙げて発言するようになったので、だからもうそこをどんどんクローズアップはしてあげようと思うのと、あと、まあ一押し、あの、マキちゃんじゃない子にも、自分からさらっとこうしゃべれるようになったらいいのになぁと思って」「まぁ、あと、もう一押し。いろんな友達とっていうのは思ってます」

育ちに関する課題認識：本人はもっといろんな子と遊びたいと思っていると思うが、そこまで踏み出せない。自分に自信がない。表現の仕方が素直でなく、本当は自分のところに来て欲しくても甘えられない。

保育目標：素直に自分の思いを表現して欲しい。自信をつけさせたい。友達関係が広がっていくように心がける。〈思いの表現、自信、友達とのかかわり〉

4）つかみにくさ→友達関係と遊びの広がり（ハルヤ・3歳児・保育者G）

育ちに関する課題認識の感知の語り：「ちょっとすごい私自身もまだまだつかめへんなって思った出来事があって。で、それで、まぁそういうふうにお友達とかにも接してはったりとか、遊びに入らはるときに、ハルヤくんの方からお友達にはどういうふうにアプローチしてはるんやろなっていうのが、なかなか見にくかったんで」「なんで急にそんなことをしちゃったのって聞いたときは、もう、全然、たぶん、わかってはらへんような感じで。あれ、この人、どこまでわかっていろんなことやってはるのかなとか」「いつもは何か、女の子とかが一緒に遊ぼうみたいな感じで誘ってくれてはって、一緒に遊んではるんですけど、たぶん、途中で思いがすれ違って、結局バラバラに遊んじゃったら、もうハルヤくんは一人で遊んではることが多くて。遊び込めないのもあるんかなっていう感じですね」「何か結構、私とかが入っちゃうとパッと抜けてしまわはることとかもあるんで。何やろなと思いながら」

保育目標に関する語り：「まずはお友達と楽しい、遊びの一緒に遊ぶの楽しいなっていう思いを感じてもらえたらいいなってすごい思っているんですけど。そこがつながると、その、どんどん遊びのね、内容とか、どういうふうに展開していけばいいのかとか、何か、そういう何もつかめはるんじゃないかなってすごい思うので、

> お友達の力を借りて、どんどん世界を広げて欲しいなとは思ってるんですけど。」

育ちに関する課題認識：どこまでわかっているのかがわからない。また一人遊びが多く、友達にあまり興味がないように見える。他者の思いをくみ取ることが難しいのか、誘われたら一緒に遊ぶが結局バラバラになり、遊び込むことが難しい。保育者が入って遊ぼうとするとスッと抜けていってしまう。

保育目標：友達と一緒に遊ぶことが楽しいと感じられるようになる。友達の力を借りて遊びの世界を広げていって欲しい。〈友達とのかかわり、遊びの広がり〉

5）消極性→表現力・決断力（サクト・5 歳児・保育者 M）

育ちに関する課題認識の感知の語り：「いまいちこう、遊びに乗り切れないというか、少し、どうしたらいいのかなぁとふらふらしてる時間が最近長いように思っていたので、その辺の気持ちがわかればなと思って。以前からそこまで積極的にいろいろするようなタイプではなかったんですけど、まぁ、ほかの子もどんどん自分のやりたい遊びとか、遊びの発展のさせ方を年長になって、どんどん身につけてはる中で、少し、みなのレベルが上がってくると、今度ちょっと彼の消極的なところがまぁ、そういう意味で最近気になってきたということかもしれないですね」「ちょっとストレートに出せないところがあるんちゃうかなと思ってます」「彼自身はこれを作りたいからこれを作ろうっていう遊びは進めてないですよね。その辺が私も気になるし、ほかの子にとっても、特にコウタくんやマサオくんなんかは自分はこうしたいし、ほかの人もおもしろいとか、こういうのがわかると思うんですけど。その辺が彼の魅力の薄さになってるとは思うんです。一緒に遊ぶことに対して」

保育目標に関する語り：「もうちょっと遊べるようになってから卒業して欲しいですね。面倒見てあげられるうちに。遊ぶためには自分の気持ち、友達に伝えられないとできないですし。ぼくはこうしたらおもしろいと思うんだっていうことを考えられるようなクセを卒園までにつけてあげたいなと思います」「なるべく自分で決めることの経験を、えーと、機会としてつくっていこうと思ってます、今は」

育ちに関する課題認識：積極的にいろいろ活動するようなタイプではなく、遊びに目的が感じられず乗り切れない。自信がなく、気持ちをストレートに表現できず、「これをやる」と決断できない。そのことで、友達からも魅力的とは映っておらず、一緒に遊びたいと思われていないように感じられる。

保育目標：もうちょっと遊べるようになって欲しい。自分の気持ちを友達に伝えられるようになり、「こうしたらおもしろい」と考えられる癖をつけてあげたい。そのためには自分で決める経験を機会としてつくっていく。〈思いの表現、決断力〉

6）行動に移せない姿→自信をもって思いを表現する（タカトシ・5歳児・保育者P）

> **育ちに関する課題認識の感知の語り**：「そういう遊びに物があると、それを介して何人かとか遊ぶことはするんですけれども、そこでお友達関係ができて、明日も遊ぼうなとか、今日これしようかみたいに継続してこう、気の合う友達が、今もこの子っていう子がいないお子さんで。できるだけお友達の中に入って、そのお友達とかかわったり、やりとりをして楽しいと思ったり、お友達とやるから、こういろんなことができるっていう楽しさを味わって欲しいなという思いはもってはいるんですけれど、まず先生とのかかわりが、なんか中心になりがちで」「なかなか自分からこう、自分も出して、遊びに取りかかるみたいなところは、まだまだ不安なのかなっていう心配もあったので、私としては友達とかかわって欲しいと、でもまずそこで安心して、幼稚園が楽しいと思ってもらう、お母さんも安心してもらいたいという思いがあって、そこでちょっと揺れている子どもであったので」
>
> **保育目標に関する語り**：「気持ちはあるんやけれども、それが行動にあと一歩の移せないところっていうところを、何か自分に自信をもったり、そういうこう、あのー、できたとか、楽しかったっていうこういっぱい積み重ねる中で、そこで躊躇せずにやってみようっていうふうに、こう行動や言葉に出せるようになったらいいなっていう思いはあります」「どうしようかなって思ったときに、うーん、とりあえず、それをこう言えるっていうふうになって欲しいなっていう思いはあります」「私を介さなくても、言葉で、もうちょっとこうかかわりができるようになって欲しいなっていう思いがあって」「もっとこう言葉を出したり、（自分の）思いを出したりっていうふうなところが、もうちょっと豊かになってくれたらいいなっていうふうに思います」

育ちに関する課題認識：年長2学期に転園してきた。なかなか自分から友達の遊びに入っていくことが難しく、継続して遊ぶ気の合う友達がまだいない。気持ちを行動に移すことが難しい。保育者とのかかわりが中心になりがち。
保育目標：自信をもって、行動や言葉で表現できるようになって欲しい。保育者を介さなくても友達と言葉でかかわれるようになって欲しい。〈思いの表現、友達とのかかわり〉

7）相手の思いを感じ取れない姿→友達と思いを出してかかわる（カヨ・4 歳児・保育者 Q）

育ちに関する課題認識の感知の語り：「同年代のお友達との関係っていう部分で、ど うもこう苦手というか、よくトラブルになってしまうことが多いんです。で、それ は大人だったら、ちょっと気持ちをくんで、その子と接することができる部分が、 相手が同い年やったら、やっぱりその相手も、向こうも思いを出してくると、そこ に対して、こう自分が我慢するとか、うーん、することができにくいことが多いん ですね。で、手を出すとか、押すとか。あのー、ことが頻繁にあります。で、あと は集団の中で一緒にやるときとかに、うーん、やらなかったりとか、その中に入り にくかったりとか、まぁ、そのあとこう、遊びに区切りをつけて、しまいをつけて、 次の活動にみんなでやるっていうところが、その移り変わりというか、やりにくい 部分があって、私もどう声をかけてあげたらいいのかなっていうのとか、難しいの と、友達同士のトラブルがあったりでも、カヨちゃんの思いも聞いて、相手の思い はこうだったんだねって伝えるんだけど、あーそうかってならずに、そうじゃなく て私はこうしたかったって言って、何かこう、相手の思いを置いておいて、自分の 思いはこうだから、もうそれでいいっていうことが多くて、その、そうかっていう。 なかなかこう、うまく、あのー、私の思いも伝わりにくいなっていう感じが」「その、 やっぱりかかわりが薄いっていうか、私がいて、こう一緒に遊ぶのはできるんやけど、 友達だけで遊ぶってなると、やっぱり途中で、あーまた一人でおるなっていうふうに。 なかなかこう。かかわっているようでかかわっていないっていう」「すっごくちょっ とうまく言えない、ちょっと無理してる部分があって、特に大人によく見せたいっ ていうふうな姿を出すことが多いんですね。（中略）それがアンバランスさを生じて いて、友達、同年代の友達とは、自分の方が上とか思ってるのかわかんないですけど、 わかんないですけど、うまく自分を出せてないというか、自分ばっかり出してるの かな、相手のことを感じ取れないのがあるんですよね」

保育目標に関する語り：「何かもっとこう、私に対してもっと言って、何かもう対等 でもいいから言い合いができる、で、その中でようやくカヨちゃんとケンカして、で、 カヨちゃんが私の気持ちをわかってくれるとか、私もカヨちゃんの気持ちがわかっ てあげられたら、何かこう大人にだけ、そんなええ格好をするとか、せんでもよく なるんちゃうかなっていうのはありますよね」「うまく言えないですけど、きっとそ こ、安心感があったときに、たぶん友達とのかかわりの中でも変わるものが出てく るというふうに感じるんですよね」「私とまぁ、こうそれこそ関係というかっていう ことの中で、お友達もいるよ、みたいなことを感じられたらいいなと思って」

育ちに関する課題認識：同年代の友達とのかかわりでトラブルが多く、保育者が一緒にいれば友達とも遊べるが、友達だけになると一人になり、友達とのかかわりが薄い。大人に自分をよく見せたい一方で、同年齢の相手の思いの表出を受けて自分を少し抑えるということが難しく、両者の気持ちを受け止めて伝えても自分の思いを言うだけで、保育者の思いも伝わりにくい。また、集団で一緒にするときにやらない、入りにくいという姿があり、活動の変わり目で区切りをつけることが難しい。

保育目標：保育者に対して素直に思いを表出して、対等でもいいから言い合いができ、互いに本当の気持ちが理解し合えるような関係をつくり、そこを核として友達とかかわるようになって欲しい。〈思いの表現、友達とのかかわり〉

　以上のように、抽出児の育ちに関して各保育者が抱いていた課題認識は、すべて、他者とよりよく生きるための力、いわゆる社会情動的スキルにかかわるものだった。子どもの発達の課題は社会情動的スキル以外にも、たとえば身体の動きといった運動面など、多様にあると思われる。しかし、一日中撮影する対象として抽出児を一人選び出す際に、保育者が対応として援助や環境を考えやすい発達の課題よりも、日常の保育の中では理解することが難しいと感じていたり、何が援助としてふさわしいのか確信がもてずにいたりするケースが選ばれた可能性がある。

　特に今回多く挙げられた育ちに関する課題認識は、思いの表現や友達とのかかわりといった、関係的側面を含むものが多かった。関係的側面は、相手によって異なる様相を呈する。その子どもの一日の姿や、保育者がいない場での子ども同士のかかわりなどを、映像を通して発見し、より深く理解することが期待されたのかもしれない。いずれにせよ、研究5において保育者が抽出した「指導が難しいと感じられる幼児」は、自分の思いを表出する、他を受容する、友達とかかわることに困難さがあると、保育者に感じられている子どもであった。

　育ちに関する課題認識の中で最も多く挙げられたのは、〈思いの表現〉と〈友達とのかかわり〉であった。〈思いの表現〉については、友達との間で自分の思いを出せるようになって欲しいといったことや、そのために自信をつけて欲しいということが語られていた。また、〈友達とのかかわり〉については、自分の思いを出し合いながら遊ぶことを通して、友達とかかわれるようになることや、友達関係が広がっていくことが、目標として多く語られていた。つまり、自分の思いを表現することと友達とかかわり合って遊ぶことには、密接なかかわりがあると保育者は考えており、関係性の中での育ちに関心が高い傾向があるといえよう。さらに、そういった子どもの育ちと保育者とのかかわりとを関係させてとらえ、抽出児に対する保育がうまくいかないと保育不全感が語られているケースが4ケースあった（ケース1、2、4、7下線部）。一方で育ちの課題を子どもたち同士の関係性の中でとらえているケースもあった。それはたとえば、ケース3、5で顕著であったが、いずれも年長児のケースであり、他の子どもたちは子ども同士で遊びを展開して楽しんで

いる様子がある中で、なかなか関係がもてない、遊び込めないなどの抽出児の姿が目立っ
て感じられるようになっていた。また、同じ年長児でも、ケース 2、6 はどちらも転園し
てきた子どもが抽出されていた。両ケースとも、まずは保育者との関係づくりが重要視さ
れ、そこからどう子どもたちとの関係性の中に抽出児が位置づくようにしていくかが課題
と考えられていた。子どもの成長や環境に即して保育者と子どもの関係や距離感も変化す
る。それは、自らの保育をどうとらえるかということにも影響を与えている。

（2）プランをリソースとする構えと具体的な相互行為の関係

　これらの子どもの育ちに関する課題認識とそこから導き出される保育目標は、保育者
の中のプランとして位置づけられ、それに基づいた実践がかたちづくられることになる
のだろうか。認知心理学では、伝統的にプランは人の内部にあるメカニズムであり、そ
れが行為を生成したり、コントロールしたりするものとされてきた。Miller, Galanter &
Pribram（1960/1980）は、「プランは一連の操作を実行する順序をコントロールする生
活体内の階層構造的過程である。生活体にとってプランは、コンピューターに対するプロ
グラムと本質的に同じである」（1980, p.18）とし、プランは人の内部にあり、しかも下
位プランから成り立つ階層構造であると考えた。また、「プランの操作相が行為となって
実現するのとまったく同様に、プランのテスト相は広くイメージを頼りにする」（1980,
p.64）とあり、人の内部でプランのイメージを頼りにしてテストし、それを実行するの
が行為だという。こうした人の内部に外部をコントロールするシステムがあり、内部シス
テムと外部の行為を分けて考える二元論的立場を問い直す立場に立つのが、Suchman を
始めとする状況論的立場である。

　Suchman（1987/1999）は、「プランが行為をコントロールすると考えるのは間違っ
ている」（1999, p.180）と述べ、プランという抽象的で効率的な表現は、環境との局所
的（ローカル）な相互行為を細かく規定するものではなく、局所的（ローカル）なインタ
ラクションを通して私たちを導くものだとした。これについて上野（1999）は、Miller
らのプラン・モデルは日常的な行為に照らしてみると非現実的な部分を含んでいることが
明らかになるとして、目的地へ行くときを例に挙げて説明している。たとえば、自宅から
新宿へ行くというようなとき、詳細なプランを立て、それに従って行動するということは
なく、そのつど状況に応じて行為は決定され、上位の目的から手段や下位の目的が生成さ
れるといったことも考えにくいとしている。

　それは、保育の年間目標と実践の関係を考えてみるとわかりやすいかもしれない。たと
えば、5 歳児の保育目標として「友達とのかかわりを深め一緒に遊ぶことを通して、一人
一人が自分のもっている力を発揮し、人への信頼感や思いやりの気持ち、考えて行動しよ
うとする態度を培う」（京都市立中京もえぎ幼稚園, 2019）ということがあったとして、
そこから、月間指導計画、週日案のねらいへと下位項目へ詳細化していく。そのプラン同
士の関係性は、言語表記上、一定程度保たれているかもしれない。そこからさらに詳細な

一日の保育指導案を立て、子どもの反応の予測と環境構成の構想との関係づけのもと、た
とえば時間毎にどのような声かけをいつ行うか、配列するとする。その一見丁寧なプラン
は、子どもたちが登園した途端に破綻する。予測を超えた大小の事態が次々と起こると、
詳細なプラン通りの実践行為など実際には不可能だからである。しかし、プランは何の役
にも立っていないかというとそうではない。プランは行動をコントロールするプログラ
ムではなく、大まかに行為を方向づけるものに過ぎず、実際の実践場面では姿を現さない
(Suchman, 1987/1999)。この考え方は保育におけるデザインの考え方と似ている。戸
田 (2004) は、細かな具体的な行為の計画といった狭い意味での計画と区別して、保育
におけるゆるやかな計画のことをデザインと呼んだ。保育の中で、子どもが自分で環境と
かかわっていった事例は偶発的なものが多いが、保育者はただ子どもに寄り添って動いて
いるのではなく、保育のデザインとの関係があるという。「どのようにすばらしいデザイ
ンであっても、子どもの姿より優先されることはありません。子どものためにデザイン
するのであって、デザインのために子どもを縛っていくようなことがあっては、デザインに
ならなくなってしまいます」(p.115) と述べている。ここで興味深いのは、保育のデザ
インより実践時の子どもの姿が優先されると明言していることである。子どものためにデ
ザインをするが、子どもの姿が優先され、さらには子どもを縛るデザインはデザインでは
ない、とはどういう意味だろうか。戸田は細かい状況が柔軟でセンシティブな保育のデザ
インに不可欠であると述べる。少し長くなるが、保育におけるプランと実践行為の関係に
ついて、戸田のあざやかな事例を元に考えてみたい。

　　六月にある幼稚園を見に行った時のことです。
　　その日はあいにくの雨で、三歳児の部屋では、子どもたちがいろいろな遊具
　を出して遊び始めていました。その中にB男という男の子がいました。三歳児
　にしては、たくましい感じに見えました。身体も大きい方でしたが、何よりも
　B男の遊びの進め方がたくましい感じだったのです。
　　私の目の前で、B男は、ロッカーの上からカゴに入ったミニカーを下ろすと、
　B男と遊びたくてそれまでずっとついて歩いていた二人の男の子に、てきぱき
　とそのミニカーを分けていきました。ミニカーには、パトカーや消防車など、
　いろいろな種類がありましたが、分けながら、ちゃっかり自分の気に入ったも
　のは、自分の手元に置いているようでした。しかも、他の二人からは「こっち
　の方が欲しかった」などといった不満もきかれず、もちろん、二人がB男のも
　のを取ろうとすることもありません。全部配り終えると、B男は「じゃ、やるぞ」
　とさっそく自分のミニカーを走らせ、その後を追うように、他の二人もミニカ
　ーを走らせて回りだしました。この様子が、あまりにも自信たっぷりで、リー
　ダーのような動きだったので、私は、B男は三歳児にしてはたくましいと感じ
　られました。そこへ、A男が登園してきました。三〇分くらい遅れての登園で

した。A男は、保育者に迎えられ、すっかり遊びが始まってしまっている部屋をゆっくりと横切りながら、その視線は、B男たちのミニカーの遊びに向けられていました。カバンを置くのはゆっくりでしたが、身軽になるとまっすぐにB男たちのすぐ側に立って「これ」と床に置いてあるミニカーを手に持ちました。

B男は「アー、ダメー」と言うと、たちまち「これは、今使ってるの！」とA男の手からミニカーを取り上げました。その勢いに驚いて、A男は「ミニカー欲しい」と泣きながら訴えました。泣き声に保育者がとんで来ると、B男は「だって、もうミニカー全部分けたんだもの」と言い、他の二人も譲らないという構えでミニカーを自分のところに引き寄せています。「でも、A君も使いたいって言っているから、一つA君にも使わせて」と保育者が言ってみても、B男は「ダメー」と譲りそうにありません。「もうみんなで分けたから」というのがその理由です。もちろんその「みんな」の中にはA男は入っていないのですから、理由としては不十分な面もあるのですが、こうなると三歳児はなかなか頑固になってしまうことが多いものです。その上、そのやりとりを聞いて、A男はますます本格的に泣き出してしまいました。（中略）

この保育者は、「困ったわねえ、A君も使いたいのにね」とゆったりした感じで言いながら、A男の横に寄りそっていましたが、しばらくすると、ブロックを持ってきて、何やら作り始めました。A男はあいかわらず、保育者にぴったりとくっついて泣き続けています。

保育者がブロックで作ったのは、ガソリンスタンドでした。スタンドには、ガソリンを入れるホースと入れ口が工夫してつけられていきました。そして、「車のガソリンがなくなったらガソリンを入れにきてください」と保育者は楽しそうにB男たちに向かって呼びかけました。A男はまだ泣いています。

そのうちにB男がガソリンを入れにきました。他の二人もすぐにやってきました。保育者は、「はい、ガソリンですよ」と入れるまねをして、「はい、一〇〇円です。毎度ありがとうございます」などと忙しくなってきました。B男たち三人は、このイメージが気に入ったらしく、少し走っては、すぐガソリンスタンドにやってくるようになりました。いつの間にか、A男も、少しずつ泣きやんでその様子を見ていました。

ちょうどその時、他の場所で保育者を呼ぶ声がして、保育者は行かなければならなくなりました。そこで、保育者は、「じゃあ、A君ガソリン入れてあげてください。お願いしまあす」とガソリンを入れる口を手渡すと、立って行きました。最初のうちA男は、半分泣きそうな真剣な顔で、ミニカーにガソリンを入れる真似をしていましたが、だんだん慣れてきたのか、表情がとても明るくなってきました。

そのうちに、B男は、ガソリンスタンドの人をやりたくなったらしく、ミニ

　　カーをＡ男に渡すとガソリンを入れる役を、Ａ男から取り上げてしまいました。
　　けれども、Ａ男は、ニコニコと交替して、その日は、結局は四人でミニカーと
　　ガソリンスタンドの遊びが続いていきました。(pp.12-16)

　この保育者の保育後の話によると、以下のようなことが過去の経験としてあったという。

　　・入園前、母親と２人で家にいることがほとんどで、入園後は母親と離れるのが辛く、
　　　登園後長時間泣いていた。
　　・落ち着いてきたころ、Ａ男が興味をもったのがＢ男だったが、戸外の遊具をとびま
　　　わるように遊ぶＢ男の動きにＡ男はついていけず、置いていかれたことを理由に泣
　　　くことが続いた。
　　・保育者が仲介して仲間に入れてもらっても、結局は同じだった。
　　・Ｂ男にとってすぐ泣くＡ男はあまり歓迎したくない存在になってしまっていた。

　そして、保育者はこれまでの経験から「Ａ男の遊びにＢ男が入ってくるようだといいか
もしれない」(p.20)というプランをもっていた。戸田は、この保育者には「Ｂ男に憧れ
て一緒に遊びたいと思っているＡ男の思いを実現させられるように援助を工夫したい。そ
の時には、Ｂ男にとっても、Ａ男が仲間に入って遊ぶことが楽しいと感じられるように配
慮する」(p.22)というような広い意味での「計画」があったといえるとしている。この
日たまたま雨で、Ｂ男が珍しく静的な遊びを始めていたことが重要な条件となり、これま
での過去の経験から立ち上がった大まかなプランの方向性に導かれつつ、具体的な状況に
応じて行為していった事例であると解釈できる。この事例の、朝からＢ男が３人でミニカ
ーを分けて遊びだすことも、Ａ男が30分ほど遅れてくることも、Ａ男が何も言わずにミ
ニカーを手に取ることも、予定していたことではなく、そのつどその場で生じていた行為
である。その場の固有の状況に最初から保育者はプランをもち込んではいない。一度は「一
つＡ君にも使わせて」と言い、Ｂ男の遊びにＡ男が入れてもらえるようにかかわる。し
かし、それはうまくいかず、Ａ男は本格的に泣き出してしまう。「Ａ男の遊びにＢ男が入
ってくる」ようにするには、Ｂ男がＡ男の遊びに興味をもつことが必要である。Ｂ男は
車のイメージで遊んでいる。Ｂ男のイメージに関連しつつ、Ａ男が始められる遊びはどの
ようなものかその場で考え、ブロックでガソリンスタンドを作ったのだと思われる。プラ
ンには非常に具体的なこれまでの場面や経験が結びついている。Ａ男が始める遊びは、よ
く泣くＡ男がうっとうしく感じられている関係を超えて、Ｂ男にとって魅力的な遊びであ
る必要があるなど、経験からの予測がある。一方で、そのときの実践行為は、常にその場
で生じるローカルな状況との相互行為に依存している。そして実際には、その場で生じる
相互行為の中で、「Ａ男の遊びにＢ男が入ってくる」というプランは、Ｂ男の現在の遊び
の状況の中で意味をもち、かつ魅力的な周辺の遊びを保育者が新たに構成し、その遊びを

保育者が B 男たちの間で成立させてから、保育者が担っていた役割を A 男に受け渡すという具体的な行為に解釈されている。つまり、保育者のプランは具体的な状況の中で利用されるリソースとなっているのだ。

Suchman（1987/1999）は以下のように述べる。

> 　他の言語表現と本質的に同様に、プランは状況的行為の効率的定式化である。複数の状況を横断する一様性（uniformity）を抽象化することでプランは、過去の経験や予測される結果によって現在の行為に影響を及ぼすことを可能とする。しかし、定式化が効率的である結果として、プランの意味は、その行為が行われている特定の周辺環境との関係や、状況に埋め込まれた活動の不明確な実践との関係においてのみ決定される。このように考えたとき、状況的行為の説明にかかわる一つの課題は、特定の環境（environment）における特定の行為との生産的なインタラクションに効率的な表現がもち込まれる過程を記述することである。（1999, p.178）

　保育者の中にあるプランは行為をコントロールするのではなく、そのつどの特定の環境との相互作用において保育者を導くものとしてあるとすれば、次に本研究に求められるのは、その過程の記述である。さらに、その過程の中で教育的瞬間がどのように立ち上がるのか、そこにプランをリソースとした構えというものがあるのか、検討を行うことにする。

2．教育的瞬間の保育実践

　7 つのケースは共通して、思いを表出し友達とかかわることが重視されていると考えられた。では、7 つのケースで実際に保育者がどのような実践を通して、子どもの育ちを援助しているか、検討したい。

　具体的には、1.（1）で挙げられた育ちに関する課題認識に対して、各保育者が保育の中で立ち上がってくるどのような子どもの姿を感知し解釈しながら、どのようにアプローチしようとしているか、検討していく。

　こういった実践場面の思考については、教師の実践的思考に関する研究（たとえば Schwab, 1969; 1971, Schön, 1983; 吉崎 , 1988; 佐藤・岩川・秋田 , 1990）、保育者の実践方略や実践知に関する研究（たとえば高濱 , 1993; 砂上・秋田・増田・箕輪・安見 , 2009; 砂上・秋田・増田・箕輪・中坪・安見 , 2012; 砂上・秋田・増田・箕輪・中坪・安見 , 2015）などにおいて検討されてきた。

　なかでも高濱（1993）は、保育実践の観察から、幼稚園におけるごっこ遊びの発達に 4 つの段階があることや、遊びの質的変化に対応した 5 つの援助方略が用いられることを明らかにしている。また、砂上らのグループは、保育者が経験的に保持している暗黙的な知識や思考様式、方略の総体を「実践知」として定義し、他園の片付け場面の映像を刺激

としたグループインタビュー（多声的ビジュアルエスノグラフィー）を用いて検討を行っている。その一連の研究では、保育者の実践知が、園庭の広さや保育の流れといった園の構造的特徴（2009）、戸外か室内かという状況（2012）、年間における時期（2015）の影響を受けることが明らかにされた。

　しかし、保育者は、ある子どもの育ちの課題と向き合おうとするとき、遊びや生活の場面ごとに適切な援助方略を引き出すというより、総体としての子どもと関係づけながら、保育実践のダイナミック・プロセスの中で遊びや場面をとらえ、行為するのではないか。また、保育者自身が、言語化したり認識化したりすることが可能な側面だけではなく、実践時の即時的、暗黙的で身体的・状況的な専門性の側面をとらえることも同時に必要なのではないか。

　以上のことから、ここでは具体的な事例について、その全体性、意味性、保育者の身体的・状況的感知に着目しつつ相互行為的分析を試みる。保育実践を扱うに当たっては、子どもが育つという複雑な現象を細分化して部分独立的に扱うのではなく、総体としての子どもや、生活や遊びという総合的なありようそのものを扱う必要がある。また、子どもと保育者のどちらが原因でどちらが結果でもない、相互に影響を与え合い、複数の文脈が絡み合う、関係の相互性の中でどのような意味が構成されているか、とらえる必要があると考えるからである。

　なお、ここでいう身体的・状況的感知とは、多様な子ども・大人や物の位置・向き・動き、人の声、表情、音、天気、時間等の絡み合いが生み出す保育のダイナミック・プロセスの中で、保育者も共に動き、話し、かかわりながら、そこここに生じている意味やニュアンスをほとんど言葉にしないまま感知していることを指す。

（1）課題となっている行為の瞬間をとらえる構えと意味転換の援助
　ケース１：３歳児クラス　シンスケ〈保育目標：他を受容する力〉

ターニングポイントについての語り：ヤスコちゃんとか絶対自分を攻撃しないであろう相手であれば受け入れようとする兆しが見えてきているので、「今だな」って。

教育的瞬間についての語り：（遊びの途中で他の子どもや保育者に通せんぼのようなことをしたときの様子について）「工事中」で入るなって言うのはやっぱりマイナスですよね、たぶん。ウェルカムではない。そういう言い方が多いんですよ。で、それをして、相手がどう出るかを見てるのか、そういうことを言うことで気持ちが晴れてるのか。

　でも将来的にこれ、友達にやったら、どんどん受け入れられない子になっていくので。(中略)で、「工事中」って言われた瞬間に「この子のこの表現を違う方向に変えないと」っていうのは思ったんですよ。（中略）シンスケくんの言ってることは、担任としては受け止めていかないといけないし、ま、「そういう気持ちなんだな。だけど、この方がいいんじゃない？」っていうふうには変えていきたいかなって。

観察エピソード：この日は朝から職業体験で中学生がクラスに入っている。園庭で中学生とタツル、ヤスコ、シンスケ、マサルは鬼ごっこをしようとしている。シンスケは中学生の手を握りながら飛び跳ねるように動き、笑っている。シンスケは「鬼やる」と手を離し、砂場の棚の方を向いて顔を隠して立ち、数を数え始める。他の 4 人は逃げる。シンスケ「10！うふふ、うははは」と笑いながら走り、中学生の方へ行く。ヤスコが転び、助けようとした中学生の背中にシンスケは「タッチ」と触る。ヤスコも立ち上がり走り出す。シンスケはすぐ走り出し、自分の前を走るヤスコを「タッチ」とさらに触る。中学生は後から追いかけてくる。誰が鬼なのかわからなくなり、中学生が立ち止まると、あとの 4 人も集まる。（ビデオでは聞こえないが）何か話し合い、再び全員走り出す。園庭をぐるっと回り、端の方で中学生が止まると、4 人が集まってくる。シンスケは中学生の身体に抱き着くようにして左手を握る。マサルは「ぼくお部屋行ってくる」と保育室へ戻る。タツルは中学生の右手を握る。シンスケは、「じゃあかくれよう」と中学生の腰のあたりをポンポンと触り、左手を引っ張って、園庭を歩き出す。中学生「かくれんぼ鬼いーひんかったらあかんわ。かくれんぼじゃんけんぽんや」と言っているが、シンスケにどんどん引っ張られる。中学生の身体とヤスコがぶつかるようなかたちになり、タツルは手を離し、そのまま手はつながずに中学生の近くを走る。ヤスコは少し立ち止まって見ていると、中学生が「あ？部屋？」とヤスコを振り返って言う。ヤスコは中学生の方へ走り出し、近づいていく。タツルは丘を下から登り出し、シンスケは丘の下のトンネルに中学生と手をつないだまま入ろうとするが、中学生はトンネルには入らずにいる。タツルは中学生の方を見て丘の上に登る。シンスケはトンネルから出てきて、中学生の手を引き、丘の裏側へ回る。ヤスコは 2 人についていく。丘の上からタツルが来ると、シンスケは元来た方へ中学生の右手をつないだまま走り出す。ヤスコも追いかける。シンスケはタツルの方を振り返り、中学生の手を自分の右肩に担ぐようにして両手で中学生の左手を持ち引っ張って走る。途中立ち止まり、タツルが何か中学生に話しかける。シンスケは手を離し 1 人でパッと走り出し、後ろを振り返って立ち止まる。タツルと中学生が何やら話している後ろからヤスコもついてくる。中学生「3 人でやろうな、3 人でやろう」と言う。シンスケは突然「うははは！」と笑いながら中学生の肩に両手で飛び着くように抱き着く。中学生はシンスケの両脇の下あたりを持ち、シンスケの方を見る。シンスケは中学生のジャージのチャックを触り、パッと離れ、また中学生の方を見る。指さして中学生の頬を触る。タツルが中学生の左手を持とうとすると、その間にシンスケが入り込み、タツルの手を離し、自分の手を中学生の左手とつなぐ。反対側にヤスコが来て、中学生のもう片方の手を握る。ヤスコの手をタツルが持とうとするとヤスコは手を引っ込める。タツル「ぼく鬼だよ」と言い、パッと走って離れる。タツルが走り出し「10 秒数えて」というと、中学生「10 秒？オッケイ」と言い、両手はシンスケとヤスコとつないだまま、3 人で 10 秒を数え、ゆっくり追いかけていく。

　保育者Ａは、その様子を園庭の大型遊具の上から見ている。中学生「どこどこどこ？」

シンスケ「あ、いた！」と園庭の丘の上にいるタツルを指さし、中学生を引っ張ってニコニコと歩く。丘の下まで来て中学生の手を離し、シンスケとヤスコはそれぞれ遊具につかまりながら丘を登っていく。タツルはその姿を見て、パッと走って逃げ、丘の上からつながっている大型遊具の上にいる保育者の近くまで行く。

　シンスケは先に丘を登り切り、ゆっくり登ってきているヤスコと中学生の様子を上から見ている。保育者Ａはタツルやサヤカと共に丘の上の方へ歩いていく。シンスケは保育者Ａが近づいてきているのを見て、パッと保育者Ａの方へ駆け寄って、道をふさぐように両手を広げ「工事中」と言う。保育者Ａは少しかがんで両手を広げ「え、工事中？なんの工事中ですか？」という。タツルとサヤカはシンスケと保育者Ａの間で２人を見ている。シンスケ「（聞き取り不能）」保育者Ａ「工事中なんですかー。どうしましょうー」と言う。シンスケはまた丘の方を向き、２人が登ってくるのを見る。保育者Ａ「お、がんばれがんばれ、ヤスコちゃん」と声をかける。ヤスコと中学生が登り切ると、ヤスコのところにタツルとサヤカが寄っていく。シンスケは中学生が登り切るとすぐに手を引っ張り、保育者Ａやヤスコたちとは逆の方向へ走っていく。シンスケと中学生を追いかけるように、他の子どもたちが同じ方向に走っていくと、保育者Ａ「あ、工事中やし、あっちの方に行かはったわ。あっちから行ってみようか」と言い、ミカと手をつないで追いかけていく。

分析：この場面は、シンスケが丘の上に登る前と登った後の２つに分けられる。まず、丘の上に登る前について検討する。シンスケが中学生の手を触る／握る行為に下線、タツルが中学生の手を触る／握る行為に点線、ヤスコが中学生の手を触る／握る行為に波線を記した。中学生の手を握る行為をめぐって、一貫してシンスケはタツルの手を排除しているが、ヤスコは排除しない。複数の子どもが中学生と遊ぼうとする楽しい雰囲気の中で、シンスケは中学生をタツルから離そうと手を強く引いて回る。また、シンスケはこの場面だけで、突然笑い出す行為や、中学生に抱き着くようにまとわりつく行為を繰り返し（網掛け部分）、シンスケは中学生の近くに自分が位置づくことに喜びを表現する。タツルの手をつなぐ行為は排除されるのに対して、ヤスコにはもう片方の手を明け渡し、一緒に動き出す（保育者Ａはインタビューで、シンスケはおっとりしたヤスコのことを「絶対自分を攻撃しないであろう相手」と思っているようだと語っている（ターニングポイントについての語り参照））。シンスケが中学生から離れるのは、鬼遊びのイメージをもち、離れることによって中学生との間に遊びが生まれるときと、丘を登るという手を離さなければ危険なときだけで、あとは手を握る、抱き着く、チャックを触る、頬を触るという行為が続き、ほとんど接触した状態にある。その様子を保育者Ａは大型遊具の上から見ている。

　ヤスコは身体がクラスで最も小さく、この場面でも転んだり、一歩遅れるようなところがある。口数も少なく、強く主張するような行為はあまり見られないが、タツルがヤスコの手を持とうとするとヤスコは手を引っ込めている。その身体の動きのやりとりで、タツルが「ぼく鬼だよ」と言い、離れていく。しかし、タツルはすぐに「10 数えて」と言うので、

一般的な理解では鬼は中学生とシンスケとヤスコの側になり、追いかけられる側がタツルとなる。タッチし続けるシンスケの様子が見られるように、一般的な理解としての鬼遊びルールは定着しておらず、中学生は時々立ち止まったり、「かくれんぼ、鬼いーひんかったらあかんわ」などと言うが、3 歳児たちには受け止められずそのまま過ぎ去っていく。常に誰が鬼なのか不明瞭な中、シンスケは中学生と最も近い位置を保ち、走り、丘を登り、また手をつなぎ、走る。約 6 分の間、シンスケは唯一中学生とつながり続けている。

　丘の上の場面では、保育者Ａは、3 人が丘の上に登ってきたところにタツルやサヤカと一緒に近づいていくが、シンスケはパッと保育者Ａの方を向き「工事中」と両手を広げる（二重線部分）。そのシンスケの動きによって、保育者Ａ、タツル、サヤカの動きはシンスケの手前までで堰き止められる。シンスケの身体の動きもピタッと止まっており、保育者Ａとシンスケは相対する関係で向き合うかたちになる。ここで保育者Ａは少しかがむようにして、シンスケと同じようなポーズを取る（二重線部分）。シンスケが 1 人で両手を広げている時点では、動きを止める抑制的な働きをした動きが、保育者Ａが同じようなポーズを取ることで身体的な応答関係が生まれる。サヤカとタツルは、シンスケと保育者Ａの間に立ってみるが、シンスケが動くことで場は崩れていく。さらにヤスコがその場に参入してくることで、子どもたちはヤスコの方へ動く。

　この「工事中」と両手を広げる行為は、保育者Ａの「この子のこの表現を違う方向に変えないと」という思いを瞬間的に生じさせたと保育者Ａは語っている。それは、道路工事の表示にある立ち入り禁止区域を想起させる動きと言葉であり、自分の背中側にいる人を守り、それ以外を排除しようとする意味を感知させ、事例前半のタツルの手を排除し続けた行為にも通じるものがある。しかし、この排除の動きとヤスコに対する受け入れの態度との間で、保育者Ａは「人を受け入れる力を少しずつつけてあげたい」という保育目標に向けた好機を感知していた（ターニングポイントについての語り）。保育者Ａはその場で生じた状況に身体的な応答関係を生み出すことで、シンスケの動きを受け入れ、また問い返す。

　「工事中」というシンスケの言葉に対して、保育者Ａは「え？工事中？何の工事中ですか？」と質問する。シンスケの言葉は、工事中だから入ってはいけないという相手の行動を抑止する意味で発せられた可能性があるが、保育者Ａの「何の工事中ですか」という問いによって、イメージの世界の遊びのやりとりへと吸収されている。さらにその後も保育者Ａは「工事中なんですかー。どうしましょうー」とそのイメージの世界でやりとりを続ける。ここで生じているのは、抑止や排除といった関係性からイメージを共有して遊ぶ関係性への転換である。その後、シンスケは中学生の手を引っ張り走っていくが、そのことを自分たちがいる方は工事中だから入れないというイメージの遊びとして受け止める発言を保育者Ａは続ける。シンスケが発する行為を、イメージの遊びの一部として受け止めていることを保育者Ａが場を共有している子どもたちに発信することで、シンスケの行為は周囲に受け入れられ、遊びの中に取り込まれているといえる。

（2）構えてとらえる身体的・状況的感知と保育目標というリソース

　ケース2：5歳児クラス　ハンナ〈保育目標：思いの表現、友達とのかかわり〉

ターニングポイントについての語り：（運動会の練習の時期に周りの子どもたちも）ハンナちゃん、速くなったよね、みたいな話にも出てくるようになってきたんです。で、ハンナちゃん自身もそれを聞いて、ちょっと何か自信というかね、を感じたように思うし、あの、そこが何か、初めてというか、友達とか先生とかかわる、何かとっかかりっていうかね、がちょっと、ちょっとだけですけど見えた気がするんですよ。（中略）運動会を経て兆しがちょっと見えつつあったので、ハンナちゃん、今このタイミングでいくしかないと思って、こちらもこう、いって押しているところで。

教育的瞬間についての語り：円になって何かの相談をしているときに、ハンナちゃんだけうしろにいたんですよ。で、（円の中にいた）保育者が邪魔してると思って横に移動して。そしたらハンナちゃんがスッとそこに入れたりしたのが、「ああ、今日はよし！」と勝手に思ってたんですけども。

観察エピソード：『おおきなかぶ』のペープサートをハンナを含めた女児7名ほどで作っているところに、保育者Bが一緒に入って遊んでいる。子どもたちが『おおきなかぶ』のお話につけ加えるオリジナルのキャラクターや小道具を作っているのを、保育者Bが、一つひとつ確認するように声をかけている。ハンナが手に持っているペープサートを、保育者Bは、一緒に手に持ち「これは？」と聞くと「ハンナ」と答える。「あ、これハンナ？」ハンナ「うん」保育者B「ハンナちゃんも引っ張る？」と一緒に手に持ったペープサートを動かしながら言う。ハンナの隣にいたサヨの目を見て「なあ」と笑顔で言い、他の子どもたちの顔を見ると、サヨは、「うん」とうなずく。保育者B「ハンナちゃんが引っ張ります」と再びハンナと一緒にペープサートを動かす。ハンナは、はっきりとした笑顔を見せる。子どもたちの中から「いいねえ」と声がする。保育者B「いいねえ、それねえ」と笑顔でハンナのペープサートを見る。

　そのうち、かぶに水やりをするイメージが出てきて、子どもたちは、「水がいる」「じょうろがいる」と、次々にアイデアを出していく。保育者Bは、「なるほどー」「あと何がいる？」などと言って、登場人物や必要な小道具などを確認して机に並べている。ハンナは並べられたペープサートを机の反対側に回ってきれいに並べ直していく。他の子どもたちは、保育者Bにペープサートを渡していくが、保育者B「先生にホイホイ渡さず自分で並べてよー」と言う。保育者B「あ、これは？人形劇見てください。説明書」と書いてある内容を読んでいると、他の子どもたちが輪になってそれを見る。ハンナは一人離れて机の反対側にいたが、一歩ずつ横歩きで保育者Bの背中あたりに近づいていく。保育者Bが、その「説明書」を机に置くと、ハンナは、その紙を机の角のところ（保育者Bの斜め後ろ）で立って見る。保育者Bと女児たちは輪になって座って自分たちが製作した物が入っている箱の中を見てストーリーと道具の確認をしている。

　保育者 B「あとはー？」、マミ「これはー草？」、保育者 B「草？」、マミ「あ、草の上に大きなかぶを置いたら？」と話しているが、保育者 B は「ふんふん、あ、なるほど」と言いながら、周りにあったカゴを端に寄せて自分の座る位置を横に移動し、輪になっていたところに一人分くらいの空間を空ける。保育者 B は<u>ハンナの方を見ずに</u>、「これもいいじゃん」「ここが破れそうだからー」と話している子どもたちに相槌を打っている。ハンナは、少しずつ近寄り、保育者 B の空けた空間に立って他の子どもたちの様子を見る。保育者 B は<u>そのままハンナを見ずに会話し続ける</u>。保育者 B「それなに」ヒロコ「みかんのー」マキ「みかんのキャップ（おもちゃの一部）や」保育者 B「ほんまや、みかんのキャップやー」とあきれたような表情で<u>ハンナの方を見る</u>。ハンナは笑顔で肩をすくめてみせる。保育者 B は<u>ハンナの顔を見ながら</u>首を傾けて「なぁ」と言う。

　マキは、かごの中から製作物を取り出し、保育者 B に「はい、これケーキ」と見せる。保育者 B「あ、ケーキはあそこに」と机の上を指さすと、マキがポイッと机の方に投げる。保育者 B はちょっとふざけたような声の調子で、「何でそんなん投げんのんな〜、ちゃんと〜」と言っていると、ハンナが投げられたケーキを整理して置く。保育者 B「あぁ、ハンナちゃんありがとう」と声をかける。

分析：このエピソードでは、子どもたちが作ったペープサートや小道具が行為や会話の中心にある。保育者 B がこの遊びのメンバーである女児たちに、それぞれが作ったペープサートや小道具が何の役割をもっているのか、確認するように声をかけると、それぞれの子どもが作った物の意味が一つのストーリーの中に位置づけられていく。ハンナは当初、輪の中にいるが自分からペープサートを見せて説明することはしない。保育者 B がハンナの手に持った製作物を一緒に手に持ったり、周囲の子どもに視線を投げかけたり（保育者 B のハンナをめぐる視線の動きは下線部参照）、ペープサートに動きを添えたりすることで、ハンナの声と動きが他の子どもたちにも伝わっていく。ハンナと保育者 B のやりとりに対して、周囲の子どもたちは「いいねえ」と応答し、さらに保育者 B が「いいねえ、それねえ」と子どもたちの応答へ応答を返し、ハンナのペープサートも子どもたちに位置づけられる。

　その後、ハンナは他の子どもたちの輪から外れペープサートを並べ出す。一方、保育者 B と他の子どもたちは、製作物を中心に輪になっていく。輪ができると一緒に囲んでいる人には一体感が生まれ、内と外が明確になる。外にいる人からすると、中にスッとは入りづらいと感じられる状況が生じる。ここで、保育者 B は背後の机の角のところで立っているハンナに、育ちに関する課題認識「気がつくと毎回スッと離れていってしまう」状態であることを感知する。ここから保育者 B は視線と身体の動きを注意深くコントロールし始める。保育者 B のもつ「友達と自然にかかわれるようにする」という短期的な保育目標がリソースとなり、構えの状態にあると考えられる。それは、ハンナが自ら友達とかかわろうとする姿を逃すまいとする構えである。ハンナは一歩ずつ保育者 B の背後から輪に近づいているが、保育者 B は決してハンナの方を振り向かずに、身体的・状況的感知をリソー

スとして、場を開けていく。本人にも周囲の子どもたちにも意識させずに、ハンナが子どもたちの輪に「自然に」入っていけるように、カゴを移動させ、自分の身を横に動かす。ここで、一人分の場所を空けるという行為だけでなく、この間、保育者Bは徹底的に視線をハンナの方に向けない。保育者Bの視線が向けられないことによって、メンバーの視線が釣られてハンナに向けられることもなく、ハンナの行為はこの集団のメンバーの意識から離れて自由に動けるようになっている。保育者Bを含めたこの遊びの他のメンバーは、場の中心にある小物に視線と会話を集中させており、その間、ハンナは自由に動くことができていると考えられる。ここで「自然とかかわれるようにする」ということの二重の意味が明らかになる。「自然とかかわれるように」というのは上記のような保育者Bの見えないように配慮された援助によって可能になっている。つまり、「自然とかかわる」というのはこのような援助なくかかわることを指すが、そこまでの道のりとして「自然とかかわっているように本人にも周囲にも感じられる」という状況を保育者Bは生成している。保育者Bの身体の動きと視線の動きは、集団の動きの中で透明化され、ハンナの自由な動きを生み、集団の中に一歩踏み入れて帰ってくることが可能になっている。

　そこで、保育者Bはさらにその場での会話にハンナを取り込んでいく。保育者Bの視線と表情がハンナに投げかけられると、その場にいるメンバーとしてハンナはすぐさま取り込まれる。ハンナは笑顔で肩をすくめ、ほかの子がケーキを投げるのを保育者Bが冗談めかして注意すると、ハンナが並べ直す。保育者Bは身体の位置や視線、表情を用いながら、ハンナが輪に戻ってくることができるように支え、ハンナはそれに呼応するように身体を動かして輪の中に入り、その場の関係性の中で意味が生じるような表情や動きが生まれるようになっている。また、保育者Bもハンナが取った行為が集団の中で意味づけられるように声をかけていく。

（3）待ち構えてとらえる教育的瞬間
　ケース3：5歳児クラス　ミエコ〈保育目標：思いの表現、自信、友達とのかかわり〉
ターニングポイントについての語り：（一輪車に乗れるようになって）今はすごく自信をもって生き生きしているし、みんなのところでも手挙げて発言するとかもするようになったので、だからもうそこをどんどんクローズアップしてあげようと思う。
教育的瞬間についての語り：ミエコちゃんに関しては、ちょっとずつこう新しいことに本人が挑戦してるから、まあそれをタイミング逃さず認められたらいいかなあと思って。だから、今日のあの段差のとことか。

観察エピソード：ミエコは朝から一輪車の練習をしている。園の門まで70〜80ｍ程度続く直線状の歩道のような平らな場所で、途中で足をついたり周囲の物につかまったりしながら、何度も往復する。保育者Dは、他の遊びの援助をしながら、時々ミエコに近寄っては「すごい、いけてるいけてる」などと声をかける。

　そのうち門までの長い距離を手放しで行って帰ってこられるようになり、今度は高さ 1
〜 2 cm の小さな段差を超えなければならないところで練習を始める。保育者Dが身体の
向きとしてはミエコがいる方向に向いていながら他の子どもの一輪車の補助をしていると
き、ミエコは、グッとペダルを踏み込んで段差を超え、保育者がいる方向にあるもう 1 つ
の手すりまで行く。この日、声を枯らしている保育者Dは「あ」という驚いた顔と口の形
をして地面の方を指さし、手を叩き、もう一度段差の部分を指さして「だん」と言う。
　保育者D「もう一回だけやって」と言うと、ミエコは、さっきとは逆の方向に段差を超
えて進み、もう一方の手すりまで行く。保育者D「おおー」と驚いた表情で手を叩く。満
面の笑顔でオッケーサインをしながら「いい調子」と言う。ミエコは、観察者から表情は
見えないが、保育者Dの方を見ている。何度か同じように段差を行ったり来たりする。保
育者Dは他の子どもに声をかけられ、ミエコに背中を向け話を始める。ミエコはその間、
保育者Dを見ずに一輪車の手すりを見ている。保育者Dの身体の向きが変わり、ミエコの
方が見えるようになると、一輪車の向きをくるくる変えながら、他の子どもと話をしてい
る保育者Dの様子をチラチラと見ている。保育者Dは園門の方から長い直線を一輪車をこ
いで帰ってきている女児を拍手で迎えて、もう一度ミエコの方に身体を向ける。ミエコは
保育者Dの方を見て、保育者Dはこくりと頷くとミエコはもう一つの手すりの方を見て一
輪車で段差を超えていく。しかし、合間が狭く、すぐに手すりにぶつかって一輪車が止まる。
保育者Dは「おおー」と手を叩きながら近寄り、「もう少しこっちにしたげるわ」と段と
手すりの間を広げるように手を動かす。保育者Dは手すりの位置をずらし、2 つの手すり
の距離を空け、「もういっぺんやってみ」と言うと、ミエコは保育者Dの顔を見る。保育
者D「いけるいけるいける、いってみ」と言うと、ミエコはもう一つの手すりを見てスッ
とこぎ出す。段差を超えて手すりにつかまり、保育者Dを振り返る。保育者D「あ、いけ
たー」と手を叩く。

分析：保育者Dは、ミエコが朝から一輪車の練習を続けていること、直線状の道を何度も
行き来しているところで、時々近寄っては声をかけていた。その直線的な行き来ができる
ようになり、今度は手すりのある場所でミエコが取り組み出したときに、新たな挑戦が始
まったことを保育者Dは感知し、「タイミング逃さずに認められたら」と教育的瞬間を待
つ構えに入ったととらえられる。ミエコは、直線の道では長く乗れるようになり、次の挑
戦として段差を乗り越えようとしたのだろう。つまり、ミエコの一輪車の技術の進歩によ
って、小さな段差が挑戦の対象となったことを保育者Dは身体的・状況的に感知している。
　一方のミエコは、保育者Dの身体がミエコの方に向いているときに、グッとペダルを踏
み出す。他の子どもの補助をしていたにもかかわらず、保育者Dは最初に成功したところ
を逃さず認め、「もう一回だけやって」と挑戦を繰り返すよう励ましていく。これは挑戦
する行為が表れるだろうと構えていたことにより、逃さずにとらえることができたのだと
考えられる。ミエコが段差を超えると、保育者Dは声を出し拍手をするという応答的関係

が生じている。ミエコ自身は「見て」とか「できたよ」などと言うことはしない。しかし、挑戦する前に保育者Dの方を見る（下線部）。それも保育者Dがミエコに背を向けていて視線をキャッチできないときには見ない。保育者Dの身体の方向がミエコのいる方向へ向いてから、ミエコは挑戦する前に保育者Dに視線を送る。保育者Dもその視線を受けてうなずいたり「いけるいける」と声をかけたりしており、視線をミエコの何らかの表出として受け止め応答していると考えられる。ミエコと保育者Dは、挑戦の前に視線で相互に確認するようなやりとりをし、その後、ミエコが挑戦してみせることを繰り返す。保育者Dは他の子どものことも支えながら、ミエコの視線が送られてくることにうっすらと構え、そして視線をキャッチするとしっかりと挑戦を待ち構える。

　ターニングポイントについての語りでは、今自信をもってきているから、そこをクローズアップしてあげようと思うという内容が語られている。その自信をもってきているということは、ここでは具体的には小さな段差を超えようという、自分から少しずつ難しいことへ挑戦していこうという姿となって保育者Dにとらえられている。クローズアップしてあげようというのは、見逃さずに認めることやもう一度やってみてと励ますこと、さらには、もう少し距離を長くしても挑戦しようとする、という積み重ねと更新が含まれた実践となって表れている。

　保育者Dはミエコに対する保育目標として3点挙げていた。この一輪車の場面はちょっとずつ新しいことに挑戦している場面として、保育者Dが「自信をつけたい」という目標がリソースとして利用されていると考えられる。積み重ねによって技術が向上する運動遊びの性質と、「自信をつけたい」という目標の関連はわかりやすい。しかし、それだけではない。一輪車の遊びの特徴として、それぞれが黙々と活動している場でありながら、そこに人が集まることで、自分から遊びに入れてと言えなくてもいられるということや、一輪車に乗っていればその場にいられるという一輪車の手すり周辺の場や一輪車という道具によって、他の人と場を共有しながら活動できるという側面もある。自信がもてるようになる場とそこに場を共にする人がいることで、自分の思いを表現することや、友達関係の広がりにもつながっていく可能性を秘めている。

（4）かかわりの中で「いけそう」と感知する構えの形成と展開の舵を切る教育的瞬間

　　ケース4：3歳児クラス　ハルヤ〈保育目標：友達とのかかわり、遊びの広がり〉

ターニングポイントについての語り：お寿司持ってきてくれたとかもそうですし、外出たらチラッて私のことを見たりとかしてくれたのもあったんで、あ、私のことをちょっと気にしてくれているのかなっていうのは、今日はすごい感じましたね。（中略）（運動会の）練習が終わって、ここ数日でグッと何かちょっと変わってきたかな。今チャンスかなみたいな感じはありますね。

教育的瞬間についての語り：いつもやったら私がああいうふうに言っても、何か無視したりとか、「聞こえてる」って言ったりすることとかもあるんで、今日は私がああいうふう

にしゃべりかけて、あ、返ってきたなって、私、最初、単純に思って。で、そこから何か、ここは行き止まりですとか、何か説明してくれたりとか、ここが落ちちゃうんだよみたいなこととかを言ってくれたりとかしたんで、あ、何か、そういうふうに言ってくれるのは新鮮やなってすごい思ったので。（中略）プラレールのときに反応がすごい返ってきてたんで、今日は私ともいける日かなって思って。（中略）それで盛り上がれることはないかって考えたことが、これ（マラカスづくり）やったんで、これはぜひハルヤくんにやって欲しいなってすごい思っていたから。ちょっと今日はいけそうかなと思って誘ってみたんですけど。

　　観察エピソード：保育者Gは、保育室の奥でプラレールを長くつなげて遊んでいるハルヤを見る。するとハルヤも保育者Gを見る。保育者G「いいのできたねえ」と声をかけると、ハルヤ「取れちゃった」と言い、プラレールが外れた箇所を見せようとする。保育者G「ほんまや。取れちゃった」と言って近づき、しゃがんでカゴから橋脚を取り出す。途中ニンニンジャーごっこをしている子どもたちが場に入ってきて保育者Gの体にぶつかったりのっかったりしていくが、保育者Gはそちらには視線をやることなく修復を続ける。ハルヤもニンニンジャーごっこに視線をやることなく橋脚を探し、レールのところにはめながら「もう１つしてみたら？」という。保育者G「もう１つしてみようか」と話し、橋脚を増やす。そのうちニンニンジャーのメンバーはまた保育室の外へ出かけていく。修復を終えて「どう？」と保育者Gが聞くと、ハルヤ「いいよ」と言い、電車を動かし始める。保育者Gは近寄ってきたエイジに「おはようございます」と言う。ふたたびハルヤの遊びを見て、トンネルをくぐった様子を見て「いけたじゃん、ハルヤくん」と言うと、座り直して保育者Gの方を振り返り笑顔で「またここ高いんだよ」と言う。保育者G「ほんまやなあ」と言うと、ハルヤはまた電車を動かし出す。レールの最後まで電車を動かし、壁にぶつけるように動かしながら「とおで（れ）ませーん」と言い、保育者Gの方を笑顔で振り返って見る。保育者G「あはははは、とおれませーん」と言う。
　こういったやりとりがしばらく続く。ニンニンジャーごっこのメンバーがお面を外して走って保育室に帰ってきて、メンバー同士で「そとそとそとそとー」「ねぇねぇ、一緒に外行こう」「うん」「じゃぁ一緒に遊ぼう、一緒に」「うん、そうしよう」と話し、棚の中にお面をしまって、再び出ていく。保育者Gは、何も言わずに園庭の方を見て立ち上がり、テラスの方へ歩いていく。ハルヤは電車を走らせていたが、振り返り、保育者Gの後ろ姿を見る。保育者Gはすぐに室内に戻り、制作コーナーへ行く。ハルヤは、もう一方のレールの端まで電車を走らせ「いきどまり～」と言った後、立ち上がり、保育室の中を歩き出す。保育者Gはハルヤと逆向きにすれ違い、マイと一緒に制作コーナーの机に座る。すぐにマイが保育者Gの正面に座る。ハルヤは立ち止まって 1m 以上離れたところから保育者Gのいる机の方を見ていると、保育者G「ハルヤ君もやる？」と声をかける。ハルヤは、机に近づいてくる。保育者Gは、手作りマラカスを振って音を出してみせ「これ先生が作

ったの。ここにお絵かきするの」と乳酸菌飲料の容器を見せると、ハルヤは、座ってペンを握り、マラカス作りを始める。

分析：この事例は前半の電車遊びと後半の製作遊びとの2つに大まかに分けられる。3歳児の月齢の高いクラスで、他の子どもたちはニンニンジャーごっこなど、友達と連れ立って遊ぶ姿が見られる。外に遊びに行っている子どもが多く、閑散とした保育室内で1人でプラレールを長くつなげて遊んでいるハルヤ。保育者Gがハルヤの方を見ると、ハルヤも保育者Gを見る。保育者Gが「いいのできたねえ」と言ったことに対して、ハルヤは「取れちゃった」と今自分に起こっている問題の核心部分のみを言う。会話としては成り立っていないようにも感じられるが、この「いいのできたねえ」は会話のきっかけとしての機能を果たしている。見つめられて何も言われないと緊張状態が生じることもあるが、ここでは保育者Gが言葉を発することで、ハルヤの言葉が発しやすくなったと推測される。ハルヤの「取れちゃった」は何が取れたのか、また取れたからどうしたいのか、またはどうして欲しいのか、という言語による発信はない。しかし、見せようとする行為が表れる（下線部）。そこで保育者Gは、近づきながらレールの状態を見て「ほんまや。取れちゃった」と修復行為に入る。このハルヤの「取れちゃった」と見せる行為は、困ったことが生じていることがわかる行為であり、保育者Gは「取れちゃった」の意味を確定させるために、その状況に身を置き、目で見て何を指しているのかを確認している。自分は困った状況にいるということをハルヤが保育者Gに伝えることで、保育者Gはすぐさま遊び仲間もしくは遊びの援助者としての参入を認められている。保育者Gもその暗黙的な誘いを受け止め、遊びに入っていくのである。

　このやりとりに保育者Gは「いける日かな」という感触を身体的・状況的に感知している。保育者Gは、友達とのかかわりや遊びの広がりという保育目標をもっている。その方向へと展開の舵を切るときまで構えつつ、めずらしく反応が返ってくるハルヤとのやりとりを続けていく。ハルヤは保育者Gの方を振り返り、笑顔を見せる（点線部）。振り返るという、保育者Gがそこにいることを意識した行為が繰り返し見られ、その度に保育者Gは返答したり一緒に笑ったりしていく。

　また、途中エイジが近寄ってきて、保育者Gが朝の挨拶を交わすが、そこから保育者Gが再びハルヤに話しかけるまでハルヤは保育者Gに話しかけないし、保育者Gの方を見ない。保育者Gが「いけたじゃん、ハルヤくん」と言うと、それには応答せず「またここ高いんだよ」と新たな話題を始める。

　一方、ニンニンジャーごっこをしている子どもたちは、その場を通りがかるだけでなく、保育者Gにちょっかいを出していくが、保育者Gもハルヤも取り合わずに自分たちの手元に視線は集中している。明らかに保育者Gとハルヤはお互いのかかわりをほかにもある選択肢から選んでおり、逆にニンニンジャーごっこのメンバーとのかかわりは選択していない。

　この後も、ハルヤは自分が作っているレールのコースであるにもかかわらず、それが困った状況のように「またここ高いんだよ」とか「とおでませーん」と言ったりする。それを保育者 G は「ほんまやなぁ」と受け止めたり、「とおれませーん」と同じ言葉を繰り返したりする。最初の「取れちゃった」は修復すべき状態と受け止めて対応するが、それ以外は遊びのおもしろさとして受け止められていることがわかる。ハルヤはその一言一言を保育者 G を振り返って見て伝えるときに、「またここ高いんだよ」「とおでませーん」は楽しそうな笑顔で言う。その高くなっている状況、通れない状況がハルヤにとってどのようなものとなっているのか、保育者 G は表情や動きなどと関連させ、その意味を身体的・状況的に感知してかかわっている。保育者 G が、「ほんまやなぁ」「とおれませーん」と応答することで、ハルヤの発話は遊びを楽しむ発話として受け止められると同時に、保育者 G との相互行為においてそれを共有することにつながっている。言葉はその行為と一体となってそのレールの高さや行き止まりを楽しい仕掛けとして遊んでいることが感知され、保育者 G の行為につながっている。

　そして、後半の展開が印象的である。賑やかなニンニンジャーごっこのメンバーがお面をしまいにきて、園庭に出て遊ぼうという会話が聞こえてくる。ここでは保育者 G に話しかけたり、ちょっかいをかけたりしていないが、保育者 G はフッと振り返り園庭の様子を見て、ハルヤには何も言わずに立ち上がっていく（波線部）。その保育者 G の動きはハルヤの背後で起こったことなのだが、ハルヤは少しして、ふと振り返り電車を走らせて、最後「いきどまり〜」と電車を止めて立ち上がるのである。なぜここで保育者 G は何も言わずにこの場を去ったのだろうか。園庭をちょっと見に行って戻るというような動きではなく、保育者 G は他へ移る動きをしている。保育者 G とやりとりをしながら遊んでいたハルヤはやりとりが途切れて振り返り、保育者 G が離れていく様子をチラッと見る。その後も電車を行き止まりまで動かしているものの、自分も電車を手放して立ち上がり、保育者 G のいる方へ歩いて行く。そこで、一度すれ違ってから少し離れた場所で立ち止まる。なぜかはともかく、保育者 G とハルヤの間で起こっていることは、ハルヤと保育者間のやりとりの唐突な終了と、それによる保育者 G の動きへのハルヤの後追いと電車遊びの終了である。その 2 つの終了は、どちらかが立ち上がった時点では確定しない。立ち上がり歩き回った次の行動で他の遊びに入っていくときに確定する。保育者 G は製作をする机のところで座り、そこで保育者 G が違う遊びへ移ったことが確定する。ハルヤは一度通り過ぎるように歩くが離れたところで立ち止まる。製作コーナーの机の方を立ち止まって見ているハルヤに「やる？」と声をかけている。離れたところから見ていたハルヤは保育者 G の言葉を受けて近づくが、立ったままである。そこで保育者 G はマラカスを振って見せ、短く「ここにお絵かきするの」と伝えるとハルヤはスッと座り、絵を描き始める。

　先にも述べた通り、保育者 G には「今日はいけそうかな」という感触があり、その感触はプラレールのときのやりとりで得られたという。一見普通のやりとりに見えるが、保育者 G はそれまでに経験していたハルヤとのやりとりとの質感の違いに「新鮮やな」と感じ

ている（教育的瞬間についての語り）。一度すれ違ってから立ち止まるところ、自分から
は寄ってこないところ、次やることがわかってから座るところ、など、ハルヤの独特な接
近の仕方がありながらも、保育者Ｇの誘いかけに応じている。プラレールで２人で遊んだ
つながりが、一旦壊れたかのように見えるが、こういったことは子ども同士の遊びでもよ
く起こる。一方がその場を立ち去ることで、もう一方が追っていき、また他の場所で違う
遊びを同じメンバーで行う、というようなことである。ハルヤは１人で始めたプラレール
であったが、保育者Ｇと遊んでいるうちに２人での遊びになり、プラレールとの関係より
保育者Ｇとの関係の方へハルヤの行為は移っていった。ハルヤの変化を感知した保育者Ｇ
は、その質感の差も保育目標もリソースとして「今がチャンス」と友達とのかかわり、遊
びの広がりへ向かう援助を繰り出している。ハルヤは保育者Ｇの誘いに促されるように、
マイの隣で製作を始めるのである。

（5）仕掛けて構えてとらえる教育的瞬間の相互行為的展開

ケース５：５歳児クラス　サクト〈保育目標：思いの表現、決断力〉

ターニングポイントについての語り：遊びに乗り切れないというか、少し、どうしたらい
いのかなあと、フラフラしてる時間が、最近長いように思っていたので。（中略）他の子
もどんどん自分のやりたい遊びとか、遊びの発展のさせ方を年長になってどんどん身につ
けてきている中で、少し、みんなのレベルが上がってくると、今度ちょっと彼の消極的な
ところが、まぁ、そういう意味で最近気になってきたということかもしれないですね。

教育的瞬間についての語り：興味があったことに対して、ストレートにやらしてとは言い
に来れなかったんですけど、まぁ、背中押してあげることでやってみる気ができたことは、
今日、彼にとってはよかったかなあという日になったと思ってます。

観察エピソード：サクトはジンとブロックで遊んでいる。ジンは遊んでいたブロックを床
に置いて立ち上がり、保育者Ｍが水鉄砲作りをしている机のところに寄っていく。サク
トはジンの作ったブロックのそばに自分のブロックを動かし「すぐ近くやで」と言うが返
事がなく、振り返って見ると、ジンは保育者Ｍの隣に立っている。サクトは２人のいる机
の方へ寄っていき、他の子どもたちが水鉄砲を作っている様子を見ている。ジンは「ジン
持ってるよ」保育者Ｍ「何が？」と物を取りに行きながら話しているところに、サクトも
寄っていく。サクト「うちにも水鉄砲があるから、今日は作らなくていいねん」と言うが、
保育者Ｍ「そうかー」とだけ応える。サクト「でも、それ壊れちゃってん」保育者Ｍ「壊
れちゃったん」サクト「うん」とやりとりする。ジンは水鉄砲を作ることにして、材料の
布を持ってくる。サクトは両手をポケットに入れて立ち「今日はやろうかどうか迷てるね
ん」と言うと、保育者Ｍは物を準備しながら「ハハハハハ、迷ってるときはやってみた方
がええで」と笑顔で声をかける。保育者Ｍ「いいよ、ジンくんもやらはるし、一緒にやる
か？」と言うが、サクトは返事をせず、ロッカーの方を見る。サクトはロッカーに肘を置

き、じっと保育者Mに背中を向けて立っているが、振り返り近寄っていき「どうやってやるの？」と聞く。保育者M「はい、今からゆうたげよう」と準備を始めると、ジンとサクトは保育者Mの隣に腰を下ろす。

分析：サクトとジンの間で起こっていることは、ケース４の保育者Gとハルヤの間で起こったことと似ている。サクトとジンは会話をしながらブロック遊びをしていたが、ある時点で突如ジンが何も言わずにその場を立ち上がり、水鉄砲作りの方へ行く。サクトは気づかずに遊んでいたが、話しかけたときに返事が返ってこなくなり、振り返るとジンは水鉄砲作りの場所に移っている。サクトはすぐにブロックを置いて水鉄砲を作る場を見て、保育者Mの方へ寄っていっているのに「うちにも水鉄砲があるから、今日は作らなくていいねん」とわざわざ言う。遊びを自分で選ぶ幼児教育の方法を採っている園では、ある活動に寄っていくという行動はある程度その活動に関心があることの提示となる。しかし、その関心があるということが身体の動きとして示されている一方で、逆向きの内容を言葉で表現するサクトには、本心は身体的に示された方、言語的に示された方、そのどちらであるのか、という矛盾した状態を感知させる。これは、保育者Mが、消極性や「ストレートに出せない」（p.202 参照）というサクトに対する課題認識をもつことにつながる姿ととらえられる。このわざわざ「今日は作らなくていいねん」と言ってきたサクトに課題を感知したであろう保育者Mは、ここで意図的な「そうかー」を繰り出す。

　しかし、サクトはなお、言語的にも矛盾し出すのが次の発言である。「あるから作らなくていい」という内容と「でもそれは壊れた」という内容は自己矛盾状態である。矛盾に矛盾を重ねてこられると、聞き手としてはどういうことか問いたくなるのが通常である。つまり、サクトの方から保育者Mに対して、作るかどうか問いかけるように仕掛けられていると言ってもいい。しかし、ここで保育者Mは問いかけないのである。「そうかー」と「壊れちゃったん」とそのまま受け止める。ここで保育者Mが逆に仕掛け直すのである。サクトが自分からどうしたいのかを言わざるを得なくなるように、「壊れた」という言葉を事象の説明として受け取り、会話がそこで終了することもあり得る状態に留め置かれる。すると、矛盾したまま留め置かれたサクトはそのままではいられなくなる。サクトは両手をポケットに入れて立ち、ここでやっと「今日はやろうかどうか迷てんねん」と心情を吐露する。

　保育者Mは、気持ちをストレートに表現できず決断できないことがサクトの課題ととらえていた（育ちに関する課題認識）。自分からやりたいという気持ちを表現できずにいる自己矛盾状態をそのままにしたことで、サクトの心情の表現が出てくる。そこで初めて保育者Mは笑顔を見せて「迷ってるときはやってみた方がええで」と薦める。しかし、それも一般論として、であり、水鉄砲やサクトといった個別具体的な状況において何をどうした方がよいということではない。迷っているときはやってみた方がいいというアドバイスではあるが、決定者はあくまでサクトのまま保持されている。そこでの返答はなく、保育

者Mはさらに明示的に「一緒にやるか？」と選択肢を示すと、サクトはその言葉にすぐに返事をせず、離れて背中を向けるが、保育者Mはサクトが自分で動き出すまで声をかけずにいる。そして、意を決したように再度保育者Mに近づいてくるサクトだが、「やっぱりやる」とか「やりたい」ではなく、「どうやってやるの？」と方法を聞くのである。意思の表現に一癖あるサクトの独特なアプローチの仕方が浮かび上がる数分のやりとりで、保育者Mはサクトが自分の思いを伝えようとした行為に対しては積極的に応答する。つまり、保育者Mは相互行為の中で自らが示す行為によって、サクトの行為が相手にどう響くものかを象徴的に伝えている。思いの表現と決断力という保育目標は、この具体的なやりとりの中で何を評価し、何を待つのかという保育者Mの中の構えとなっていたと考えられる。サクトが気持ちを表現して自分で決断するということが、保育者Mの意識的な言葉選びと待ちによって実現されている。

（6）構え続ける身体的・状況的感知

ケース6：5歳児クラス　タカトシ〈保育目標：思いの表現、友達とのかかわり〉

ターニングポイントについての語り：自分から「お友達と遊びたい」「幼稚園でもっと遊びたい」という思いをすごい出してくれるようになってきたなと思って、そんなふうにわーんって泣いて、こう自分、意思表示をしはったのが初めてで。すごい私は嬉しくって。ちょっと変わってきたかなっていう思いもあったんです。

教育的瞬間についての語り：先週ぐらいからコマへのチェンジをしていったところの流れで、今日は1つのポイントの日に。（中略）今日はもうあの（タカトシがコマで遊んでいる）場に、とにかく。帽子とりも行ったんですけど、なんとなくタカトシくんを感じる場に、今日はいてあげようっていうことで、半日いられたので、すごくそこは嬉しかったというか、すごい大事な半日だったかなという自分の中では印象がありました。

　　タカトシのケースは、保育者Pが「大事な半日」と語っているように、教育的瞬間の連続であった。ここでは一日の初めにコマ回しに向かう前の場面と、この日初めてコマが回った瞬間を共有する場面を取り上げる。

観察エピソード①：昨日初めてコマを回せたタカトシ。テラスでコマに紐を巻きつけている。サクラが「先生見てみ」と保育室内にいた保育者Pに対してテラスのウサギケージを見るように誘う。保育者Pはテラスに出てきて、タカトシもサクラについていき、保育者Pと一緒に来たカナと共にウサギを見る。保育者Pは「どれどれ。あ、リンゴが好きなんやね」などとウサギが餌を食べる様子をしゃがんでケージを覗き込む。サクラ「何時に起きはんねやろう」保育者P「あはは、何時に起きはんのやろうなぁ」ハナ「5時！」保育者P「先生が幼稚園に来たときはもう起きてた。うん」と身体を起こして言う。このとき、タカトシだけ発話がなく、視線がウサギから外れていく。タカトシは保育者Pを

見て、テラスの奥（コマを回せる場所）を見て、一旦後ずさり、保育者Ｐの方に少し近づく。保育者Ｐは「何時に起きはんのやろうなぁ」と話しながらテラスの奥を見ているタカトシをその瞬間パッと見て、ウサギに目を落とし話し終えてから、すぐに立ち上がりタカトシに「行く？」と声をかける。タカトシは小さくうなずき、テラスを歩き出す。保育者Ｐ「よし、行こう！」と言うと、サクラ「レッツゴー」と言い、コマに紐を巻きつけながら一緒に歩き出す。保育者Ｐ「今日は線香花火（コマ回しの技）を完成させるぞ」と話しながら、コマに紐を巻きつけている。

観察エピソード②：コマに挑戦し続けているタカトシ。保育者Ｐはタカトシがコマを投げようと立ち上がるとパッとそちらを見ては、失敗するたびに「おしいおしい！」と声をかけている。保育者Ｐはタカトシと一緒にしゃがんで端までしっかり紐を巻くのを少し手伝うが、途中で「はい」とタカトシにコマを戻す。タカトシが巻き終わるまで、他の子どもたちと会話している。タカトシがコマを投げようと立ち上がると、保育者Ｐはタカトシの方を見ずに「よし」と自分のコマを両手で持って投げる準備をしつつパッと立ち上がる。タカトシがパッと紐を引くと見事に回り出したコマを見て、保育者Ｐ「あ！！やったーすごい！見てー」と周りの子どもたちに声をかけながら、「やった、回りましたー、すごいキレイー」とタカトシの頭を撫で、抱くようにして一緒にコマを見る。「さっきも＊＊＊回らはったでー」とモエが寄ってくる。保育者Ｐ「ね、昨日からちょっとすごい回るようになってきはった。うれしー」と言いながらコマを見る。じっと見ていたが、コマが止まる寸前でタカトシが顔をコマに寄せ、保育者Ｐも一緒に顔をコマに寄せるようにする。コマが止まり、保育者Ｐ「あっ、急ブレーキやった。もう一回もう一回」と笑顔で言う。

＊＊＊は聞きとり不明瞭箇所

分析：タカトシはこの 2 つのエピソードを通して一度も発話がない。保育者Ｐはタカトシの身体の動きを繊細にとらえ、タイミングを外さずに声をかけている。観察エピソード①では、ウサギを見ている場面で、タカトシの視線がウサギから外れ、コマ回しをする場所へと流れ、ウサギからタカトシの身体が遠ざかり、保育者Ｐへ少し近づいてきたときに、保育者Ｐはすかさず「行く？」と声をかける。それが可能になっているのは、ウサギのケージをのぞき込んだ後、身体を起こし、タカトシの様子を目の端に入れて、キーポイントとなる行為、つまりここでは点線部の一連の動きを見ているからである。特にテラスの奥を見るときには、タカトシの視線が保育者Ｐから外れる。すると保育者Ｐは目の端ではなく、はっきりとタカトシの視線の動きを見ている（下線部）。これらは一瞬の動きであり、かつ同時的なものである。保育者Ｐは事後にビデオを見ながら、「あえて声をかけるとやらないっていうふうに言うかもしれないし、どうしようってどきどきしながら、ちらちらと雰囲気を見て窺っているんです。でも、もうやりたそうな感じだったので、あ、いけるかなって」また、「ほかの子たちがすごい勢いなので、もうそこでひるんだらかわいそう

やなと思って」とこのときのことを振り返って語り、タカトシがやりたい気持ちを自分の中にしっかりと感じて動き出すタイミングを計っていたことがわかる。発話のないタカトシの意思は身体的な行為となって表れると保育者Pはとらえているからこそ、その動き出す様子を見逃さないようにしている。さらには、視線を合わせずにウサギに関する会話をしながら、タカトシが保育者Pのいない方向に顔を向けた瞬間にその様子を見て、もう一度ウサギに視線を落とす。ここでもケース2の保育者Bの視線のコントロールと同じく、繊細な視線のコントロールがある。タカトシが見ていないときに保育者Pはタカトシを見る。タカトシの視野に入っているときは、目の端に入れてほかの会話をすることで、タカトシの自由な動きを引き出していると考えられるのである。〈思いの表現〉という保育の目標は、現在のタカトシの思いの表現を逃さないようにするだけでなく、タカトシが周囲の圧力を感じずに思いを表現できるようにするという、身体と視線の繊細なコントロールのリソースとなっている。通常、見逃さないようにしようとすると、しっかりと見ようとするが、そのしっかりと見ようとすることがすでに相手の行為に影響を与える。言い換えれば、しっかり見られていると感知すると、すぐさまその見られている状況下での行為でしかなくなる。保育者Pがタカトシに見られていると感知されないように見ている意味はここにある。

　保育者Pはサクラとカナとやりとりしながら、そのやりとりのタカトシへの影響や、タカトシの身体の動きに表されている思いや逡巡、意欲のようなもの、ほかにまだ人がいないテラスに自分からコマ回しの場をつくることのちょっとしたハードルなど、保育者Pはそこここに生じて入り交じる意味やニュアンスを身体的・状況的に感知し、今ここの教育的瞬間をとらえようと構え続けている。

　観察エピソード②では、タカトシがコマ回しで成功する場面を共有したいと願い（インタビューでの発話「その瞬間を絶対見落としたくないっていう思いがあって、やっぱり自分から言わないので」より）、いつ回るかわからない瞬間を逃さないように待ち構えている。しかし、見逃さないようにというのは、ここでも視線を対象に向けていることではなく、むしろ視線を向けずにいかに見るかという実践のために、保育者Pは一貫して自らの身体と視線のコントロールをしている（下線部）。身体的・状況的に感知する構えを続けているととらえられる。ほかの子どもと話をすることもその一つである。ここでもう一つ重要なこととしては、保育者Pも含め、この場にいる全員が手に自分のコマを持っていることが挙げられる。ほかの子どもたちと会話しながらタカトシが硬く紐を巻き終え立ち上がると、保育者Pはタカトシを見ずに立ち上がる。それは保育者P自身がコマを持っていることによって、不自然な行為とならず、保育者Pがコマを投げようとしている行為のように受け取れる。また、場を共にするほかの子どももたいてい視線の先はコマがある。誰かのコマが回ると、その誰かを見るより、そのコマを見る。そのことで、タカトシはこの場で自由に動きやすくなっている。保育者Pやほかの子どもの視線を感じてプレッシャーを受けるということなく、タカトシはコマを投げて成功する。ここで保育者Pは周りの子

どもたちに「見てー」と言う。この「見てー」は「コマが回っている様子を」という目的
節としていることは暗黙の了解となっている。自分のコマに紐を巻きながら見る子、寄っ
てくる子、それぞれがタカトシのコマを見る。タカトシが回したコマを見るという行為に
よって、タカトシは周囲に認められるのである。

　保育者Ｐは〈友達とのかかわり〉という保育目標も語っているが、それは直接的な友達
とのかかわりというよりは、コマという物を媒介とすることで、安心して友達とかかわれ
るようにしている実践のリソースとなっている。コマ回しの場を周囲の友達と共有するこ
とに価値を置いていることは、インタビューでも「回せることが目的ではなくて、こうい
うふうにして、この場で一緒にいて、お友達の様子を見たり、言葉を聞いたり、リアクシ
ョンを見たり、そういうことはこの子にとって大事なのかなっていう思いもすごいありま
した」と語られている。「存在感として認められて欲しいとすごい思います」という願い
も語っており、コマが回った瞬間を周りの子どもたちに「見てー」と声をかけている。つ
まり、保育者Ｐはタカトシ自身がもっているであろう「コマを回したい」という願いをも
って行為することを支えるだけでなく、周囲の子どもたちと場を共有したり、タカトシの
存在感を示す場としての意味づけを行っていると考えられる。コマが回った嬉しさを自ら
「うれしー」と言い、タカトシの動きと同調している保育者Ｐの姿（二重線部）は、それ
までの身体と視線の意図的なコントロールから解放されている。コマが回ることで、共通
の喜びの対象ができ、保育者Ｐの意図的なかかわりというようなものを超越して、感情が
あらわになっている。むしろここでは、保育者Ｐの行為がタカトシと同調することで、代
弁的機能を果たしていると言えるのではないだろうか。ここでタカトシの思いの表現は、
〈思いの表現〉という保育目標をもつ保育者Ｐの行為を通して、周囲の子どもたちに増幅
して伝えられている。そして、コマが止まってしまったときには、残念な気持ちではなく
状況を楽しむような比喩表現（「急ブレーキ」）を用いて、「もう一回」とまた回ることを
楽しみにする言葉をかけていく。

（7）周囲を巻き込む意味転換の相互行為的展開
ケース７：４歳児クラス　カヨ〈保育目標：思いの表現、友達とのかかわり〉

ターニングポイントについての語り：（これまでよく遊んでいた）トモミちゃんが一輪車
ものすごいはまっていて、ものすごい集中してやってるので、どっちかというと１人なん
ですよ。（中略）あーそうやと思って、振り返ってみると。１月下旬まで赤ちゃん産まれ
るからっていうことでだいぶ長いこと休んでたんです。来て、今、２週間目ぐらいですね。
ちょっとみんなとコマをあんまり遊んでないし、凧作りとかもしてないし、なんかこう出
遅れ感みたいな、ちょっとあるのかな。

教育的瞬間についての語り：お弁当のときに、ものすごい食べへんのですよ。今日、おち
ゃらけて、先生にちょうだいって言ったら、あげないって言って。「そんならカヨちゃん
が食べて、先生も食べたことにするわ」って言ったら、それがものすごい嬉しくて、カヨ

ちゃんがもうパクパクパクパク。（中略）カイトくんも一緒にして、アスナちゃんにも言ってて、あんときに、「あ、かかわっている」っていう瞬間なんやけど、カヨちゃんのほうをみんな向いて、ニコニコして、カイトくんも「ぼくも食べてるよ」とか言っていて。そのひとときっていうのが、みんなカヨちゃんを認めたときなんやなと思って。（中略）今日はよかったなと思います。これが必要、カヨちゃん。できたらこれが続けられたらいいなと思います。すると、本当の意味で、カヨちゃんと関係ができる。

観察エピソード：お弁当の時間、他の子どもたちはほとんど食べ終わっているが、なかなか食べ進まないカヨ。保育者Qはテーブルを拭く布巾を持って、カヨとアスナのいるテーブルにやってくる。保育者Q「おいしそうなたまごやき」と言って、しゃがんで弁当の中身を見る。カヨは肘をついてだらけた様子を見せる。保育者Q「それが苦手だろうなー」と眉をひそめると、カヨはパッと起き上がって「ううんううん」と手を細かく横に振る。保育者Q「ちゃうの？じゃあさあ、カヨちゃんが食べてるところ見ておいしいと思ってるかどうかやってみる？ほんでおいしい顔とか見せる。いい？じゃあさ、やってみるよ」と言うと、カヨは食べ始める。もぐもぐとしてから両手を広げて何かジェスチャーするが、保育者Q「あー、あー、ちょっとわからへんかった」と首をかしげる。が続いて保育者Qが「おっ苦手だったけど？」とカヨの様子を見ながら言うと、カイトが駆け寄ってきてカヨの様子を見る。保育者Q「あー、おいしそうな顔をしております」と言う。カヨは両腕を右斜め上に開いて見せる。保育者Q「先生にもちょっとちょうだい？あかん？」カヨ、うんとうなずく。保育者Q「じゃあ顔だけ」と言って、大げさに食べる真似を始める。カイトも一緒に食べている真似を保育者Qと一緒にニコニコとしている。カイト「味がしてきた」保育者Q「うん、味してきた！」と言うと、カイトが喜んでジャンプし出す。保育者Q「おいしい！」と言い、次食べるものは何かと身を乗り出す。カヨはお肉を箸でつまんで取り出して見せる。「あーん、ぱく」とカヨが自分の口に入れると、保育者Qとカイトが同じように大きな口を開けてもぐもぐもぐとして食べるふりをするのを何度も繰り返す。そのうちアスナも笑顔で一緒にもぐもぐし出す。

分析：なかなか食べ進まず、肘をついてだらっとした様子を見せるカヨに対して、保育者Qは「それが苦手だろうなー」と共感的な表現をする。眉をひそめるのも、食べにくいことを表出しているカヨの状況に対する共感的表現ととらえられる。それに対して、カヨはパッと起き上がって「ううんううん」と否定して食べ始める。保育者Qはネガティブな表出行為に対して、対抗するような食べさせへ向かうのではなく、食べたくないことへの共感を示したにもかかわらず、カヨはその共感的行為をコミカルに否定する。それは、半ば意図的にズレを生み出す遊びの開始ともとらえられる。手を細かく横に振り「ううんううん」と言うカヨの遊びの雰囲気を身体的・状況的に感知した保育者Qは、カヨがおいしいと思っているかどうかを当てるゲームや、一緒になって食べた気分になる遊びを投げかけ

ていく。

　ここで興味深いのは、〈思いの表現、友達とのかかわり〉が保育目標として挙げられていることである。カヨの思いの表現は、エピソード冒頭では弁当に対する拒否的な行為として表現されているととらえられるが、保育者Qのかかわりによって、カヨは自分の行為とそれに対する周囲の解釈にはズレがあると主張するのである。そこがまさに子ども同士においてはかかわりにくさになっていると思われ、保育者Qはこのカヨのズレを生む行為を構えていたかのように、すぐさまそれを楽しむ遊びに転換していく。カヨの表現と周囲のとらえのズレを遊びにすることで、カヨの表現を楽しみながら受容する場が周囲の子どもたちと共有されていく。保育者Qが繰り出す楽しそうな雰囲気にカイトが駆け寄ってきて、カヨの思いの表現は大げさにコミカルになる。お弁当の場が、個人が弁当を食べきる場ではなく、カヨの表現を楽しんで共有する場になっていく。また、カヨにとって毎日の弁当は食べにくいが食べなければならないものになっているよう（教育的瞬間についての語り参照）だが、保育者Qはカヨが食べる行為を劇場的に楽しんだり、カヨの中で起こっている感覚を感じようとする想像の世界を繰り広げたりすることで、弁当を食べる行為のもつ個人的な意味を、保育者Qや友達と楽しみを共有する意味へと転換している。

第 4 節　総合考察

　研究 5 において検討した保育実践の起点となっていたのは、子どもの育ちに関する課題認識である。これまで、保育不全感を起点とするものを扱ってきた。しかし、すでに研究 4 において指摘したように、教育的瞬間の感知は保育不全感を起点とするものばかりではない。保育実践においては、保育者が自らの実践に十分ではないと内的に感知したことに焦点が当たっているというよりは、ミエコについてのケース 3 や、サクトについてのケース 5 のように、子どもの姿に育ちの課題を感じ、その課題を「どうにかしたい」と願うことで実践へと向かうものもある。また、研究 4 の絵本の読み聞かせにあったように、よりその活動の内容を子どもたちと楽しみ味わう方向へ向かおうとする教育的瞬間もある。一方で、担任になってかかわり続ける中で、どうもしっくりこないといったズレた感触が保育不全感として蓄積されてきた、シンスケについてのケース 1 やハルヤのケース 4 のようなものもある。自らの保育に対して、また子どもの育ちの課題に対して、「どうにかしたい」と再考していることを研究 5 では検討した。

　ここに挙げた 7 つのケースに共通しているのは、育ちに関する課題認識を元にした保育目標が、保育実践を即時的に創出する際のリソースとなっていたことである。その保育目標は、普段の子どもとのやりとりの中から、他との関係性の中で立ち現われてくる子どもの特徴を把握したうえで、その子どもが、自己を表現しながら他者とかかわることができ

るように考えられていた。しかし、保育実践は常に多様な文脈が交差する中で動いており、どのように目標が生かされるかはその場そのときの保育者の身体的・状況的感知に依存している。その場そのときの身体的・状況的感知によって構えが形成され、子どもとの相互行為の中で教育的瞬間がとらえられていた。保育目標は、保育者の行為を限定したり固定化したりするものではなく、相互行為の中で方向性を照らすリソースとしてゆるやかに機能していた。

　保育実践のさなかに「今ここでかかわらねば」という教育的瞬間の感知が生じるのは、その子どものある特徴について、日々見取りとかかわりを重ね、試行錯誤しながら目標（願い）をもち続けているからこそ生じるものであると考えられる。自信をつけてあげたいと願い続けている中で、小さな段差に挑戦している様子に教育的瞬間が感知されるし（ケース3）、思いをストレートに表現して欲しい、決断力をつけてあげたいと願う中で、子どもが自分の気持ちを表出するのを待ち、自分で決断するまで待つことが重要な援助としてなされるのである（ケース5）。

　また、ターニングポイントについての語りに見られるのは、長期的な子どものとらえの中で感じられている子どもの変化である。ずっと気がかりであった日々のかみ合わなさがあったが、保育者に関心を示すようになった最近の姿から「今がチャンス」と思い、注意深くその子どもをとらえ、かかわりどころを探ろうとする構えが保育者の中で生まれていた（ケース4）。一日の中で「今日はいけるかも」と感触をつかみ、構えつつかかわりの中で探っているからこそ、教育的瞬間が立ち現われ、願いをもった活動への誘いかけがなされていく。教育的瞬間が感知された7つのケースすべてにおいて、このターニングポイントが感知されていたことは非常に重要な点である。ターニングポイントはポジティブな変わり目の感知のみならず、ネガティブな変わり目を感知しているケースもあった（ケース5、7）。好転してきているからうまくきっかけをつかもうとすることもあれば、うまくいっていないからこそ踏ん張りどころ逃さないように、また転換点を生み出そうと構えることもある。日々のかかわりの中で子どもの様子が一連の流れとして蓄積され、ストーリー化し、意味づけられているからこそ、ターニングポイントが感知され、教育的瞬間の構えが形成される。

　保育目標が判断のリソースとして保育者の中にあること、また、長期的なとらえと短期的なとらえの両方が支えとなって、一見とらえどころのない子どもの多様な動きや言葉の波にのまれるのでなく、多様な意味が絡み合う場の中で保育者はつかみたい子どもの姿をつかんでいく。そして、保育者の繊細な感覚を駆使して、子どもとのかかわりの塩梅がその場で微調整され、子どもの力がより主体的に発揮できるように促されていた。

　また、保育者は身体のわざとも呼べるような、視線と身体の動きを自覚的にコントロールしているケースが、特に中堅以上の保育者では見られていた。視線を合わせないようにしながら、その子どもの様子を窺い、必要なだけの身体の動きでその子どもがより活動しやすくなるように援助していた（ケース2、6）。思いを表現しにくい子どもにとって、

他者の視線から受ける圧迫感は大きな影響力をもつ。また、保育者の視線は他の子どもの視線も誘う引力をもつ。保育者が自分の視線の影響力について自覚的になり、圧迫感を与えないように、また他の子どもの視線を余計に動かすことのないようにすることで、思いを表現しにくい子どもが、少しずつ表現することへの安心感をもっていく援助がなされていた。

　逆に、少し大げさな身体的な応答が用いられるケースもあった（ケース 1、7）。子どもと似たような身体の動きでありながら、否定的な意味から応答的なあり方へと転換したり（ケース 1）、食べるのが苦手な子どもと食べる動作を楽しむことで、関係的に動作の意味がつくり変えられたり（ケース 7）していた。子どもは保育者との身体的な応答を楽しむ中で、自分の行為が他者に肯定的にとらえられる経験をしていると考えられる。

　そして、子どもにとっての意味を転換したり、多様な意味が交流するようにしたりする援助も中堅以上の保育者では見られた。他を受容する力をつけてあげたいと願い、かかわる中で、「工事中」という言葉や通せんぼするという否定的に感じられる言葉や行為の意味を、子ども集団の中での受け止めとして肯定的な意味に転換していくケース 1、コマ回しという遊びのもつ個人的な技能と向き合うという側面だけでなく、自分の遊びをもちながら他と自然な交流が生まれる側面に意味をもたせていくケース 6、弁当を食べるという子どもによっては苦手なものへ向き合うことが要請されるような場面で、その子の面白さを他の子どもと共に受け止め楽しみが交流するような場に転換していくケース 7 など、一人の子どもの行為が他者との関係の中に位置づけられ、肯定的な楽しい雰囲気の中で関係性にひろがりが生じるような援助が展開されていた。実に幅広く、また繊細な保育者の援助によって、子どもたちは他者との関係性の中に息づく力を育まれている。

　今回、個に焦点を当てた分析を行うことで、保育実践における同時進行的側面については捨象している。仮にその場で 2 人の子どもの教育的瞬間が生じたとしたら、保育者はどのような実践を繰り出すのだろうか。この点について、さらに検討を行うこととする。

第 5 節　研究 5 の課題

　研究 5 では、教育的瞬間が感知されたと考えられる場面を、保育者の語りから抽出を行った。これはそもそも保育者が実践の中でマインドフルになっており、事後にすべてを想起し語りきることはないにもかかわらず、教育的瞬間が保育者に感知されるものととらえる以上、保育者本人しかその瞬間の生起を知る者はいないということから、研究上の方法として苦肉の策を採った結果である。本調査では、インタビューガイド項目の「今日のつかめた感じ」が教育的瞬間の感知に関する部分になるが、同時に「今日の感触／迷ったところ」を聞いたことにより、語りが「迷い」に集中すると教育的瞬間が語られないとい

うことが生じていた。今後の研究においては、さらに教育的瞬間に焦点を当てるインタビューの工夫が必要であろう。しかしながら、何度も繰り返し述べているように、教育的瞬間の語りは実践の具体と共に分析されることに意味がある。語りだけで実践をとらえようとすることは、保育者の専門性をとらえるうえで重要な核心に触れていないのも同然であることに留意すべきである。

　さらに、保育実践の相互行為的分析においては、その細かさをどこまで求めるかということが研究方法上の課題である。ビデオのコンマ 1 秒の単位で行為を描くという手法もあるが、多くの子どもが行き交う場面の分析に膨大な時間が必要になり、分析できるケースや場面に限界がつきまとう。また、あまりに細かすぎると読み手の受け取る情報が膨大になり、文脈を形成しながら読むことが困難になることも想定される。保育実践の分析にふさわしい相互行為的分析のあり方については、さらなる検討が必要である。

第7章

個の把握と構えが支える
優先性の即応的判断：
1歳児の食事場面における援助に
焦点を当てて（研究6）

第1節　問題・目的

　ここまで、保育者の専門性について、以下のようなことを検討してきた。子どもの育ちや保育場面で見せる姿について課題を感知するだけでなく、自らの保育との関係でとらえ直した際に、保育が不十分であるという保育不全感が感知されること、また、その育ちの課題や保育不全感を起点として、個別の保育目標が形成され、日常的なかかわりの中で「このところ少し様子が異なる」とターニングポイントが感知されることにつながっていることが示唆された。そのターニングポイントの感知は、日常的なかかわりの中にふと生じるきっかけを逃すまいとする構えを保育者の中に形成していると考えられ、その構えをもって子どもと出会うことで、偶発的に突然目の前に立ち現れる教育的瞬間の感知につながっていると考えられた。

　しかし、保育実践とは、多くの子どもの生活や遊びが同時に進行するプロセスである。個の育ちに焦点を当てて検討を行うだけでは、保育者が実際に行っている専門的な判断の重要な部分を見落とすことになる。複数同時に生じる教育的瞬間に、保育者はどのように対応しているのか、ということを検討する必要がある。そこで、本研究では、再び1歳児の保育、中でも食事場面に焦点を当てることによって、同時進行のプロセスの中で、どのような援助の組み立てを行っているのか、検討を行うことにする。

　食事場面は文化的な場面であり、また、言うまでもなく、子どもの発達にとって食行動の自立とは重要なテーマである。食事場面の研究は、食事場面に見られる幼児の社会的相互交渉の研究（外山, 1998; 2000）や、3歳未満児の食事場面における母親や保育者との相互交渉に関する研究（外山・無藤, 1990; 河原, 2000; 2004; 石黒, 2003; 外山, 2008; 根津, 2010）など、子どもと養育者との間に生じる葛藤をきっかけとして、どのような文化的社会的自立へ向けた行為形成がなされているのかが検討されてきた。

　子どもは、次第に離乳し、自分で食事がとれるように、日常生活の中で徐々に促される。

　1 歳児の食事に関する道具操作の発達について研究した河原（2001）は、子どもの道具操作の発達状況に伴って、保育者の援助の重点の置き方が変化することを見出した。河原によると、スプーンを用いて食べる行動の習熟には、スプーンに〈食べものをのせる〉、口に〈運ぶ〉、口に〈入れて出す〉という操作の習熟がある。子どもが〈のせる〉〈入れて出す〉時点での腕・手首の制御が可能かどうかに着目し、不可能な場合にその動作を代行する援助が意味をもつこと、スプーンをもたない手の協応動作が見られる 18 カ月前後では、行動レベルの援助によって子どもとの間に不必要な対立を生まないことに留意する必要があること、おいしさを言語で表現し共感的に受け止めることが大切になると述べる。また、11 カ月児に対する食事介助場面の詳細な分析を行った石黒（2003）は、「保育者は『子どもに食べさせる人』ではなく、子どもと『食べることを巡って交渉する存在』であるというべきだ」（p.42）とし、保育者に求められている保育の技とは、「食べさせるための」技能ではなく、「子どもが能動的に食べる」ように交渉する技であると述べている。

　子どもが能動的に食べるということは、保育所保育指針においても重視されており、子どもが主体として意欲的に食べることを楽しめるようにすることは、保育援助の目標となっていると考えられる。しかし、特に 1 歳児については、自己主張が活発になる時期であり、養育者や保育者の食べさせる行動に対して拒否行動を示す時期でもある。子どもの自己主張性の発達と母親の対処行動について食事場面を通して検討した川田ら（2005）は、母親の対処行動に「食べない子にはあげません」といった「突き放し」という行動が見られるという。また、家庭と保育所における食事場面の 1、2 歳児と養育者の対立的相互作用について検討した河原・根ヶ山（2014）は、保育所より家庭の方が受動的摂食や拒否行動が多く、特に家庭でのみ 1 分以上続く泣きが見られ、そのきっかけは親子の確執であることが示唆されている。この親子と保育者との違いについては、調理者と介助者が同一かどうかや、親と保育者の立場の違いなども要因として推察されている。園における食事場面の特殊性やそこで求められている専門性とはどのようなものか、別途検討する必要がある。

　河原（2004）は、保育所の食事場面における拒否行動に対して、保育者がどのように対応しているかということについて、保育者の 4 つの特徴的な摂食促し行動を見出した。それは、異なる食べものを示し、再度食行動を促す「異なる食べもの」、食事の終了などの見通しを伝えて促す「見通し」、アンパンマンのキャラクターや他児が対象児の食べる様子を見ているからと言って食を促す「他の視線」、キャラクター等になったふり（「アンパンマンのお口で食べる？」）をさせて食を促す「ふり」の 4 パターンである。子どもの拒否行動を契機とした相互交渉において、大人の承認や賞賛を得たくなるような状況が「他の視線」「ふり」という摂食促し行動で形成されていたことが、子どもの主体性を尊重する保育において重要だと述べる。しかし、ここで、子どもが自ら食べようとするという発達の過程を促していくときに、「他の視線」や「ふり」という方策を用いて食べさせようとすることへの矛盾を感じずにはいられない。それは「他の視線」や「ふり」がいわば外発的動機づけであり、内発的動機づけにはなり得ないからである。

　これに対して、あるベテラン保育者の離乳食援助場面を検討した根津（2010）は、乳児が直接食べることに向かわない動きをするとき、その行動を食事の遂行にとって無駄であると見なすのではなく、乳児から少し身体を離し、表情、仕草などを観察し、次にスプーンを口元に運ぶタイミングを見計らっていること、食べることへの肯定的な意味づけと食べることへ向かわない行為を見て見ぬふりをすることがかかわりのコントラストとなり、一定のリズムを生成し、「離乳食を食べる」ということへ乳児の行動が集約されていく働きをもつと考えられるとしている。乳児と 1 歳児の違いは自己主張の強さにあり、そのことがこの 2 つの援助の違いになっているとも考えられるが、主体的な食行動の獲得を目指す点で保育援助の目的は同じである。あらためて、1 歳児保育における食事場面の援助が主体的な食行動獲得へ向けてどのように実践されているか、検討する価値がある。

　さらに、これまでの研究では、個別の子どもに対して保育者がどのような援助を行っているかが検討されてきた。しかし、1 歳児保育とは集団保育である。担当制を採るにしても、だんだんと子どもをグループにして、食事の援助をしていくのが 1 歳児期である。保育者はそれぞれに自己主張をし、また、それぞれの食行動の自立レベルにある子ども集団を、どのように個々の状況を見極め、必要な援助を瞬時に判断し実践していくのだろうか。また、同時的に生起する事柄に対して、優先性の判断がどのようになされているのだろうか。これらの点に、1 歳児保育の食事場面における保育者の専門性が表れると考えられる。そこで、研究 6 では、保育者が 1 歳児という自己主張が激しくなる時期の子どもたちの集団に対して、どのように援助を行っているのか、検討することとする。

第 2 節　方法

1．調査手続き

　基本的な調査手続きについては第 5 章（研究 4）の記載を参照して欲しい。食事場面の観察については、棚の上に三脚を使用した固定のビデオカメラの向きを食事コーナーに向けて置き、録画をしながら、手持ちのパソコンで観察記録ツール CAVScene ソフトを用いた映像記録を撮った。その際、手持ちのパソコンの画質の問題や調査者が一人である調査方法の限界により、細かな援助の記録を撮るため、どのグループを観察するか選択する必要性が生じた。観察開始当初から食事の援助を担当したのは、黒川（T）と山地（T）の 2 名であるが、山地（T）は 1 歳児保育を初めての担当であったことから、黒川（T）グループに焦点を当てて観察することにした。

2．調査フィールド

　ここでは、W 園の食事を理解するうえで重要な、いくつかの特筆すべき点について説明

する。その他のフィールドの属性については、研究 4 の W 園に関する記載を参照して欲しい。

（1）W 園の食事に対する基本理念と実践

　育児担当制を採り入れている W 園 1 歳児クラスを対象とした。しかし、一口に育児担当制といっても、各保育施設の事情に応じて、多様な実践となって展開しているのが実情である。担当制の「あるべき姿」を論じるだけでなく、具体的・個性的な実現のありようについて、詳細に検討する意義があるだろう（伊藤・宗髙・西，2015）。本研究で W 園を取り上げるのは、石黒（2003）が主張する「子どもが能動的に食べる」ことを重視していることが理由である。W 園は、子どもが主体であるということを重視しており、食事の介助においても、保育者がスプーンで口の中に食べ物を入れるということは行っていない。保育者が介助する場合でも、子どもの口の少し手前で介助スプーンを止め、子どもが自分から口を寄せて食べるのを待つということを徹底している。W 園の保育について説明している冊子には、「食事について」という項目があり、「食事は人間が生きていくうえでとても大切なことです。乳児期*は『生きるために食べる』という時期と考え、集中して食べる、しっかり食べることを大切に、一人ひとりに丁寧に援助していきます。幼児期は『文化としての食事』と考え、食べるときの姿勢やマナーを身につけ、時には会話しながら楽しく食事ができるようにしています。」という記載がある。そのうえで、1 歳児の食事については以下のような項目が挙げられている。

● 1 歳児の食事
　・子ども 2 ～ 4 人に保育士 1 人がつく
　・保育士は子どもを介助するためのスプーンを、子どもの人数分手元に置く
　・机の上や床にこぼすことなく、個人の適量を 15 ～ 20 分程度で食べ終わる
　・子どもが食べやすく工夫された陶磁器のプレートやスプーンを使う
　・上手に食べられるようになる 1 歳児後半は子ども 6 ～ 7 人に保育士 1 人がつく

　ここにも記載されているように、食具の形状や量、介助スプーンの使用や置き方まで、細部にわたり考えられ、実践されていた。また、能動的に食べるためには、空腹感を感じることも重要であるという考えから、朝のおやつをなくし、朝食をしっかりとってから登園することを家庭との連携で徹底し、戸外保育の前後には水分を補給するようにしていた。午前中にしっかりと遊んだ子どもは空腹感を感じて能動的に給食を食べ、満腹になるとすぐに眠たくなり、午睡もスムーズになるという考えから上記のことが実践されていた。こういったスムーズな保育の流れをつくるには、給食室との連携も重要視されており、時間通りにあたたかい給食が配膳できるよう、保育と給食の時間的なスケジュール管理が徹底されていた。そういった園全体の取り組みの中で、1 歳児の能動的に食べることをできる限り保証しようということが考えられていた。

（2）食事グループの調整：かみつき・ひっかきの回避と成長に即した再調整

　W園のこの年の1歳児クラスは、4月時点で13名の子ども、保育者正規雇用2名、非正規雇用1名（5月末で入れ替えあり）、計3名でスタートした。正規雇用の保育者2名（黒川・山地）が5月まで食事を担当、6月からは、職場復帰した非正規雇用1名（岩谷）が1歳児の担当となり、食事グループを3人で担当するようになった。

　調査期間内の入退園については、5月末退園が1名、途中入園が4名（9月入園3名、10月入園1名）あった。筆者が観察を開始した5月27日時点で、かみつき・ひっかきのある子どもが複数いること、また、理由はわからないが、かみつき・ひっかきの相手が固定しているような組み合わせもあるとのことだった。

　全観察日における黒川（T）が担当した食事グループのメンバー構成は表7-1の通りであった。なお、表の名前の後の（　）内は生まれ月、途中入園の場合は生まれ月と入園月である。

　名前に網掛けがあるのは、遊び時間にかみつきやひっかきが見られた子どもで、保育者が特に組み合わせに留意してグループを組んでいた子どもである。年度後半にはかみつきやひっかきが減っていた子ども（マドカやタケオ）もいれば、年度後半に増えていった子ども（メイ）もいた。理由はわからないがミズキはメイの近くに寄ると、メイに対してかみつきやひっかきをするということで、年度当初よりメイとミズキが同じ食事グループになったことは一度もなかった。こういった配慮もあってか、食事時間にかみつきやひっかきが見られることは、観察期間中一度もなかった。

（3）食事環境の徹底整備：座る位置の固定

　座る位置はグループごとに保育者が一人ひとりの子どもに指定して固定位置としていた。どのようなメンバー構成であっても、低月齢児は必ず黒川（T）の左側に座らせていた。

　低月齢児が2名になってからは、ヒメカ・メイは必ず黒川（T）の左側、リナは黒川（T）の正面、ヒメカとメイが同じグループのときにはメイを右脇の位置に座らせて援助した。黒川（T）の左側に座ると、後半グループ（まだ食事に入っていない子どもたち）が遊んでいる様子が背中側になり、気が散ることが少なくなる。黒川（T）の正面、右脇も左側ほどではないが、間に棚やゲートがあるので、後半に食事をとるグループが遊んでいる様子はほとんど見えず、一緒に食事をしている子どもの様子と自分の食事しか目に入りにくい位置となる特徴があった。

3．分析方法
（1）グループ構成で回避されているリスクの分析

　年間を通して、W園の1歳児クラスでは、食事の援助がスムーズにいかないという保育不全感を元にしたグループの調整が行われた（表7-1）。そこでは、あるグループのみで

表 7-1. 黒川（T）担当食事グループのメンバー構成

観察日	グループ 人数	高月齢児メンバー （生まれ月・途中入園月）	低月齢児メンバー （生まれ月・途中入園月）
5/27	① 3	ハルト（7月）、タケオ（8月）	ヒメカ（2月）
	② 4	チヅル（7月）、ツバサ（7月）、 アユミ（7月）、	サクラ（10月）
6/3	① 3	ハルト（7月）、タケオ（8月）	ヒメカ（2月）
	② 3	チヅル（7月）、ツバサ（7月） ＊アユミ5月末で退園	サクラ（10月）
6/17	① 2		ヒカリ（1月）、ヒメカ（2月）
	① 2	カリン（8月）、マドカ（8月）	
7/1	4 （欠席2）	マドカ（8月）　＊カリン欠席 ＊岩谷（T）が加わり食事担当保育者 3名に	メイ（2月） ＊ヒメカ欠席
7/15	① 3（欠席1）	マドカ（8月）　＊カリン欠席	メイ（2月）
	② 1		ヒメカ（2月）
8/5	① 3（欠席1）	カリン（8月）　＊マドカ欠席	メイ（2月）
	② 1		ヒメカ（2月）
8/19	① 2	マドカ（8月）	メイ（2月）
	② 2	カリン（8月）	ヒメカ（2月）
9/2	3	ツバサ（7月）、マドカ（8月）	ヒメカ（2月）
9/16	① 3	マドカ（8月）、ショウタ（8月・9 月入園）	ヒメカ（2月）
	② 2 （欠席1）		リナ（11月・9月入園） ＊メイ欠席
10/4	3	マドカ（8月）、ショウタ（8月・9 月入園）	ヒメカ（2月）
10/18	3	マドカ（8月） ＊黒川（T）、ショウタとヒメカが欠 席であることをマドカに説明し「今 日はメイちゃんとリナちゃんと食べ るよ」と伝え、誘う。	リナ（11月・9月入園）、メイ（2月）
11/1	① 3 （遅刻による グ ループ移動1）	マドカ（8月） ＊ショウタは病院に行って遅くなっ たため、岩谷グループで食べること に。	ヒメカ（2月）
	② 2		リナ（11月・9月入園）、メイ（2月）
11/15	3	マドカ（8月）、ショウタ（8月・9 月入園）	ヒメカ（2月）
12/6	4	マドカ（8月）、ショウタ（8月・9 月入園）、タケオ（8月）	ヒメカ（2月）
1/17	5	マドカ（8月）、ショウタ（8月・9 月入園）、タケオ（8月）	メイ（2月）、ヒメカ（2月）
1/31	5 （欠席1）	マドカ（8月）、タケオ（8月） ＊ショウタ欠席	メイ（2月）、ヒメカ（2月）
2/7	5 （欠席1）	マドカ（8月）、タケオ（8月） ＊ショウタ欠席	メイ（2月）、ヒメカ（2月）

＊①は先に食べるグループ、②は後に食べるグループを指す。11月15日以降、黒川（T）は1つのグループで3 ～5人の食事の援助を行っていた。

はなく、全グループの食事の援助について、各保育者が受け入れられる程度の混乱で済むように、食事場面が混乱するリスク要因の回避を目的に調整されていると考えられた。このことは、W園の食事場面における援助を理解するうえで重要な環境条件の整備であることが推測されたため、グループメンバーの変更要因について、観察およびインタビュー内容から整理した。

（2）焦点場面の分析

　保育者が複数の子どもを対象として、どのような援助を瞬時に必要と判断し実践しているかをとらえるために、次の点に留意して、ビデオ映像の文字起こしを行った。

　　・保育者の視線の動き
　　・保育者の行為の同時性（右手でA児の食介助をしながら、B児の様子を視認し、倒しそうになったコップを左手で押さえるなど）

　食事の援助の詳細な実態から、そこに見られる援助の優先性について明らかにするために、特にまだ援助が多く必要とされ、保育者も個々の発達をつかみながら実践していると考えられる年度当初の食事場面を詳細に分析することとした。

　具体的には、援助の同時発生的な状況や援助の連鎖を分析することを目的として、5月27日の黒川（T）と担当児の行為および発話を文字記録に転記し、分析を行った。文字記録の保育者の発話と行為について、定性的コーディング（佐藤, 2008）を行った。また、保育者の援助のきっかけとなる子どもの行為（たとえばお茶に手を伸ばす等）の視認を始点として、その子どもの行為に対する援助の終了までを1ユニットとし、それぞれのユニットの重なりを検討した。

第3節　結果・考察

1. 食事の援助に見られる優先性の分析
（1）グループの構成に見る優先性の判断の基盤形成
1）食行動と入眠に関する援助の必要量

　表7-1から、年度の前半は6月17日を除いて、たいてい高月齢児1〜2名と低月齢児1名の組み合わせでグループを構成していることがわかる。これは低月齢児を中心とした、食行動への援助が必要な子どもに、しっかりと援助ができる組み合わせとなるように配慮しているからである。一人ひとり、自立の具合によって必要な援助の量は異なる。必要な援助の量が多い低月齢児が2人含まれるグループを組むと、たちまち保育者の援助量が限

界を超え、うまくスプーンですくえずに食べこぼしが増えたり、援助を待ちきれずに泣きが増えたりし、食事の場が混乱するリスクが増えると考えられる。6 月 17 日の①グループでヒカリとヒメカという低月齢児 2 人というグループが組まれているが、ヒカリはかみつきやひっかきもなく、食行動も自立が進んでおり、援助量としては少ない特徴があった。

　ヒメカは、まだスプーンを持つ手がおぼつかなかったことや、泣きやかんしゃくを起こすこともままあり、そういった自己主張への対応が必要であることなどから、1：1 で食事をとることがあった（7/15 ②、8/5 ②）。5 月②グループのアユミは母子分離が難しく、4 月は抱っこで食べさせたり、寝かしつけるのにもよく泣き、時間がかかったりしていたので、食行動が自立している低月齢児サクラと組み合わせ、後半のグループにすることで担当者がアユミを抱っこし、ゆっくり時間をとって寝かしつけられるようにグループを構成していた。

　また、年度初め 5 ～ 6 月のグループの組み方に見られた特徴として、眠気と食事時間の関係が挙げられる。育児担当制では、子どもの食行動の自立を丁寧に促していくため、0 歳児の離乳食開始では保育者と子どもが 1：1 で食べさせ、食事が終わった子どもから順に寝かしつけていく方法を採る。子どもが 2 人で食べられるようになると、食べた子どもから布団に寝転がっていく。このクラスは 1 歳児になった時点で、1 人の保育者が 2 グループの食事を担当していたので、①グループの食事が終わった子どもから自分の布団に寝転がっていく。そのときに、ぐずったり、なかなか寝なかったりする子どもがいると、①グループの残りの子どもの食事の援助にも、②グループの食事開始時間にも影響する。この「食べたらすぐに眠くなる」ということは、育児担当制のスムーズな運営にとって非常に重要なポイントとなっていた。

　高月齢児のハルトとタケオは、活発によく動く子どもで、早く眠くなる傾向があった。また、低月齢児のヒメカは 11 時ごろになると眠くなってぐずることもあり、5 ～ 6 月は先に食事をするグループだった。特に、朝 7 時から園に来ている低月齢児ヒメカは 11 時前くらいから眠ってしまいそうになるところを、何とか保育者が一緒に遊んで起こしておいて食べさせる、ということが 5 ～ 6 月には見られた。

　しかし、この点は子どもたちの成長と共に変化し、グループの組み方にも影響を与えていく。このことにかかわって、黒川（T）と山地（T）は、午睡時のインタビューで次のように語っている。

〈7 月 15 日インタビュー〉

黒川（T）：4 月に比べたらより、なんか積極的に、こう、遊ぶというか、何かすごく
　　　　　元気になったというか、何でしょうか……(笑)。

筆者：元気っていうのは？

黒川（T）：元気っていうのは、何っていうかなかなか、こう、眠く、あ、眠くなかっ
　　　　　たり、そう、体力がついたってことですかね。

> 筆者：あーなるほどー。
> 黒川（T）：うん。うん。4、5、6、3 カ月半、うん、体力はついたな。
> 山地（T）：うーん。そうですよねー。うーん。そうですよねー。
> 黒川（T）：うん、うん。そう。
> 山地（T）：ご飯前にー。
> 黒川（T）：前にー、眠くなる子が。
> 山地（T）：眠くて、ねぇー、あんだけ泣きよったんが、今ではベッドに行ってもまだ
> 　　　ごろごろ寝んかったりとか。
> 黒川（T）：遊ぼうか、的なとこ
> 山地（T）：うん。
> 黒川（T）：だったり。

　黒川（T）と山地（T）は、このように、ヒメカだけではなく、クラスの子どもたち全般に体力がつき、なかなかすんなりと寝なくなったことを語っている。この 7 月 15 日からのヒメカが後半の②グループで食事をとっていることが、成長に合わせて変化する 1 歳児の食事場面を象徴している。

　以上のことから、W 園における 1 歳児の食事場面では、複数の子どもを対象として援助する際、その援助の量を調整することが場の混乱のリスクを回避するうえで重要であると考えられていたことが示唆される。そのため、低月齢児／高月齢児を混ぜるだけでなく、個々の自立具合と自己主張等の激しさからの援助量を見極め、グループの調整を行うことで、優先性の判断が瞬時に行えるような環境整備がなされていた。

2）保育不全感の蓄積とグループ間調整

　育児担当制の基本的な考え方では、担当者をあまり変えずに愛着関係形成を重視するので、グループ構成も固定されるはずである。しかし、実際には、クラス運営上、保育者と子どもの関係性がうまくいかなかったり、子ども同士の相性がうまくいかなかったり、途中入園の子どもへの対応とのバランスをとる必要が生じたり、と、年度当初のグループを途中で組み替えて、最もよい組み合わせを探るということが行われていた。

　7 月から担当保育者との相性を理由に、メイの担当者が山地（T）から黒川（T）に変更になった。山地（T）は、経験年数 4 年目だが、前年度までは 4、5 歳児を担任してきていたので、1 歳児を担当するのが初めてであり、育児担当制による食事の援助に慣れない面があった。それに対して、黒川（T）は経験年数 16 年目のうち 1 歳児を担当したのが 7 回目で、3 歳未満児のベテランとして保育者たちの信望も厚かった。慣れない 1 歳児を相手に奮闘する山地（T）を気遣い、担当の変更を決めた経緯について、以下のように語られていた。

〈7月1日インタビュー〉

筆者：担当を変えられたのはなぜなんですか。

黒川（T）：担当……。

山地（T）：(笑)

黒川（T）：まぁ、担当変えたのは、4月から、山地さんが、4、5、6、3カ月見て、やっぱりすごく慣れてはきとったんね。

山地（T）：慣れてはきとったんですけど、その反面、ご飯のときとか、いやいやの拒否が、すごい激しくなったりとかあって、ちょっと私自身、穏やかにおれんってなってー。

黒川（T）：そう(笑)。

筆者：あーそうなんですかー。

山地（T）：うんうん。

黒川（T）：うん……(笑)。

山地（T）：だったらもう変わった方が、メイちゃんのためにもええんじゃない？って言うてくれたので、じゃあちょっと変わってみますかって。

黒川（T）：ちょっと変わってみようって。うん。

筆者：あぁ、そうなんですか。

黒川（T）：うん。やっぱりそれは慣れたからこそ、出してはきたんやと思うんですけど、やっぱりねえ、食事も

山地（T）：うん。

黒川（T）：うまく進まず

山地（T）：そうー。

黒川（T）：何か泣くことが、ね、だだこねてってなってきたらこう、やっぱりちょっと(笑)。

山地（T）：(笑)

黒川（T）：関係が。担当との……やっぱりねえ、ついついこう

山地（T）：うん、ついついなんか、そう。ね。穏やかには。

黒川（T）：表面的にはねぇそこまで、あのー、穏やかじゃないっていうふうには。だけん、大丈夫大丈夫って、こっち、周りはそんなに大丈夫やと思うって、まぁ声はかけよったんですけど、でもまぁ、その、ほんとにこう、メイちゃんにイライラしてしまうっていう気持ちが、これは、メイちゃんと、自分の関係にとって、ちょっと距離を置いた方が(笑)いいんじゃないか

山地（T）：いいんじゃないかなって……。はい。

筆者：ふーん。葛藤が毎日。

山地（T）：そう。ほんまにー(笑)、もうほんまに。

黒川（T）：そうや、何か、そう、だけん、やっぱり、そう、穏やかに、丁寧にかかわ

> ろうってするこう目標があるからこそ、悩むとこやと思うんで、うん。まぁそれ
> だったら一旦ちょっと距離を置いて、うん。いってもまぁ、そこまでメイちゃん
> に支障はないと思うっていうんで、変えてみたんです。

　この語りから、山地（T）にメイの拒否行動に対する保育不全感が蓄積し、穏やかに援
助ができない状態に陥り、距離を取るために担当を変えるという判断をしていたことがわ
かる。「メイちゃんに支障はない」というのは、育児担当制は安定した生活が送れるよう
に愛着関係形成を重視しているのだが、担当を変えることによる支障はないだろうと予測
していたということである。このことについて、黒川は「メイちゃんの性格からしたら、
そんなに人見知りもしないんで、大丈夫、とは思うんですけど、まぁ、私もちょっとメイ
ちゃんにこう、近寄って、うん。メイちゃんと、こう信頼し合える関係になった方が、も
っと、ねぇ、伸びるかなーいうか、メイちゃん。うん」と語っており、自分が新たな担当
となり関係をつくっていこうとしていることが窺える。

3）自己主張による場の混乱の回避
　メイの自己主張との関係だけでなく、発達に伴って、クラス全体で自己主張が激しくな
ってくる。保育者としては別のつもりでグループを組もうと思っていても、子どもは子ど
ものつもりをもって動き出すようになる。
　6月の後半に、低月齢同士ではあるが、食行動が自立しているヒカリと、援助が必要な
ヒメカを組み合わせた際に、マドカとカリンが後半のBグループになる。その後、7月
にメイが黒川グループに移ってきてからは、黒川グループのメンバーの中では、援助が特
に必要なのがメイとヒメカになる。黒川としては、メイとヒメカは別々に他のメンバーと
組んで、カリンとメイを先に食べるAグループ、マドカとヒメカをあとで食べるBグル
ープにしようと考えていたが、マドカがカリンと一緒に食べるつもりでいるらしいことを
受け止め、そこでマドカに待たせることはしないと判断したという。

〈7月15日インタビュー〉
黒川（T）：ヒメカちゃんとメイちゃんは月齢が低くて、もう少し食べる介助も必要な
　　　ので。あの、ヒメカちゃんが調子悪くて、先週ぐらいからちょっと休んでて、ヒ
　　　メカちゃんがいなかったら、メイちゃん、カリンちゃんとマドカちゃんがまぁ月
　　　齢も高いので、この3人だったらいけるんですよ。この2人（メイ、ヒメカ）が
　　　一緒になると難しいという。で、この3人でいっとき食べてたら、もうマドカち
　　　ゃんがこっちやと思い込んで、「私はカリンちゃんが行った（呼ばれた）ときにも
　　　う食べる」っていうんを覚えてしまって。まぁ、食べれるんで、うん、まぁ、じ
　　　ゃあ3人でいっかと思って。まぁ、ヒメカちゃんがそれで1人になったんですけど。

　マドカは自己主張の激しいところがあり、黒川（Ｔ）は遊びの場面でも、激しい自己主張を笑いながら受け止めている場面が見られている。育児担当制では、食事をする子どもを小声で個別に呼んで食事スペースに入れるのだが、カリンを呼ぶとマドカが一緒についてくるという事態が生じ、そのまま食事に入ったことを黒川（Ｔ）は上記のように説明した。たとえばそこで、マドカに後で食べるグループであることを告げることで、マドカが怒り、大きな声を上げ出すと、場が混乱し、他の子どもにも影響がある。黒川（Ｔ）の食事グループを２つに分ける目的は、メイとヒメカを別々に援助したいということなので、「いっか」と思って、マドカが先に食べるグループに変更になったのである。この後、マドカを先に呼び、性格的に穏やかなカリンを後半グループにすることで運営している（8/19 ②）。

　この場合、自己主張が激しいマドカの行為を否定して、後から食べさせようとすると混乱が生じるリスクがある。大声を出して怒るなどの行為が出てくると、食事が始められなくなる、隣ですでに食事をしているグループにも影響が出るなどが予測される。そのリスクを背負うより、マドカを先のグループで受け入れて場の混乱を回避していると考えられる。

4）途中入園児の特徴の見極めによるリスク回避

　９月以降は途中入園が相次いだ。子ども同士の相性や、食行動の自立具合を見極めるため、しばらく様子を見て子どもを入れ替えたりしながら、調整がなされていた。

　リナは低月齢児であるが、食行動は自立していた。しかし、好き嫌いがあったためか、入園当初はほとんど食べないという様子が見られたため、９月は１：１で援助している。その後、リナが園の食事に慣れてからは、低月齢児２名のグループが組めるようになる。しかし、９月 16 日には、メイとリナとの組み合わせがあまりよくないということが語られる。

〈9 月 16 日インタビュー〉

黒川（Ｔ）：何かね、キーッて言うてー、メイちゃん最近ねえ、反抗期に入ったんか、いやん！いやん！メッ！メッ！とか言って、キーッていうんを結構言い出してー、たぶん、何か反抗期のような気がするんです。それが急に始まって。(中略) リナちゃんが結構メイちゃんのことをジッと見てて、真似をするっていうんじゃないけど、真似はするのか、元々そういう素質があるのか、結構こう、キーッて言って、何かなぁ、自分だけで怒って (笑)。

　その後、リナとメイを違うグループにし、穏やかなショウタがメイと一緒に黒川グループとして固定メンバーとなる。

　途中入園は、ある程度グループが固まったところで、調整を余儀なくさせるインパクトをもつ。Ｗ園の場合は、複数の子どもが途中入園してきたことにより、個性とその組み合わせによる影響関係の見極めに手間取り、９月の食事場面ではリナが食べるのを拒否して

泣き、その泣きが長引く等、場の混乱が見られていた。やっと落ち着き出したクラスが、再び混乱するという保育不全感が重くのしかかることにもつながりかねず、慎重にそのリスクを回避することが重要であろう。

5）食事の援助をスムーズにする環境整備の重要性

　育児担当制の食事場面のグループ運営には、1）～4）で示したような要素がその都度子どもの発達状況、クラスの関係状況、また個の特性を見極めながら運営されていた。それは、混乱を生じさせないような綿密な計画ととらえ直しの繰り返し、さらには次節で見る保育者の作法によって、落ち着いた食事時間を構築する重要な要素となっていた。

　基本的には成長要因と環境要因を組み合わせてグループの構成がなされ、子ども－子ども間、子ども－保育者間の組み合わせ、またその発達的な変化や突発的な事情等によって、不適合な様相が強まると中途調整が行われている。時には保育者の保育不全感が増大する組み合わせもあり、愛着関係の形成を重視している保育方針と相反するような状況も生じる。専門家とはいえどうまくいかないこともあると、保育者同士が互いに現実をとらえ、子どもと保育者双方にとってよい方法を採っていく。

　これだけの細かい調整を行いながらグループを構成するのは、調査フィールドの概要にあるW園の保育に関する説明にある内容が、子どもの実態と合わせて実現に向かうような条件整備を行うためであると考えられる。「集中して食べる」「しっかり食べる」ことがどのような状況をつくり出すことか、具体的な子どもの特徴と合わせて条件整備を行い、できる限り不安定な要素を少なくしていくのである。たとえば、毎日隣に座る子どもが異なることで、不安定な状況が生じる度に対応しなければならなくなる。子ども同士がぶつかり合うようなことがあると、場の全体が落ち着かなくなったり、全体の時間的進行が遅れて、後のグループの子どもが疲れてしまったりと、子どもと保育者双方にとって望ましくない状況に陥ってしまう。子どもの体力的な、また保育の進行上の時間的制限が外枠となり、その中でどのような条件を組み合わせれば、実践上の「集中して食べる」「しっかり食べる」が実現可能になるか、常に実態を振り返り、保育不全感が感知されるところは調整する。一見固定的に見えて、常に進行するプロセスとして進め、一年間かけて「1歳児後半は子ども6～7人に保育士が1人つく」ということを、次第に無理なく実現可能にしていくのである。

（2）W園の食事場面の援助の特徴

　W園の食事場面の援助の大まかな流れには、明確な手順が決められていた。食事をする子ども一人ひとりに小声で声をかけ、食事スペースに呼び、テーブルに着く前に、エプロンを着け、手を拭くための椅子に決まった順番で横一列に座ること、保育者が手を拭くのは右手から左手、というような細かいルーティンが定められていた。しかし、そこから食事テーブルにつき、食べ始めると、それぞれの食行動の援助の必要度をその場で瞬時に見

極めながら、次々と必要な援助が同時進行的になされていた。

　W園の１歳児年間指導計画の１期（４〜５月）には、予想される子どもの姿として「食事はこぼしながらも、自分でスプーンを使って食べようとする」、内容として「保育士に介助してもらいながらも、自分で食べようとする」とあり、子どもが自ら食べることを目標に援助がなされていた。たとえば、スプーンを差し出すのは、子どもの口の少し手前までであり、子どもの唇にスプーンをつけることで反射的に食べるような行動を誘発する援助は、観察期間中一度も見られなかった。また、河原 (2004) が見出した、誰かに "見られている" ことを強調して食を促す、ふりを通して食を促す援助についても、観察期間中一度も見られなかった。グループで同時に食べ始めるが、基本的にやりとりがあるのは子どもと保育者の間であり、子ども同士のやりとりが観察されることはほとんどなかった。「集中して食べる」「しっかり食べる」ことは、綿密な条件整備の後の実践状況としては、子ども同士の相互作用が非常に少ない中で成り立っていた。そのことは、０歳〜６歳までの長期の発達を見渡して、３歳以上児の食事場面において「文化としての食事」として子ども同士が会話をしながら楽しく食べることへ向かうプロセスとして、位置づいているものと考えられる。

（3）黒川（T）の食事場面の援助

　黒川（T）の食事場面における発話と行為の定性的コードは、104 コードであった。その全体像は図 7-1 に示す。

　「集中して食べる」「しっかり食べる」という目標をリソースとして、細かな実践行為がその場の子どもの行為や瞬時に生じる状況に応じて繰り出されているのだが、１組 20 分当たりの食事場面の中に膨大な援助がなされていた。一つひとつは非常に細かい援助である。たとえば、食器の位置を細かく調整したり、椅子の位置を細かく調整したり、子どもの腕の角度を調整したりと、食行動の自立へ向けての調整がなされている。一方で文化的側面も見られる。たとえば、椅子をガタガタさせるような行動はすぐに声をかけているし、行動抑制的な内容だけでなく、食材の色や特性について話をしたり、「上手に食べよるねー」といった子どもの食行動を認めたりと、ゆったりと穏やかなコミュニケーションがなされていた。黒川（T）の目と手の動きとしては寸分の隙もないほどタイミングを逃さずに動いているのだが、あくせくとした慌ただしさは感じられない。むしろ、黒川（T）の穏やかな言葉や表情によって落ち着いた食事場面が展開されていた。

（4）援助の連鎖と優先性の判断

　ここでは、複数の子どもに対して同時に並行する食事場面の援助において、具体的な援助の連鎖にどのような優先性の判断が見られるか検討するために、事例の微視的分析を行った。その抜粋を表 7-1 に示す。

　「いただきますをして食べようね」と黒川（T）が言ったのが、1:38:41 であり、この

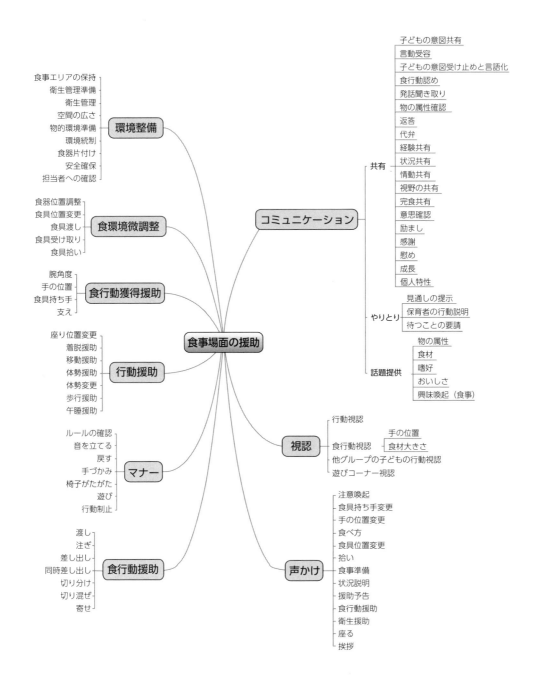

図 7-1. 黒川（T）の食事場面の援助

表 7-1 の抜粋は 3 人が食べ始めた直後の場面である。この表中にある約 40 秒の間に、黒川（Ｔ）は 3 人の子どもの食行動を視認しながら、優先すべき援助を即応的に判断していく。

　食事場面における担当グループに対する黒川（Ｔ）の援助の全体像としては、「おいしいね」などの言語的なコミュニケーションやマナーに関する声かけと援助といった言語的側面の援助と、具体的な食行動の獲得に向けた身体的な動作の援助と援助を予告する事前の声かけ、食具の細かな扱い方の微調整、食事環境の整備といった、行動的側面の援助が細かくなされていた。

表 7-1. 子どもの様子と黒川（Ｔ）の援助（抜粋）

time	子どもの様子	黒川 (T) の発話・視線・身体の動き	援助コード
1:39:20	ヒメカ、ぐずりながらスプーンを持った手を黒川の方に差し出す。	黒川：ヒメカちゃん、お鼻拭くよ？と、ヒメカの鼻水を拭いたあと、ティッシュをゴミ箱に捨てながら、<u>ハルトのスプーンの先を見る。</u>①	声かけ（援助予告）環境整備（衛生管理）視認（食行動－食材の大きさ）
1:39:29	ヒメカ：ん、ん。ハルト、かぼちゃの煮物をスプーンですくおうとしているが一切れが大きい様子。左手を少し使ってスプーンの上にかぼちゃをのせようとする。	ヒメカが差し出してきたスプーンを受け取り、ヒメカのお皿に置き、<u>ハルトのスプーンの先を見る。</u>②	コミュニケーション（共有－言動受容）視認（食行動－食材の大きさ）
1:39:32	ヒメカ、黒川の手の動きを追いながらぐずる。ハルト、黒川が一回切ったかぼちゃをすぐにスプーンですくおうとする。タケオ、スプーンですくったかぼちゃをじっと見て、お皿に置き直し、スプーンをなめる。	ハルトの介助用スプーンを持ち、黒川：ハルトちゃん、切ってあげようね。ハルトのかぼちゃをお皿に戻し、細かく切る。ハルトが一回切っただけの大きさのかぼちゃをスプーンですくおうとしているのを見て、黒川：ハルトちゃん、ちょっと切るわ。	声かけ（援助予告）視認（食行動－食材の大きさ）食行動援助（切り分け）声かけ（食行動援助）
1:39:41	ハルト、黒川が切った先からスプーンにさっとすくいパクッと食べる。ヒメカ、泣きやむ。タケオ、黒川がヒメカのかぼちゃを切っている様子を見ている。	ハルトのかぼちゃを細かくスプーンで切る。さっとヒメカの介助用スプーンに持ち替え、黒川：ヒメカちゃんはかぼちゃから？と言いながら、おかずを細かく切る。黒川：はいどうぞ。おいしいかな？と、ヒメカの口元におかずを持っていく。	食行動援助（切り分け）声かけ（意思確認）食行動援助（切り分け）声かけ（食行動援助）コミュニケーション（話題提供－おいしさ）食行動援助（差し出し）
1:39:47	ヒメカ、黒川の援助を受けておかずを食べる。タケオ、ヒメカが黒川に食べさせてもらっている様子を見て、自分のかぼちゃにスプーンを縦に刺し、何度か切ろうとしている。タケオ：ん…だべ（め？）…。	<u>チラッとタケオのスプーンの先を見る。</u>③ヒメカの食べる様子を見ながら、黒川：硬い？もぐもぐしてよ〜。おいしいよ〜。	視認（食行動－食材の大きさ）視認（行動視認）コミュニケーション（共有－励まし）

1:39:54	タケオ、スプーンを縦に使いながら、 タケオ：ん、できなーい！ と高い声で言う。	黒川、スプーンをタケオの介助用スプーンに持ち替え、 黒川：おいしそうやね。このかぼちゃ。色が、オレンジで。 と言い、タケオのおかずを細かく切る。 チラッとハルトのスプーンの先を見る。 切ったおかずをタケオの口元に持っていく。	ｺﾐｭﾆｹｰｼｮﾝ（話題提供 - 食材） 食行動援助（切り分け） 視認（行動視認） 食行動援助（差し出し）
1:40:00	タケオ、黒川に差し出されたかぼちゃを食べる。		

　3 人の子どもが一緒に食べるという場は、1 つのユニットが完結する前に他のユニットが生起しており、黒川（T）はある子どもの食行動に対する援助を行いながら、他の子どもの行為を視認し、優先性の判断を瞬時に行っていると考えられた。特に行動的側面の援助は、行為の視認に基づいてなされており、ある子どもの食行動の援助をしながら、他の子どもの行為の視認をし、次の援助へと移るといったように、複数のユニットに対する援助が重なりながら続いていくのである（図 7-2）。

　この図 7-2 の網掛けの長方形は黒川（T）の援助を示している。2 つのユニットをまたぐ枠は、ある子どもに対する援助と他の子どもの行為の視認がほぼ同時になされていることを示す。3 人の子どもとテーブルに着いた黒川（T）は、同時発生的な援助の必要性を感知している。ここでは、黒川（T）の目と手は別のことをしているともいえる。黒川（T）の目で感知することは、手の実践の先にある。常に手を動かしながら、目は他の情報を感知して、次の構えを形成しているのである。

　詳細を見てみると、1:39:20 の時点で、ヒメカはぐずってスプーンを黒川（T）に差し出しているが、黒川（T）はヒメカの鼻水を拭いたティッシュを捨てながら、ハルトの様子を視認している（下線部①）。黒川（T）はヒメカからスプーンを受け取るが、そのスプーンを置いて、もう一度ハルトの様子を視認している（下線部②）。ほんのわずかな時間だが、この 2 度目の視認の後にかぼちゃの切り分けを援助し始める。かぼちゃは卵程度の大きさで、スプーンは子ども用の小さなものであり、明らかにスプーンからかぼちゃが大きくはみ出していた。最初の視認で構えの状態に入り、ほんの一瞬、ジッとハルトの様子を見て援助に踏み切っている。かぼちゃの大きさとスプーンのミスマッチ、また左手を使おうとする様子に教育的瞬間の感知がなされていると考えられる。一方、食行動がまだ自立していないヒメカの食具の差し出しは、ヒメカからの食行動援助の要求であり、そのスプーンを置くということは、ヒメカはその後ご飯を目の前にして食べられない状況にしばし置かれることを意味する。黒川（T）がスプーンを置くとヒメカは黒川（T）の手の動きを追うように見て、再びぐずり出す。それはヒメカから発せられる食行動援助の再要求であるが、黒川（T）はヒメカの援助の再要求とハルトの教育的瞬間をほぼ同時に感知し、

ハルトのかぼちゃの切り分けを瞬時に優先する。スプーンに対して大きなかぼちゃをおぼつかない手つきですくおうとすれば、かぼちゃが皿からこぼれる、床に落ちる、などのことが予測される。かぼちゃが大きいまま落ちてしまうと、それは丸ごと食べられなくなってしまう。黒川 (T) は意欲的に自分で食べようとしているハルトの行為が実現できるよう、かぼちゃを切り分ける必要性を感知したと考えられる。それは、タイミングを誤れば食べられなくなる可能性があるからこそ、ヒメカのスプーンは置かれたと解釈できる。ヒメカの要求は少し待ってもらう間ぐずったとしても、食材が食べられなくなる事態になる可能性は低い。食べるということの実現可能性に対するリスク回避として、ハルトの援助がその場の状況に対して即応的に選択されたと考えられる。

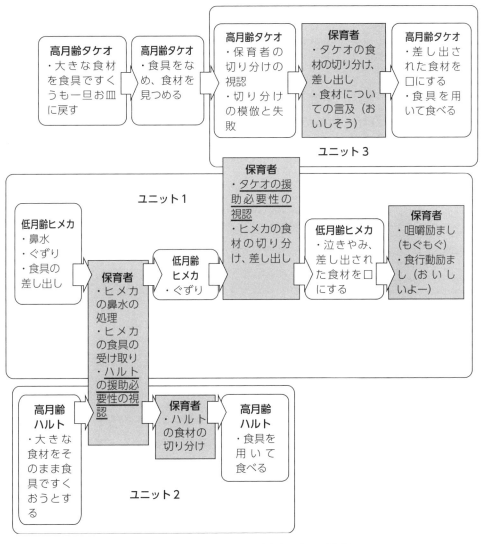

図 7-2. 重複するユニットと援助の流れ（抜粋）

　黒川（T）は、2 度目の視認の後、ハルトの食べこぼしの防止にかかる。ハルトの介助用スプーンを持ち「切ってあげようね」と今から援助することを予告してから援助する。このとき、黒川（T）の耳は、目と手がしていることと別のことを把握していると推測される。ヒメカのぐずる声を聞きながら、ハルトの食行動を援助しているこのときに、次のヒメカの援助への構えが形成される。ハルトのスプーンにのせても落ちにくい大きさまで切り分けると、ぐずっているヒメカの援助へと移る。「ヒメカちゃんはかぼちゃから？」と何から食べたいのか、意思を確認してから、切り分けたかぼちゃをヒメカの前にスプーンですくって差し出す。この援助の予告については、表 7-2 の冒頭のところでも、鼻水を拭くことへの予告を行っている。援助を行う前に予告することで、子どもの方に黒川（T）の援助を受ける予期を生じさせている。今から行う行為を相手に対して説明的な言語で予告して行うことには、どういう意味があるのだろうか。たとえば、大人同士のコミュニケーションで、身体に触れるといった自他の境界線を越える行為をする場合には、「背中に糸くずついてるの取るよ」というようなことを言う。部屋をノックするというのも、ある境界線を越えることを相手に事前に知らせる行為である。対人援助とは相手の個人的な領域にかかわる行為である。1 歳児という自己が明確になり始め、自己主張の激しくなってくる子どもの援助を行うに当たって、予告することで子どもを一人の人として尊重することを示し、また、子どもにとっては次に起こることが何かは明確にわからずとも何らかの予期が生じることで、援助がスムーズに行えるようになる重要な機能をもつと考えられる。

　さて、もう一人のタケオである。タケオは、黒川（T）がヒメカのかぼちゃを切り分ける様子を見ながら、自分のかぼちゃを見て、スプーンを縦に刺す。そこで「ん…だべ…」と高い声がする。その様子を黒川（T）は目の端でとらえ（下線部③）、今度はタケオの教育的瞬間への構えを形成していると推測される。構えをもちつつ、ヒメカに食べさせているときに、タケオが自分で切り分けるのに失敗し、「ん、できなーい！」と声を挙げる。その声が教育的瞬間の感知となり、介助用スプーンを持ち替えてタケオの援助へと移っていると考えられる。

　タケオは感情の表出が激しいところがあり、かぼちゃを切ろうとするがうまくいかず、「ん、できなーい！」と高い声で怒り出す。ここまでのタケオの一連の行動の流れは実に興味深い。黒川（T）がハルトのかぼちゃを切っているときに、自分のスプーンですくったかぼちゃをジッと見て、皿に置き直し、スプーンをなめている。大きいまま食べられそうにないことを感じ取って、一旦置いたものと思われる。その後、黒川（T）がヒメカのかぼちゃを切っている様子を横から見て、自分のスプーンを縦に刺すのである。しかし、ここまで黒川は、タケオの様子を気に留める様子はない。タケオの「ん…だべ…」という意味のとらえにくい発話があったときに、初めて視認する。タケオのなんとか自分で食べようとしている行為の連なりの中で、ちょっとした困難に突き当たりそうになったときに、タケオが声を挙げ、黒川（T）が構えを形成するのである。その場そのときに生じる状況の中で、今ここの瞬間が感知されるには、その前後の文脈の中で透明化している行為がす

でにある。黒川（T）はおそらくタケオの行為のストーリーすべてを把握はしていない。しかし、文脈の中に透明化していた一連の行為が基底として何事もなく流れているからこそ、浮き出てくる行為（この場合「ん…だべ…」という声）をキャッチすることができるのではないだろうか。そういった何らかの意味が感知される行為が立ち現れたときに、保育者はそれを感知して構え、教育的瞬間を逃さずに援助を繰り出すことが可能になっていると示唆される。

　黒川（T）の食事の援助は、テーブルについた一人ひとりの子どもの瞬時の動きを逃さないように視線を配りながら、食べこぼしがなるべく起こらないように食器の位置を微調整したり、スプーンを持つ腕の角度を調整したり、子どもの体と食器や食材の関係を常に最適化しようとしていた。そういった微細で身体的な援助行動の連鎖を生み出しながら、一方では「おいしそうやね。このかぼちゃ。色がオレンジで」と食事についての会話を楽しむ文化的な食事援助も行っていた。

　中には、援助自体が同時に進行するものもあった。表 7-1 のやりとりの約 6 分後の様子がそれである（表 7-2）。

　黒川（T）は、右手でハルトの食行動を援助しながら、ヒメカのお皿を叩く行為を左手で制止する。それは、その場で生じた行動を瞬時に止めるという類いのものである。これは一見構えなく即行為しているようにも見えるが、実は、お皿をカンカン叩く行動は 1:44:00 〜 1:44:07、1:44:24 〜 1:44:28、1:44:36 〜 1:44:44 と断続的に見られ、1:44:44 に黒川（T）が「もぐもぐしてよー、かちかちないよ」とヒメカに言う場面がある。しかし、ヒメカはすぐに 1:44:45 〜 1:44:51、1:46:34 〜 1:46:38 にも同じ行動を繰り返す。その後、表れたのがこの場面である。1:44:44 以降はしばらく何も言わずに声かけも援助もしていなかったのだが、1:46:49 に再び始まるとその直後にパッと左手が動く。黒川（T）の中では十分に構えが形成された状態であり、ハルトの援助を右手で行いながらも即応的に対応がなされている。この瞬間、ハルトに対する右手の援助とヒメカに対する左手の援助が同時進行で実践される、つまりは、どちらも優先されるということが生じていると考えられる。

表 7-2. 同時に進行する援助

time	子どもの様子	黒川（T）の発話・視線・身体の動き	援助コード
1:46:49	ハルト：これがいいー ヒメカ、スプーンでお皿をカンカンカンと叩く。	黒川：うん。 ハルトのお皿の中のおかずを右手に持った介助用スプーンで切り混ぜているが、その途中で、パッとヒメカのスプーンを左手で制止する。	コミュニケーション（共有・返答） 食行動援助（切り混ぜ） マナー（音を立てる）
1:46:54	ハルト、口を開けてご飯を食べる。	ヒメカの方をチラッと見ながら介助用スプーンでハルトの口元にご飯を運ぶ。 黒川：どうぞ。	視認（行動視認） 食行動援助（差し出し） 声かけ（食行動援助）

第 4 節　総合考察

　1 歳児保育における食事場面は、複数の子どもの食行動の自立に向けた、教育的瞬間が次々と起こる場面であり、その細かな教育的瞬間の感知に対して、優先性が即応的に判断されていると考えられる。しかし、同時に進行する複数の子どもの食行動に対する援助の必要性は生起する頻度が高く、ともするとすぐに混乱に陥るというリスクを抱えている。そのリスクをできる限り回避するよう、事前に綿密な環境の整備がなされていた。グループの構成や座る位置の固定は子どもの個性の把握に基づいており、保育者の瞬時の判断を支える仕組みとして重要である。食事の援助は毎日のルーティンでありながら、毎日がハプニングの連続である。教育的瞬間を逃さずにスムーズな援助を行うために、一定の条件をそろえることで即応的な判断の安定基盤が得られていると考えられる。

　この一つひとつの援助について、誰に対してどんな援助をどんな順番で行ったかとか、なぜあのときあのような援助をしたのかといったことを、あとから言語的に振り返るのは非常に困難であるだろう。たとえば、「手づかみで食べる」といった、大まかな食事場面の子どもたちの姿に対する課題認識や悩みは語られることがあっても、その一つひとつの行動の連鎖をどの順番でどうとらえて、どのように援助したかは、言語的に処理されないまま固有の状況の中で即行為化し実現されている援助であると推測される。黒川（T）の援助を詳細に見ていくと、手の援助行為の実践に先立つ目や耳の身体的・状況的感知の実践があり、その段階で構えが形成されると考えられた。援助の対象に応じて手を動かしつつ、他の身体的・状況的感知を開いておくことで、教育的瞬間の感知と優先性の即応的判断がなされる。

　また、優先性の即応的判断には、AとBのどちらを先に援助するかといった瞬時の価値判断が含まれる。その判断基準は、黒川（T）の実践においては、調査フィールドの概要にある「机の上や床にこぼすことなく、個人の適量を 15 ～ 20 分程度で食べ終わる」等の方針がリソースとなっていると推察された。特に食べこぼしの回避は、徹底して行われていた。しかし、この点については園や保育者により差が生じると想定され、さらなる調査が必要である。

第 5 節　研究 6 の課題

　今回は、特に援助の必要度の高い年度当初の事例を分析したに過ぎず、子どもの組み合わせによる違いや途中入園児が加わったころの混乱との比較、また保育者や園文化による

差なども大きくあると推測される。しかし、表 7-1 に示した約 40 秒間であっても、トランスクリプトの文字量は膨大になる。複数の子どもの行為と保育者の視線まで含めた文字化とその分析には、かなりの労力と時間が必要でもあった。この点については、本研究を始めたころに比べると、近年の映像分析に関する技術革新はめざましく、視線の分析などに最新の映像分析技術の活用が進めば、1 歳児の食事の援助に関する研究は、格段に進歩すると予測される。子どもと保育者の日常にとって不自然でない、比較的安価な録画ツールの開発など、ハード面の条件等も重要な課題である。今後は、そういった映像分析技術を効果的・効率的に用いることも含め、研究方法の再検討が必要であろう。

　しかし、重要なことは、その視点や身体の動きがなぜ生じるかというところである。これまで検討してきたように、保育実践における行為には、保育者の課題認識や計画、園文化や保育理念、かかわりの経験等、多様なリソースがかかわっている。それは、ある園の、あるクラスの、ある子ども（たち）に対する、今このときの相互行為の中で、実践として具現化する。その意味にどうアプローチするのか、ということが、映像分析技術の先に大きな課題としてある。

　また、専門性の内容の検討ということにおいては、黒川（Ｔ）と山地（Ｔ）の援助には同じ園、同じクラスであっても目に見えて違いがあった。しかし、保育室にビデオを設置できる場所が少なかったこと、また観察者も筆者 1 人であったこと、保育者の負担が重くなること等を勘案すると、今回の研究では山地（Ｔ）の食事場面の観察データの収集を含めることができなかった。記録方法が改善できれば、優先性の判断の熟達について、食事場面の援助の違いから検討することも可能であると考えられる。さらには、時期による優先性の判断の差がどのように表れるのか、子どもによってはどうか等、種々の比較検討が重要な課題として残っている。

　＊ ここでいう乳児期とは、3 歳以上の幼児期の保育期間と対置されており、0 ～ 2 歳児保育の
　　 期間を指している。

第8章

優先性の即応的判断に見られる
プランと状況のリソース
（研究 7）

第 1 節　問題・目的

　研究 5・6 では、保育者の専門性には、複数の文脈が絡み合うダイナミック・プロセスの中で生じる意味を行為しながら感知する身体的・状況的感知があり、それが教育的瞬間の感知に対する構えを形成していると考察された。また、その構えがあることで、教育的瞬間がとらえられやすくなり、さらに研究 6 では、同時的に生起する援助の必要性に対して、瞬時に優先性を判断することを可能にすると考えられた。

　そして、その判断には保育の目標や理念といった価値が含まれている。食事場面においては、たとえば各年齢において目指したい食事の仕方というものがあり、食具を使って自ら食べようとすることや、なるべく食べこぼしをせずに食べること、集中して食べることなど、その園における保育目標が一つのリソースとなっていることが示唆された。しかし、実践における優先性の即応的判断にかかわるリソースは、保育の目標や理念だけではない。どのタイミングでどの程度援助するかということには、個々の子どもの特徴に応じることも必要である。集中して食べきる子どももいれば、すぐに気が散る子どももいる。それぞれの状態を的確につかむことができなければ、個に応じたかかわりはうまくいかない。実践行為のリソースとしては、時間的・空間的要素、その子どものそれまでの姿、過去に出会った子どもの姿、他者の保育実践、いわゆる書籍等で得た専門的知識や情報等、各保育者の中にある専門的内容の蓄積がリソースとなっていると推測される。

　Harper（1987）は機械工が手と目を動かし、音の違いを聞き取り、作業していることや、その作業が同時的であることを述べている。どこまで機械に対して圧力をかけながら動かすか、といったことには、詳細な材料の知識と繊細な身体的感覚がかかわっているが、簡単には言葉にならず、そういった知識は知的な手段では得られない。取扱説明書のような言葉による説明で仕事をする機械工を観察すると、しばしば身体を十分に使うことができないという。たとえば、動いている機械の音をどう解釈するのか、説明書から学ぶのは困

難である。これは保育者の専門性の育ちが抱える問題においても同様のことがいえる。養
成校における教科書や授業等から知識を得ることはできるが、たとえば、幼稚園教育要領
総則にある「幼児の主体的な活動を促し、幼児期にふさわしい生活が展開されるようにす
る」（文部科学省，2017，p.5）という言葉から、朝登園してきた子どもたちがあちこち
でさまざまに遊び出すどのような活動に保育者としてかかわり、何をどう促すことなのか
を理解することは容易ではない。一人ひとりの子どもがどのように遊んでいるか、具体的
にとらえる中で、主体性がどのように発揮されているかを感知していくことが求められる
であろうが、そこにはさらに細かな具体の集積が必要である。昨日の様子と今日の様子が
どう異なるかを感知したり、A 児の砂の掘り方と B 児の砂の掘り方がどう異なるかを感
知したり、砂が固く締まっているときの砂遊びと、朝保育者が砂を掘り返した日の砂遊び、
砂が減っているときの砂遊び、新しく砂を入れ直した日の砂遊び、そういった具体的な様
相の感知を積み重ねていく中で、大切にしたい子どもの遊びへのかかわりの質感がつかめ
るようになるであろうし、どのような具体をもって「幼児の主体的な活動」というのかを
各保育者の中で確立していくことになるのではないだろうか。そのとき、保育者の目と耳
と手といった多様な身体的な感覚が同時に動きながら、微細なレベルでその差異を感知し、
蓄積しているのではないだろうか。

　また、中岡（1979）は、以下のように述べる。

　　　　私は労働の世界というのは本質的に手のことばで構成されている世界だと考
　　　えています。年とった農民や労働者と話してみます。彼らは口ではほとんど何
　　　も説明できません。しかし、こういう時にはどう手をつかいますか、こんな時
　　　にはどう材料をえらびますか、こういうことを知りたい時には何を手がかりに
　　　しますか、たんねんに聞きだしながら彼らの手のことばを翻訳してゆきますと
　　　そこには驚くほど豊かな対象についての知識、自然の認識が含まれていること
　　　がわかります。労働の熟練というものの内容は、手のことばでとらえられた自
　　　然の認識なのです。もちろん労働者は手だけではなく頭もつかうことを言って
　　　おかねばなりません。手のことばでとらえた知識と頭でとらえた知識がうまく
　　　補いあいバランスする時、立派な製品ができ上がってゆくのです。（pp.146-147）

　手の仕事がかかわる専門的なスキルとは、詳細な対象に対する知識と具体的な身体的感
覚が相まって、その場そのときに立ち現われるものと考えられる。保育においては、この
詳細な対象に対する知識にはどのようなものがあるのだろうか。また、それらはその場そ
のときの実践とどのように関係しているのだろうか。
　Benner（2001/2005）は、看護師が専門分野の臨床経験を積むことで得る知識を明ら
かにする必要性を指摘し、参加観察とインタビューで初心者と達人看護師の状況判断と臨
床実践の違いを明らかにした。その検討を通して、看護師のもつ 31 の能力と 7 つの領域

（1. 援助役割、2. 教育とコーチングの機能、3. 診断とモニタリングの機能、4. 容態の急変を効果的に管理する、5. 治療処置と与薬を実施し、モニターする、6. 医療実践の質をモニターし、確保する、7. 組織能力と役割遂行能力）をもつとした。保育者の専門領域は、養成課程で求められる専門性が検討されてきた（たとえば、香曽我部 , 2011）。しかし、実践において保育者が経験から得ている専門領域にはどのようなものがあるのかについては、今後の検討が待たれる。

　研究 7 で問題としたいのは、保育者が自らの実践で用いているリソースにはどのような経験的な専門領域があるのか、それらのリソースに支えられた実践において見られる優先性の即応的判断とはどのようなものか、ということである。研究 6 においては、ある保育者を対象として、食事場面における優先性の即応的判断を検討した。そこでは非常に微細な援助の連なりや優先性の即応的判断が見られたが、その判断にかかわる身体的・状況的感知は、各保育者固有のものとして確立されていく側面もあることが推測される。そこで、本研究はさらに多くの保育者を対象として検討を行うことと、遊び場面における多様な援助状況を対象として検討を行うことで、保育の複雑な状況下における優先性の即応的判断について検討を進めたい。保育者が、数多く生じる保育状況の中である一つの状況を選び、かかわるために、保育者がもつ固有の専門領域とはどのようなものか。また、その経験的な専門領域に支えられた実践における専門的な判断のありように迫りたい。

　そこで、研究 7 では、この優先性の判断に焦点を当てるために、より保育者一人当たりの子どもの人数が多い 3 歳以上児を対象とした、遊びを中心とする保育実践に見られる専門性の検討を行う。本検討を通して、保育者の優先性の判断に見られる特徴を明らかにすることを目的とする。

第 2 節　方法

1. 調査の概要

　調査フィールドの概要および調査の手続きの詳細については、第 6 章（研究 5）を参照して欲しい。

調査対象：国公私立幼稚園のクラス担任をもつ保育者 18 名（表 6-1 参照）

調査方法：

①保育観察　担任保育者 1 名につき一日（終日）の保育観察を各 1 回行う。その際、「特別支援が必要とはされていないが、指導が難しいと感じる幼児」を 1 名抽出してもらい、抽出児を中心とした観察を行う。

②インタビュー　保育終了後に録画した映像を見ながら、主の担任保育者 1 名を対象

とした半構造化面接を行う。使用したインタビューガイド項目は下記の通りである。

【インタビューガイド項目】

・抽出児を選んだ理由

・昨日までの気になる姿と遊び

・抽出児に対する保育目標（短期・長期）

・今日の保育における抽出児とのかかわりの留意点

・今日の保育におけるクラス全体へのかかわりの留意点

・今日の感触／迷ったところ／つかめた感じ

・気になった場面、ビデオで確認したい場面（何がなぜ気になったか）

記録方法：

①保育観察　抽出児の登園から降園までの間（昼食時を除く）、抽出児とその周辺の様子を、アプリケーション CAVScene を使用した iPad mini による録画を行う。観察者は、子どもに危険のない限り積極的に関与しない客観的立場をとる。

②インタビュー　調査対象者に許可を得て、IC レコーダーに録音しながら筆記メモを取る。その際、家庭的な背景等を理由に「記録に残さないで欲しい」という申し出があった場合には、IC レコーダーを停止して、筆記メモも残さない配慮を行う。

２．分析手続き

（1）インタビューデータの分析

1）文字化

全インタビューデータを逐語録として文字化した。

2）質的データ分析

全インタビューデータ（インタビュー時間：合計 912 分、総文字数：252,617 字）について、佐藤（2008）を参考に以下①～⑦のような手続きで質的データ分析を行った。なお、分析プロセスの記録や集計等に MAXQDA11 を使用した。

①全面接の逐語記録を作成し、その内容を数回読み返した。

②全逐語記録を意味の単位ごとにセグメントとして切り出し、各セグメントにその内容を要約した定性的コード（以下、コード）をつけた。

③付与したコードにはコードメモとして簡単な定義や発話内容の概要を記録した。

④付与されたコード毎にセグメントを切り出しデータベース化し、一覧表を作成した。

⑤コード毎にセグメントの内容を読み返し、内容を把握すると共に、コード間の差異を明確にしながら必要な箇所はコードの再割り当てを行った。

⑥コードメモを一覧にし、コード毎の関連や影響関係について、理論メモとして記録した。

　　⑦コードメモ、理論メモ、逐語録を適宜参照しながら、内容の関連が深いコードをカ
　　　テゴリーとしてまとめた。

（2）映像データの分析

　全インタビューデータから、実践時の思考プロセスが語られた部分を抽出し、中でも自
らかかわる状況を複数の状況から選択したことが明確に語られたケースを分析対象とし
た。語られた保育実践場面のビデオデータについて、エピソード化し、質的な分析を行っ
た。分析においては、具体的な行為分析と併せて、保育者がインタビューで事例に関する
背景的な認識や当該場面について語った内容を参照し、記述、分析を行った。

第 3 節　結果・考察

1. 保育実践のリソース

　全インタビューデータのコード分析の結果は、表 8-1 に示す。コード数は 71、セグメ
ントのコーディング数は 1893 であった。コードはツリー構造となっており、たとえば、
表 8-1 のカテゴリー「子どもの姿」／サブカテゴリー「子どもの姿に感じる育ちの課題感」
／コード名「仲間関係の課題感」には、さらに下位コードが 43 コードある。そのような
細かいコードがついたのは、非常に個別的で特定的な子どもの姿の質感の描写が、保育実
践において重要な意味をもつことが、保育者の語りから感じられたからである。「保育者
から見えないところで遊ぶ」ということと「保育者が一緒に遊ぼうとすると、保育者を拒
否したり離れていったりする」ということは、「保育者から離れて遊ぶ」とまとめること
ができない質感の違いがある。たとえば、「保育者から見えないところで遊ぶ」というこ
とが友達関係や遊びの展開の文脈の中でとらえられ、場所としては保育者から見えないと
ころで遊んでいると語られた場合、少し遠くからその様子を窺い、後でどんなことを楽し
んでいたのか聞いてみようとするかもしれないが、「保育者が一緒に遊ぼうとすると、保
育者を拒否したり離れていったりする」ということが保育者との関係性が主たる部分とし
てとらえられていると、かかわり方や場面を変えてみようとするかもしれない。その語り
に表される質感の差を元に、保育者はその場の判断を行っていると考えられた。

　これら語りのカテゴリーは、保育実践を支えている経験的な専門領域としてとらえられ
る。つまり、「子どもの姿」「保育援助」「ねらい」「保育不全感」「保育で重視するポイント」
「予測」「保護者」「明日の援助の構想」「遊び」「行動の意味」といった専門領域が保育者
の中にあると考えられ、その中にはこれまでの実践から得た経験が蓄積されている領域と、
その経験の蓄積から考え出される予測や援助の構想、さらに試行錯誤しながらとらえよう
とする行動の意味や保育不全感といった、思考する領域がある。特に子どもの姿に関する

表 8-1. 18 名の保育者の語りのコード分析

カテゴリー	サブカテゴリー	コード名	セグメント数	セグメント計
子どもの姿	子どもの姿に感じる育ちの課題感	仲間関係の課題感	183	
		安心・安定面での課題感	146	
		明確ではない発達的にグレーな感触	83	
		気まま・わがまま・マイペース・頑固	42	
		自信のなさ	25	
		意欲の低さ	15	
		生活経験面での課題感	13	
		ものごとの理解の仕方のアンバランス	12	967
		遊び	124	
		子どもの肯定的な変化	101	
		自己の育ち	83	
		仲間関係	78	
		クラスの様子	50	
		ものごとの理解	7	
		性格的特徴・嗜好	5	
保育援助	個別の援助の内容	自己発揮	107	
		関係形成・調整	84	
		受容・信頼関係	30	
		道徳性・規範意識	17	
		集中・理解促進の支援	11	
		生活面の援助	10	293
		危険防止	7	
		特別支援の必要な子どもの援助	3	
		集団として動かす	12	
		かかわるタイミングの判断	10	
		伝え方の思索	2	
ねらい		関係形成・調整	71	
		自己発揮	58	
		受容・信頼関係	12	
		遊び	9	159
		生活面の援助	6	
		一斉活動のルール	2	
		期のねらい	1	
保育不全感		具体的援助	56	
		子ども理解	42	
		保育者との信頼関係・心の距離感	19	
		全体の中で個と十分にかかわる難しさ	11	139
		専門家からの指摘	8	
		年長児の行事の多さ	2	
		振り返りができていない	1	

保育で重視するポイント	自己発揮の重要性	47	
	関係形成・調整の援助の重要性	28	
	その他の保育援助の価値づけ	18	
	園生活の経験の意味づけ	10	
	集中と発散でバランスを取る	6	124
	担任として責任をもつ	6	
	家庭と幼稚園の方針が一致する大切さ	4	
	長期的な援助を考える必要性	3	
	保育者の連携	2	
予測	関係性の展開予測	23	
	個の育ちの予測	21	
	遊びの展開予測	12	66
	ターニングポイント	7	
	問題行動の予測	3	
保護者	保護者の生活環境の変化	20	
	保護者の変化	7	
	保護者の抱える課題	6	40
	子どもの姿から感じられる家庭生活	3	
	保護者の姿	3	
	母の大変さを受け入れる	1	
明日の援助の構想	関係形成・調整に関する援助の構想	12	
	自己発揮に関する援助の構想	11	
	遊びの展開に関する具体的援助	9	39
	よく観察する	5	
	生活習慣の自立	2	
遊び	遊びの特性	25	
	必要な環境	9	36
	教材観	2	
行動の意味	行動の意味の解釈	17	
	行動の意味のわからなさ	7	30
	子どもの言動の再解釈	6	

　セグメント数は 967 に上っており、日々のかかわりから感知される細かな子どもの姿の質感が、保育者の中に膨大な量蓄積されていると考えられる。たとえば、その質感について、セグメント数が最も多い「仲間関係の課題感」の下位コード間で見てみるとする（表8-2）。

　最もコード数が多い下位コードは「思いの違いを受け入れられない」である（セグメント数 20）が、似たような下位コードがいくつかある。たとえば、「相手の思いが理解できない」という下位コードがある（セグメント数 12）。具体的な語りを見てみると、それぞれ以下のようなセグメントが含まれている。

表 8-2.「仲間関係の課題感」の下位コード

下位コード	コードメモ
友達との関係がつくれない	友達との関係をもてたらよいのにと保育者は願っているが、現実はうまくいかないという大まかなとらえ
長期休み後の乗り遅れ感	家庭事情で長期欠席した後、他の子どもとの経験差があり、なかなか乗っていけないような様子
スッと遊びに入れない	やりたい遊びを見つけて遊び出すことがなかなかできず、うろうろするような姿
男の子と遊べなかった	これまでは男の子と遊べなかった姿
威圧的態度を取る	友達に対して威圧的な態度を取る姿
口が達者でえらそうにする	年上のきょうだいがおり、よくわかっていない言葉をえらそうに言ってみたりする姿
達者ではないがえらそうなしゃべり方をする	友達や保育者に対して横柄な態度を取る姿
危なっかしいことをやりえらそうにする	危ないと声をかけても聞かずにやって見せ、自分より年少の子は止めようとする姿
仲のいい子と「調子に乗っている」	以前は言うことを聞いていたのに、友達と図に乗って「やんちゃ」している様子
力加減ができない	力加減ができず、やめてと言われてもやり過ぎてしまう姿
かかわり方がうまくない	相手が嫌がるようなかかわり方でアプローチする姿
人が使っている物が欲しい	同じ物があっても人が使っている物を欲しがる様子
物が貸せない	たくさん持っているのに、1つも相手に貸さない姿
周囲から嫌がられているのがわかっている	自分勝手だと思われているのが、自分でわかっている様子
周囲から自分勝手だと思われている	周囲から自分勝手だと思われている状況にあること
入れてと言っても入れてもらえない	周りの子が遊びに入れてくれなくなっている状況
他の子どもとつながりがもてず浮いてきている	他児が成長し一緒に遊ぶ友達を見つけていく中、友達に関心のない様子が浮いて見える様子
集団での活動に入れない	集団での活動をしなかったり入りにくかったりする様子
かかわりを拒否する	遊びに誘われてもイヤと拒否する姿
友達の手をふりほどく／触れない	触られるのがイヤ、話しかけられるのも好きではないような様子
仕方なく手をつなぐ	手をつながなければならない場面は理解しており、そういう場面では仕方なくつなぐ姿
攻撃的行動を取る	叩くなど、友達に対して手が出る様子
同年代の子どもとトラブルになる	大人とのかかわりは大好きだが、同年代の子どもとはすぐトラブルになる姿
トラブルが尾を引く	トラブルがあると、その後、仕返しをしたりブツブツ言い続けたりする様子
仲悪いのに隣に座る	よく衝突するのに毎回隣に座る様子
仲間以外は受け入れない	自分が仲間だと思っている人以外は受け入れない姿
強引に遊びを進めようとする	自分の思いだけで強引に遊びを進めようとし、思うようにならないと排除する、全部の配役を自分で決めるなどの行動が目立つ
相手に対する思いが感じ取れない	何かしてもらっても相手への感謝や思いが感じられない
人を使う	遊びに必要になった物など、誰かに持ってこさせようとする姿
客観的な理解力と主観的な振る舞いの間のギャップがある	絵本や他者のケンカでの心情理解はできるが、自分のかかわることでは感じ取れない姿

相手の気持ちの理解に関するアンバランスさ	わかっているのかな？と思うこともあれば、わかりすぎているほどわかっているようなところもある姿
相手の思いが理解できない	相手がどんな思いをしているのかくみ取れない様子
思いの違いを受け入れられない	自分の強い思いがあり、相手と思っていることが違うと自分の思いを押し通し、相手を受け入れられない様子
否定的表現をする	相手に対して否定的な言葉を使ったり、一人でいいと言ったりする姿
自分の思いを受け入れてくれる子と遊ぶ	思いをくみ取ってあげられる子が受け入れてくれて一緒に遊んでいる状況
気づいたら一人になっている	言動がきつかったり、人を使ったりすることで、だんだんと周囲に一緒に遊ぶ子どもがいなくなり、一人になっている様子
友達との間で存在感がない／発信力が弱い	年長児になっても友達から魅力的な人と思われていないので、発信が受け止められにくい様子
遊びのイメージが伝わらない	自分の好きなイメージで遊ぶが、周囲にそのイメージが伝わらず、だんだん遊びがおもしろくなくなってくる様子
遊びからスッと抜けていく	誘って一緒に遊んでみるが、気づくとスッと抜けていってしまう姿
受け身で自分から声をかけられない	自分から声をかけられず、発信が難しい姿
人の遊びに入れない	人の遊びに関心はあるが入れないので、ずっと見ている様子
一人で食べる	年長児にもなれば好きな友達と食べて欲しいが、弁当を一人でぽつんと食べる様子
友達に関心がない	名前は覚えるが、誰かと一緒に遊ぶことがない様子

下位コード「思いの違いを受け入れられない」

C 保育者の語り：自分が、あの、こうだって思ったたとえばルールだったりと相手が思っていることが違ったりすると、自分の思いを通すことしか受け入れられない。で、相手が違う思いをもっているとわかっても、もうすごく、すぐにその怒った顔になるのでわかるんですけど、もう受け入れられる余裕がなくて。

E 保育者の語り：人に言われたことに自分が乗っかるとか、あの、自分の意見が通らないってなると途端にもうこう、じゃあ、やめるとか諦めてしまうとかそういうことがあるので。

N 保育者の語り：すごくいいペースで遊んでいても友達に何か否定されると、今日みたいに急にわっとなって、もういい、もういいと言うことがすごくあるので。

下位コード「相手の思いが理解できない」

F 保育者の語り：だから家の方面が一緒なんで基本一緒にはいはるんですけど。うーん。その分、何か。うーん、距離がつかめないっていうか。どこまでが嫌なのかがつかめないのかなっていう。

G 保育者の語り：ああー、そうですね。何のためらいもなくぶつかっていったり壊したりしはるんですよ。だから、それが壊れたらお友達が嫌な気持ちになるとか、そ

こまでつながらないで、感じがあって、うーん…。

Q 保育者の語り：何かその、それがアンバランスさを生じていて、友達、同年代の友達とは、自分の方が上とか思ってるのかわかんないですけど、わかんないですけど、うまく自分を出せてないというか、自分ばっかり出してるのかな、相手のことを、感じ取れないのがあるんですよね。

「思いの違いを受け入れられない」という下位コードには、抽出児本人の思いが強くあり、それが他者と異なる場合に怒ったり、諦めたりするというものである。「相手の思いが理解できない」は、相手の子どもが嫌な思いをしているということが感じ取れないという内容が含まれる。これは、具体的な場面となったときには大きな違いがある。自分の思いと相手の思いが違うとわかって、それを受け入れられない子どもの姿と、思いの違いがわからずにいてしまうことで、その後その子どもが周囲に受け入れられなくなることが懸念されるような姿である。自己と他者との間で思いをどのように調整するかということと、相手の思いにどう気づくことができるようになるか、ということはかなり異なる実践となる。

下位コード「相手に対する思いが感じられない」

Q 保育者の語り：やっぱりこう、当たり前のようにしてもらっている部分を、カヨちゃんは思っているのか、そこに、あ、ありがとうっていう気持ちが、あまり感じられない。

一方、この語りは、抽出児本人が相手に対してどういう思いをもっているのか、周囲の立場からすると感じられない、ということが語られている。これも上記の 2 つの下位コードとは異なる内容であり、思いの表出が周囲に伝わらないことが課題であるので、その課題にどうアプローチするのか、ということが考えられていく。

さらに、以下のような下位コードもある。

下位コード「強引に遊びを進めようとする」

E 保育者の語り：でも、まあそれが結構理不尽な要求だったりもするので、こう何か鬼ごっこするのに鬼じゃないと寄せてあげないとか。とか、こう今寄ってる人じゃないと寄れないからあっち行けって言われたりとか。で、何かこう妖怪ごっこするのに、何かユウジは何とかでって、誰々は何とかでって全部の配役を決めてしまうとか。

J 保育者の語り：わりと普段からもってきて、自分が主になって、こう、こんなしようみたいな感じでするイメージはあります。それにみんなが、こう、最後までついてくるかとっていうと、そうじゃないこともあるんですけど。強引なところがあるんで。

　「強引に遊びを進めようとする」のであるから、相手の思いが理解できないという側面もあるかもしれないが、ここで語られているのは、遊びの進め方における強引さに対する課題感である。個によっては、異なる場面では強引ではない可能性もある。遊びを進めていく場面において留意してかかわるべき点に直結しているのである。

　実践においては、これらの細かな子どもの姿の質感の差が、すぐさま「いかにかかわるか」という問題に直結している。だからこそ、微妙な質感の差はその子どもの成長と感じられたり、今日の調子のよさと感じられたり、その逆もまたあったりして、それによって、今日はもう少しかかわれるかもしれないとか、こんな様子を見守ってみようとか、危ない場面が起こらないように気をつけようとかいう構えにもつながってくるのだと考えられる。

　また、保育者にとっての子どもの姿の質感とは、それぞれの保育者が固有の抽出児や周辺の子どもたちに感じているものであり、その文脈から切り離した各セグメントの関連性や影響関係を分析する方法では、保育者の優先性の判断を明らかにすることにならないと考えられる。その質感の文脈依存性や固有性そのものが、保育者の優先性の判断にとって非常に重要なリソースである。この膨大な質感を各保育者が日々の実践の中で蓄積し、それぞれの質感のほんの少しの差異から今ここのかかわりの判断をしたり、同時に生起する援助の要求に対してこちらに先にかかわるという優先性の判断をしたりしていると考えられ、その保育者の感知している文脈と、質感の蓄積に対して浮かび上がってくる今の子どもの姿にある固有の質感が重要であると示唆された。

　つまりは、保育者が保持している経験的な専門領域とは、個別ケースに基づいた非常に繊細な質感と思考と実践とそれらの意味づけの蓄積であり、それらが保育者個人の実践のリソースとなっていると考えられた。この各保育者が保持している、文脈と密接に結びついた経験的な知識の蓄積を、本研究では、保育実践のリソースと呼ぶことにする。

2. 優先性の即応的判断の分析

　次に、多様な遊び場面における実践時の思考プロセスが語られた部分を抽出した中で、自らかかわる状況を複数の状況から選択したことが明確に語られたケースについて検討を行う。該当ケースは、6 ケースあった（抽出した語りの詳細は巻末表 3 を参照）。優先性の語りには、同時生起的な複数の状況から一つの状況を選択してかかわる場合と、継続的なある子どもの状況に対して同時進行で援助していく場合と、それぞれの状況にかかわるタイミング（時機）を選択している場合とが見られた。ここでは、同時生起的な教育的瞬間に対して、複数同時に援助していくものについては同時進行性の援助、タイミング（時機）を選択していくものについては援助の時機選択とした。

　ケース 1（A 保育者）：個のニーズに応じる時機選択
　ケース 2（D 保育者）：保育実践のリソースと実践状況リソースのバランス
　ケース 3（H 保育者）：ねらいというリソースと相互行為の展開

ケース 4 （J 保育者）：相互に埋め込まれた個と活動の多重リソースと時機選択
ケース 5 （N 保育者）：時機選択後の見守る援助と実践状況リソースの身体的感知
ケース 6 （P 保育者）：同時進行性と時機選択による継続的援助の展開

　以下、この 6 ケースについて、観察データとインタビューデータの分析を行う。その際、動的な関係性の中でこそ生じる身体的・状況的な側面に焦点を当てて、記述および分析を行う。

　榎沢（2004）は、「子どもたちや保育者が何らかの関心を共有して共に存在しているとき、彼ら 1 人ひとりの身体は他の身体と無関係に振る舞い行動することはない。彼らの身体は、相互に影響し影響されるという関係の元にある」（p.166）と述べる。この保育における身体的な影響関係についても、保育者の専門性にかかわる重要な点である。この身体という視座は、空間的な位置取りや生じている事柄との関係性と切り離して検討することが難しい。子どもや保育者の身体の相互の影響関係は、その場の物や空間の中に位置づいて織りなされる。その点を含めて検討するために、観察データの映像を静止画でキャプチャしたものから輪郭をトレースした図を作成し、使用する。また、ビデオ映像は手持ちのiPad で記録しており、子どもたちの動き等に応じて撮影位置が変わる。そのため、全体の位置関係がわかりにくい場合は、撮影者の立ち位置の影響が大きいトレース図だけではなく、鳥瞰図も付すこととする。

（1）個のニーズに応じる時機選択：A 保育者（3 歳児クラス）のケース

背景：この日は、職業体験で来ている中学生が 1 名、3 歳児クラスの保育に入っている（図中ではグレーの服で示す）。2 階にある 5 歳児の保育室では、自由な遊びの中でパン屋さんごっこが展開している。シンスケは 1 階の 3 歳児クラスの保育室で、自分のロッカーの上に取っておいた箱 2 つを中学生に渡して、「これで買いに行こう」と言う。中学生「ん？買いに行くか」と言い、3 歳児の保育室を出て 2 階へ。サトシとキコもついてくる。同じクラスのミナミは、言葉の理解はしっかりしているが自発語がない。また、歩行が不安定だが、遊びに対して積極的な子どもであり、階
段の移動には保育者が付き添っている。

図 8-1 ①ミナミに正対する A 保育者

図8-2 ②振り返るA保育者（身体ねじり）

図8-3 ③中間地点に立つA保育者
（身体ねじり）

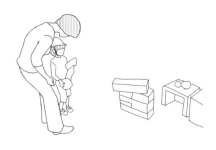

図8-4 ④シンスケたちの方へ向く
A保育者とミナミ

図8-5 ⑤シンスケたちに正対する
A保育者とミナミ

エピソード：場面1

　先に2階の5歳児保育室内のパン屋さんに来ていたA保育者は、シンスケが箱を2つ持ってきたのを見て、「いいカバン持ってきたねー」と言う。シンスケは中学生の手を引いて、パン屋さんへ。A保育者はゆっくりパン屋さんに近づき、ミナミが5歳児の作ったパンをいくつか抱えている様子を見て「食べたらまた返すのかな？」と5歳児に声をかけ、5歳児がうなずいた様子を見て「うん、わかった」とミナミがパンを抱えて歩き出すのを見守る。ミナミがA保育者に近寄ってきたので、①しゃがんで目線を合わせ「じゃあねえ、持って帰って、これ、パン食べよっか」と話す（図8-1）と、ミナミはニコニコとうなずいて廊下の方へ歩き出す。②A保育者はパッとシンスケたちの方をふり返り（図8-2）、③立ち上がってもう一度ミナミに声をかける。「ミナミちゃん、ミナミちゃん（というとミナミはA保育者のところまで帰ってくる）（図8-3）、④まだお買い物しているお友達いるから、ちょっと待っててあげよう」と言う（図8-4）と、ミナミはA保育者と手をつなぎ、シンスケたちの様子を見る。ミナミがA保育者の手を離し、中学生の方に近寄っていき、手に持っていたパンを差し出すと、⑤A保育者はミナミの背後に膝をつき、はっきりとした口調で「これミナミちゃん買ったんだよって」といい、ミナミはうんうんとうなずき中学生を見る（図8-5）。⑥それからパン屋さんの前に座りながら、A保育者「まだいいんですか？お店屋さん」と言う（図8-6）。シンスケは5歳児からパンを受け取り、持ってきた箱に入れる。シンスケたちの買い物も終わり、みんな立ち上がると、A保育者も立ち上がり「よかったねぇ、間に合ってね。もうすぐお店閉まるところだったん

図 8-6 ⑥パン屋さんに正対する
A 保育者とミナミ

だって」というと、ミナミがお店の 5 歳児に近寄って手を伸ばす。A 保育者「ありがとうして帰ろう」というと、ミナミはコクリとうなずく。シンスケたちは廊下の方へと歩き出す。

場面 2

　シンスケは自分の箱のうち 1 つを中学生に持たせ、自分も 1 つ持ち、階段の方へ向かって歩いている。A 保育者は一緒に歩きながら「うわー、いっぱい買っちゃったねー。いっぱいパン買ったねー」という。ミナミは中学生の持っていた箱をパッとつかんで取る。⑦ A 保育者「いいのもってるねぇ、お兄さん」というと、前を歩いていたシンスケはパッと振り返り、ミナミから箱を奪い取る。A 保育者は間髪入れずに「これ、シンスケくんが持ってた箱なんだって」とミナミに言う。サトシも A 保育者にシンスケの箱を指さしながら何かを訴えると、A 保育者「あぁそうか。サトシくんもパン持ちたかったのか？」と聞くと、サトシがこくりとうなずく。A 保育者「サトシくんもパン持ちたいんだって」とシンスケに伝えるが、シンスケは 2 つの箱を持って離れていき、先に 1 階の保育室へ帰ってしまう。中学生はシンスケについていかず、ミナミの横についている。A 保育者はミナミに「これ、ミナミちゃんが買ったパン、サトシくんに持たせてあげてもいい？」と聞くが、ミナミの様子を見て「あかんの。これはミナミちゃんの。だめなんか」という。A 保育者、サトシに向かって「じゃぁ、サトシくん、パン買ってくる？」と紙のお金を差し出すと、サトシはこくりとうなずく。A 保育者「先生のお金を貸すわ、ほな」とお金がわりの紙を渡す。A 保育者「ミナミちゃん、降りるの危ないしちょっと待っててね。サトちゃんとちょっと買ってくるし」と、パン屋さんの方へ戻っていく。

場面 3

　シンスケは一人で先に 1 階の自分のクラスに戻り、副担任の T 保育者に自分が買ってきたパンを箱から取り出して見せる。T 保育者はそれを受け取り、さらに T 保育者が買ってきたというメロンパンを持ち出すと、シンスケはそれを 1 つもらい、食べるふりをする。しばらくして、⑧シンスケは自分のパンの箱を持って立ち上がると、中学生とサトシ、ミナミ、A 保育者が保育室に戻ってくる。シンスケは中学生に寄っていき、笑顔で何やら話しかける（図 8-7）。⑨ A 保育者「え

図 8-7 ⑧中学生に寄っていくシンスケ

ー、もう食べたん？」というと、シンスケはニコ
ッとする（図 8-8）。A 保育者「お皿にのせよう
よ〜」と言い、⑩ままごとコーナーに入り、皿を
出しながら振り返ってシンスケの方を見る。する
と、立ち尽くしていたシンスケはパッとままごと
コーナーの方に動き出し（図 8-9）、ちゃぶ台の
上にパンの入った箱を 2 つとも置く。A 保育者「ど
んなパン買ってきたの？うわっ、ドングリパンと
〜」と言っていると、A 保育者が用意したお皿の

図 8-8 ⑨ A 保育者の方を向くシンスケ

上に箱から出したパンをのせる。A 保育者「これもドングリパン？」と聞くが、シンス
ケは特に返事をしない。⑪後ろに置いていかれた中学生は、この時点で他の子どもと手
をつなぎ、外へ出る。シンスケは中学生の方を振り向かず、A 保育者の方をジッと見て
いる（図 8-10）。⑫ A 保育者「じゃぁ、お茶入れましょうか」とシンスケを見て言うと、
シンスケは「うん」とうなずいて（図 8-11）、パンの箱をちゃぶ台の下に下ろす。

図 8-9 ⑩ままごとコーナーに入るシンスケ

図 8-10 ⑪ A 保育者と遊び始めるシンスケ

分析：このエピソードは大きく分けて 3
つの場面で構成されている。1 つ目の場面
は 5 歳児保育室内でのやりとりであり、2
つ目の場面は廊下でのやりとり、そして 3
つ目の場面は 3 歳児保育室に戻ってから
のやりとりである。5 歳児保育室内では、
A 保育者はミナミとのかかわりを起点とし
てシンスケやサトシ、中学生とかかわり、
最終的には 1 つのグループとして動き出す
ようにかかわっている。

図 8-11 ⑫ A 保育者と正対して遊ぶ

1 階と園庭で過ごすことが常である 3 歳児にとって、2 階に上がることはちょっとした冒険である。このパン屋さんの場面では、先に担任の A 保育者はミナミとパン屋さんに来ていた。その後、シンスケと中学生に、サトシとキコもついてきて、4 人がパン屋さんへ向かう。場面 1 は、A 保育者・ミナミとシンスケ・中学生・サトシ・キコの 2 組が、5 歳児保育室で出会う場面である。なお、図 8-12 ～ 8-15 は年長児保育室内の位置関係を示すが、図の○印のとがった部分が顔の向きを指す。○印内の文字は仮名の頭文字である。

　下線部①（図 8-1, 8-12）では、A 保育者がミナミに「持って帰って、これ、パン食べよっか」と言い、ミナミはその後すぐ年長児保育室の出口の方へ歩いて行く。ここでは、A 保育者はしゃがんで目線をミナミの目の位置まで下げ、身体の向きはミナミに正対している。ミナミはニコニコとうなずいて歩き出しており、A 保育者の伝えたことは理解され、行動に移したと考えられる。このかかわりからその後の展開を予想してみるとすると、まず浮かぶのは、A 保育者とミナミが保育室に戻り、パンを食べるごっこ遊びをしようとすることではないだろうか。しかし、A 保育者はミナミの後ろ姿を見て、パッと背後のシンスケたちを振り返り（下線部②，図 8-2）、まだ買い物をしている様子を見る。このとき、A 保育者のしゃがんだままの下

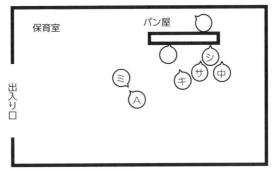
図 8-12 下線部①鳥瞰図

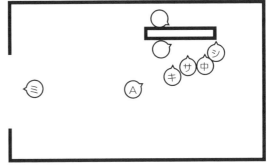
図 8-13 下線部②鳥瞰図

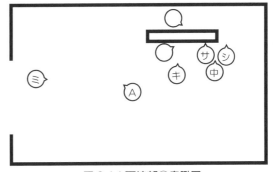
図 8-14 下線部③鳥瞰図

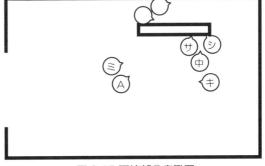
図 8-15 下線部④鳥瞰図

半身は先にミナミと正対して話したときと同じ向きである。そのまま上半身をねじって、背後のシンスケたちを見ているのである。首と腰という 2 つの主要な関節の上下で向いている方向が違う「身体ねじり（body torque）」という現象を観察した Schegloff（1998）は、安定性の高い下半身の向いている方向は、主要な活動の方向であり、一時的な上半身の向いている方向は従属的な活動の方向であると指摘している。ここでの A 保育者の身体ねじりの状態（図 8-2，8-13）としては、ミナミとのかかわりを主として、シンスケたちの様子を見るのを従とする状態であると解釈することが可能ということになる。しかしこの後、次の下線部③の瞬間、A 保育者は立ち上がり、腰の方向をパン屋さんの方に向けて、首から上をミナミに向けるのである。つまり、ここで、先の主従関係が逆転する（図 8-3，8-14）。A 保育者は、パン屋さんのところへのかかわりを主として、ミナミとのかかわりを従とした援助を展開し始める。ミナミはすぐに A 保育者のところまで戻ってきたので、A 保育者はミナミに「まだお買い物しているお友達いるから、ちょっと待っててあげよう」と声をかける。この身体ねじりの表れるところに、明らかに A 保育者の優先性の即応的判断が見られる。

　ミナミと A 保育者は、シンスケたちとパンを一緒に買いに来たのではなかった。しかし、A 保育者はシンスケたちの方を振り返り、ミナミに声をかける。パンをたくさん抱えて満足して 5 歳児の保育室を出ようとしていたミナミは、自分の「パンを買う」という目的はやり遂げて満足しており、また、「持って帰って、これ、パン食べよっか」という A 保育者の声かけもあったことを受けて、1 階の 3 歳児保育室に戻ろうとしていたと推測される。しかし、A 保育者は立ち上がり、もう一度パン屋の方に身体を向け直す。この A 保育者の身体の動きは「お友達いるから、ちょっと待っててあげよう」という言葉を発するより前の時点である。1 人で 5 歳児保育室を出ようとしているミナミに対して、シンスケたちとの関係を結びつけるものとして発信され、ミナミはくるりと振り返って A 保育者のところまで戻ってくる。ミナミと今すぐに 3 歳児保育室まで戻るより、シンスケたちとパン屋さんの遊びを共有することが、A 保育者の中でこの場の状況を受けて即応的に優先されたと考えられる。

　別々に買い物に来た 2 組は、ここまで互いに A 保育者とのかかわりしかなかったが、この後、子ども同士がかかわり始める。ミナミは A 保育者のところまで戻ると、下線部④の「お友達いるから、ちょっと待っててあげよう」という言葉を、シンスケたちの様子を見ながら聞く（図 8-4）。そして、ミナミは A 保育者と手をつないでシンスケたちを見た後、その手を離して自ら中学生に近づいて行き、パンを差し出すような動きを見せる。すると、A 保育者は自発語のないミナミの代弁者となり「これミナミちゃん買ったんだよって」と言う（下線部⑤、図 8-5）。ここで、2 人ともシンスケたちのいる方へ身体を向け、A 保育者はミナミの行為が中学生にも受け止められるような解説的役割を果たし、間をつなげている。その後、A 保育者は、シンスケたちの身体の向きと同じ向きで座り、パン屋さんの 5 歳児に話しかける（下線部⑥，図 8-6）。この身体の向きをそろえたことを契機に、

A保育者とミナミ、そしてシンスケたちは1つのグループのように動き出す。同じような
タイミングで立ち上がり、同じ方向へ向かって、似たような歩調で歩き出す。さらにA保
育者は「よかったねぇ、間に合ってね」とパン屋さんに間に合ったお客という共通点を提
示する。このようにして、A保育者はミナミのサポートをしながら、シンスケたちと1つ
のグループとなって動き出すようにかかわっている。

　次の場面2では下線部⑦が転換点となっている。シンスケが中学生に持たせていた箱を
ミナミがパッとつかむ。シンスケはその前を歩いていたので気づいていない。つまり、特
に問題状況となっていないのだが、ここでA保育者はミナミに注意するのではなく、「い
いの持ってるねぇ、お兄さん」とだけ言う。この発話はミナミが手を伸ばした気持ちの代
弁であるだけでなく、前を歩くシンスケに「いいの」＝箱に何かが起こったことを間接的
に伝える発言となっている。シンスケは声を聞いてすぐに振り返り、箱を取り返す。ミナ
ミの行為もその後のシンスケの行為も、A保育者は注意も促しもしておらず、ミナミは箱
に関心があることを行為で示し、シンスケは取り返すことで中学生が持っていた箱は自分
の物であることを主張する。それまではミナミの代弁をしていたA保育者がそこで初めて
「これ、シンスケくんが持ってた箱なんだって」とシンスケの行為の解説をする。この発
話はシンスケの行為とほぼ同時になされており、シンスケがどうふるまうか、これまでの
シンスケとのかかわりをリソースとして予測していた可能性が示唆される。また、A保育
者はシンスケにとって箱が大事な物と理解していた。それは次のような語りから読み取れ
る。

　　A保育者：あの、ケーキの箱、2つ持ってたでしょう？　パン買いに行くのに。あの箱、
　　　すごいシンスケくんは大事にしてるんですよ。で、それは先週の遊びからで、あ
　　　れが壊れるたんびに破れるのでね、私のとこに持って来るんですよ。で、あの、
　　　ガムテープでペッてやって、「これで大丈夫？」って言ったら、持ってまた出かける。
　　　で、4歳がアイスクリーム屋さんとか、屋内でケーキ屋さんをしてて、それには必
　　　ずそれを持って行って、お気に入りアイテムやったんですよ。で、そのお気に入
　　　りアイテムっていうのも嬉しいなって思ったんですよ。何か、自分の安心できる
　　　遊びとか、まあ、遊びが見つからんでも、アイテムがあってそれで落ち着くって
　　　いうのは、すごく大事なことやし、そのアイテムが関係ないもんじゃなくて、遊
　　　びに取り入れられるもんやし、「あ、これは嬉しいやろな」って。

　これは、保育実践のリソース〈保育で重視するポイント〉の中の園生活の経験の意味づ
けの語りである。A保育者はシンスケにとって、2つの箱が特別な意味をもつ物であると
解釈し、大事に扱っている。問題状況となっていないにもかかわらず、A保育者がわざわ
ざ声をかけたのは、シンスケの箱を大事にすることがシンスケに対する保育実践において
重要だという保育実践のリソースがリソースとなっているからであると考えられる。しか

273

し、先走って「それはシンスケくんのだから」などと言わないのである。ミナミの気持ちを代弁することで、シンスケの気づきを促し、シンスケがその状況でどうふるまうかに任せる。予測があってもなお、状況の解説をするのみで、誰の行動も規定しておらず、主体は子どもであることが提示されている。

　そしてさらにサトシの訴えを受け、今度は「サトシくんもパン持ちたいんだって」とサトシの代弁をする。シンスケはそれを聞いてその場から離れることで拒否を示し、1人で先に保育室に帰ってしまう。A保育者はミナミの階段を降りるサポートをする必要があるだけでなく、サトシのパンを持ちたいという気持ちの表明を受けて、サトシの気持ちを満たすために2階に残る。ここで、2階に来てつながった1つのグループは、シンスケのみ外れていくかたちになる。

　以上のように、この場面では、A保育者がミナミの箱を取った行為に声をかけたことからシンスケは自分で箱を守ろうとし、シンスケはグループから外れていくが、そこでサトシがパンを欲しがったことがA保育者には優先されたといえる。それは計画されていたことではなく、その場で生じた状況である。ミナミの階段の上り下りは付き添いが必要であり、A保育者が一緒にいる必要がある。サトシはパンを買って帰りたいがシンスケもミナミも自分のパンを譲らない。この状況は相互に影響を与え合いながら生じている。そこで、A保育者は、中学生がミナミの横についているのを確認し、満たされていない状態にあるサトシの援助に入りながら「降りるの危ないし、ちょっと待っててね」と言ってミナミから離れる。ここでA保育者は、シンスケともミナミとも離れ、サトシとかかわることをその場で生じた状況に即応するかたちで優先する。

　このときのサトシとかかわることを優先させた選択が、場面3でのシンスケとのかかわりを優先させる選択に結びついている。A保育者はこの場面について、事後のインタビューで次のように語っている。

> A保育者：ミナミちゃんを階段から降ろさなあかんっていうのと、サトシくんの納得いくようにしてやりたいのとがあって、その間シンスケちゃん放ったでしょう？私また。だから、「シンスケちゃんに戻らな」とは思ってました。降りて来るときに。でもミナミちゃんに一番必要なのは降りるときの援助やし。うん、サトシくんはあれで、「ほな、もう明日にしよっか」って上でね。パン屋さんに誰も人がいなかったから、シンスケちゃんに断られたの可哀想やったなと思って。でも、サトシくんは「もう明日にしよっか」って言ったから、「あ、この人は別にこれで満足なんや」っていうのがわかって。

　A保育者はシンスケが先に1階に降りたことを「放った」と表現する。生じていた行為としては決してA保育者の方が放り出したようなことではなく、シンスケは自ら1階に降りていったのだが、「放った」とはかかわりの選択肢として選ばなかったことをA保育者

自身が認識していたことを表しているのだろう。そのことが、１階に降りたら「シンスケ
ちゃんに戻らな」（保育実践のリソース〈保育援助〉**受容・信頼関係**）という大まかな方
針となり、行為のリソースとなっていく。この場面 2 では、サトシの納得いくようにして
やりたいと意図をもってＡ保育者は２階に残ったわけだが、５歳児はすでに片付けを終え
てパン屋さんには誰もいなくなっており、サトシはパンを買うことができなかった。しか
し、そこでサトシが「もう明日にしよっか」と言ったことが、Ａ保育者にはサトシのパン
に対するこだわりがそう強くないと解釈することにつながっている。このＡ保育者の「あ、」
は、新たな情報を得た認識を主張する標識（西阪 , 2001）ととらえられる。Ａ保育者の
状況を回想する語りには、この行為時点で新たにサトシの今日の遊びでの満足感と解釈さ
れるものが得られたことが示されている。サトシがここで納得いかない気持ちを引きず
って１階に降りていたら、Ａ保育者の行為はまた違うものになっていた可能性があるが、
サトシについては「これで満足なんや」とＡ保育者が思った段階で、「シンスケちゃんに
戻らな」と３歳児の保育室に戻ってから自らのかかわりの優先事項が定められたのである。

　一方のシンスケは、先に保育室に戻り、他のＡ保育者とパンを食べたつもりになってい
た。場面 3 で、３歳児保育室に戻ってきた中学生に、シンスケは自分の持っているパンの
箱の中を見せながら、笑顔で話しかけている（下線部⑧ , 図 8-7）。図 8-7 では、シンス
ケが中学生に正対している様子がわかる。そのシンスケの発話を聞いていたＡ保育者は下
線部⑨「もう食べたん？」と驚きを表現するも、２階から降りてくる時点でかかわりの焦
点をシンスケに定めていたＡ保育者はそれで終わらせない。図 8-8 のように中学生の横
から追い越すように出てきたＡ保育者のその声かけで、シンスケの身体はＡ保育者の方に
向く。Ａ保育者はさらに「お皿にのせようよ〜」といい、誰もいないままごとコーナーに
先に入り、お皿を棚からちゃぶ台の上に出し、シンスケを見るのである（下線部⑩ , 図
8-9）。ままごとコーナーにほかに子どもはおらず、シンスケがそこに行けばＡ保育者と１：
１で遊べる状況であることが、シンスケからは見えている。非常に明示的な遊びへの誘い
を受けて、シンスケはままごとコーナーに入っていく。このとき、そして、このあと、シ
ンスケは中学生を振り返りもしないのである。

　この場面でＡ保育者は、シンスケとのごっこ遊びを、保育室の中で多様にあると感じら
れる選択肢よりも優先したといえる。ほかにも２階でかかわっていない子どもが多くいた
にもかかわらず、なぜシンスケが優先されたのだろうか。選んでいないということでいえ
ば、他の子どもたちも同様である。これには以下の語りが理由としてあると推測される。

　Ａ保育者：シンスケくんとはここしばらく、あの、やっぱり重きに置いてかかわってい
　　　こうと、長期的に思っています。

　これは、保育実践のリソース〈保育で重視するポイント〉の中の**長期的な援助を考える
必要性**に関する語りである。Ａ保育者は、これまでのシンスケとのかかわりや育ちのプロ

セスの把握を通して、重点的にかかわる必要性を感じていた。この日の実践においては、3 歳児の保育室に戻るとそこにさまざまな子どもがいる中で、シンスケにかかわることを優先する。それは、このＡ保育者の中の保育実践のリソース〈保育で重視するポイント〉にあるが、この優先性の判断のリソースとして大きく影響を与えていると考えるのが合理的であろう。多様な子どもがいる中で、常にシンスケと一緒にいようというのではない。それは 2 階の場面を見ればわかるように、常に動的な状況の中で、じっくりかかわるチャンスを窺う構えをもちつつ、今ではないという判断もある。2 階の場面で一度「放った」と自分の保育をとらえ、「シンスケちゃんに戻らな」と次を窺うＡ保育者の構えが、常に無数の選択肢があるといってもいい保育実践における選択をつくっている。

　Ａ保育者は、これまでのシンスケとのかかわりから得られた保育実践のリソースから、シンスケとのかかわりを価値づけ、また、今日の実践の流れの中でかかわるタイミングを図っている。さらに、Ａ保育者と子どもの身体はその時々の思いに応じるように動き、また互いに呼応するような影響関係が見られる。保育は、このように身体の動きが言葉を超えた内面の動きと一体となっており、それぞれの動きが相互に影響を与え合いながら状況をつくり、状況がさらに身体的呼応を生み出すような、身体と状況が切り離すことのできない相互に一体化した中にある。Ａ保育者は、保育実践のリソースにあるさまざまなリソースだけでなく、相互のかかわり合いの中で生み出される身体的・状況的行為としてその場で子どもの内面の動きを感知して読み取り、今どこにかかわるべきかの優先性の即応的な判断を行っている。

（2）保育実践のリソースと実践状況リソースのバランス：Ｄ保育者（5 歳児クラス）のケース

背景：あと数週間で卒園する子どもたちと、餅つきをした日の様子である。Ｄ保育者は、抽出児として、素直な表現ができず友達関係が広がらないミエコを選ぶ。クラス全体に対しては、「卒園まであと少ししかないので、とにかく思う存分、一番この幼稚園でやりたいこととか、好きな遊びを思いっきりして欲しい」という願いを語っている。

エピソード：場面 1

　餅つきの後、保育室でみんなでお餅を食べ、食べ終わった人から再び遊びに行っている。ミエコはお盆の上のきなこをきれいに食べてから、1 人でお盆を片付けに行く。Ｄ保育者は食べ終わったテーブルから、布巾で拭いている。ミエコはお盆のあと、椅子を片付け、園庭の方のテラスへ出る。保育室へ戻り、⑬テーブルを拭いているＤ保育者の背後を走り抜けて（図 8-16）

図 8-16 ⑬ Ｄ保育者の後ろを走り抜ける

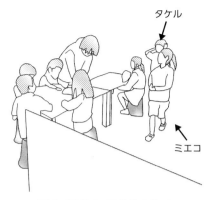

図 8-17 ⑭ D 保育者の前で
「何しよう」

図 8-18 ⑮タケルに応答する D 保育者

中庭の方を見に行く。再び保育室へ戻ってきて歩きながら、⑭<u>D 保育者の方を見て「何し</u><u>よう」と言う（図 8-17）</u>。D 保育者はチラッと頭を上げるが、その直後にミエコの後ろを歩いていたタケルが「先生、あれ行くで」と誘う。⑮<u>D 保育者「あぁ、はいはい」と</u><u>タケルに答える（図 8-18）</u>。ミエコは「あれしよう」とつぶやいて園庭側のテラスに出て行き、靴を外靴に履き替える。靴を履き替えたミエコは観察者に「一輪車は今はしない。スクーターするわ」と笑顔で言って、スクーターが置いてある場所に駆けていく（D保育者は保育室内におり、聞こえていない）。

場面2

　ミエコはスクーターに乗って、広い園庭の端の方にある築山へ向かう。一度トイレに行ってから帰ってきて、1 人、スクーターを押しながら築山を登ろうとするが、なかなか登れない。男児 2 人が築山にやってくる。ミエコは築山の下から 3 分の 1 くらいの高さでスクーターから手を離し、園庭の真ん中あたりの鬼ごっこで集まっているあたりを見る。D 保育者は保育室から出てきて、園庭の真ん中で集まって鬼ごっこを始めようとしている子どもたちのところに行く。築山にいた男児 2人は走り降りて、鬼ごっこの方へ行く。D 保育者は、D 保育者から見て正面奥にある築山の方に視線を向けるが、鬼ごっこで集まっている子どもたちと話し出す。スクーターに乗って来たキイチがD 保育者の腕に手をかけて「入れて」というと、D 保育者「置いてきて。置いてきて」と言う。キ

図 8-19 ⑯築山から降りるミエコ

図 8-20 ⑰誰もいないところで
よろける

イチはスクーターを片付けに行く。鬼ごっこの
ために集まっている子どもたちは「増え鬼はや
だー」「氷鬼やだー」「氷鬼がいい」「氷鬼！」「氷
鬼！」と盛り上がっていく。⑯ミエコはスクー
ターで築山から降りてきて（図 8-19）、遠巻き
に鬼ごっこのグループに近づいたところで一回
立ち止まり、鬼ごっこの方を見ている。⑰再び
スクーターに乗りかけてよろけ、「アイッタ！」

図 8-21 ⑱ D 保育者の方を見るミエコ

と言い（図 8-20）、⑱ D 保育者の方を見る（図 8-21）。D 保育者は「氷鬼するんやったら」
と子どもたちと話をしている。ミエコはその後、スクーターを片付け、午前中取り組ん
でいた一輪車へと戻っていく。

分析：このエピソードは、大きく分けて保育室での場面と園庭での場面の 2 つに分けら
れる。どちらの場面でもミエコは、D 保育者とのやりとりを期待しているかのような行
為をして見せる。場面 1 では、D 保育者の前後を走り抜けるようにしながら（下線部⑬,
図 8-16）、D 保育者の方を見てミエコが「何しよう」と言う場面（下線部⑭, 図 8-17）
が印象的である。D 保育者は餅を食べたあとのテーブルを拭いているのだが、その D 保
育者の方を見て「何しよう」と言う。場面 2 では、スクーターでちょっとよろめいて「ア
イッタ！」と言い、D 保育者の方を見るのである（下線部⑰, 図 8-20）。

　D 保育者は自分がかかわる場面の選択について、ミエコの映像を見る前に以下のように
語っている。

　　D 保育者：今日は久しぶりに男の子と女の子が混ざって鬼ごっこができたので、まあ、
　　　　　　だからそこがよかった。あ、今でもちゃんと遊べてよかったなっていうのと。
　　筆者：うんうん。
　　D 保育者：で、お弁当食べたあとも、あ、お弁当ちゃう。「お餅食べたあとも遊んでい
　　　　　　いよ」って言ったら、それが楽しいからって言って、あそこで固まって遊べてた
　　　　　　ので（保育実践のリソース〈子どもの姿〉仲間関係）。だから、私はどっちかとい
　　　　　　ったら、もうそっちに、せっかくこう久しぶりの、こう混ざった感じだったので、
　　　　　　もうそこで遊んで。（保育実践のリソース〈保育援助〉関係形成・調整）

　D 保育者は、このように、卒園前のクラスの子どもたちの多くが園庭に集まり、男女混
ざって遊べたことを喜んでおり、自分もそこにかかわって遊びたいと優先的に鬼ごっこ
にかかわるという選択をしていたことがわかる。それは、ミエコがいつものように一輪
車に乗っているだろうという想定のもとの選択であった。

　場面 1 のミエコの「何しよう」という発話のことを、D 保育者は次のように語っている。

筆者：（お餅の後）「何しよう」って。

D保育者：ああ、そうそうそう。これ聞こえてたんですよ。これ聞こえてたけど、まあ。うん。あ、多分一輪車行くやろうなと思ってたから。何も。でも、ちょっと「どうする？」ぐらいは言ってもよかったかなとか思いながら、布巾で拭いてたんですよ。

（中略）

筆者：スクーターは、いつもはあんまりしない？

D保育者：あっ。あのね、これ新しく買いたてで。ほいで、こないだから、もう本当に、もう数日前から結構こっちの方でみんなが乗り出したから。ミエコちゃんは、あの新しいのは、まだ乗ってないんです。

筆者：初めて？じゃあ、今日？

D保育者：初めてやと、今日。新しいのは。（ビデオ再生）本当や。で、おとといぐらいから、これで、昔は黄色い（スクーター）ので、こう男の子が山から降りてたんですね。この赤（新しいスクーター）でもできるっていうのがわかって、こないだから何人かかで降りてるんですよ。ああ、ここでもしてたんや。知らんかった。私、勝手に何となくあっち（一輪車）にいると思ってました。（中略）やっぱあれ、「何しよう」がポイントでしたね。聞いといたらよかった。「何しようかな」。そうですね。「一輪車しようー」って言ってないんですもんね。（ビデオ停止）うん。ね。今までやったら、「一輪車してくる」って言ったかもしれん。

筆者：うーん。うんうんうん。「何しよう」って。

D保育者：うん。やから、ちょっとちゃうことしようと思ったってことですよね。

（中略）

D保育者：もっと前のミエコちゃんやったら、することなかったら、もっとあの辺ウロウロしてるんですよ。しばらーくね。ところが、もう、すぐ出ていったから。その、遊びが見つからないとは思ってないから。別に、あの、気にしてなかったんですけど、こうやって今見たら、ああ、そういうことなんやと思って。うん。ちょっとちゃうことはしようと思って出ていったってことですね。うん。本当やわ。だから、まあ、あんだけ一輪車も乗れるようになったし、多分、降りんの見、見えてて、自分もやろうと思ったんですね。

筆者：結局、この後やめてしまって。こうスクーター取りにくる人もいたりするんだけど、結局。一輪車に戻っていったんです。

D保育者：ああ、何か私ここ（一輪車に乗っているところ）しか見てないですね。「あ、いるわ」と思って。でも、まあ、もうこっちであれだったので、こっちで鬼ごっこをずっとしてたんですけどね。うん。（中略）あんとき、もうちょっと誰かいたら、一緒に遊べたかもしれないですね。

筆者：そうですね。

　　　Ｄ保育者：あのスクーターでね。

　　　筆者：はい。うんうん。

　　　Ｄ保育者：とか、私が行って、ミエコちゃんと一緒にやってたら、もしかしたら集まっ
　　　　　　　てきたかもしれないですね。降りるところね。

　この語りは、ミエコが「何しよう」と言うビデオを見たあと、スクーターに乗って遊ぶ
場面のビデオを再生する前後の語りである。スクーター場面の再生前には、ミエコの「何
しよう」について、「聞こえてたけど」「多分一輪車行くやろうなと思ってたから」問いか
けも何もしなかったと語っている（保育実践のリソース〈予測〉**遊びの展開予測**）。ここ
では、目の前の子どもの発話という実践状況のリソースより、保育実践のリソースにある
子どもの姿の蓄積からなされる予測の方が、具体的な保育行為のリソースとして強く効い
ている状態であったといえる。つまり、Ｄ保育者の保育実践のリソースに蓄積されたこ
れまでのミエコの姿は先入観として働き、ミエコのつぶやきを拾わずに過ごしてしまうこ
とにつながっている。しかし、スクーター場面のビデオを見たあと「やっぱあれ、『何し
よう』がポイントでしたね。聞いといたらよかった。『何しようかな』。そうですね。『一
輪車しようー』って言ってないんですもんね」（保育実践のリソース〈行動の意味〉**子ど
もの言動の再解釈**）と語り出す。保育者が実践時に感じていたよりも、ミエコの「何しよう」
に新たな意味が付与され、「聞いといたらよかった」と後悔し、「何しよう」と「一輪車し
よう」という２つの言葉を自分で言ってみて比較するようにして、「やから、ちょっとち
ゃうことはしようと思ったってことですよね」（保育実践のリソース〈行動の意味〉**子ど
もの言動の再解釈**）ととらえ直している。「何しよう」と「一輪車しよう」は、事後の振
り返りでゆっくりとらえ直せば異なる意味があると気づくことが可能である。振り返って
とらえ直すことで、「何しよう」に含まれる“いつもと異なることをしよう”というニュ
アンスが読み取られている。しかし、その差異や言葉のニュアンスに実践時に気づくこと
ができていれば、それが構えとなり、違う遊びをしているミエコに気づいた可能性もある。
子どもの姿をもとにした幼児理解は、事後の省察において浮上する子どもの行動の意味の
とらえ直しというレベルと、実践時に感知されているレベルがあり、その２つは相互に
連動して質が高まっていくものと考えられる。

　さらに、「何しよう」という言葉をキャッチしながらも、なぜ実践における構えが形成
されなかったか、ということにかかわる語りも見られる。Ｄ保育者の、「すぐ出ていった
から。その、遊びが見つからないとは思ってないから。別に、あの、気にしてなかった」（保
育実践のリソース〈行動の意味〉**行動の意味の解釈**）という語りでは、遊びが見つからず
うろうろしていた以前のミエコの姿との比較がなされている。保育実践のリソースにある
過去のミエコの姿は、すぐ出ていったミエコの姿に肯定的な意味づけをするリソースとな
り、Ｄ保育者はこのとき、ミエコが自分で遊びが見つけられるようになり、そこに困り
感はないと感知していたと理解できる。そして、新たに挑戦してみたスクーターでの築山

下りで困っている姿は見逃し、いつもの一輪車に乗っている姿「しか見てない」と語る。見ようとしなければ見えないということが起こるのが実践現場であり、特に保育者が指導に難しさを感じる子どもには、こういったわかりにくさ、見えにくさ、とらえにくさがある。

　そのことを実践場面の分析から述べる。場面１では、ミエコの「何しよう」という発言（下線部⑭，図8-17）にD保育者も気づき、頭を上げるが、すぐにタケルから話しかけられて、D保育者とミエコはやりとりせずに終わる。図8-18を見ると、D保育者が顔を上げた時点で正面にいたのはタケルであり、D保育者はタケルの誘いには答える（下線部⑮，図8-18）が、そのやりとりを見ているミエコとはやりとりせずに終わる。ミエコの「何しよう」は独り言であれば、わざわざD保育者の近くでD保育者の方を見て言わないだろう。何かD保育者にキャッチして欲しかったのではないかと推測される。しかし、それはまさに一瞬の出来事であり、次の瞬間にD保育者が顔を上げたときに正面にいるのは、ミエコではなくタケルなのである。

　さらに、場面２では、D保育者が加わって盛り上がりを見せる鬼ごっこの集団から、３m程度離れたところで、ミエコはスクーターに乗ろうとしてよろけ、大きな声で「アイッタ！」と言う（下線部⑰，図8-20）が、特に難しい所作でもなければ、身体をどこかにぶつけたりひねったりしたわけでもない。傍目には大げさな「アイッタ！」のあと、D保育者の方を見るという行為（下線部⑱，図8-21）から、D保育者に気づいて欲しい、見て欲しいというミエコのアピールのように感じられる。しかし、D保育者はこのとき、鬼ごっこの集団がもめているさなかであり、さらに３mも離れたところで、よろけたミエコの「アイッタ！」には気づかずに終わる。D保育者に対してミエコなりにアプローチしているのだが、D保育者からすると気づきにくかったりかかわりにくかったりするタイミングや場所でなされることにより、ミエコによって「かかわりを期待されている瞬間」はかかわりがもてないまま過ぎ去ってしまう。ここに、ミエコに対して指導の難しさが感じられる一因があると考えられる。

　保育実践は時と共に流れており、顔を上げたときに目の前にいたのがミエコでなかったり、距離が離れているところでアピールされても目の前の活動の声にかき消されたりして、時間的空間的限界がつきまとうことが事例から読み取れる。保育実践に見られる保育者の専門性とは、その時間的空間的限界の中で発揮される身体的・状況的専門性であると考えられる。

　また、保育実践のリソースの実践における重みづけも、実践の質にかかわる重要な問題であることが示唆される。本事例では、子どもの姿に関する保育実践のリソースのみならず、クラスのねらいが大きく実践を左右するリソースとなっていた。D保育者は、ミエコの「何しよう」の直後に受けたタケルの「先生、あれ行くで」との誘いに「あぁ、はいはい」と応じ、保育室を片付け終わるとすぐに鬼遊びの方へ行く。D保育者はミエコの新たな遊びの模索に対する構えを形成することができず、クラスの多くの子どもが集まる鬼遊びに参加することを優先する。保育実践のリソース〈ねらい〉**自己発揮**（「卒園まで

あと少ししかないので、とにかく思う存分、一番この幼稚園でやりたいこととか、好きな遊びを思いっきりして欲しい」）が、保育行為のリソースとして強く働いており、蓄積された〈子どもの姿〉が先入観として作用することで、D 保育者の中で合理的に優先性の即応的判断がなされたと考えられる。この場合、保育実践のリソースが、むしろ実践における感知を鈍らせてしまったと考えられる。場面 2 において、D 保育者は、築山の方を見たりもしていたが、ミエコの姿が目に入っていたわけではなかった。それは、「私、勝手に何となくあっち（一輪車）にいると思ってました」という発言や、「ここ（一輪車に乗っているところ）しか見てないですね」（保育実践のリソース〈保育不全感〉**子ども理解**）という発言からわかる。ミエコの新たな挑戦が見えていたら、優先性の判断は異なるかたちで出現していた可能性がある。

　D 保育者は、ミエコが新しい遊びに挑戦しようとしている映像を見た後、「もうちょっと誰かいたら、一緒に遊べたかもしれないですね」「とか、私が行って、ミエコちゃんと一緒にやってたら、もしかしたら集まってきたかもしれないですね」（保育実践のリソース〈保育不全感〉**具体的援助**）と語っている。このスクーターの場面でミエコとかかわらなかった行為には、2 つの選択が重なっている。「何しよう」というミエコの発言が気になりながらも、声をかけなかったという消極的な選択と、鬼ごっこにかかわるという積極的な選択が重なり、ミエコの新たな挑戦を見逃したというわけである。「何しよう」という発言に対して話しかけていたら、その後保育者がどこにかかわるか選択する際に、ミエコのことが頭に上ったであろう。ミエコの「何しよう」が気になりながらも、問いかけなかったこと、その後スクーターに乗っていたことに気づけなかったことを D 保育者は悔やみ、インタビューの最後に「明日ミエコちゃんがスクーター行ったら、一緒に行きます」（保育実践のリソース〈明日の援助の構想〉**自己発揮に関する援助の構想**）と語った。これは明日のミエコに対する D 保育者の構えとなっていくだろう。

　なぜ D 保育者がこの日の選択について後悔したのか。それは、D 保育者はミエコに自信をもって欲しい、もっと素直に気持ちを表現し、友達とつながっていって欲しいと願っていたことが理由だと考えられる。一輪車という乗れる／乗れないということが明確な運動遊びは、できるようになると子どもの自信につながっていく。ミエコは一輪車に乗れるようになり、以前に比べて自信がつき、新たにスクーターで築山から降りることに挑戦するという姿が初めて出てきたのがこの日の午後であった。新たな挑戦をしようとした姿を D 保育者はビデオで見て、自発的にやりたいと思うことが出てきたことに価値を感じ、そこで D 保育者が共に楽しむことで、友達が寄ってきてかかわりが生まれることを予測し、さらに期待をもっていた。この日は、きっと午前中に引き続き一輪車に乗っているだろうミエコより（D 保育者は午前中ミエコの一輪車にかかわっていた）、卒園前の子どもたちの鬼ごっこの楽しみを共有したい、と思い、そちらを選択したが、ミエコが一輪車でなくスクーターで遊び始めていたのに気づいていたら「鬼ごっこでひと遊びしたらこっち（ミエコ）行ってたと思います」（保育実践のリソース〈保育不全感〉**具体的援助**）と語った。

この映像を見る前に、D保育者は「今は、あの、すごく自信をもって生き生きしているし、みんなのところでも手挙げて発言するようになったので（保育実践のリソース〈子どもの姿〉**自己の育ち**）、だからもうそこをどんどんクローズアップはしてあげようと思うのと（保育実践のリソース〈保育援助〉**自己発揮**）、あと、まあ一押し、あの、マキちゃんじゃない子にも、自分からさらっとこうしゃべれるようになったらいいのになぁと思って」「まぁ、あと、もう一押し。いろんな友達とっていうのは思ってます」（保育実践のリソース〈ねらい〉**関係形成・調整**）と語っている（研究5参照）。つまり、D保育者から見て、ミエコの新たなスクーターへの取り組みは価値あることと意味づけられ、それにかかわることを選択しなかったことが悔やまれたのである。

　このケースでは、ミエコに関するこれまでの保育実践のリソースが、「きっとまた一輪車をがんばっているだろう」という先入観につながり、現在のミエコの姿を確認しなかったということが生じていることになる。つまり、保育実践のリソースは、その子どもの育ちにとって望ましい選択を導く場合と、先入観につながり、変化の姿を見逃してしまう場合とがある。蓄積された保育実践のリソースに依存するのではなく、その場で生じる子どもの行為の質感の差異を繊細に感知し、優先性の判断をしていくことが重要であると示唆される。つまり、保育実践のリソースは、行為のリソースとして重要ではあるが、単独ではうまく機能しない。それは子どものそのとき見せる姿のとらえ等、動的な状況下で得られるリソースとの組み合わせの中で価値づけられるものであり、実践のダイナミズムの中でこそその真価を発揮する。ここで、前述した「手のことばでとらえた知識と頭でとらえた知識がうまく補い合いバランスするとき、立派な製品ができ上がってゆく」（p.147）という中岡（1979）の指摘が思い起こされる。目の前の子どもとのかかわりでとらえる実践状況リソースの身体的・状況的感知と、すでに蓄積された詳細な保育実践のリソースとが"うまくバランス"するところが、保育実践の質として重要である、ということになろう。

（3）ねらいというリソースと相互行為の展開：H保育者（3歳児クラス）のケース

背景：H保育者は、4月から担任しているマイが、これまで家庭で大人と暮らしてきたからか、子どもらしく遊べないこと、行動が非常にゆっくりしており、一つひとつに時間がかかること、こだわりが強く、理解しにくい発言や行動が多いことなどに頭を悩ませている。保育室のカーペットのところで一人寝そべって過ごすことが多く、遊びに誘ってもなかなかのってこない、友達ともかかわろうとしないなど、多くの保育の課題が感じられているが、時々「耳を傾けてくれることがある」（H保育者の語り）ので、H保育者はそのポイントを探っている。

エピソード：場面1

　午前中、クラスの子どもたちはいろいろなところに遊びに出かけて行き、ほとんど誰も

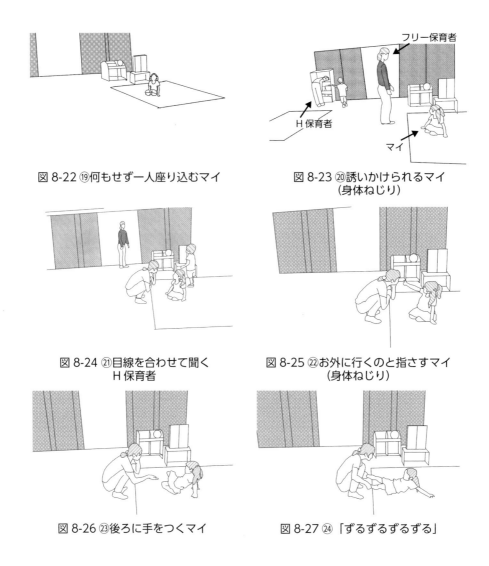

図 8-22 ⑲何もせず一人座り込むマイ　　　図 8-23 ⑳誘いかけられるマイ
　　　　　　　　　　　　　　　　　　　　　　　　　　（身体ねじり）

図 8-24 ㉑目線を合わせて聞く　　　　　　図 8-25 ㉒お外に行くのと指さすマイ
　　　　　H 保育者　　　　　　　　　　　　　　　　　（身体ねじり）

図 8-26 ㉓後ろに手をつくマイ　　　　　　図 8-27 ㉔「ずるずるずるずる」

いなくなった保育室のカーペットに、⑲何をするわけでもなく座り込んでいるマイ（図
8-22）。⑳フリーの保育者が「自転車乗りに行く？」と誘うと、キヨシに頼まれてプラレ
ールを出していた H 保育者が離れたところから「あめ屋さんやってるかな？今日。昨日
閉まってたあめ屋さん」と声をかける（図 8-23）。マイは「まだちょっと待っとく」と答え、
動こうとしない。H 保育者は「まだちょっと待っとくの」と言いながら、プラレールの箱
をもう 1 つのカーペットのところに置いて、マイに近づいていく。キヨシは何か思いつ
いたように裏のテラスの方へ走っていく。㉑H 保育者はマイの近くにしゃがんで目線を
合わせ、「待って何しとくの？」と聞く（図 8-24）。㉒外の方を指さして「お外に行くの」
と言う（図 8-25）と、H 保育者「あぁ、お外に行くの。じゃぁ、靴に履き替えよう」と
言って、㉓右手を差し出す。H 保育者の右手がマイの方に差し出されるとほぼ同時に、マ
イは両手を身体の後ろにつき、べたっとした体勢になる（図 8-26）。㉔H 保育者はマイ

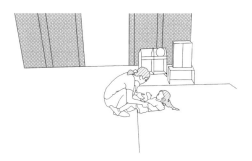

図 8-28 ㉕ H 保育者が両手をマイに差し出す

図 8-29 ㉖マイが身体を起こす

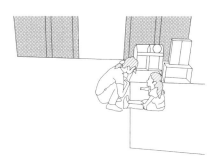

図 8-30 ㉗両手をパタパタと動かす

図 8-31 ㉘立ち上がり園庭へ向く

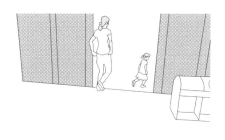

図 8-32 ㉙ H 保育者の先を歩く

の両足を「ずるずるずるずる」と言いながら自分の方に引き寄せ（図 8-27）、㉕「お外行くの。何すんの、お外で。登り棒すんの？」と聞きながら、両手をマイに差し出す（図 8-28）と、㉖マイは自分から保育者の手を握って、身体を起こし、座る（図 8-29）。㉗マイは両手をパタパタ動かしながら「自転車するの」と言う（図 8-30）

と、㉘ H 保育者「あー、ほな行こう。何の自転車乗ろうかなーっていっぱい遊びに行こう」と立ち上がりながら言うと、マイも立ち上がる（図 8-31）。歩き出すと、㉙マイは保育者より先に歩き（図 8-32）、下駄箱まで行く。今日はなぜこの靴なのかを H 保育者に説明し、ゆっくりと靴を履く。㉚キヨシが戻ってきて H 保育者を呼びに来るが、H 保育者は「マイちゃんと自転車したら帰ってくるし、ちょっと組み立てといて」と言いながら靴を履く。キヨシは「えーむりー」と言うが、H 保育者は「むりー？キヨちゃん、上手やん。電車上手やん」と言うと、キヨシは少しうろうろとして保育室へ戻っていく。H 保育者は、マイと園庭へ出る。

場面 2
　マイは、補助輪付きの自転車を選び、H 保育者に「上手上手！」「足、前に前に動かす

図 8-33 ㉛後ろから近づいて
肩に触れる

図 8-34 ㉜振り返るマイに身体を傾ける

ねんで」などと励まされながら少し乗ってから降り、H 保育者から離れて 1 人歩いて行った大型複合遊具の前でしばらく立ち尽くす。その後、大型複合遊具の滑り台をゆっくり逆から登って行き、登り棒のところまで行く。登り棒の前で再び立ち尽くすが、フリーの保育者が隣で遊んでいる子どもと滑り降りる前に「マイちゃん先行って」と言うと、やっと滑り降りる。その後何度も滑り台やアスレチックネットから繰り返し登っては登り棒から降り、登っては降りと 30 分ほど遊ぶ。そのうち、降りてから、すぐに登っていたのが登らなくなり、アスレチックネットと登り棒の間でうろうろと歩き始める。

　そこへ H 保育者が来て「マイちゃん、みんなでごちそう作って遊ばへん？ きれいな氷もってくるるし」と言うが、マイは聞こえているのかいないのかも傍目にはわからないような様子で、振り向きもせずにまた登り棒の方にテクテクと歩いて行く。㉛H 保育者は後ろから近づいて、マイの肩の辺りをトントンとして「きれいな氷もってくるし」と言う（図 8-33）と、やっと㉜マイは振り返り「おうちにさー・・（聞き取り不能）」と言う（図 8-34）と、H 保育者はうなずき、「もっと違うかたち」と言って冷凍庫の方へ。マイは少ししてから、H 保育者の後を追うように保育室の方へ小走りに行くが、辺りを見回すようにして少しうろうろとしながら保育室の方へ戻っていく。

　[場面3]

　H 保育者は、花や葉などを器や製氷皿に入れて、水と共に凍らせておいたのを冷凍庫から出してくる。保育室の中に入ろうとしているマイに、「マイちゃん見てー。じゃーん。きれいやろー？」とプラスチックの器で凍らせた葉っぱ入りの氷を見せる。㉝マイとその場にいた男児 2 人が近寄って、氷を触る（図 8-35）。H 保育者はその容れ物を横によけながら「あとはー、こっちも」と製氷皿を見せようとする。㉞マイはその合間に H 保育者に背を向けて保育室へ入ろうとする（図 8-36）が、「じゃーん。はっぱー。ほら。ねこじゃらし入ってるやろ。

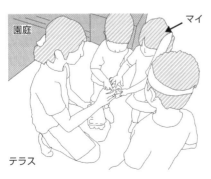

図 8-35 ㉝氷を触るマイたち

こっちも（もう１つの製氷皿を見せる）。きれいやろー？お外行って遊ぼう、これで」と言うＨ保育者の声で再び戻ってくる。マイは氷をのぞき込んで見て触り、冷たかったのか、「あははー」と嬉しそうに笑い、触った指をもう片方の指で触る。が、蚊に刺されたところがかゆいらしく、膝の裏を掻きながら、「マイちゃんなぁ、でもマイちゃんなぁ、もうお部屋入る」と言う。㉟Ｈ保育者「そうなん？お外でこれなぁ、ぽこーって出して遊ぼうかなーと思ってんけど」と、マイと目を合わせ、氷を出しているジェスチャーを見せながら伝える（図8-37）。テラスを走ってきた男児が「忍者。忍者でござる！」と言いながら、持っていた棒を立てるとマイの顔に当たる。Ｈ保育者「ちょちょちょちょちょ、タケちゃん、これ人に当たってる、これ。忍者でござるか？気をつけてください」と言うと、男児は棒を振り回しながら走り去って行く。Ｈ保育者は再び視線をマイに合わせると、「お外でぽっこーんと出してみーひん？」と言い、園庭の方を振り返り、指さして「お花拾ってマイちゃんの……」と言いかけたところで、㊱マイ「じゃぁここでしよう」と、Ｈ保育者が座っているテラス入り口のところを指さす（図8-38）。Ｈ保育者「ここですんの？」と少し大きな声で驚いたように言い、㊲もう一度園庭の方を見る（図8-39）が、㊳すぐに「わかった、いいよー」と言う。氷を手洗い場の縁のところに置く（図8-40）。Ｈ保育者「じゃぁここお机出してあげようか」と言うと、マイ「うん」と言い、少し氷に近づいて、その後Ｈ保育者の後を少しついていく。Ｈ保育者はすぐそこの保育室に入り、「シズちゃん見にきてきて、きれいな氷あるよ」と他の子どもにも声をかけながら、机を出しに行く。

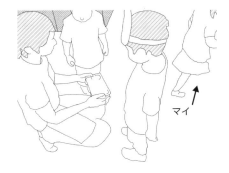

図 8-36 ㉞保育室へ行こうとするマイ

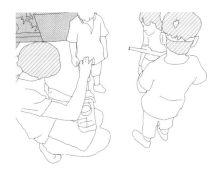

図 8-37 ㉟マイにふりを見せるＨ保育者

図 8-38 ㊱「ここでしよう」と言うマイ

図 8-39 ㊲園庭を見る保育者

**図 8-40　㊳マイの要望を受け入れて
向き直す H 保育者**

分析：このエピソードは、大きく 3 つの場面で成り立っている。保育室で過ごす場面、園庭での一人遊び、テラスでの氷遊びである。冒頭の場面 1 では、「何をするわけでもなく座り込んでいるマイ」の姿が、"幼児は放っておいても遊ぶもの"という大人の見方への挑戦となっている（下線部⑲，図 8-22）。カーペットに座り込んで動かない姿からは、疲れているか体調不良かと想像することもできるが、フリーの保育者と H 保育者はそれぞれ遊びの誘いしかしていない（下線部⑳，図 8-23）。この 2 人の言葉がけからは、普段からマイが見せる姿として大人から遊びに誘わなければ、何をするわけでもなく座り込むような姿がよくあることを示唆している。フリー保育者の自転車への誘いも、H 保育者のあめ屋さんごっこへの誘いも、昨日までのマイの様子をリソースとしている。なぜなら、このあと園庭に出たマイがまずは自転車に乗ってみていることや、「昨日閉まっていたあめ屋さん」という H 保育者の言葉がけから理解できる。しかし、その遊びへの誘いに対して、「まだちょっと待っとく」とマイは答える。「待っとく」というのは、通常「～まで」や「～を」という行為の目的を感じさせる内容と共に提示されるが、マイは「まだちょっと待っとく」という理由や時間など何も明確にならないことを言う。H 保育者は、一旦受け止める発話「まだちょっと待っとくの」のあと、近づいてしゃがんで目線を合わせ、「待って何しとくの？」と言う。ここで、離れたところにいた H 保育者は、発話としてはマイの発話を繰り返すことで、受け止めているようでもあるが、そのままにはしておかず、近づいていく。下線㉑（図 8-24）の近づいてしゃがんで目線を合わせるという行為は、相手に返答を迫るものであると同時に、「待って何しとくの？」と問いかけることで「待つ」という言葉が「何もしない」という意味にできないように誘導している。「何を待つのか」であれば待っている間は何もしないことが許されるが、「何をして待っているのか」という問いは、待っている間も何かしていることを求めている。すると、マイは「お外に行くの」と園庭の方を指さして言う（下線部㉒）。しかし、このとき、マイの腰の向きは園庭を背に斜め右前方を向いており、身体ねじりの状態である（図 8-25）。エピソード 1 でも述べたが、身体ねじりの状態は下半身の向いている方向が主要な活動の方向であると考えられ、マイの気持ちの主な部分は園庭とは逆の方向を向いていると推測される。この次に取ったマイの行為が、まさにその裏づけとなっている。H 保育者はさらにマイに手を差し出し、「じゃぁ靴に履き替えよう」と外に行くために必要な行動を提示する内容の声をかける。しかし、この H 保育者の手を差し出す行動とほぼ同時に、マイは H 保育者が差し出した手を取らないどころか、両手を身体の後ろについて動きの取りにくい体勢になるのである（下線部㉓，図 8-26）。ここまで、H 保育者

が近づいて目線を合わせたり、手を差し出したりと、マイとの距離を縮める行為を見せるが、一方のマイは身体の向きはH保育者の正面からズレたまま、さらに上半身を遠ざけるような行為を見せたことになる。すると、H保育者は「ずるずるずるー」と言い、マイの身体を自分の方に引き寄せながら（下線部㉔，図 8-27）、「お外行くの。何すんの、お外で」とさらに問いかける（下線部㉕）。引っ張られたマイの身体はいきおい後ろに倒れるようなかたちになり、ここでもう一度H保育者が手を差し出す（図 8-28）と今度はマイの方からH保育者の手をつかみにいき、身体を起こすのである（下線部㉖、図 8-29）。ここで、マイの身体はH保育者の正面を向き、距離も縮まった状態になる。マイはもう一度足を伸ばし、両手をパタパタと動かしながら「自転車するの」と、やっと活動の内容を言う（下線部㉗，図 8-30）。身体を動かすこともなく、座り込んでいたマイが、H保育者とのやりとりで、言葉だけでなく身体の動きまで引き出されていく。H保育者はすかさず「ほな行こう」と立ち上がるとマイも立ち上がり（下線部㉘，図 8-31）、すっと園庭の方を見て動き出す。そして、マイはH保育者の先を行くように歩いて行くのである（下線部㉙，図 8-32）。「好きな遊びを見つけるっていうのもそうですね。して欲しいですね」（保育実践のリソース〈ねらい〉**自己発揮**）とH保育者は語っているが、そのねらいをリソースとして、その場その場で繰り出されるマイの言葉と行為に即興的に応じ、共に動くことで、マイの動きを支えていく。

　子どもが遊ばないでゴロゴロと過ごすということは、園生活では見過ごすことができない行為であることが、この一連の流れの中で提示されている。そして、問いかけに対する答えと身体的な動きによって、H保育者はマイが動かずにはいられない方向へ導いている。このままカーペットでゴロゴロと過ごすことは選択肢に残らないように、やりとりがすすめられていることがわかる。しかし、決して無理やり何かをさせているというのではない。H保育者の声かけや動きに応じる中で、次第にマイの身体が動き出し、園庭の方へと向かっていっている。

　当初H保育者は、キヨシのプラレールを始めようとするところで援助をしていたのだが、「待って何しとくの？」と近寄っていくところから、マイの援助が中心となる。いざ園庭へ出ようとしたところで、もう一度キヨシが近寄ってくるが、そこでは、「マイちゃんと自転車したら」とマイとのかかわりを即応的に優先させる（下線部㉚）。キヨシが自分でプラレールをつなげて遊ぶことはH保育者がいなくとも可能であるとH保育者は判断し、励ましている（そして、実際キヨシは少しうろうろしただけで、自分でプラレールの方へ戻っていく）。それは、一方のマイはH保育者が今離れると遊び出せるかどうかわからないという予測がこれまでのかかわりの蓄積からなされたのではないだろうか。「他の子を中心にする日は、ちょっとマイちゃん、ずっと寝っ転がってたっていう日もあるので、それは、まあ、悪いなあと思いながら」（保育実践のリソース〈保育不全感〉**全体の中で個と十分にかかわる難しさ**）という語りからも、日々いろいろな子どもに焦点を当てながらかかわる中で、マイは保育者がしっかりかかわる必要性の高い子どもであると感知されて

きていたと考えられる。やっと動き出し始めたマイが自分でやりたい遊びを始めて軌道に
のるまで、H 保育者はマイとのかかわりを優先させる。

　場面 2 では、H 保育者が 1 人で自転車に乗るマイを励ましているが、しばらくすると
マイと H 保育者は離れていく。その後、マイは自転車をやめて登り棒へ行き、何度も上
り下りする。遠くから見ていた H 保育者は、マイが登り棒の下をうろうろし始めたころに
新しい遊びに誘いかける。なかなか自分から遊ばないマイが、やっと自分から動き出し、
ひとしきり遊んだところで、新たな遊びへという、誘うタイミングの選択がなされてい
る。H 保育者の事後の語りでは「マイちゃんのタイミングも、ま、ちょっとだけ、あのー、
空いた時間があったんで」（保育実践のリソース〈保育援助〉**かかわるタイミングの判断**）
と語られており、H 保育者は他の子どもとかかわりながらも、マイの遊びの様子を見て、
タイミングをはかっていたことがわかる。マイが繰り返し大型複合遊具を登っては降りて
遊んでいる間は声をかけずにいて、ちょっとだけ「空いた時間」を見逃さずに声をかけに
行く。その場で生じたマイの行動に応じるように、H 保育者は「空いた時間」の出現を待
っていたと考えられる。

　また、「かわいいものときれいなものはすごい好き」という、マイの遊びに対する嗜
好に関する保育実践のリソース〈子どもの姿〉**遊び**をリソースとしながら、暑い季節にい
ろいろな子どもにとっても魅力的な活動内容を選んでいる（後述の「ほかのクラスの子と
もやりたかったんで」という語りから）。

　しかし、声をかけただけではマイの行動に変容が起きなかったので、H 保育者はマイの
肩に触れて「きれいな氷」という言葉を再度言う（下線部㉛，図 8-33）。すると、マイが
振り返り反応が返される（下線部㉜，図 8-34）。ここからマイは登り棒に戻ることなく、
H 保育者のあとを追うように保育室の方へ向かう。H 保育者は、マイの行為の様子から新
たな遊びに誘うタイミングを計るだけでなく、マイが関心をもつように働きかけを微調整
する。身体に触れて気づかせるようにかかわったり、「きれいな氷」とマイの遊びの好み
に沿う言葉を選んで投げかけたりしており、保育実践のリソースをリソースとするだけで
なく、その場で生じた行為と状況に即応し、リソースを組み合わせて含み込ませた身体的・
状況的行為を繰り出していく。

　場面 3 で、H 保育者は氷を出してきて、マイに見せ、さらに「お外行って遊ぼう」と
誘いかける。マイは、氷をのぞき込んで触ったが（下線部㉝，図 8-35）、その後すぐ保育
室の方に戻ろうとする姿を見せる（下線部㉞，図 8-36）。H 保育者の声でもう一度場に戻
ってくるが、「マイちゃんなぁ、でもマイちゃんなぁ、もうお部屋入る」と言うのである。
ここで興味深いのは、やらないとは言っていないところである。H 保育者はマイの「お部
屋入る」という発話に対して「お外で」やろうと思っているともう一度伝え直す（下線部㉟，
図 8-37）。途中、ちん入者がやってきてやりとりが中断するが、H 保育者が再びマイに視
線を戻して「お外で」と話し始めるとマイは「じゃぁここでしよう」と、「お部屋」と「お
外」の中間地点としてのテラスを指さすのである（下線部㊱，図 8-38）。氷遊びの計画と

実践の間で、保育者は葛藤した思いをもったことがインタビューで語られている。

　H 保育者：そうですね、外の砂遊びとか、あのー、水くんだりする中に氷入れたりとか
　　　　　　して、ままごとの延長でしたかったんですけど。もう多分外に行きたくないって
　　　　　　いう思いが、マイちゃんは強かったみたいなんで。まあ、マイちゃんを、その、
　　　　　　人の中に入れるためには、ここでやった方がいいかなと思って。外の方が、ほか
　　　　　　のクラスの子ともやりたかったんで、たくさん入ってきて、いろんなお花とか石
　　　　　　とか「こんなん見つけたで」って言ってやるのが理想やったんですけど、ま、ち
　　　　　　ょっとそれとはかけ離れたんですけど。うん、その辺が難しいですね、いつも。
　　　　　　この人に合わせるべきか集団に合わせるべきかと思いながら、はい。（保育実践の
　　　　　　リソース〈保育不全感〉**全体の中で個と十分にかかわる難しさ**）

　H 保育者は、このように、外遊びのままごとの延長として氷遊びを展開することによっ
て、ほかのクラスの子どもとも一緒に遊べるように構想していたが、マイがすぐ保育室に
戻ろうとしたり、もう外には行かないという主張を繰り返したりしたことにより、構想通
りに推し進めるのではなく、マイが参加しようと思えるようにした方がよいと、そのとき
のマイとのやりとりの中で感知し、即応的に判断する。「ここですんの？」と驚いた声を
挙げ、園庭の方に一度目をやる（下線部㊲，図 8-39）が、すぐに「わかった、いいよー」
とマイの提案を受け入れるのである（下線部㊳，図 8-40）。
　H 保育者とマイとのやりとりは、遊ぶ－遊ばないの間の綱引きのような関係にある。そ
れは、マイのそのときの表現に細かく即応する中で実践されていく。「まだちょっと待っ
とく」に対して「待って何しとくの？」と応じ、「お外に行くの」に対して「何すんの、
お外で」と応じ、「もうお部屋入る」に対して「お外でぽっこーんと出してみーひん？」
と応じる一連のやりとりは、保育者の語りにある「好きな遊びを見つける」（保育実践の
リソース〈ねらい〉**自己発揮**）というねらいや、マイを「人の中に入れるために」（保育
実践のリソース〈ねらい〉**関係形成・調整**）というねらいをリソースとして繰り出されて
いると考えられる。しかし、それはあらかじめ決められていた内容や方法で実践されてい
るのではない。複数の子どもとその時々にかかわる中で、今はマイとのかかわりを優先さ
せるという判断や、H 保育者の遊びの展開への意図とマイのそのときの思いが一瞬せめぎ
合うが、マイの思いを優先させて遊びの場を設定していくといった、優先性の即応的判断
がなされて実践されている。H 保育者は、マイの提案を受けて、「じゃぁここにお机出し
てあげようか」と言う。机をテラスに出すことで、ほかの子どもが寄ってきやすいような
環境の再構成を即興的に行い、結果的にはほかの子どもたちも寄ってくる遊びとなった。
つまり、マイの氷遊びへのかかわりを実現することを優先的に選択したのだが、保育者が
活動でねらっていた内容も実現できるように、想定していた具体的援助と環境構成をその
場で修正し、ねらいと実態の間の調整が行われていたといえる。

（4）相互に埋め込まれた個と活動の多重リソースと時機選択：J 保育者（4 歳児クラス）のケース

背景：J 保育者はマリコを抽出した理由について、以下の点を挙げた。物事もわかっているし、しっかりしているが、素直でないところがあること、また、人のできていないところは指摘するが、自分のことは進んでいないというような面が見られること、そして、言葉のきついところである。

　この日、クラスで集まるお帰りの時間に、クイズ遊びを行った。保育者は、3 列椅子を並べた一番前列の、ピアノに一番近い方から 2 番目にマリコの椅子を置いた。

エピソード：　場面 1

J 保育者

マリコ

図 8-41 ㊴「ご用意まだの人」と言われ
J 保育者を見るマリコ

　帰りの集まりの時間、ほとんどの子どもが椅子に座り終えているが、㊴マリコはまだ床にぺたっと座っている。J 保育者がピアノを弾き始め「はい、ご用意まだの人ちょっと急いでくださーい。しょじょ寺のたぬきばやし歌ってまーす」と言う（図 8-41）とマリコは立ち上がり、椅子に一旦座る。が、すぐに荷物を置いて立ち上がり、裏のテラスの方へ出て行く。荷物かけのところでジッと立っていると、フリーの保育者が来る。マリコ「パーカーない」フリーの保育者「ん？」マリコ「パーカーない」。しばらく思い出したりして話をしているが、フリーの保育者「聞いといたげるし、先座っとき。探しといたげる」と保育室にマリコを送り出す。マリコは椅子に座るやいなや、左手を挙げて、その場の話に参加していく。

　場面 2

　その後、連休の間の経験を話す活動が行われ、1 番バスの子どもたち数名が帰る挨拶をし、保育室を出る。マリコは保育室に残るメンバーである。そこから、さらに J 保育者は変身クイズ遊びを始める。最初にクイズを出すメンバーが J 保育者によって選ばれる。手を挙げていたマリコも当てられ、選ばれた 4 人のメンバーで裏のテラスに出て相談をする。クラスに残った子どもたちが 20 秒数えている間に、名札を外したり、服の一部を脱いだりして「変身」するのだが、J 保育者もテラスに出てクイズを出す内容の相談を手助けする。保育室に残った子どもたちが数を数えている間に、マリコはスパッツの上にはいていたスカートを脱ぎ、名札を外す。㊵マリコは数を数え終わるタイミングで一番に保育室に戻ろうとする（図 8-42）が、㊶もう一度出入り口のところに戻り、保育者がまだ変身し終わっていない子どもの援助をしながら「もういいよー」と言っているのを見て（図 8-43）、保育室に戻る。㊷真っ先に保育室に戻ったマリコから順番にクイズを出してい

く（図 8-44）。正解者が出て、マリコは先に裏のテラスに帰り、スカートをはいて保育室に戻るが、㊸ピアノのところに行き、楽譜を見ている（図 8-45）。J 保育者は「マリちゃん座ろうか」と声をかけるが、マリコは J 保育者を見て再び裏テラスへ戻っていく。しかし、㊹J 保育者はマリコを追わず、クラスに残ってクイズを進める（図 8-46）。クイズを出し終えたユミがテラスに出てくると、㊺マリコとユミは名札につけているシールを交換し出し（図 8-47）、保育室に戻る様子がない。残りの 2 人もクイズを終えて、マリコが最後に裏テラスに出てから 3 分 43 秒後、J 保育者がテラスに出てくる。㊻J 保育者「はい戻りましょう、いつまでもそんなとこにいてたらだめよ、戻ってきて言うたら戻ってこなあかん。わかった？」とマリコの肩や頭を触りながら話す（図 8-48）と、マリコは立ち上がり、名札をつけながら無言で歩き、保育室へ戻る。

図 8-42 ㊵一番に保育室に戻ろうとするマリコ

図 8-43 ㊶保育者の方を振り返るマリコ

図 8-44 ㊷クイズを出すマリコ

分析：このエピソードは、大きく分けて 2 つの場面に分けられる。1 つ目の場面は、子どもたちが帰る支度を終えて椅子に座る場面で、2 つ目の場面は、集団活動場面である。どちらも J 保育者が主たる活動に携わっている。

　まず、場面 1 では、J 保育者は個別にマリコにかかわっていない。歌を歌うという集団活動への援助を優先的に選択している。しかし、椅子の場所や全体活動の運営によって、間接的に援助を行っているととらえることができる。

　まずは、椅子の場所である。帰り支度ができた子どもから椅子に座っていくが、その椅子の場所は J 保育者が毎日決めている。この日は、J 保育者はマリコの集中がもつように考え、一番前の列に椅子を並べたという（巻末表 3 参照）。

　　J 保育者：今日はね、あのー、1 列目にしたんで、まだ集中がもったんですけど、あれが帰りの会とかで 3 列目とか、こう、後ろの方の席になると、ま、大人でもね、

図 8-45 ㊸クイズを出し終えピアノの前で
留まるマリコ

図 8-46 ㊹クイズの場に留まる J 保育者

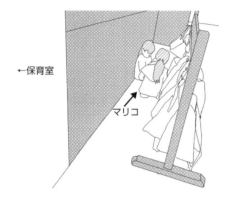

図 8-47 ㊺裏テラスでシールを交換する
マリコとユミ

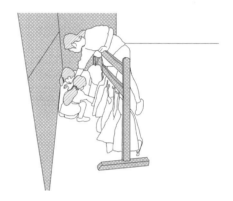

図 8-48 ㊻肩に触れて話す J 保育者

ちょっと後ろの方になると気が抜けてしまうのあるんですけど、あの子は特になんで。こう、できるだけああいう席とかも、あんまり気がそれないような場所にしたりとか。ま、ずっと 1 列目ばっかりっていうのもね、ほかの子もいるんでできないんで、こう、もう、ちょっとしっかりした子にはさむとか、そんなふうなことは考えながらしてます（保育実践のリソース〈保育援助〉**集中・理解促進の支援**）。

　この椅子を並べる行為は、全員の子どもに集まりの時間の居場所の確保と保育者−子ども間や子ども同士の位置関係の確定につながるものである。いつ活動に参加しに来ても椅子が置いてあることで居場所が確保されていることになり、逆にその場にいなくなっても帰ってくる居場所が確保されていることでもある。さらに保育者−子ども間や子ども同士の位置関係は、活動の展開へ影響する場合が多く、J 保育者は集中のそれやすい子どもは前の方へするなど、集中しやすさという観点で場を意図的に構成している。そこには、「ちょっとしっかりした子にはさむとか」とあるように、一人ひとりの子どもの個性やこれま

での子どもの関係性、活動への集中度にかかわる保育実践のリソース〈子どもの姿〉がリソースとなっていると考えられる。マリコは後ろの方の席になると気が抜けてしまうところがあるとこれまでの姿が蓄積されていたことや、ここ最近の椅子の配置などがリソースとなって、この日のマリコの椅子が位置づけられたものと推測される。

　実態としてのマリコは、ほとんどの子どもが椅子に座り終えた時点で、まだ床に座っていた（下線部㊴、図 8-41）。その状態で J 保育者はピアノを弾き始め、用意ができた子どもから歌を歌うことをクラス全体に伝えている。まだ準備が終えられていない子どもへの個別の援助より、全体への援助が優先されている。クラス全体に対する活動の楽しさを提示することで、集団活動への誘導性をもたせているといえよう。それは、保育者同士の連携の中で成り立っていることは、マリコが裏のテラスの方へ出ていったときにフリーの保育者がかかわっている様子から理解できる。つまり、J 保育者はクラス全体へピアノを弾き出す行為によって、集団活動へ誘導性をもたせると同時に、他の保育者に対して個別援助の委託を行っている。

　ここで J 保育者の発話に「ご用意まだの人」という言葉が出てくる。これは、結城（1998）の「目に見えない集合名」に該当する。「目に見えない集合名」とは、結城が、クラス名などメンバーを可視化するシンボルは存在しない、メンバーが特定されていない、空間的に集団の境界は存在しない、教師が意図的に構成する集団単位を前提としていないという特徴をもつ集団呼称としたものである。その「目に見えない集合名」は逸脱修正場面において頻繁に使用されるという。「『目に見えない集合名』は、個人の行為を、同じ行為をとる不特定多数の『集合体』として扱うことで、個人差だけでなく、集団単位間の達成レベルの差異をも潜在化させる。しかも、子どもを一人ひとり注意する必要もなく、複数の子どもを同時に自発的な行動修正へと誘導することを可能にする、教室秩序を維持するうえで効率的な手段となる」（pp.163-164）とされる。このエピソードでは、「ご用意まだの人」という集合名が用いられており、逸脱とまでいかないが、「ちょっと急いでくださーい」と行動のペースを修正する要請がなされている。すでに座っている子ども以外は「ご用意まだの人」の対象となり、マリコも保育者の言葉を受けて立ち上がり、一旦は椅子に座っている。結城の言う「目に見えない」という内容は、シンボルが存在しない等の前述の条件のことを指しているが、実践においては目に見えることが往々にしてある。たとえば、この場面における「ご用意まだの人」というのは、一人ひとりの程度の差はあれ、図 8-41 のように目に見える行為としてあり、だからこそ行動修正の誘導として機能する。J 保育者はマリコに直接個人的な指示命令を与えずに、「目に見えない集合名」を用いることで、行動修正へと誘導しているととらえられる。しかし、マリコは荷物を置いて立ち上がり、上着を取りに行くとしばらく帰ってこない。そこでは、フリーの保育者が対応をし、担任保育者はクラス全体の活動を運営し続ける。保育者間の連携の中で、担任保育者の全体への指導が優先されている。J 保育者はピアノの椅子から立ち上がりもしなければ、個別に声をかけることもなく、目に見えない集合名の使用によってマリコに行動修正を要

請し、マリコがテラスに出てからは、フリー保育者への個別援助役割の委託により、マリコの行動修正を期待している。その間接的な援助を受けて、マリコは保育室へ帰ってきて椅子に座るやいなや、集団活動へ参加していく。

　場面 2 では、クイズ遊びが始まり、すぐに手を上げたマリコは最初にクイズを出すメンバーに選ばれる。保育室の様子を窺い、真っ先に保育室に帰ろうとする姿（下線部㊵，図 8-42）や、その場のマネジメントをしている J 保育者の「もういいよ」の合図を確認しようとする姿（下線部㊶，図 8-43）から、クイズを出すことに意欲的であり、クラスの活動としてのルールを守ろうとしていると解釈できる。つまり、ここでは、マリコは集団活動の十全な参加者となっており、クイズを出すメンバーとして求められる立ち居振る舞いが見られる（下線部㊵，㊶，㊷，図 8-42，8-43，8-44）。この場合、廊下に出るという行為も、ゲームの仕組み上で出ているのであるから、当然集団活動に対する参加は持続している。しかし、クイズを出した後は、正解者が出た子どもから廊下にもう一度出て衣服等を元に戻したら、すぐにクラスに戻ってくることが期待されている。それにもかかわらず、マリコは廊下から戻るとピアノのところで立ち止まり、椅子によりかかって楽譜を見始める（下線部㊸，図 8-45）。そこで J 保育者に椅子に座ることを促されるが、マリコは J 保育者を見て、さらにもう一度裏テラスに出て行くのである。ここで、個別の行動修正の声かけがこのエピソードで初めてなされたわけだが、マリコはそれに対して応じずに裏テラスへと出る。集団活動のルールに則った J 保育者の促しに従わず、裏テラスに出るという明確な逸脱行動が示されたことになるが、J 保育者はクイズの運営をしており、クラスに残ることを選択する（下線部㊹，図 8-46）。このとき、ユミの変身クイズにクラスの子どもたちが答えている途中であり、J 保育者は集団活動としてのクイズ場面を運営し続けることを瞬時に優先的に選択したといえる。また、この時間帯は、フリーの保育者が 1 巡目の園バスに乗って帰宅する子どもの送迎補助業務に当たっており、保育に入っているのは担任保育者と特別支援の必要な子どもを担当している保育者のみとなっているので、場面 1 で見られたようなフリー保育者への個別援助の委託や役割の交代ができない時間帯となっている。ここでたとえば J 保育者がマリコを追って裏テラスへ出て、さらに注意を与えていたら、クイズの運営自体が止まり、クラスの他の子ども全体を待たせるだけでなく、その他の子どもたちに集団活動から逸脱したマリコと注意を与える J 保育者を印象づけることにもなると考えられる。一方で、J 保育者が選択した保育行為は、明らかに逸脱しているマリコを見逃すことで、集団活動のルールを曖昧にする影響や、逸脱したままのマリコが子どもたちの印象に残る可能性も否定できない。しかし、そういった影響より、クイズの運営をし続ける方が J 保育者には優先され、結果的に、マリコの逸脱は、マリコ自身が主体的に戻ってくることが期待された状態に置かれたともいえる。

　そして、クイズを出し終えたユミが裏テラスへ出てくると、マリコはしばらく廊下でユミと共に活動とはまったく関係のない話をしている（下線部㊺，図 8-47）。この間、マリコとユミの 2 人が、クラスの全体の活動からは逸脱した状態になる。保育者はクイズを出

すメンバー全員が正解されてから、衣服を戻しに裏テラスに出た子どもと一緒に廊下に出てきて、2人に直接的に注意を与える。そこでは事情を聞いたりするようなことは一切なく、直接的な注意が与えられ、マリコもユミも一切発言せず、また、マリコは名札が外れていた状態のまま、保育室に戻る。この有無を言わさない指導によって、クイズを最後に出し終えた子どもが衣服を整える間に、マリコとユミへの注意も行動修正も終えて、全員で保育室に戻ったのである。

　このエピソードでは、全体の活動を援助する役割を担任保育者が担っており、帰る支度のために廊下に出て、全体活動からは逸脱状態になったマリコには、フリーの保育者がかかわっている。それは、担任保育者はクラスの活動を進めている中で、マリコがクラスの活動に十全に参加しておらず、参加できる状態になるまでフリーの保育者がかかわっていると解釈できる。しかし、だからといってJ保育者はマリコの指導を優先していないのではない。全体のクラスの活動を運営しながら個別の援助を同時進行させる方法が採られている。それは、たとえば椅子の配置や集団活動への誘導性をもたせる間接的援助の組み合わせによって、全体の活動運営と個別の援助の両方が実践されている。そして、そこにはこれまで蓄積された保育実践のリソースがさまざまに織り込まれている。

　一方で、クイズの場面は、マリコは一旦十全な活動への参加者となっている。そこから逸脱へと移行し、裏のテラスで留まっている状態であった。J保育者が活動を進めていく中で、クラスの子どもたちの前に出て十全な参加者であったマリコとユミが保育室に戻ってこないことは、次のクイズのターンの運営にも響いてくる問題状況である。J保育者は、クイズを出すメンバー全員が正解されるタイミングを待って、2人に注意を与えている。これは、この場面で全体への指導より個別の指導が優先されたといえるだろうか。他のクラスの子どもたちは保育室内で待っている状態にあり、その一時点を取り出して見た際には、個別の指導が優先されて実践されたようにも見えるかもしれない。しかし、マリコとユミの逸脱状況は全体の活動の中で生じており、その2人が保育室に戻らない限り、次のターンに移れないという影響関係にある。また、ほかにクイズを出したメンバーが2人いるわけだが、その子どもたちが衣服を直して、保育室に戻る時間も必要である。そういったクラスの活動全体の流れと個の援助の必要性とが組み合わせられるタイミングを選んで、J保育者は裏テラスに出てきたととらえた方が妥当であろう。J保育者はこのタイミングについて、「もっと早く行きたかったんですけど。私もここ前に立って、ほかの残っていた子がいたんで」（保育実践のリソース〈保育援助〉**かかわるタイミングの判断**）と語っている。マリコの援助を考えるともっと早いタイミングでかかわりたかったが、「前に立って」集団活動の運営をしており、「ほかの残ってた子がいた」状況では、全体を優先させたという判断がなされている。また、こういったマリコの姿は予測されており、ねらいをもってかかわろうとしていたことも語られている。

　J保育者：気をつけたことは、今日というか、もう、普段の生活の分で思っていたのは、

　　　それこそ、こう、廊下に出はるのも、私も、今日、あのー、ゲームのときに、こう、
　　　迷ってしまったんですけど、もっと早くに呼び込むべきか、ね、それもすごい迷
　　　ったんですけど、そういうところは予測して、ちゃんとこの集団の中に入り込め
　　　るようにとかは考えています。（保育実践のリソース〈ねらい〉**関係形成・調整**）

　マリコの課題として、気が散りやすい、友達との関係が難しいと感じている J 保育者は、
集団活動の中でマリコが位置づいていくようなねらいをもってかかわろうとしていること
がわかる。
　また、具体的な援助の方法としては、J 保育者はマリコを名指しで注意はしていない。
身体に触れて問いかけ、マリコだけでなくユミも注意の対象となっていると考えられる。
マリコは返事もせずに立ち上がり、ほかのメンバーと共に保育室での活動の参加者へと戻
っていく。保育室の中にいる子どもたちには、マリコやユミが注意されたことは知られて
いない。逸脱行動としての評価をほかの子どもの目にさらすことなく修正させ、十全な参
加者へ戻ることができるような援助が優先されていると考えられる。J 保育者は、普段の
かかわりから蓄積されたマリコの姿やこのときのかかわりの質感、フリー保育者の配置や
時間帯的要素、活動の流れや形態、ほかの子どもたちの様子など、さまざまなリソースを
用いて優先性の判断を行っていると考えられる。それらのリソースは一つひとつが独立し
たものではなく、相互に影響を与え合う関係にある。この園の、そしてこのクラスのロー
カルで多様なリソースが影響し合い、相互行為の中で優先性の即応的判断が繰り出されて
いる。

（5）時機選択後の見守る援助と実践状況リソースの身体的・状況的感知：N 保育者
（3 歳児クラス）のケース

背景：N 保育者がヒサノリを選んだ理由は次のような内容であった。ヒサノリは、人の
ことは好きだがうまくかかわれない。友達と一緒に遊び始められるようにもなってきた
が、自分の意に沿わないと「帰る」「1 人でいい」「お家にも帰らない」と寂しい言葉を発
するのが、N 保育者としては特に気になっている。また、なかなか気持ちの切り替えが

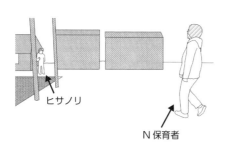

できなかったり、遊び始めるまでに時間がか
かったりし、自分の世界で過ごしているよう
なところがある。周囲のことに敏感な面もあ
り、家庭の事情で朝の登園時間が遅くなると
保育室に入れない。また、思い通りにならな
いとカッと発散的になってしまうことがある。
以上のようなことが気になっているとのこと
だった。
　この日、ヒサノリは、ほかの子どもたちが

図 8-49 ㊼距離を置いて正対する
ヒサノリと N 保育者

すっかり遊び出したころに登園してきて、母が保育室へ１人で入り、荷物の整理をする。N保育者は保育室におり、母の姿でヒサノリの登園を知る。

エピソード：この園の登園時間は９時までであるが、９時 35 分過ぎにヒサノリは母と妹と共に登園してくる。寒い季節でもあり、他の子どもたちはみんなでマラソンをして身体を動かした後、保育室で遊び出したころである。ヒサノリは一度も保育室に入らないまま、ほとんど誰もいない園庭を駆け回ったり、ブランコに乗ったり、ふらふらと遊び回っている。

９時 45 分頃になって、㊼N保育者は保育室から１人歩いて出てきて、園庭の端の方にいるヒサノリの方へ向かう。N保育者「ヒサノリくーん、おはよう」と言う（図 8-49）と、㊽ヒサノリはままごとの小屋の中に隠れるようにサッと入っていく（図 8-50）。N保育者「あれ？」と言って小走りになり、㊾小屋の窓からのぞき込んで楽しそうに「見つけたー！」と言い、「おはよ」と明るい調子で声をかける（図 8-51）。ヒサノリ「バーッチー」と声を上げた後、「あの汽車に乗ってぬらりひょんの世界を守る」と言うと、N保育者「そうなん？守ってくれんのん？」と言う。ヒサノリは小屋から出てきて、「かにをかいで（聞きとり不明瞭）」と言いながら㊿砂場の横を歩き出す（図 8-52）。(51)「砂場のもん出すわー」とN保育者はヒサノリを見ながら砂場道具の倉庫を開ける（図 8-53）。(52)ヒサノリは倉庫の方を振り返って少し近寄る（図 8-54）が、再び振り返り、行ってしまう。他の子どもたちも園庭にちらほら出てきている。ヒサノリは汽車（固定遊具）の方へと小走りに行き、中に入る。少しして砂場の方に戻り、(53)N保育者の近くに行くが、柱のところでくるりと回り、そこにいる男児２名に話しかける。N保育者はチラッとヒサノリを見ながら、まだ倉庫から遊具を出している（図 8-55）。ヒサノリは、再び小走りに移動し、３歳の副担任と子どもたちがカード遊びをしているテラスに近寄っていく。副担任はにこやかにヒサノリのことを見るが、何を言うわけでもなくまた去って行くヒサノリに、副担任「どうしたの？」と笑顔で声をかける。ヒサノリはそのまま小走りに自分のクラスの前まで来て、靴を脱ぐ。テラスに上がって上靴に履き替えながら、保育室の中にいるカエデに声をかけ、「カエデちゃん、ぬらりひょんが……」と話しかけているが、カエデは何のことかわかっていない様子である。ヒサノリは保育室の中に入り、コマ回しをしている子どもたちの中

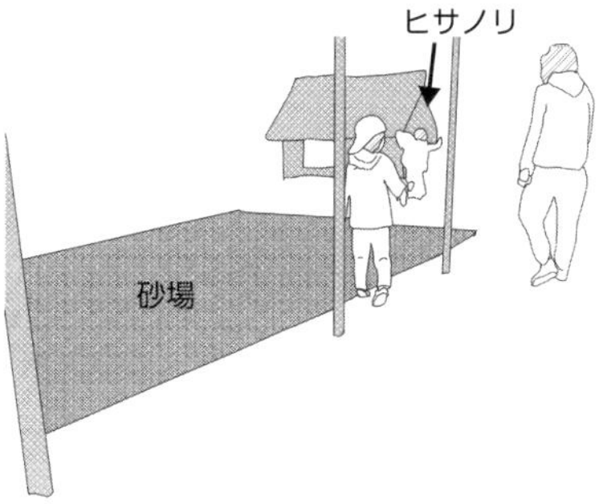

図 8-50 ㊽N保育者に背を向けて走り出すヒサノリ

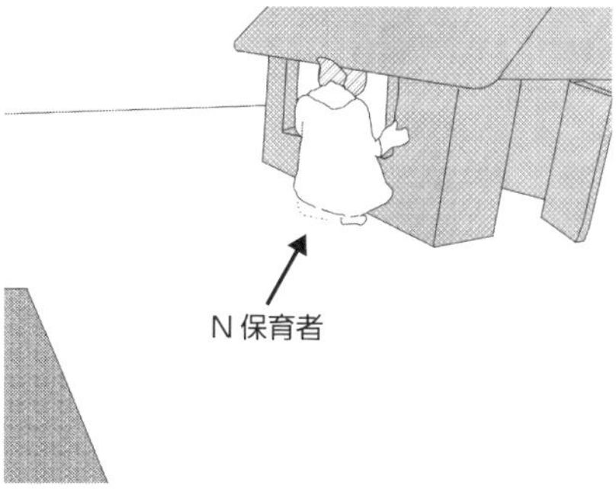

図 8-51 ㊾窓から「おはよ」と言うN保育者

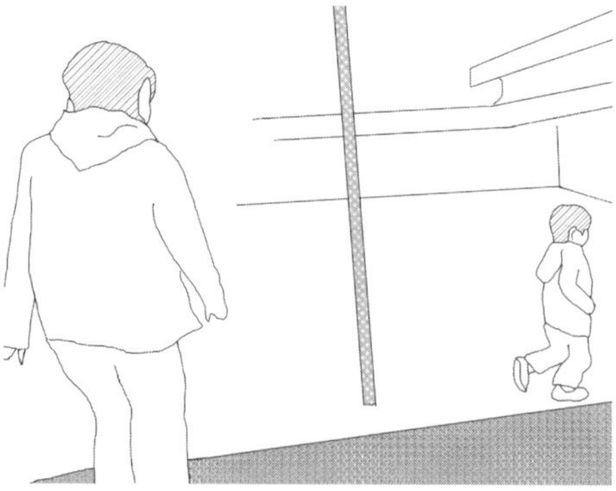

図 8-52 (50)砂場の横を歩き出すヒサノリ

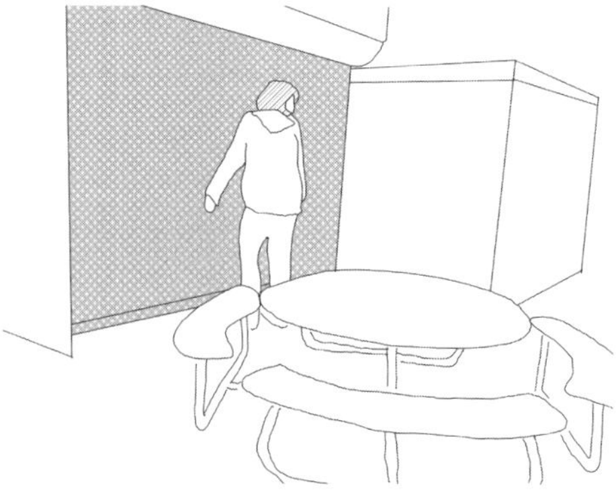

図 8-53 (51)ヒサノリから離れて倉庫を開ける N 保育者

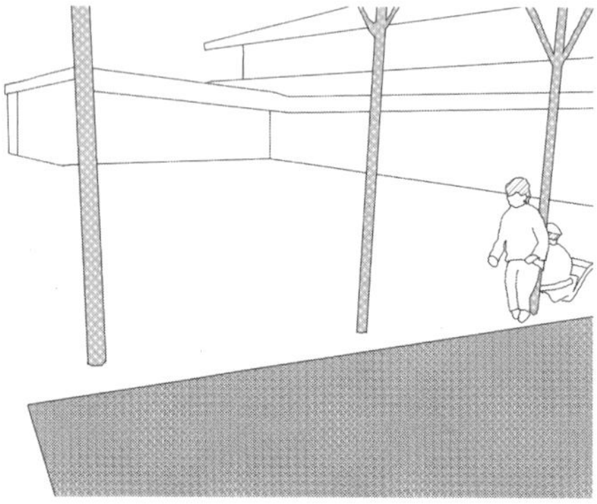

図 8-54 (52)倉庫の方を振り返り少し戻るヒサノリ

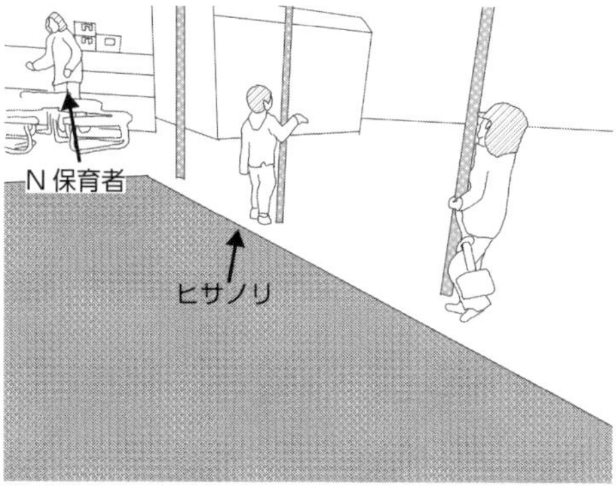

図 8-55 (53)柱でくるりと回るヒサノリ

に入っていき、手回しゴマを回して遊び出す。その間に保育室に戻っていた N 保育者はその奥でナホコとカードゲームをしている。

分析：N 保育者は、登園 10 分後くらいに園庭のヒサノリに「おはよう」と言いに行く（下線㊼，図 8-49）。逆に言うと、それまではヒサノリに挨拶を交わしに行くことはしない。ヒサノリは登園したときにカバンを持っておらず、母親がカバンなど保育室のロッカーに入れに行っている。N 保育者はそのとき保育室におり、ヒサノリの登園は知っている。保育室は 1 階にあり、園庭から保育室に入る構造なので、園庭でふらふらとしているヒサノリの姿は保育室から見えている。ヒサノリの登園時間に遅れた日の朝の様子について、次のように N 保育者は語っている。

N 保育者：朝やっぱり、早くみんなの登園時間と一緒の時間に来れると部屋に入って準備ができるんですけど、遅れたりとかすると部屋に入りづらかったり、もうみんなが遊び始めてるということがわかったら、ふらっと放浪してお母さんが準備を

　　していてくれはるみたいな様子ですね。（保育実践のリソース〈子どもの姿〉**安心・安定面での課題感**）

　ここから、朝登園後に保育室に入らないというのはこの日に限った様子ではなく、登園時間が遅くなった日の典型的な姿としてN保育者がとらえていることがわかる。N保育者は、少しヒサノリが好きに過ごしてから園庭に出ていき、「おはよう」と声をかけに行く。この場面について、ビデオを見ながら質問すると以下のように語っている。

　　N保育者：お部屋が落ち着いたので、そろそろ。せっかく幼稚園に来たんやしと思って声をかけに行ってあげようという。来た感ないよねと思いながら。お部屋に入っておいでという気はあまりなくて、今日も幼稚園がんばって来たなというような感じで。（保育実践のリソース〈保育援助〉**受容・信頼関係**）

　このように、N保育者はまずはマラソン後の子どもたちが保育室でそれぞれに遊び出してから、園庭に出てきている。それは、保育室にいる子どもたちを優先させたというよりも、どちらの状態も見ながら、タイミングを計っていたといった方がいいだろう。N保育者は、保育室に誘おうとは思っておらず、せっかく幼稚園に来たのだから、「よく来たね」という気持ちで声をかけに行ったという。「遊びに引っ張っていってあげたらできるタイプでもないので、自分で何か見つけたことをじっくりとやる人なので、それまでちょっと待っとこうと」（保育実践のリソース〈子どもの姿〉**性格的特徴・嗜好**）とも語っており、ヒサノリとのこれまでのかかわりの蓄積のみならず、遊びに引っ張っていく方法が合うタイプなど他の子どもとのかかわりも含めた経験の蓄積から、ヒサノリの特徴を「自分で見つけたこと」を「じっくりとやる」ととらえている。このように、N保育者は、4月に担任になってから、ヒサノリに対するかかわりの勘所をこれまでの経験も織り込みながら探ってきたことがわかる。

　実際のかかわりでは、N保育者が自分の方に近寄ってきたのをヒサノリは見て、砂場近くの小屋の中にサッと入る。名前を呼ばれて「おはよう」と言われたら、通常は「おはよう」と相手に向かって返すことが期待されるところであるが、ヒサノリはN保育者のいる位置に対して逆向きに走り、おはようとも返さない（下線部㊽，図8-50）。それをN保育者はヒサノリが仕掛けた遊びととらえたようにふるまい始め、「あれ？」と小走りになり「みつけたー！」と楽しそうに言うのである（下線部㊾，図8-51）。そして、もう一度顔を見て「おはよ」と挨拶をするが、ヒサノリは挨拶を返さずにぬらりひょんの話を始める。N保育者は話を合わせるように応答するが、ヒサノリが動き出したところ（下線部㊿，図8-52）ではついていかない。図8-53で見られるように、N保育者は砂場道具の入っている倉庫を開け出す。ヒサノリはその様子を振り返って見る（下線部㊾，図8-54）が、すぐにまた歩き出すのである。N保育者は「今日も幼稚園がんばって来たなというような感

じで」（保育実践のリソース〈保育援助〉**受容・信頼関係**）短くやりとりし、スッと離れた。
この場面については、

> N 保育者：ここからは、落ち着かへんのやろうなというのと、たぶん、（保育者に）来
> てというのはすごい思ってるんやろうけど、たぶん、自分自身も何をして遊ぶか、
> まだ見つかってないのかなというふうには思ったので、ちょっと様子を伺いなが
> ら、つかず離れずでちょっと見ていこうかなって。
> 　あんまりずっと近くにいたらいたで、私との遊びになって大人対応みたいな感じ
> になって、遊び込めへんかなというふうには思ったので、ふらふらしてる間に何
> か見つけるかなと思いながら。助けて欲しいときはたぶん来るだろうと思いなが
> らですね。（保育実践のリソース〈保育援助〉**自己発揮**）

　これらの語りから、この短いやりとりの中で、ヒサノリが自分のペースで遊びを見つけ
ていけるよう、保育者は声をかけるけれども誘わずに、また誘われずに、少し距離をもっ
て見守るということを意図的に選択していたことがわかる。
　N 保育者が「おはよ」と言ったあと、ヒサノリは何か話しながら「ぬらりひょん」と共
に語られた「汽車」の固定遊具のところに行く。N 保育者はそこでついていかずに砂場の
物を出すことを伝える。すると、ヒサノリは振り返り、保育者の方に少し近寄って、もう
一度翻って汽車の方へ向かう。少しして、また砂場の方へ近づくが、N 保育者はまだそこ
で砂場道具を出している。これらヒサノリの一連の行為は、N 保育者に自分の遊びの世界
へと誘っているかのように見える。何か話しながら移動し、N 保育者が離れると振り向い
て少し距離を縮め、もう一度汽車の方へ向かう行動や、汽車のところに N 保育者が来な
いことがわかると再び砂場の方へ向かう行動など、自分がしたい遊びに没頭しているとい
うより、遊びきれず、誘いきれず、あいまいなまま過ごしているという揺れ動いた様子で
ある。一方の N 保育者は「砂場のもん出すわー」と言うことで、ついていかないことを明
示している。ヒサノリの方へ寄っていった時点で、ヒサノリと過ごすことから別の行為へ
移ることには何らかの理由が必要になる。N 保育者はヒサノリについて行かないことを「砂
場のもん出すわー」の一言で明確にしているといえよう。それを受けたヒサノリの行為に
行きつ戻りつするような揺らぎが表れる。たとえ、砂場道具をこのとき出す必要性があっ
たとしても、砂場道具を出したら後で行くことを伝えるとか、待って欲しいと伝えるとか、
他にも選択肢はある。しかし、N 保育者は"私はこれをする"という別の行為へ移る宣言
をして、ヒサノリから離れる。つまり、N 保育者はここで、ヒサノリにつかないことを選
択したと考えられる。
　この瞬間のヒサノリにつかないという選択は、ほかに優先すべき明らかな状況があった
というのでもない。ほかの子どもたちが園庭に出てくる時間帯ではあり、砂場道具は確か
にまだ出されていなかった。しかし、緊急で対応しなければならないようなことは見当た

らないし、倉庫を開けるとすぐに寄ってきて道具を取ろうとする子どももまだいなかった。このヒサノリにつかないという選択は、ヒサノリがN保育者を誘うように動き出したタイミングでこそなされたのではないだろうか。ぬらりひょんの遊びのイメージで動き出したヒサノリにN保育者がついて行くと、2人は一緒にぬらりひょんの遊びをする仲間になっていくのが自然な流れである。2人で遊び始めた後で、N保育者が離れると、友達と共有しにくいイメージの遊びは、遊びとして消滅してしまう可能性も出てくる。N保育者は2人での遊びが始まりそうな瞬間に、ヒサノリが1人で遊びを見つけることを優先し、ヒサノリにつかないという判断を行ったと考えられる。

　結局ヒサノリは、自分の方からN保育者に話しかけることはなく、園庭を小走りにうろうろとする。園庭ではブランコに乗ったり、固定遊具の中に入ったりはするが、手に何かを持ち遊び出すことはなかった。その後、保育室の中では、コマを回している輪の中に入り、自分もコマを回し出す。N保育者はこのときすでに保育室の中におり、ほかの子どもとカードゲームをしている。ヒサノリはN保育者のことを気にする様子もなく、手回しゴマを手にして、テーブルの上で回し出す。保育者がついて一緒に遊んでしまうと遊び込めないという語りや、「ふらふらしてる間に何かが見つかる」と推測し、つかず離れずで見ていくことで対応したことが、実際のヒサノリの動きとしても、実現されている。N保育者は「やっといろんな友達が見えてきて、ちょっとかかわり始めようかなとしているので、その辺をつなげたい」（保育実践のリソース〈ねらい〉**関係形成・調整**）と語り、「（保育者が）あんまり行き過ぎると、結局こっちに目が向いてしまうので、つかず離れずしながら、友達とどんなふうに遊んでるやろうなと思いながら、探りながら。ちょっとずつ輪が広がっていったら嬉しいなというふうに思いながらかかわっていますね」（保育実践のリソース〈保育援助〉**関係形成・調整**）と語る。この「つかず離れず」を保つには、ついて行きそうな瞬間のあえてついて行かない行為の選択がある。その瞬間の判断は、その場その時の子どもの行為と状況と密接な関係をもってなされているが、それだけではない。最近の育ちの姿やそこから導き出されるねらいを頭に入れ、ヒサノリの今日の落ち着かない様子をかかわりの中でつかみ、遊びを自分で見つけるためにヒサノリにとってふさわしい援助を構想し、時々ヒサノリの行為と周囲の状況を確認し、助けて欲しいと来ることにも構えつつ、見守るという援助が選択されている。これは、継続的な時間的経過の中で展開し続ける、常に複数のリソースが含まれた実践なのである。N保育者が「ながら」という言葉を重ねているところに象徴されているように、進行する状況と絡み合った身体的・状況的感知により新たなリソースは生成され続ける。リソースは常に変容する状況において、実践する行為の中に複合的に埋め込まれており、優先性の即応的判断に収斂される。

（6）同時進行性と時機選択による継続的援助の展開：P保育者（5歳児クラス）
　P保育者は、優先性の即応的判断に関する語りを3つの遊びとのかかわりにおいて語っている（巻末資料3参照）。タカトシのコマ回しにかかわり始めるタイミングについて、

レストランごっことタカトシの援助、帽子とりとコマ回しの場の援助についてである。かかわり始めの場面については、教育的瞬間の感知とも重なっており、すでに研究５で詳細に検討を行ったのでここでは取り扱わない。レストランごっこと帽子とりについては、それぞれの遊びの重要性も考慮に入れながら、今日いつどのようにかかわるかという優先性の即応的判断を行っていた。ここでは、その２つの遊びをしている子どもたちがＰ保育者を呼びに来る場面を抽出して分析を行う。

背景：年長児２学期になって転入してきたタカトシについて、以下のようなことをＰ保育者は語った。これまでほとんど自分の気持ちを表すことがなく、集中して取り組む遊びもなかったのが気になっていたが、コマ遊びに取り組むようになって様子が変わってきた。この日の前日、幼稚園でもっと遊びたいと言って、初めて泣いた姿をＰ保育者は嬉しく思い、明日一緒にコマしようと声をかけていたという。前日のその姿から、今日はタカトシにとって重要な一日と位置づけ、じっくり変化をとらえたいと願い、Ｐ保育者は、タカトシとコマ遊びのところで過ごす決意をする。

タカトシとコマ回しを始めたＰ保育者。一方で、保育室ではレストランごっこが継続していたり、園庭でドッジボールをする子どももいたりする。また、帽子とりをやりたい男児たちはＰ保育者に相談に来て、コマ遊びをしている人たちに場所（遊戯室）を譲ってもらう話し合いをサポートしてもらったり、途中遊びに入ってもらったりしているが、Ｐ保育者は、コマ遊びを遊戯室の隣のテラスで行い、その間を行ったり来たりして、タカトシのコマ回しにかかわり続ける。

エピソード：場面１

朝、遊戯室で子どもたちとコマを回し始めたＰ保育者のところに、サユリが作ったケーキを見せに来る。Ｐ保育者「あ、ろうそく？どうやって作ってたっけ？」としゃがんでサユリと視線を合わせる。コマに紐を巻きつけながら、(54)周囲の子どもたちはＰ保育者とサユリの周りに集まっていく。タカトシは少し離れたところでコマに紐を巻きながら、時々、Ｐ保育者たちの方を見ている（図 8-56）。Ｐ保育者「これおいしそうやね、イチゴのってて。生クリームのっけたらどうやろ、おいしいかなあ」と話していると、(55)タカトシは横から回り込むようにしてＰ保育者に近づいていき、子どもたちの輪のすぐ外で紐を巻き直し始める。他の子どもたちは次第にコマを回しに行き、Ｐ保

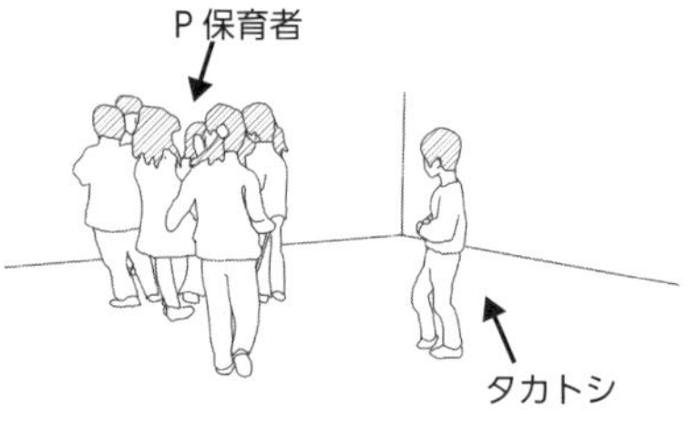

図 8-56 (54)少し離れたところから見るタカトシ

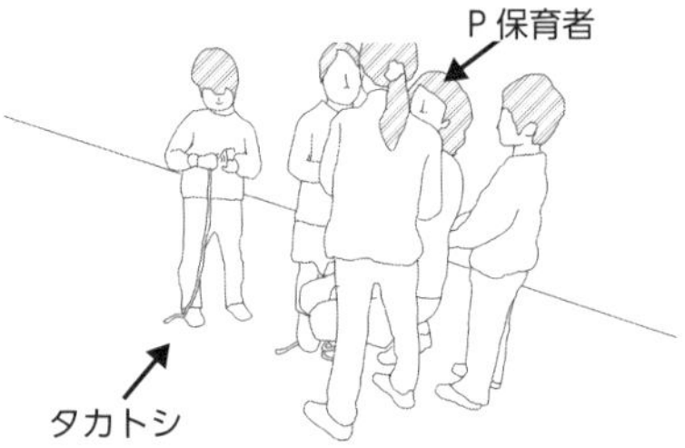

図 8-57 (55)近くまで行って紐を巻くタカトシ

図 8-58 ㊺タカトシを見る

図 8-59 ㊼タカトシをなでて行く

育者とサユリから離れていく。タカトシは紐を巻き始めると視線はコマに集中している（タエがケーキのイメージをP保育者とサユリに話しているふうだが、聞き取り不能）。P保育者はタエの話を聞いて「おいしそう」と笑顔でタエを見る（図 8-57）。㊺サユリの横でコマに紐を巻いているタカトシの様子を見て（図 8-58）、P保育者は立ち上がり、何かサユリに言い、サユリと一緒に保育室へ戻る。歩き出す前に、㊼P保育者はタカトシの頭を軽くなでるようにして触り（図 8-59）、小走りに保育室へ向かう。タカトシは触られても顔を上げずにコマに視線を向け、紐を巻き続けている。

分析：P保育者は、今日はしっかりタカトシのコマ回しにつき合いたいと思っているが、子どもたちは思い思いにP保育者にケーキを持ってきたり、相談をもちかけてきたりする。場面１では、遊戯室でコマを回し始めたところに、ケーキ屋さんのサユリがケーキを見せにP保育者の元にやって来る。遊び出しの時間は、コマ回しの場においても、ケーキ屋さんごっこの場においても、準備が必要であったり、子どもたちだけで遊び出すまでの援助が必要であったりする。保育者は、今どこにかかわるべきか、という優先性の判断に迫られる。P保育者は、すぐに保育室に帰らずにコマ回しの場でサユリの話を聞き、遊びのアイデアを出して話をする。コマ回しをしていたほかの子どもたちも寄って聞いているが、しばらくすると、次第に離れてコマ回しに帰っていく。コマ回しの活動は、コマに紐を巻く、紐を巻き終えたコマを握り直して投げる、投げた後のコマの様子を見る、という大きく分けると３つの段階に分けられる。コマ遊びに集中している間は、その３つの段階が循環的に繰り返されているので、活動としての安定感がある。また、段階毎に特徴がある。たとえば、コマに紐を巻くときには慎重に行う必要があり時間がかかるが、場所は取らずに行える。投げる段階になるとある程度広い場所が必要になるので、一か所に大人数が集まっていることができなくなる。コマ回しをしていた子どもが一時的にサユリと保育者の方に寄ってくるが、紐を巻いている間に話を聞きに来ただけで巻き終わるとコマを回しに行く様子に、その子どもたちの関心はコマ回しにあり続けているとわかる。このコマ回しに戻っていった子どもたちは、おそらく保育者が他の遊びに入ってもしばらくコマで遊び続けるだろうと推測される。

　タカトシは他の子どもたちから一歩遅れてその輪に近づいてくる（下線部㊸，図 8-56）。しかもその輪に入り込んで話を聞くようなことはせず、少し離れたところで紐を巻き直し始めると、視線がコマに集中する（下線部㊹，図 8-57）。その様子をP保育者は

コマ回しの場を立ち去る前に確認している（下線部㊶，図 8-58）。このとき P 保育者は、遊戯室という場に入って、みんなに混ざってコマの紐を巻いているタカトシの様子と、保育室から遊戯室まで保育者を呼びに来たサユリの様子とを両方感知している状態にある。タカトシとは言葉でのやりとりがないが、タカトシは遊びを中断せず、コマに紐を巻きつけようとしている。サユリは遊びの場を離れて保育者のところまで来て何やら相談をしている。前述の通り、コマ遊びもケーキ屋さんも遊び始めの時間帯であったが、コマ遊びの子どもたちは、特に困った様子もなく、遊び出している。一方のケーキ屋さんは何らかの必要があって保育者を呼びに来ている。P 保育者はしばらくサユリの話を聞き、保育室に戻ることを選択する。

　そして、ケーキ屋さんに呼ばれて保育室に一旦戻ることにして、歩き出すその直前に、タカトシに少し触れてから行く（下線部㊷，図 8-59）。言葉のない身体的なやりとりだが、この "触れる" という行為について、P 保育者はインタビューで以下のように語っている。

筆者：先生ちょこちょこ触りますけど。
P 保育者：触りますね。無意識。（中略）言葉で、十分にすいません、伝えられない思いが、何か手が出てしまいます。何て言うんだろう。言葉をかけなくていいときってあるじゃないですか。何かあえて、その言葉を、出てくる言葉がないんですけど、何かこう受け止めたいというか、受け止めたよ、みたいな合図、みたいな感覚ですかね。私も意識してないのでわかんないんですけど。（中略）そのタイミングで、何か言葉じゃないときに、もしくは言葉だけで伝わらない自分の思いがあるときに、何でしょう。手から伝えるみたいな。そんな自分の思いとしては、たとえばこの子にしてもがんばってるね、であったり、その何かの自分の思いを伝えたいっていうことが、触るという行為で、強引なんですけど、何か出てるのかなって、あらためて、あのー、無意識なんです。何か多分、無意識で。何かうーん。何せ何をしてても、何かいじらしいというか。かわいらしいんですよ。その思いは、そんなことって、何かかわいいねとか、いじらしいねって言葉では言えないじゃないですか。だけれども、自分の思いとしては、それをこう思ったときに、手が出てる感じがあります。何か。何だろうな。（保育実践のリソース＜保育援助＞**受容・信頼関係**）

　P 保育者は、このように「無意識に触っている」と言うのだが、言葉では伝えられない思いが表出しているという。興味深いことに「言葉をかけなくていいときってあるじゃないですか」と語っている。これは、子どもとのかかわりにおいて、言葉をかけるかどうかという選択肢があり、その状況に応じて言葉をかけないということを積極的に選択する、もしくは暗黙的に選択するという、保育者の専門的な判断が語られているととらえられる。場面１、２において、特徴的に出てくる「頭をなでる」という身体的なかかわりは、

言葉を超えた子どもとの感性的なかかわりが表出しているといえるのかもしれない。そして、このとき触れられた方のタカトシが顔を上げることもなくコマを巻き続けている様子から、この触れるという身体的なかかわりがタカトシとP保育者との間に日常的にあることが推測される。「受け止めたよ」というP保育者の「合図」が、タカトシに受け止められているという相互の身体的やりとりが行われ、P保育者はコマ回しの場を離れるのである。

　P保育者はタカトシの援助を重視しながらも、その場で生じた状況にかかわり、保育室へと戻る。その後2分13秒後に遊戯室に戻るのだが、戻ってきたときは男児2名と一緒であった。この時点では遊戯室全体がコマ回しに使われていたが、帽子とりをしたい男児2人が遊戯室を使いたいと相談に来たのである。P保育者はこのとき2人の後ろに立ち、それぞれの肩に手を置いて、コマ回しの子どもたちに一緒に頼んでいる。コマ回しをしていた子どもたちは場所を譲り、遊戯室横のテラスに移動する。P保育者は男児2人と共に「ありがとう」とコマ回しの子どもたちに礼を言い、「よかったねー」と2人に伝えた後すぐにコマに紐を巻きながらテラスに出て、コマ回しのメンバーになる。P保育者はこの場面1前後で、コマ回しのメンバーとして、ケーキ屋さんごっこのアドバイザーとして、帽子とりの場の交渉の支え手として、状況に応じて自らの役割を変えている。タカトシのコマ回しもしくはコマ回しの場とかかわることを重視しながらも、その時々に生じる援助の必要性に対して、どこまで自分がかかわり援助する必要があるかを見きわめ、優先性の判断を即応的に行っていると考えられる。それは、援助の要請をしてきた子どもと表情や声を交わし、悩みを聞き取ることと、それぞれの遊びの状況、それぞれの子どもの集中具合、取り組みの安定感などをリソースとしながら、その場のかかわりの中でなされている。

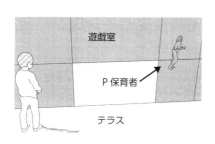

図 8-60 ㊽手を止めて保育者を見る

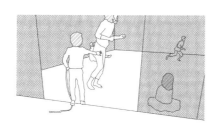

図 8-61 ㊾P保育者が近くに来て
跳びはねるタカトシ

場面2

　P保育者は帽子とりに誘われて、遊戯室で裸足で帽子とりに加わっている。テラスのコマ回しは人が少なくなり、タカトシはコマに紐を巻きながら、テラスからチラチラと遊戯室を見ている。時々紐を巻く手が止まる。フリーの保育者が来たので、少し近寄ってコマを投げるが回らない。「さっきまで回ったのに」と言い、遊戯室へ近寄る。㊽時々コマに目を落とすが、ほとんどP保育者の方を見ている（図 8-60）。タカトシの前に立ちはだかるようにマミが立ち「Pせんせーい、Pせんせーい」と声をかけ出すと、タカトシはP保育者が見え

るところまで移動するが、視線をコマに落とし再び
紐を巻き出す。また投げるがうまく回らない。「え
ー？」と小声で言いガックリと膝を床につけてコマ
を拾い、遊戯室の入口のところで紐を巻かずに棒立
ちで見ている。P 保育者は帽子を取られないように
走って、⑤⑨遊戯室の入口に来ると、タカトシは両足
で 3 回ほどジャンプする（図 8-61）。P 保育者は、
タカトシを笑顔でチラッと見て「かわいい」と息を
切らしながら言い、⑥⓪他の子どもたちの動きを見て、
タカトシの頭をなでる（図 8-62）。コマをしていた
マミが「P 先生」と声をかけると、P 保育者「うん！」
と言って、マミを見て、遊戯室の動きを見る。そこ
に⑥①ケーキ屋さんをしているサユリが作った物をも
ってきて、「P 先生できたー」と言う。P 保育者「あ！
すごいおいしそうになった、これおしゃれー！じゃ
ぁちょっとあとでティーパーティーしよう！」と言
って、サユリの頭をなでる。その様子を、タカトシ
は紐を巻きながら見ている。マミはコマ回しの技が
書いてある本をもってきて「これマミのお父さんで
きはる！」と言う（図 8-63）。P 保育者「すごー
い」と小さな声でマミの顔を見ながら言う。サユリ
は保育室へ戻り、マミは再びコマを回し出す。P 保
育者、一旦遊戯室からテラスに出てきて、⑥②タカト
シの顔に自分の顔を寄せ、小声で何かを伝える（図
8-64）。タカトシが小さくうなずくと、P 保育者「う
ふふ、回ったか」と言い、頭をなでる。帽子とりを
していたユリカが「P 先生〜？」と遊戯室から出て
きた。ユリカは P 保育者の顔をのぞき込むようにし
て話しかけ、帽子とりの困りごとを話し出す。P 保
育者はユリカと共に再び帽子とりへ戻っていく。
　タカトシは 1 人でコマに紐を巻き、巻き終えて後
ろを振り向き、テラスの真ん中あたりでコマを投げ
る。コマが回り出した瞬間、タカトシ「回った！」
と大きな声で言う。タカトシ後ろを振り返りながら
もう一度「回った！」と言う。P 保育者は「ヒュゥ！」
と言って遊戯室から出てきて、「よかった！すごー

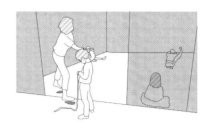

図 8-62 ⑥⓪ P 保育者が近づくと
コマに目を落とすタカトシと
頭をなでる P 保育者

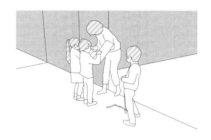

図 8-63 ⑥① P 保育者と他の子どもの
やりとりを見るタカトシ

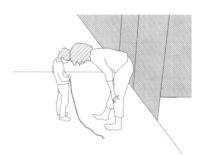

図 8-64 ⑥② タカトシに近づき
小声で話しかける P 保育者

図 8-65 ⑥③ コマが回ったのを
身を乗り出して見る P 保育者

ーーい！」と言うと、タカトシはチラッとP保育者を見てからコマを指さして見せる。63
P保育者「さっきより速い！」と身を乗り出して見て（図 8-65）遊戯室に戻っていく。
タカトシはコマを見て、跳びはねる。

分析：場面 2 は、P保育者が帽子とりに誘われて、コマ回しの様子を見ながら帽子とり
をして走り回っているところである。場面 1 との大きな違いは、タカトシがコマに紐を
巻いているときにP保育者の方を見ていること、また紐を巻く手を止めて棒立ちで見る
こともあるところに集中具合の変化が見て取れることである（下線部58, 図 8-60）。「さ
っきまで回った」コマが回らなくなり、集中が途切れてきたのだろう。支えてくれてい
たP保育者が遊戯室で走り回っている様子に吸い寄せられるように立って見ている。タ
カトシが棒立ちで見だしたところで、P保育者は遊戯室の奥から走ってきてタカトシに近
寄ってくる。これまでタカトシは自分の気持ちを表現することがほとんどなかったとい
うが、このP保育者がタカトシに近づいたとき、3 回ジャンプするのである（下線部59,
図 8-61）。嬉しさを身体的に表出している様子に、P保育者は息を切らしながらも「かわ
いい」と漏らす。しかし、P保育者が触れるときには、タカトシはコマに視線を落とし、
紐を巻き出している。P保育者の体勢は、身体の向きは帽子とりの方向に向いているが、
片足を上げて体重をタカトシに近い足の方へ乗せて手を伸ばして触っている（下線部60,
図 8-62）。参加している遊びに身を置きながらも、タカトシのコマ回しを支えようとして
いる。そこに、ケーキ屋さんのサユリがまたやってきて、ケーキを見せると、P保育者
は振り返り「すごいおいしそうになった」とサユリが考えてケーキを工夫して作ったこ
とを認め、「あとでティーパーティーしよう」と言う。サユリには「ティーパーティーし
よう」と期待をもたせつつ、ケーキ屋さんに行くことは「あとで」と先延ばしにする（下
線部61, 図 8-63）。つまり、その場でケーキ屋さんの現状を伝えに来たサユリの方を振り
返って即時対応を選択しながらも、場としては帽子とりの場に居続け、今はケーキ屋さ
んには行かずに、すぐに帽子とりに戻るということを優先する判断を行う。また、帽子
とりをしながら遊戯室の場にいることで、タカトシの様子を見逃さないように、また必
要に応じてかかわりながら走り回るということを選択しているともいえる。
　この図 8-63 のサユリとマミのP保育者に対するかかわり方と、図 8-62、8-64 のタカ
トシとP保育者のかかわり方は、この時点でのタカトシのかかわり方の特徴をよく示して
いる。サユリとマミは自分からP保育者の正面に立ち、伝えたい事柄を伝えるためのツ
ールをもち、話しかけている。タカトシは少し離れたところからP保育者を自分から見
ることはあっても、P保育者が近寄ってくると、コマに視線を落とし紐を巻き始める。タ
カトシにとってコマは、自分からP保育者に話しかけられなくても、コマに紐を巻いて
いる最中であることを身体で示していることで、その場にいられる支えにもなっている。
　P保育者はマミとのやりとりの後、遊戯室からテラスに出てきて、タカトシに小声で話
しかける。遊戯室から出るというのは、一旦帽子とりの遊びから抜けるという行為を意

味している。これは、帽子とりをしながらサユリやマミの話を聞いているのとは異なる。また、話しかけられて応じるのでもなく、自ら話しかけにいく。そして、小声で他の人には聞こえないように声をかけている。ここでは明らかにタカトシに対する個別の援助を優先させている。このとき、一旦帽子とりから抜けてでも、個別に声をかけようとしたのは、なぜだったのか。1 人でコマに取り組んでいるこのとき、P 保育者は自分が離れていることでタカトシの気持ちがどうなっているか、小声で話しかけて確かめていたとインタビューで語っている。

> P 保育者：私が離れている。だいぶ気持ちがこう不安になっているやろうなって思いがあって、で、ほかの子たちが、ちょっと離れていって、ちょっと寂しくなっていたので、で、それでも、あのー、やるんかな、どうなんやろうっていうことを、ちょっと確認してあげたいなって、自分の中で。（保育実践のリソース〈保育援助〉**自己発揮**）

　タカトシは相変わらず、言葉では P 保育者を呼ぶこともなければ、相談もしない。しかし、行為は明らかに変化している。身体の向きが遊戯室に向いていること、遊戯室とテラスの際の位置に立っていること、コマに紐を巻く手が止まっていること、視線が明確に P 保育者の方に向けられていること、といったタカトシの行為とその周辺の閑散とした様子など、激しく走り回る帽子とりの中にいながら保育者は感知し、その姿を「不安になっているやろうな」と読み取っていたと解釈できる。P 保育者は視覚的に確かめるだけでなく、言語的にも確かめた。朝のウサギを見ている場面（第 6 章研究 5 ケース 10）では、タカトシの方に視線を向けるのもはばかられ、言葉をかけるタイミングも慎重に選択していたが、遊びを共にする中で、タカトシが図 8-61 のように P 保育者に自分の思いをだんだん表出するようになってきたことを P 保育者は感知し、「かわいい」と漏らしたのだと思われる。しかし、それは同時に、コマ回しに対しては集中していない姿でもあり、その点がどうなのか、本人とやりとりして確認した。次第に、P 保育者はタカトシに視線を合わせて、身体的に触れて、言葉を直接的にかけて、十分に遊び込めるように援助するようになっていく。

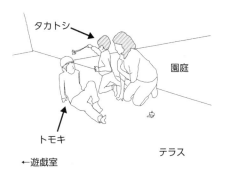

図 8-66 ㉞トモキと話す P 保育者

場面3

　P 保育者は、テラスに戻って、女児 4 名とタカトシと、コマ回しに取り組んでいる。トモコに P 保育者「タカくんずっと連続で回ってるんよ。連続で」トモコ「えー！」P 保育者「な」とタカトシの顔をのぞき込んでうなずきながら言うと、タカトシも小さくうなずきながら紐を

巻いている。そこに、㉔遊戯室からトモキが出てきて「なぁなぁ、おもしろくない」と床に足を投げ出して言う。Ｐ保育者、少し笑って「なんでおもしろくないん？」と聞くと、トモキ「なんかさぁ（と話し出したところで、横でタカトシがコマを回し出す（図 8-66）が回らず、Ｐ保育者「惜しいなぁ」と言う）、サクくんとかヒサくんとかムネくんとかがさあ、はしゃいでさあ」Ｐ保育者「はしゃいで（笑）」（タカトシはコマを拾って膝立ちでＰ保育者の隣に戻ってくる）トモキ「全然できひん」Ｐ保育者「ほんまや（遊戯室の方を見ながら）。なんか走ってはったよ、さっき。帽子とり終わったのかなぁと思ったんやけど。違うの？」トモキ「うん」（Ｐ保育者の横でタカトシがコマに紐を巻き出す）Ｐ保育者「困りましたねぇ、それは。みんなは？」トモキ「みんなも困ってはる」Ｐ保育者「みんなも困ってる？あら。みんなも困ってるんやって」トモキ「なんか、サクくんが暴れ

図 8-67 ㉕トモキと話しながら
タカトシを見るＰ保育者

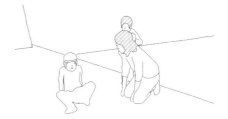

図 8-68 ㉖Ｐ保育者の肩を
トントンとするタカトシ

てさーあ、あれ、あのさぁ、みんながさあ、困ってはる」と言う。Ｐ保育者、自分のコマに紐を巻ながら遊戯室を見て「サクくん、なんで暴れてはんの？」トモキ「わからん」Ｐ保育者「わからんの」トモキ「なんか、ヒサくん、ヒサくんのことをずっと（聞き取り不能）」㉕Ｐ保育者、トモキの話を聞きながら、チラッとタカトシの紐の巻き具合を見る（図 8-67）。Ｐ保育者、巻き終えた自分のコマを床に置いて、「あんねえ、ヒサくんのこと好きみたいよ」トモキ「なんかさぁ、そんなにさあ、なんなん」Ｐ保育者「うん、だから（聞き取り不能）からー」と話し、トモキと目を合わせる。その横で、タカトシはコマを投げ、

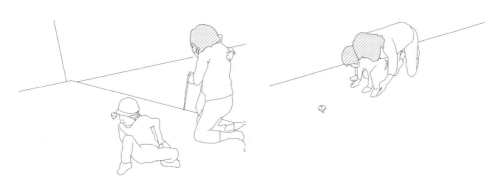

図 8-69 ㉗抱き合って喜ぶ２人　　　　図 8-70 ㉘回るコマを見る２人

コマが回り始めた。⑥⑥タカトシ「おお」と声を上げ、P 保育者の背中をトントンとして「先生、回った」と言い（図 8-68）、自分のコマが回っているのを指さす。P 保育者、嬉しそうに笑い、膝立ちになり、タカトシを抱く。⑥⑦タカトシも左腕を P 保育者の背中に回し、2 人で喜ぶ。トモキは立ち上がり（図 8-69）、遊戯室の方へ帰っていく。⑥⑧P 保育者とタカトシは回っているコマに顔を近づけるようにして見て、P 保育者「長いよ、長いよ長いよ、長いよ長いよ」と回るコマを見つめている（図 8-70）。

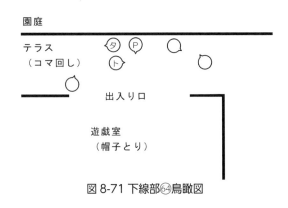

園庭

テラス（コマ回し）

出入り口

遊戯室（帽子とり）

図 8-71 下線部⑥④鳥瞰図

分析：場面 3 では、P 保育者は不満げにやってくる帽子とりのメンバーの気持ちを受け止めながらも、コマ回しの場に居続ける（下線部⑥④，図 8-66）。トモキの話を聞いている最中にもタカトシはコマを投げ、失敗する。P 保育者は見逃さず、そしてすかさず「惜しいなあ」と声をかける。タカトシは P 保育者のすぐ隣に自分から座り紐を巻き出す。P 保育者はトモキや遊戯室の方を見ながら話を聞いているが、その最中にコマを回せたタカトシが P 保育者の身体に触れて「先生、回った」と言う（下線部⑥⑥，図 8-68）。タカトシが保育者の身体に自分から触れることはこの日の観察で初めてであり、この瞬間に P 保育者は、明らかにタカトシのコマ回しを優先する。帽子とりがうまくいかなくなっていることを訴えていたトモキは、P 保育者がタカトシのコマが回ったのを全身で喜び出すと、遊戯室へ戻っていく。

　この場面では、P 保育者はコマ回しの援助とトモキの不満への対応とをどのような関係性で行っているのだろうか。トモキが「おもしろくない」と明確な不満を訴えてきたときには、コマ回しの場所にいながら視線や身体は帽子とりの場である遊戯室の方へ向き（図 8-66、8-68、8-71）、発話は帽子とりのメンバー間で起こっていることについて確かめるような内容になる。その話がちょうど一区切りつくときに、タカトシのコマが回り出す。その瞬間に優先性の即応的判断がなされ、保育者は身体の向きも視線も声もすべてをタカトシとタカトシのコマに向ける（下線部⑥⑦，図 8-69）。

　では、コマ回しの場でトモキの不満を聞いているときは、トモキの援助が優先されていたといえるだろうか。ここではおそらく、タカトシへの援助もトモキの援助も両立している状態であると考えられる。それは、P 保育者がコマ回しの場に自分の身を置き続けたこと、そして、タカトシが自分から P 保育者の隣に座ったこと、さらにタカトシがコマを巻いている間や投げようとしているときにはあまり視線を向けずにいた方が緊張感がやわらぐこと、トモキと話しながらもチラッとタカトシの紐の巻き具合を見ていること等を考

え合わせると、P 保育者はタカトシがコマをじっくり巻く場に身を置き続けることで間接的に援助しながら、トモキの話も丁寧に聞くことで、トモキが自分の気持ちを整理して場に戻ることができるように援助したと解釈できる。ここで、保育者の優先性の判断はいくつもの要素で体現されていると考えられる。どこに身を置くか、どこに視線を向けるか、何を話すか、何を手に持つか、どちらに身体を向けるか、遊びの内容や状況によっても異なる要素があり、それらを組み合わせることで同時に進行する遊びの状況に対応する複数の援助を平行的に成り立たせることを可能にしていると考えられる。

　そして、この場面では特に、保育者が個人とのやりとりを周囲の子どもにひろげるかかわりをしている。トモコにタカトシのコマが連続で回っていることを伝えるという直接的な発話も、コマ回しの場の真ん中で帽子とりの話を聞き「みんなも困ってるんやって」と伝聞表現を用いて、誰と特定はしないが周囲の子どもに話をひろげるような言葉使いも見られる。

　また、タカトシと P 保育者の身体的な距離が縮まっていることもわかる。タカトシはコマを投げてはまた P 保育者のすぐ横に座り、紐を巻く。そして、回ると自分で P 保育者を触り、気づかせる。このタカトシの身体的な距離の表現は、P 保育者の身体的な喜びの表現につながっているだろう。頭を寄せて話を聞く場面②（図 8-64）でも親密な距離になってきているが、それでも体幹部分は離れていた。この場面では、コマが回った瞬間抱き合って喜ぶという体幹部分の距離がさらに縮まる。タカトシが P 保育者に信頼を寄せ、自分の感情を素直に表現し、P 保育者は深く考えたり言葉でとらえ直したりする時間などないその場のやりとりの中で、身体的・状況的にその変化を感知し、受け止め、自らの表現としても返している。図 8-69、8-70 では、タカトシと P 保育者が、コマが回ったことを喜び、身体の動きも心の動きも一体化しているような親密な関係となっていることが見て取れる。

[場面 4]

　遊戯室からユリカが出てきて、P 保育者に「あのさあ、帽子とりがさあ、男の子たちがさあ、全然続けらんない」と言いに来る。P 保育者「あ、そうなの？」ユリカ「なんかめっちゃさあ、帽子とりがさあ、ふざけてさあ」P 保育者「あ、ほんとや」と言って立ち上がり、遊戯室にユリカと入っていく。コマ回しをしていた子どもたちも遊戯室の様子を見に行き、タカトシものぞき込んで見る。ほどなく P 保育者はテラスの方へ歩いてきて「あ、終わったって」と言う。P 保育者「帽子とり終わったらしいよー」とテラスの子どもたちに何度か言うと、タカトシは紐

図 8-72 ⑥⑨コマから外れた紐を笑顔で見せるタカトシ

図 8-73 ⑦外れた紐の形を
かがんで見る P 保育者

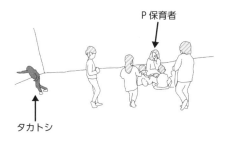

図 8-74 ⑦帽子とりの話を聞く
P 保育者とコマを投げるタカトシ

を巻きながら遊戯室に入っていく。他の子ども
たちも皆、遊戯室へ。さっそく遊戯室でコマが
回り出したマミは「P 先生、回ったぞ！」と言
うと P 保育者「おもしろいなぁ、回ったとき
嬉しいよね」と言う。⑥タカトシは巻いていた
紐がパカッと外れて、笑顔になり、「こんなこ
とになった」（図 8-72）と P 保育者のそばに
寄っていく。⑦P 保育者はかがんで、口を覆う
ようにし「おもしろーい！おおー」と大事そう
にコマと紐の形を見る（図 8-73）。コマが回る
と P 保育者に見せに来る子どもたち。P 保育者
はそのたびに受け止める。P 保育者は立ち上が
り、少しずつ帽子とりの帽子を片付けている子
どもたちに近寄っていく。P 保育者は帽子を片
付けているトモキに、「ありがとう、トモキくん」
と言い、帽子を拾い、トモキたちが持っている
かごの中に帽子を入れる。⑦帽子とりの男児 4
人が車座になっているところに、P 保育者も一
緒に座り、少し話を聞いている（図 8-74）が、
下敷きに乗ったコマ回しをフウカが見せに行く
と「見て見て」とコマを一緒に見だす。

分析：場面 4 では、ユリカが帽子とりのことを訴えに出てくると、P 保育者は遊戯室の様
子を見に行く。場面 3 ですでに P 保育者は「帽子とり終わったのかなあと思ったんやけど」
と語っており、帽子とりの場を修復しようという考えは示されない。P 保育者はほどなく
遊戯室から出てきて、帽子とりが終わったことをコマ回しをしていた子どもたちに伝える。
タカトシも遊戯室に入り回そうとするが、巻いていた紐がパカッと外れた形のおもしろさ
に笑顔になり（下線部⑥, 図 8-72）、P 保育者に伝えに行く。達成を喜び合うだけでなく、
コマを回すことを目的とした場合には失敗でもある "紐が外れた" というハプニングを共
におもしろがる（下線部⑦, 図 8-73）ことは、タカトシと P 保育者の間の関係性の深ま
りを表しているといっていいだろう。
　その後、図 8-74 で明らかなように、タカトシは P 保育者から離れてコマを回し始める。
一方の P 保育者は帽子とりの片付けをしている子どもたちのところに寄っていき、トモ
キをねぎらい、少し一緒に片付け、話を聞く。今や遊戯室はコマ回しの場所となり、タカ
トシは伝えたいことが起こると自分から P 保育者のところに言いに来るようになった。
タカトシから P 保育者の姿が見える場所にいることを保持しつつ、残念な気持ちで遊び

を終えた帽子とりのメンバーの話を聞くことが優先されている。

　この、重点的にかかわる子どもと、他の子どもたちとの間でどうふるまうか、ということについて、P 保育者は次のように語っている。

　　P 保育者：こう自分の中で、もうちょっと一人ひとりがやっていることを、見たかったなっていうのがあって、でもタカくんの瞬間、見落としたくないっていう思いもあって、そこでちょっと、もうちょっと冷静に引いて見ることがよかったのか。でもそうなると、すごい客観的に、こう見るのも、ちょっと違うかなっていうのもあって、はい。悩みました。やっぱりどうしても、こう入り込みたいんですよ。その子どものところに。でも入り込んでしまうと、そうやって冷静に見れなくなってしまうところがあって、そこでいつも悩んでいます。（保育実践のリソース＜保育不全感＞**全体の中で個と十分にかかわる難しさ**）

　　筆者：今日はそのいろんなところで、遊戯室でも、あっちでもこっちでも、今回いろいろやっているときに、その一人ひとりを見れなかったっていうふうに思ってらっしゃるということですけれど、それはそのタカくんに思いがあって、今日はちょっと見れなかったっていうことなのか、もういっぱいいてみたいなこと。

　　P 保育者：いや、タカくんにかなり思いが強かったので、その瞬間を絶対見落としたくないっていう思いがあって、やっぱり自分から言わないので、なかなか。（保育実践のリソース＜保育援助＞**自己発揮**）後半だいぶ言うようになってきたので、やったって、私もすごい嬉しくって、回ったとか、だいぶ声も大きく出てきたし、表情も、もうワーッと晴れて、すごいもう嬉しそう。体で表すようになってきたので、あーよかったと思ったんですけど、（保育実践のリソース＜子どもの姿＞**子どもの肯定的な変化**）それまではやっぱり見落としたくないっていう思いがあったので、あんなにずっといるっていうことは、まずないんです。両方こうかけもちしながら、ほかのお部屋に戻って、何かをして、ほかのやろうとしていることをちょっと手伝ったり一緒に遊んだりっていうふうにして、また戻ってきて、どうやったみたいにやるんですけど、今日はちょっとべったりついてみようという思いがあったので、タカくんにべったりっていうより、コマ回しのところでいようっていう思いが、ちょっと強くて、離れられなかった感がすごいあったんです。そこでちょっと冷静さを欠いていたなというのがあります。あっという間に時間が過ぎてしまって、気にはなっていたんですけれども、もう離れられなかったっていうのが、何か正直な気持ちで、うーん、それがどうだったのかなって思います。（保育実践のリソース＜保育不全感＞**全体の中で個と十分にかかわる難しさ**）

　P 保育者はこのように語り、タカトシがこれまでにはなかったような表現で、思いを伝えてきたことを、その場で嬉しく感じていたという。

　また、タカトシのコマが回る瞬間を見逃したくないという思いが強く、冷静に判断できなかったという。しかし、「客観的に」見るのも「違うかな」という思いもあり、「入り込みたいんですよ。その子どものところに」と語る。この P 保育者の言う、その子どものところに入り込むというのは、客観的にもしくは冷静に子どもを見るということとは異なるものとして語られている。それはたとえば場面 2 で、遊戯室の入口付近で棒立ちになって帽子とりの保育者を見ているタカトシを感知して、遊戯室の奥から入口付近に走り抜けて、今のタカトシをより近くで、また触れて、言葉を交わそうとするときに、タカトシはそうやって自分のところに来てくれた P 保育者を跳びはねて受け入れ、喜び、そして自分を表していくやりとりである。P 保育者はタカトシと共に行為することの中に、タカトシを感じ取っているし、タカトシはまた P 保育者と共に回っているコマを見ているときに、P 保育者もまた自分と共にそこにあることを感じ取っている。コマが回る瞬間を見逃したくないのは、コマが回る瞬間を共に見ることで、感情と行為が分けられない一体のものとして、そしてタカトシと P 保育者が自己と他者という二分法で分けられないものとして、一体的に感じられるからであり、それは、冷静に判断する、客観的に物事を見ることとは異なる世界の見方である。P 保育者はタカトシをまさに自分の身体を通して感じ、共にあることで知ろうとしたのである。

　そのことは、帽子とりの子どもたち、たとえば、場面 3 のトモキや場面 4 のユリカがまさに困っているところのかかわりでは距離となっていく。しかし、保育とは継続的な営みでもある。昨日のタカトシの様子があったから、今日はタカトシに焦点を合わせた。今日のそれぞれの子どもたちの様子は明日へとつながっていく。P 保育者は、今日の帽子とりを明日にいかにつなげるか、ということについて、以下のように語った。

　　P 保育者：終わりがけやなっていうのは、見えていたんです。なーんとなく子どもたちの気持ちとしては、あ、もう切れてきたなっていう感じがあったので、そこで私が行っても、何かこう整理をつけるだけになってしまって、何か遊びの整理をつける役目ではないので、今日はそういう嫌な終わり方。嫌なっていったら変なんですけど、自分たちとしては納得できずに、何か変な終わり方しちゃったっていうふうな終わり方。今日、久しぶりにやらはったので、それをじゃあ、明日、どうするっていうところを、始めるときに、ちょっと話をしてみようかなって思っていたんです。今日の、そういうところ。うまくいかなかった、何か面白くなく終わっちゃったっていうところ、明日、子どもたちが、じゃあどういうふうにしていくかなっていうところも、ちょっと見てみたい気持ちもあって、うーん。ただそこを見届けたかったんですよ。（保育実践のリソース＜保育で重視するポイント＞**自己発揮の重要性**）何が原因でそうなったのかとか、何となくつかめたんです。話を聞いて。なので、あー、そこに原因があったんやろうなっていう、予想はつくんですけど、そこを見とってあげられなかったのは、ちょっと悪かったなと思

って。はい。なので多分、明日言うんですよ。帽子とりを始めるときに、でも昨日、こんなのあったしって言い出す子がいるので、ほんなんだったらどうするって言って、話が絶対出ると思うので、その話をして、帽子とりやるんだったら、そうなるだろうし、もしかしたら晴れてたら、ドッジボールやりたいって言い出すかもしれないので、そっちがそっちで、おそらく始まるかなと思っています。はい。(保育実践のリソース＜予測＞**遊びの展開予測**)

　P保育者はコマ回しの場から遊戯室の様子も見ており、その様子から「子どもたちの気持ち」がどうなってきているかを感知しながら過ごしていたことがわかる。しかし、保育者が整理をつけるのではなく、子どもたちが今日のことを受けて、明日どうしていこうとするかを見てみたいと思ったから話を聞いたと語っている。P保育者の中では今日の遊びの様子から明日どのようなことが起こるか、具体的な状況が想像されている。常に具体的な状況の中で、それぞれの子どもがどう行為するかということを予測するというかたちでシミュレーションし保育の構想が練られていく。保育者の日常はまさに、この具体的な状況と行為とで構成され、また省察され、そしてまたそれは明日の具体的な状況と行為の実践に還っていくのである。

　この日のP保育者とタカトシのかかわりは、第6章（研究5）の事例から続いているものである。朝の出会いの場面では、第6章にあるように、保育者は身体と視線の意図的コントロールをして、具体的には視線を合わせないようにして、タカトシが自分の意思を表すことができるようにかかわっていた。ここで見た4つの場面の展開では、タカトシのP保育者への表現が言語的にも身体的にも直接なされるようになり、また表情も豊かになっていった。それはP保育者の教育的瞬間の語り（第6章）にあるように、「何となくタカトシくんを感じる場に、今日はいてあげようっていうことで」、さまざまなことが起こる日常の中でこの日のかかわりの中心にタカトシを位置づけて、共にその状況に身体的に浸り込んでかかわり続けたことによる。P保育者が離れたときの様子にも心を寄せ、棒立ちになっているタカトシに駆け寄ってかかわったり、コマが回った瞬間を共に見て心沸き立つ感覚を共にしたりして、コマ回しの場に身を置き続け、共に過ごしたことがタカトシとP保育者の間で積み重ねられたことによるだろう。そこには、今日の保育の目標やタカトシのこれまでの姿と今日大切にしたいこと、コマ回しという遊びの特性、クラスの一人ひとりの子どもたちのこれまでの育ちや性格的特徴、関係性、最近の姿など、保育者の中に蓄積された保育実践のリソースが、具体的な状況の中で相互に、ダイナミックに多様な組み合わせでかかわっている。多様な選択肢にあふれる実践場面における選択は、保育実践のリソースがリソースとなって多様に絡み合い、その場の実践における固有の状況下での優先性の即応的判断を支えている。また、その優先性の判断はAかBかという二者択一的なものだけではなく、AもBも同時に成り立たせながら重みづけを変えていくかたちで実践されていたり、時間的見通しをもって、"今はAに対応するが、後でまたBに戻ろう"

とかかわるタイミングをずらすことでAとBへの援助を成り立たせたりしているといえる。

第 4 節　総合考察

　18 名の保育者を対象としたインタビューデータの質的分析から、保育者は実践を支える保育実践のリソースを保持していると考えられた。その領域には、「子どもの姿」「保育援助」「ねらい」「保育不全感」「保育で重視するポイント」「予測」「保護者」「明日の援助の構想」「遊び」「行動の意味」が抽出された。特に、保育者は細かな子どもの姿に関するリソースを豊かに保持しており、そのリソースは具体的で繊細な質感を保持していることが重要であると考えられる。なぜなら、保育実践は、その状況と切り離せないものとして保持されている、具体的で繊細な質感を基につくられていくからである。それゆえ、保育実践のリソースは、具体的な状況と密接にからんでおり、切り離せないものとして保持される。

　実践における子どもとのかかわりで感知される繊細な質感は、たとえば、昨日、今日、今朝、今と蓄積される。その蓄積は、それらの質感の差異の感知につながっている。その差異の感知は、昨日の援助からどう今日の援助をつくるか、ということでもあり、今朝の援助からさらに今の援助をどうつくるか、ということにもつながっている。ケース 6 のタカトシとかかわる保育者は、朝と午前中の遊びを終える頃では視線の合わせ方や身体的な距離の取り方がまったく異なっている。それは、その子どもの姿の質感の変化に繊細に応じていった結果生じた実践のありようである。保育実践とは、この細かな質感の差異に応じて、実践を少しずつ変化させ、対応していくことの繰り返しであり、だからこそ保育者は子どもの姿に関するリソースを数多く蓄積しているのだと考えられる。保育実践のリソースは、実践と共に常に蓄積・更新され、厚みを増していく。つまり、実践における身体的・状況的感知とその場の状況とが切り離されないものとして蓄積されていくことが保育実践のリソースの一つの特徴であり、前言語的とらえのまま保持されているものも多分にあると想定される。事後の振り返り等において、その身体的・状況的感知の一部に焦点が当てられ、言語化され、保育者間や保護者との間で共有されることが可能なかたちになるものもある。本研究のインタビューで語られたものは、そのさらに一部が取り出されたに過ぎない。

　今回は、インタビューで言語化できたものを扱っているところに調査の限界がある。また、指導が難しい子どもとの一日の保育を振り返るという内容でのインタビューであるため、語られた内容には当然ながら偏りがある。異なる内容に焦点を当てれば、異なる領域が抽出される可能性もあるし、異なる領域の語りが多くなる可能性もある。たとえば、遊

びに焦点を当てれば、それぞれの遊びの細かな質感やねらいや援助のポイントのようなものが多く語られる可能性がある。いずれにしても、保育者は非常に具体的な状況とそのときの身体的・状況的感知とが絡まり合った状態で、日々の実践の中の経験を保育実践のリソースとして蓄積していると考えられる。

　その蓄積が、各保育者の実践の背景として広がっている。実践とはかかわりの連続であり、すべてを認識したり言語化したりすることが不可能な無数の判断が埋め込まれている。本研究の分析においても、抽出された語りに基づいて、映像の分析をすすめたが、映像からは語られなかったいくつもの優先性の即応的判断が抽出された。たとえば、A保育者は1階の保育室に戻ったらシンスケとパンを一緒に食べようと思ったと語ったが、そう思った2階の場面から映像の分析をしていくと、ミナミと過ごしていたA保育者が、ミナミとすぐに1階に降りずにシンスケたちと一つのグループとして動き出すところにも、優先性の即応的判断が見られている。H保育者は、マイと氷遊びをどのタイミングや場所で行うかということは語ったが、マイとかかわり始めるところで、キヨシのプラレールの援助との間でなされている優先性の即応的判断については語られていない。実践上にはすべて認識することが不可能なほど日常的に優先性の即応的判断が織り込まれている。本研究で分析できたケースだけを見ても、保育者の実践における優先性の即応的判断は、日常的に膨大な量なされていると示唆される。その膨大な量なされている優先性の即応的判断は、実践の時間的経過の中でなされることから、まさに即応することが求められる。多様な子どもの思いが不意に次々と発現する複雑な保育実践の中で、優先性の即応的判断がどのようにして可能になるのか。そこには、各保育者が蓄積している保育実践のリソースがかかわっていると考えられる。

　しかしそれは、AだからB、BだからCというような、因果関係のようなものや、計画と実践といった、一方が他方を規定するような枠組み関係のようなものであるとは考えにくい。何しろ保育実践のリソースは膨大な質感の蓄積であり、それらのリソースが因果関係や枠組み関係で実践を縛るような関係性であるとすると、すぐさま実践者は身動きが取れなくなるであろう。しかし、完全に自由な実践というのもまた身動きが取れないものなのである。何をどうしたいかという方針も目標もない中、多くの子どもの遊びが目の前に広がるとき、保育者は何をどう判断できるのか。これもまた、すぐさま混沌の中に放り込まれてしまう。遊びを中心とした保育において、新人の保育者がどこにどの程度かかわるべきかわからず戸惑うのは、周辺に広がる膨大な質感の中から意味ある質感を拾うことも、意味ある差異を感知することも困難だからである。

　そこで重要になるのが、リソースという考え方である。保育実践は、あくまでその実践の瞬間に行為として動いているものである。しかし、その実践の瞬間は、現在の状況に大きく依存しながらも、それだけで成り立っているものではない。

　一見矛盾するようだが、Suchman（1987/1999）の以下の議論を参照したい。

　　もう一つの見方は、プランが状況的行為のためのリソース（資源）であって、どのような強い意味でも、行為のコースを決定するというものではないというものである。プランは、具体化された実践や状況的行為の変化する周辺環境を前提にしている一方、表象としてのプランの効率性は、まさにそれが具体的詳細のすべてにわたって諸実践やそこでの周辺環境を表象しないという事実からきている。たとえば、カヌーで急流を渡ることをプランするとき、その人が滝の上でしばらくとどまり、下り方をプランするというのは非常にありそうなことである。このプランは、「可能なかぎり左側の方を行こう、そして二つの大きな岩の間を抜けよう、それから次の岩石群のあたりを後ろ向きに右に行こう」というようなものかも知れない。多くの考慮、議論、シミュレーション、再構成が、こうしたプランの中に入るかも知れない。しかし、それがどのように詳細なものであれ、プランはカヌーに滝を通り抜けさせる実際の仕事には及ばない。実際、流れに応じたり、カヌーを操る詳細ということになると、人は見事にプランを捨て、その人に使うことができるありとあらゆる身体化された技能をよりどころにする。このカヌーにおけるプランの目的は、流れを通してカヌーを移動させようということではなく、むしろその人の成功が依存している、これらの身体化された技能を用いるための最適の可能な位置を、その最終的な分析で得ることができるようにその人を方向付けるというものである。

　　より熟慮された、また、それほど高次に技能的でない活動においてさえ、一般に、私たちは、ある行為の道筋がすでに実行されるまでいくつかの選択可能な行為の道筋やその結果を予期したりはしない。そのいくつかの可能性が明らかになるのは、現在の状況において行為が進行中のときだけということは頻繁にある。そして、私たちは、しばしば何がもたらされることが望ましい将来の状態かに関して、少なくともその詳細についてあらかじめ知らないのである。（1999, p.51）

　Suchman はこのように、プランは行為を決定するものではないし、行為は状況的であることを述べる。現在進行中の状況において、行為可能性が明らかになることは頻繁にあるが、事前にその詳細を知らないと指摘する。しかし、Suchman は、プランが無意味だといっているのではなく、状況的行為のためのリソースであり、行為のコースを決定するものではないと述べている点が重要である。プランが行為をコントロールする個人の内的なシステムや表象ではなく、状況的行為のリソースの一つだという立場である。状況的行為のリソースには、発話の韻律や間合い、身体的な仕草、視線などさまざまなものが含まれているが、それらの一つとしてプランを位置づけたのである。さらに、「複数の状況を横断する一様性（uniformity）を抽象化することでプランは、過去の経験や予測される結果によって現在の行為に影響を及ぼすことを可能とする」（1999, p.178）と述べる。た

とえば、ケース1のA保育者は、「シンスケくんとはここしばらく、あの、やっぱり重きにおいてかかわっていこうと、長期的に思っています」と語っているが、この長期的なプランはどこからきているか。それは、シンスケとのこれまでなされた具体的なやりとりが大きく作用している。保護者との会話や周辺事情に関する情報などももちろん含まれているが、身体的な感覚としての違和感が複数の状況を横断する一様性として蓄積されていたのである。A保育者は「なんか、本人はまだ満足いってないものがある。で、それが何なのかがわからない」と言う。後ろから飛びつくようにして急にきつく抱きついてギュッと首の辺りをしめてきたり、相手が心地よく感じないであろうところをいじったりしてくることなど、身体的なやりとりの中で、シンスケの独特な感触を感じていた。また、一緒に遊んでいる中で近づこうとしている相手を否定しようとするやりとりの多さなど、A保育者がこれまでかかわってきた感触を積み重ねる中で、ある一様性が浮上し、「何とかしたい」と思い、長期的に重点的にかかわろうというプランを頭に入れて、日々の保育をしているのである。H保育者がマイに「好きな遊びを見つける」ことをして欲しいと願うのも、日々、マイにかかわる中で、マイが自ら遊び出せるようになって欲しいと願うような行為が繰り返されるからであろう。その具体的な行為や状況が、保育者の中に積み重なる中で、複数の状況を横断する何らかの特徴が浮かび上がる。そこに援助の必要性が感知されることによって、その援助の必要性が保育のねらい（プラン）として抽象化されていく。

　つまり、保育者のもつねらいもしくは計画といったプランは、保育実践の中にある具体的な状況的行為の定式化の一つなのである。保育者は実践における状況的行為の中で、多様な質感を感知し、蓄積する。その蓄積によって、保育実践のリソースを形成していくが、単なる質感のプールに留まるのではない。状況的行為と結びついているリソースは、複数の状況を横断する一様性を抽象化し、プランとして定式化する。それは、「ねらい」や「明日の援助の構想」、さらに「保育で重視するポイント」といった長期の見通しの中での重みづけといったかたちで定式化される。プランは状況的行為の定式化として生成され、それがまた次の状況的行為のリソースの一つになっていく、循環のプロセスがある。保育実践のリソースは、こういった意味で、保育実践の状況的行為のリソースの一つであり、あくまで、具体的な相互行為が現実をかたちづくっていく。

　さらに、Suchmanは続けてこう述べる。「しかし、定式化が効率的である結果として、プランの意味は、その行為が行われている特定の周辺環境との関係や、状況に埋め込まれた活動の不明確な実践との関係においてのみ決定される」（1999, p.178）。プランは、環境とのローカルなインタラクションの中でその意味が決定される。たとえば、マイとかかわるH保育者は「好きな遊びを見つける」というねらいをもっていることが語られているが、その意味するところは具体的な相互行為の中で決定されている。H保育者が手を差し出したとき、マイがその手を取らずに後ろにのけぞることはおそらく予測されてはいなかっただろう。しかし、その行為を受けて、H保育者はマイの足を持ち、「ずるずるずるする」と言いながら自分の方に引き寄せる。この身体的なやりとりで交わされていること

は、事前の予想を超えているにもかかわらず、H保育者とマイのやりとりは「マイが遊び出す」という方向へと向かって収斂されていく。なぜ、このようなことが可能になったのか。

　保育者はマイとの一連のやりとりの中で、次々と相矛盾するような状況に直接かかわっていく。マイは「お外に行くの」と言葉では「外に行く」ことを発信する。それを聴覚的には聞き、言葉でも返答しながら、H保育者はマイの身体の向きは外に向かっていない身体ねじりの状態にあることを視覚的にとらえている。すかさず「じゃぁ、靴に履き替えよう」とH保育者が手を差し出すと、マイはそれをよけるように後ろに手をつくという身体的なやりとりがなされていく。ここで示されているのは、「お外に行くの」という言葉だけでマイの真意をとらえることはできないという事実である。H保育者はマイと直接やりとりしながら、視線、身体の向き、手の動き、声の調子、表情などのリソースを入れ込んで、マイの全体像にかかわっていく。「お外に行くの」という言葉に返答するように「靴に履き替えよう」と言い、身体的に逃げようとしているように見えるマイに手を差し出したり、ユーモラスに引き寄せたりして、「お外に行く」という言語的な意味と身体的行為のズレにアプローチしている。つまり、言葉や視線、身体の向き、手の動きなどのリソースは、マイの真意はどこにあるのか探るための、互いが互いの意味を補完し合うような関係になっているのである。このとき、プランはH保育者の行動を規定するような働きをしていない。「好きな遊びを見つける」という大きな方向づけとしてこの相互行為に寄与しており、具体的な相互行為の中で他の多様なリソースと共に含み込まれ、実践をかたちづくっている。このように、実践はさまざまなリソースのコンビネーション（組み合わせ）によって実現され、そのコンビネーションは実践者によって状況に応じてダイナミックに編成される（川床, 2001）。

　この、周辺環境とのローカルな相互行為の中でプランの意味が決定されるというのは、プランというリソース単独では意味をなさないことを指す。プランは目の前にひろがる具体的な状況の中で、多様なリソースを含み込んだ相互行為を生成していく際の方向づけとして組み込まれている。J保育者は、マリコが集団の中に入り込むというねらいをリソースとしてもちつつ、その場のマリコの動きだけでなく、フリーの保育者の動き、バスの出発時刻、活動の流れや形態、それぞれの場面や時間帯に応じて求められる自らの役割、他の子どもの様子といった多種多様なリソースが相互に文脈を形成する中、マリコをいつ保育室に呼び込むか判断していく。その場の状況と無関係にマリコを集団に引き入れるプランの実行だけを行っても、一方の集団の動きが置き去りになったり、マリコが入りにくさを感じたりして、結果的にマリコが集団の中に入り込むことが難しい状況も生じる。集団の活動の区切りのよいときに、自然とマリコが集団の中に帰ってくることができるように組み込んでいく。テラスにフリー保育者がいないというリソースは、テラスに出て行ったままの2人の女児にかかわるタイミングを考えることに埋め込まれており、テラスに出て行ったままの女児にかかわるタイミングは、現在かかわっているクイズの活動の流れや子どもたちの集中具合というリソースに埋め込まれている。すべてのリソースは相互に影響

を与え合い文脈を形成しており、プランもまたその一つなのである。

　ここで、優先性についての議論に戻ろう。優先性の即応的判断は、複数の教育的瞬間が感知された場合の判断である。「今何を優先するか」という実践における判断には、価値観が否応なくかかわってくる。何に価値をおいて実践の場に身を置くのか。そこに大きく関与するのがプランである。先に述べたように、保育者は、それまでのその子どもとのかかわりから感知した一様性からプランを生成している。たとえば、自信をもつとか他者とかかわるとか、その子とのかかわりにおいて価値を置くポイントを、個の特性に応じて見定めている。そして、そのプランを一つのリソースとして実践の場に出ていく。

　保育実践に見られる優先性の即応的判断の特徴として、状況依存性が挙げられる。状況依存性とは、ここでは、保育実践に見られる判断は、あくまでその場で生じている相互行為の中で生成されることから、具体的な状況に付随する諸条件に影響を受けるという意味で用いる。ケース2ではその場の状況を見逃していたことにより、初めてのスクーターへの挑戦をきっかけとした関係づくりの援助ができなかった。このことからもわかるように、状況依存性というのは、ネガティブな意味で依存というのではなく、大きく影響を受けるという意味である。ケース1を例として考えると、たとえプランとしてシンスケに対して重点的にかかわろうと考えていても、その場で生じるサトシの"パンを持ちたい"という要望へ応じるという援助が優先されている。それは、決して場当たり的だという意味ではなく、たとえばサトシにとっての教育的瞬間は今だという状況が生じるのである。ケース2においても、たまたまクラスで男女混ざった遊びが展開し、そこに教育的瞬間を感知する。その場で偶然生じる状況が、即応すべき教育的瞬間だと感知されれば、優先されていく。このように、保育者の優先性の即応的判断は、状況に依存する側面が大きくあるが、プランを一つのリソースとしてもっていることにより、具体的な援助はある方向性をもって収斂されていく。本研究では特に、援助の時機選択と同時進行性とによって、場当たり的対応となる恐れが乗り越えられていた。優先性の判断とは、AかBかと援助の対象を選択するのではなく、AもBも援助の対象としながら、異なる援助の組み合わせで同時進行の援助を行ったり、先にAの援助を行うがその後にBの援助を実現させたりしているのである。

　援助の同時進行性とは、複数の子どももしくは遊びに対する援助を、同時に成立させていく保育援助のもつ一側面である。ケース1の場面1では、A保育者はミナミへの援助とシンスケたちとの遊びの援助を、同時進行のものに切り替えていく。ケース6場面3では、コマの場に居続けるという援助と帽子とりの話を聞くという援助を同時進行で行っている。しかし、いつもそれが可能なわけではなく、一方のみにかかわる方法も採られ、また、時に同時進行で援助していたものが、いずれかを先に解決すべき状況になり、時機選択をする場合もある。援助の時機選択とは、Aを先に援助しBをその後で援助するような、援助のタイミング（時機）を選択する、保育援助の一側面を指す。A保育者はミナミの移動の安全確保とシンスケを含むパン屋さんへの買い物ごっこの援助を同時進行で両立させていたが、シンスケのパンの容れ物への注目から喚起された、サトシのパンを持

ちたいという思いを先に解決しようと転じていく。このとき、ミナミへの援助とシンスケへの援助では、まずはサトシのパンへの思いを解決し、その後、ミナミと安全に 1 階に降り、そこからシンスケとパンを食べようと、時機選択が行われている。時機選択とは、同時に感知されているもう一方の教育的瞬間を少し置いておき、タイミング（時機）をはかってかかわろうとすることであり、保育時間の流れの中で動いているともいえる。この優先性の即応的判断に見られる援助の同時進行性と時機選択の組み合わせによって、状況に大きく依存しつつもプランをリソースの一つとして含んだある方向性をもった援助が実現されていくのである。

第 5 節　研究 7 の課題

　研究 7 は、指導が難しい幼児に焦点を当てたことで、保育実践のリソースの中で「子どもの姿」に関するものが非常に多く語られていた。これについては、他のテーマに焦点が当てられれば、内容や量に違いが生じてくるだろう。保育者の専門性の発揮において重要なリソースの検討として、異なるテーマに焦点を当てて、さらなる領域が存在するか、またその内容とはどのようなものか、明らかにする必要があるだろう。

　また、優先性の即応的判断については、保育実践のリソースが経験に応じて蓄積されていくものであることから、新任期の実践における困難感との関連について検討することは重要であろう。さらには、実践において何をリソースとして蓄積するかが専門的な成長において重要であると考えられ、経験年数や園文化等による差がどのように生じているのか、今後の検討課題としたい。

第9章

総括的討論

第1節　保育実践に見られる身体的・状況的専門性の構成概念

　本研究は、以下の点について検討を行った。

　保育者は、実践の状況に身体をもって関与しつつ、教育的なまなざしを向けてかかわりの体感を瞬間的に意味づけ、その子ども（たち）の育ちを促すにふさわしいかかわりをしようと即応的に判断しているだろう。その際に、保育不全感、教育的瞬間、優先性を身体的・状況的に感知し、判断する働きが生じているのではないか。本論文では、この仮説に基づいて、実証的に保育実践の検討を行った。その際、保育者の専門性の向上の契機として、保育者が感じる実践の難しさに着目した。

　以下、各研究の概要を3つの概念の柱に沿ってまとめる。

1．保育不全感の感知ととらえ直し

　研究1調査1では、保育者が集団保育の運営実践上の難しさをどのように感じているのか、ということを探索的に検討することを目的として、特に集団保育特有の困難な状況が生じやすいと推測される1歳児保育の難しさについて、インタビュー調査を行った。

　その結果、まず、1歳児保育の特質を構成する要素として、1歳児の発達的特徴や子どもと家庭の変容により個別援助が必要とされているという保育者の認識が明らかになった。個々の援助の必要性を感知する保育者は1：6という保育士配置基準の中で、常にかかわる対象や場面を選択しなければならない。

　そのような状況を踏まえ、保育者は、現代の子どもや保護者とかかわる具体的な経験の中で、保育者との信頼関係の形成や丁寧なかかわりの重要性など、保育プロセスにおける基本的な内容を重視していた。またそういった関係形成や丁寧なかかわりを可能にする保育の運営実施上の工夫がなされており、人数比率低減に効果が感じられていた。しかし、保育者は丁寧なかかわりが構造上実現困難な状態であるにもかかわらず、自らの保育が不

十分であるという保育不全感を全調査対象者が感知していた。保育者は 1 歳児保育の特質を踏まえた援助への志向と構造上の実現困難によるジレンマを抱えているといえる。

　自らの保育実践の目標とのズレは、目指している保育が実現できないという「十分な保育ができない」思い、つまり保育不全感として感知される。解決の方策が見当たらないジレンマが大きくなれば、保育者の否定的な自己評価やバーンアウトへと結びつく可能性もある。一方で実践の肯定感へつながる改善策が講じられたのは、その前の段階で保育不全感の感知があり、検討されたからであろう。保育不全感の感知は保育者の中で留まり続けるからこそ、改善への対策へとつながる側面と、積み重なることでバーンアウトにつながる側面とをもつ、保育者の専門性の向上へ向かうプロセスにおいて重要な要素であると考えられた。

　研究 1 調査 2 では、「十分な保育ができない」という保育不全感が語られた実践事例をもとに、各保育者が内的に感知する保育不全感がどのような実践プロセスにおいて生じ、またどのように実践に生かされていくのか、具体的に検討を行った。その結果、各保育者が、実践時において言葉にしないままに次々と内的に保育不全感を感知していると推測されること、しかしそれは、事後の省察等の中で言語化され共有されることで、新たな保育の構想を生んだり、保育の実施運営のあり方を再考したりする契機となっていくことが示唆された。

　研究 2 では、1 歳児保育における保育不全感に関連する要因となっている、かみつき・ひっかき等のトラブルと、実施運営上の条件との関連を検討した結果、以下の点が明らかになった。

①年度後半において、合計児童数または 1 歳児クラス所属児童数が増えるとトラブルの多さの感知が増える傾向がある。1 歳児クラスのかみつき・ひっかきのトラブルには、子どもの人数の低減が有効である可能性が示唆された。

②年度の後半においては、トラブルが多いと感知することが減少し、クラス人数との相関は見られなくなり、合計児童数で表される保育所の施設規模のみがトラブルの多さを感知するリスク要因として残る。

③8:30 ～ 9:29、10:00 ～ 10:59、15:45 ～ 16:59 の 3 回のトラブル高感知時間帯があるが、すべての高感知時間帯で、年度の後半ではトラブルの感知が減少する。子どもの登降園と保育者の出退勤が重なる時間帯については、子どもの登降園のピーク時間帯より早い時点に保育者のシフト時間帯をずらすことが、トラブル低減へ向けた効果的取り組みである可能性がある。午前中の遊びが中心となる時間帯では、1 歳児が自己を発揮しながら主体的に環境にかかわる経験を十分保障するための保育条件を検討する必要性が示唆された。

④排泄介助の時間帯にトラブルが多いと感知されており、生活習慣の自立に向けた個別の丁寧な援助を行うために、必要な保育条件を検討する必要性が示唆された。

　　⑤ ③と④の点は保育者のかかわりの内容と絡む性質から、保育不全感に関連がある
　　　ことが考えられる。

　これまでの検討で、個々の保育者が抱える保育不全感は、実施運営上の工夫によって改
善する可能性が示されたが、それが園レベルの実施運営面の改善に結びつくためには、何
らかの組織的取り組みが必要であると考えられる。研究 3 では、保育課程の編成を全職
員で取り組んだ園の事例を分析することにより、保育実践のとらえ直しがどのようになさ
れたか、またその中で個々の保育者が内的に感知している保育不全感はどのようにとらえ
られたのか、検討を行った。保育課程の編成プロセスにおいて、自らの保育実践と言葉で
のとらえ直しや保育者間で語り合い整理する省察的思考の往還が生まれていた。各保育者
が内的に感知した保育不全感が、園レベルで言語化、共有化し、認め合いとらえ直そうと
する、安心できる効果的なチーム形成につながり、その関係を基盤とした保育実践の再考
プロセスが進展していた。保育者間が保育不全感を共有したうえで、それを乗り越えるた
めに実践の意図を確かめ合い、語り合うことで、関係が深まり、共通理念をもって保育に
当たる同僚性が形成されていたことが示された。このことから、「十分な保育ができない」
と思う保育不全感は、同僚性による相互の支え合いにより、保育不全感を肯定的にとらえ
直し、具体的な改善を目指すことにつながっていく可能性や、計画的で一貫性のある保育
へ向かっていく可能性が示唆された。
　以上のことから、保育者が日常的に感じている保育不全感は、保育者個人の能力不足等
に起因するというより、構造的な条件、実施運営面の条件といった構造上の課題によって、
実践状況の困難さとして内的に感知されていること、またそれに対して園全体で言語化、
共有化し、時間帯毎の課題を探り、運営面のマネジメントを向上させることや、ねらいと
実践のすり合わせを行うことで、よりふさわしい園運営とねらいの下、効果的なチーム形
成と実践の改善へ向かうプロセスが駆動される側面をもつと考えられた。
　過剰に自らの保育が不十分であると毎日思い続けることは、職業継続の負担感が大きく
なるだろう。しかし、保育不全感を個人的に抱え込むのではなく、園内で、また同僚と共
に語り、とらえ直すことを通して、保育不全感をきっかけとした保育を見る目、子どもを
見る目が養われることもまた事実である。今日の保育不全感は、明日もう少しよく子ども
を見てみようと思うことや、こういう場面に着目して見てみようと思うこと、つまり、明
日の保育の課題により意識を向けて、保育を見ようとすることにつながっていると考えら
れる。つまり、保育不全感には、過剰になると保育者の危機につながる側面をもつが、保
育実践の質の向上へ向かう重要な契機になる側面ももつ。明日の保育実践の向上に向かう
契機としていく仕組みや保育者の共同体の形成が重要となる。
　また、実践の再考プロセスにおいては、津守（1980）の提起した「実践における思索」
と「省察における思索」の循環的プロセスが重要になると考えられる。保育不全感の内的
感知は、実践における思索において感知される。自らの保育はこの子どもにとって十分で

ないと内的に感知するといったことは、研究1の対象者全員が語っているように、実践においてはほとんど避けられないといっていいだろう。しかしそれは、実践における思索から省察における思索へと移行する中で、身体的・状況的に感知したことを、言語化したり、他の保育者と語り合ったりしてとらえ直すプロセスへと向かっていくことが重要である。「十分でない」という思いは保育者の中に留まり続け、「何とかしたい」という思いを駆動し、自らを、保育を、見つめ直すことに生かされていく。保育不全感は個人内に蓄積し続けると行き詰まり、実践者を追いつめる可能性がある。重要なことは、実践の場では反省的に考えることが難しいマインドフルな状態に置かれている保育者が、実践時の身体的・状況的感知に基づいて、保育不全感をとらえ直し、次の実践における構えを形成することであると示唆された。

2.　教育的瞬間の感知にかかわる構えとリソース

　保育不全感のうち、保育者の人数やシフト、保育実践のとらえ直しやねらいの微調整といった、実施運営面の工夫で改善が期待できる側面と、自由遊び場面のトラブルと保育不全感のようなさらなる検討が必要な側面とがある。研究4では、遊び場面において、保育不全感が現在進行中の実践の中で、どのように実践へと生かされているか、遊びの中でも1歳児保育における「絵本の読み聞かせ」場面を取り上げ、検討した。特に、絵本の読み聞かせの場に見られる相互のやりとりの文脈、また、そこにもち込まれている保育者の専門性の検討を教育的瞬間に焦点を当てて行った。

　その結果、保育不全感とは保育者内に留まり続け、また言語化、共有化されることで保育実践の再考プロセスを駆動する側面をもつだけでなく、実践の最中において展開力を生む側面をもつことが明らかになった。子どもとのズレ、その場で形成されたルールとの齟齬などから感知される保育不全感が、すぐさま構えを形成し、教育的瞬間を感知するものもあれば、実践のプロセスの中で蓄積されてきた保育不全感に軌道修正としての舵を切る教育的瞬間が立ち現れることもあった。いずれにしても、教育的瞬間の感知には、子どもとの相互行為の中で形成されるルールや活動展開において暗黙的に目指されているものがかかわっており、目指したいものがなければそのズレも感知されず、保育不全感も教育的瞬間も立ち現れない。目指したい実践があるからこそ、どのような子どもの行為に対してアプローチしようとするか、構えることが可能になり、その構えが形成されていることによって、教育的瞬間がキャッチできるのである。保育実践は多様な子どもや多様な文脈が入り交じるダイナミック・プロセスであり、その中で教育的瞬間をとらえるには、保育者が実践を焦点化してとらえるための構えが必要となる。

　研究5では、保育者が日常的に保育不全感を感知しているケースを取り上げることで、構えと教育的瞬間の関係の検討を行った。具体的には、3～5歳児クラスの担任保育者が、指導が難しいと感じる幼児に対して「今ここでかかわらねば」という思いが語られた保育場面の詳細な検討を行った。

　その結果、長期的な子どものとらえの中で短期的な子どもの変化（ターニングポイント）が感知されていることが、保育者の中に教育的瞬間の構えが形成されることになっていること、また、保育の目標が保育実践のリソースとなっており、教育的瞬間の感知につながっていることが示された。その中で、中堅以上の保育者においては、身体のわざとも呼べるような、視線と身体の動きの自覚的コントロールがなされていたこと、また子どもにとっての意味の転換や多様な意味の交流が生じるような援助がなされていたことが特徴として見られた。

　これらのことから、教育的瞬間の感知は、まず園文化や保育観など、文化的側面や具体的なその場の活動展開によっても大きく異なっていることが挙げられる。この教育的瞬間を感知するポイントの違いは、保育者や園が何に価値を置くのかによって、保育実践の中で保育者がかかわろうとするポイントの差を生むことを表している。そして、子ども一人ひとりへの援助においては、その子どもの育ちの課題をどのようにとらえているかによって、どこで教育的瞬間を感知するかが異なってくる。

　また、その教育的瞬間の感知は、向こうからやってくるものを自然とつかまえるというような性質のものではなく、保育者の中で子どもの変化の兆候を感知し、向こうから教育的瞬間がやってくるのではないかとうっすらとでも予期し、構えを形成していることによってとらえることができる、という性質をもっていた。多くの子どもが思い思いに過ごす保育実践の中では、見ようによってはあれもこれも教育的瞬間に見えるかもしれない。そこで保育者がどのようなことに価値を置き、どのような子どもの育ちをねらい、課題を感じ、かかわりを蓄積しているか、ということが重要になる。保育者が、子どもの育ちを願って試行錯誤する保育実践の大きな流れの中で、日々、子どもを丁寧にとらえ続けていく。そういった積み重ねの中で、少しの変化も見逃されなくなり、兆しが感知され、構えが形成されることで、ある日やってくる教育的瞬間は感知される。つまり、教育的瞬間の感知は、日々、子どもとの実践を丁寧に振り返り、詳細な子どもの姿をとらえ、蓄積していくことが基盤となって生じるものである。楠見（2012）は、暗黙知を状況に埋め込まれており目標指向的であると述べている。この教育的瞬間の感知は、保育者と子どもとの間で相互行為的に達成される遊びや活動の展開と密接に絡んでいること、また、その実践の基盤となっている文化的価値や保育観に影響を受けていること、さらには個別の子どもへの課題認識と保育目標が構えの形成と深く結びついていることが明らかにされた。しかし、その保育目標とは固定的なものではなく、実践のリソースの一つとして生かされているととらえられた。

3．課題の多発的状況における優先性の即応的判断

　保育実践とは多くの子どもの生活や遊びが同時に進行するプロセスである。研究6では、保育者が実際に行っている専門的な判断の重要な側面として、複数同時に生じる教育的瞬間への対応について検討を行った。その際、複数の子どもに対して教育的瞬間が次々と生

じることが予想される 1 歳児保育における食事場面を取り上げた。

　その結果、保育者は、食事場面でなるべく混乱が生じないように事前に綿密な環境整備を行っており、それが保育者の瞬時の判断を支える仕組みとして重要であると考えられた。また、食行動の援助は、手の援助行動の実践に先立つ目や耳の身体的・状況的感知があり、身体的・状況的感知がなされた段階で次の援助の構えが形成されていると考えられた。援助の対象に応じて手を動かしつつ、他の子どもに対する身体的・状況的な感知を同時進行で行っていることで、次に起こる教育的瞬間の感知と優先性の即応的判断がなされていた。優先性の即応的判断については、瞬時の価値判断が含まれる。その判断基準は、各園の方針がリソースとなっていると推察されたが、園や保育者により差が生じると想定される。

　優先性の即応的判断には、保育者が実践時に参照する何らかのリソースがあると考えられたが、個人差や園文化による差異があるとも考えられたため、18 名の保育者を対象とした観察・インタビュー研究で詳細な検討を行った。

　まず、インタビュー内容の分析の結果、保育者は、「子どもの姿」「保育援助」「ねらい」「保育不全感」「保育で重視するポイント」「予測」「保護者」「明日の援助計画」「遊び」「行動の意味」の 10 の保育実践のリソースをもっていること、特に子どもの姿については、繊細な質感の違いを保持した大量の情報を蓄積していることが明らかになった。これらは、保育実践における瞬時の判断のリソースとなっていると考えられ、本研究では、これらを保育実践のリソースとした。

　そのうえで、実践において複数の状況から自らかかわる状況を選択したことが明確に語られたケースについて検討した結果、過去の経験から得られた保育実践のリソースをリソースとしながら、現在のダイナミック・プロセスの中で展開する相互行為として、優先性の即応的判断が行われていた。その優先性とは A か B のいずれかを対象とするのではなく、A も B も対象として、援助の同時進行性と時機選択を組み合わせながら、それぞれにいつ、どのように、どの程度かかわるのかが判断されていた。また、過去から現在だけではなく、明日への見通しをもつための援助もなされており、過去−現在−未来のつながりの中で現在の状況が相互行為的にかたちづくられていた。一方で保育実践のリソースに依存し過ぎると、現在の状況の感知がうまく働かず、的確な判断を下すことが難しいことも示唆された。保育実践は現在の状況に関する繊細な感知があってこそ、リソースが埋め込まれた相互行為が展開でき、常に変わりゆくダイナミック・プロセスの中で的確な判断と実践がかたちづくられると考えられた。

　優先性が問題になるということは、保育者の中で、A の質感も B の質感も重要だと感知されていることが元にある。それぞれの子どもの育ちにとって今ここのかかわりが重要であるかもしれないと、保育者は教育的瞬間を複数感知する。そのとき、最終的にはどちらも満足できるかかわりを生むために、その場での自分の身体、時間、場所、子ども同士の関係性、活動の種類、保育者の連携体制など、相互に埋め込まれた状況の中で行為しつつ、今どこにどうかかわるかを判断している。保育者はできる限りどの子にも大切にかか

わりたいと願うが、それがどうにも不可能な状況において、それでもできる限りどの子も大切にかかわったと最終的に思えることに向かって、その専門性を振り絞るのである。

　こういった実践のさなかに突然生じる課題の多発的状況において、優先性が判断できるためには、ある程度の経験の蓄積が必要であることが示唆される。特に新任期などにはどうしてよいかがわからず、重たい保育不全感を感知することにもつながりやすいと想定される。研究６において、黒川（T）が山地（T）と担当児を交替したように、経験の蓄積がある保育者が若手をカバーしたり、課題の同時多発しにくいような環境整備を行ったりすることも重要であろう。

第 2 節　経験－現在の質感－ねらいのつながりの中で実践する保育者の身体的・状況的専門性

　本研究は、保育実践に見られる専門性を、保育者にとっての難しさを取り上げることで、保育不全感の感知、教育的瞬間の感知、優先性の即応的判断の３つの概念を中心に検討を行った。

　自らの保育実践が不十分であると感じる保育不全感は、研究１の対象者全員が語ったように多くの保育者が感知している。それは、日常的に感知されているちょっとした子どもとのズレから、かみつき等へうまく対応できなかったといった対応のまずさなど、多様な内容とレベルのものがあると想定される。保育者個人や個別的状況下で感知されるものもあれば、施設の実施運営面の構造下で感知されるものもある。この保育不全感は日常的に感知されるものであるので、蓄積することで保育者の自己評価の低下、深刻な場合はバーンアウト等を引き起こす可能性がある。実施運営面での工夫や構造面の改善によって軽減できる側面については、積極的に検討を行い、保育不全感の軽減につなげることが重要になる。

　一方、個人のレベルで日常的に感知されている保育不全感は、省察によりとらえ直しが行われる対象となっていく。なぜうまくいかなかったのか、どこが子どもとのズレにつながっているのかなど、その日の実践を省察することを通して、そのときの子どもの細かな様子や関係性、自らの援助や環境、遊びや活動などとの関係を思い起こし、記録したり、同僚に話したりしていく。しかし、言語化される部分はその一部である。その細かな実践のとらえは、保育者の中で言語化されたものもされていないものも含めて、質感と共に保育実践のリソースとして蓄積されていく。その蓄積は、細かな質感を保持した身体的・状況的な感知のレベルでなされていることで、今日の姿との細かな差異が感知されることにつながる。実践において感知される保育不全感は、明日のよりよい実践を生む契機となっていくと考えられる。

　保育不全感とは、保育者の中でズレや違和感としてうっすらと感知されたり、明確に混乱状況が生じて感知されたりするものであり、保育実践におけるおびただしい数の相互行為の中で浮上する感覚的とらえである。それは実践後にも気になることとして保育者の中で留まり続け、とらえ直し、考え続け、明日の実践でまたかかわり方を微調整する契機となる。保育者の中に留まっている保育不全感は、身体的・状況的な感知のレベルであり、とらえが細部にわたればわたるほど、感知したもの同士の細かな差異に気づくことにつながる。考え続けても意味が明確にならず、言葉にされないままに留まり続けることも多いが、「あれは一体何だったのか」と考え続けることが、次にその子どもと出会うときの構えになっていく。保育とは一回性の実践であり、二度と同じ状況は生じないが、日常のルーティンや時間的枠組みがあることで、同じような状況が繰り返される側面ももつ。たとえば、昨日の絵本の読み聞かせは混乱状況で終わってしまったが、それはAちゃんが途中で関係ない発言をしていたことから始まった、あれは何だったのか、とそのときの状況を思い浮かべ、身体的・状況的感知を振り返っていく。そのとき一昨日絵本を読んだときの場面や、クラスで集まったときに関係ない発言をする別の場面でのAちゃんが思い起こされる。そこにある似たような感覚を覚え、さらにどういう状況であったかともう一度とらえ直そうとする。この繰り返しの中で、絵本の読み聞かせの場面や、Aちゃんの行為に何らかの一様性が浮上してくることがある。こういう状況になると、ああなりがちなのではないか等、正解のない試行錯誤の中で、ああかもしれない、こうかもしれない、と考える。明日こんなことが起こったらこうしてみよう、こんな発言が出てきたらこう返してみよう、こんなふうにならないように環境はこう整備しよう、絵本はこういう内容にしてみようなど、想像世界で対応をシミュレーションする。その中で、保育者の中で絵本の読み聞かせの時間に目指したいことや、Aちゃんにこんなふうに育って欲しいと願う成長の姿がイメージされる。何を大切にしたいから、どんなふうに育って欲しいから、今日のAちゃんの行為が気になるのか、保育の課題が明確になり、そこから保育の方針や目標、ねらいが次第に明確になっていく。これが明日の実践でどんな場面でどんな姿をとらえたいか、という構えになっていくと考えられる。

　そして、次の日の絵本の読み聞かせの場面を迎えると、昨日よりさらに繊細にとらえようとするだろう。Aちゃんの座る位置、座りに来たタイミング、その周辺で起こっていること、視線、絵本までの一日の様子、昨日読んだ絵本と今日読む絵本の違い、何がどうその場に作用しているか、全身の感覚を使って感知しようとする。その場の状況を生み出しながら、同時に体感的にその状況で生じている事柄の質感をとらえていく。保育者は昨日の場面をとらえ直し、課題を明確にし、かかわりの方針や目標、ねらいを頭に入れて、実践の場に身を置いている。しかしそれは、すべて言語化されることはない質感と共に保存されており、その過去の質感と現在の質感のズレが何らかの意味を感知させる。それは構えがあるところに引っかかってくる質感である。逆にいうと、構えのないところには無数にある質感をとらえようがない。

　Schön（1983/2007）は「現実世界では、諸問題は所与のものとして実践者の前に現れるわけではない」（2007, p.40）として、「問題状況」を「問題」へと移し替えるために、実践者は不確かな状況に一定の意味を与えていかなければならないと述べ、フレームの考え方を提示する。

　　問題の設定は、問題を技術的に解決するための必要条件である。しかし、問題の設定それ自体は、技術的な問題ではない。問題を設定するとき、私たちは状況の中から「事項」として取り扱えるものを選びとり、注意を向ける範囲を定め、問題に一貫性を与え、何が間違いでどの方向に変えなければならないかを言えるようにする。問題の設定とは、注意を向ける事項に〈名前をつけ〉、注意を払おうとする状況に〈枠組み（フレーム）を与える〉相互的なプロセスなのである。（中略）混乱している問題状況に枠組みを与えるのは技術的ではないプロセスであり、この非技術的なプロセスを通して私たちはようやく、達成しうる目的と、その目的の達成を可能とする手段とをともに組織し、明確なものにすることができる。（2007, pp.41-42.）

　Schön はこのように述べ、「技術的熟練を発揮するのに必要な条件を創り出すのは、『名前をつける』ことおよび『枠組みを与える』作業である」（2007, p.42）とした。しかし、保育実践の現実からいうと、問題ととらえて名前をつけ、枠組みを与えるというような明確なものばかりでない。畠山（2018）は、Schön のフレームの考えを用いつつ、無意識的な側面を含めて「保育者が無意識的、意識的に実践の中に起こる出来事を包括＝理解し、行為につなげる際の基盤・基準」（p.11）と定義して、フレームを通した状況理解と保育実践のありようを検討した。保育実践場面の観察とその後のインタビューによって、①保育者はフレームによって問題状況を問題とし、問題を解決するために対応していること、②複数のフレームによって、一つの問題状況から問題を構成する場合もあること、③保育者がもつフレームは、それ以前の子どもとのかかわりによって得られた子ども理解、保育者の発達観を基にした期待や願いが影響していることの 3 点が明らかになったという。たとえば、男児 A が保育者のいる砂場から離れたり、戻ってきたりと砂場遊びを中断させてしまう姿を問題状況として、保育者は「近くに居て欲しそうだ」というフレームによって、見守りや寄り添いが必要であるという問題を構成し、つかず離れず、見守るといった対応をしているという事例が挙げられている。この事例は本論文の研究 7 で取り扱った N 保育者とヒサノリの事例と少し似ている。畠山は「保育者の子どもへの関わりや対応においては、問題解決のための方法を考案するよりも先に、フレームによる問題の構成が行われることを示唆している。つまり、実践知に基づく対応そのものは、フレームによって影響されることを示していると考えられる」（p.18）とし、また「保育者が構成したフレームによって判断し、対応する姿が明らかになった」（p.18）と述べている。たとえ

ば畠山の事例で「近くに居て欲しそうだ」というフレームによって「見守りや寄り添いが必要である」という問題を構成したとして、なぜ「つかず離れず、見守る」という対応になるのだろうか。近くで見守るということもあるだろうし、一緒に遊ぶことを通して寄り添うということもあるだろう。つまり、フレームによってある行為が浮かび上がって見えるにしても、その対応は細かな状況との相互行為において達成されるのではないだろうか。

　本論文で述べる構えは、あくまで構えであり、対応の具体を決定するものではない。また、必ずしも問題解決のために問題を構成するものでもない。フレーム（枠組み）という考え方は、枠の内と外を生み出す。枠外のものを取りこぼさないように、複数の枠組みや調整がなされると考えることができるかもしれないが、保育者はある方向性や焦点をもちつつも、幅広く構えて実践の場に立つのではないか。ストライクゾーンばかりではないボール球や時には暴投もあることに構えつつ、さらにその子どもをよくとらえようとしていくのではないか。たとえば、本論文で取り扱ったN保育者はヒサノリが「落ち着かない」ことや「来てというのはすごい思ってる」こと、「何をして遊ぶか、まだ見つかっていない」と思われることを問題としたととらえられるかもしれない。しかし、問題を解決しようとして「つかず離れず」という方法を採ったわけではなく、「ちょっと見ていこうかな」としたのである。つまり、どのように展開するか、具体的な状況の中でヒサノリの行為を見ていくために、ヒサノリから離れることを選択していると考えられた。この「ちょっと見ていく」という構えは、特定の行為というより、遊びがまだ見つかっていないと見える行為の変遷をとらえようとするものである。

　本研究における構えとは、保育不全感を感知し、ある子どもの姿をとらえたいという思いが出てきたときに、明確に名前をつけないままにいるものも含めて、ある子どもの行為を見ていこうとするものである。この見ていこうとする行為の幅は、その目的に応じて異なる。ヒサノリのケースでいえば、「ちょっと見ていこう」という不明瞭な目的であり、ヒサノリがどういう行為を取るかは、幅広い可能性がある。一方、たとえば絵本の読み聞かせの場面で場の中心部分に入り込もうとする行為を止めようとするときは、かなり焦点の絞られた構えを形成する（表5-7参照）。

　このように、保育者の中でとらえたい子どもの姿が出てきて、実践中にある行為を見ていこうという構えをもつことがあり、その構えがあることによって、教育的瞬間を感知することが可能になっていた。たとえば、研究4で明らかになったように、同じ絵本の読み聞かせとされる場面であっても、教育的瞬間が感知されず、読み聞かせが生起しないということが見られた。保育者が絵本の読み聞かせ以外のことに構えを形成していた可能性があるが、いずれにしろ、絵本の読み聞かせに関する構えが形成されていなければ、読み聞かせは自然発生的に生起することはないのである。van Manen（1991b）は、能動的な出会いactive encounterが教育的瞬間だと述べるが、まさに保育者が能動的に子どもの行為に出会い、意味づけ、受け止め、共に行為していくことで教育的瞬間が形成される。能動的に出会うためには、無数にある子どもの行為の中から、ある行為について教育的な

意味づけをする構えをもっていなくては見出せない。

　ある遊びや活動に焦点を当てた場合、その遊びや活動にどのような教育的な意味を保育者が見出し、その場の相互行為を形成しているかということに、教育的瞬間の感知のありようは大きく左右される。集団での活動を保育者が提示する中では、ルールからの逸脱が教育的瞬間の感知となったり、場の混乱につながるような行為には教育的瞬間が感知されたりする。一方、子どもが遊びや活動に集中しているときには、その中での会話や行為のやりとりに保育者が能動的にかかわろうとするといったものになる。さらに、子どもの姿から感じられている課題意識を基にした保育の目標やねらいがあることが保育実践のリソースとなり、具体的なかかわりにおける教育的瞬間の感知につながっていることが明らかになった。鹿毛（2007）は、教師がもつ「ねがい」や「ねらい」を「教育的なまなざし」と言い換えることが可能かもしれないと述べ、その視点から子どもの様子をとらえ、意味づけ、価値づけることを指摘している。本論文の研究 5 の調査対象者 18 名の保育者は、すべてある子どもの育ちに対して「ねがい」や「ねらい」をもっていた。そういったねがいやねらいのある教育的まなざしをもって子どもの行為に出会うことで、今日の行為の質感が意味づけられ、どの瞬間にかかわるかが感知されると考えられる。本研究は研究の手続き上、「今ここでかかわらねば」という思いが語られたケースの分析を行っているという限界がある。また、継続的な保育の営みの中で教育的瞬間がいつ立ち現れるかはわからないが、本研究は一人につき一日の観察・インタビューという限界もある。しかし、その方法の限界の中でも、7 つのケースについて教育的瞬間の分析を行うことができた。その7 つのケースは共通してすべて子どもの変わり目（ターニングポイント）を感知していた。まさに鹿毛のいう教育的まなざしをもって見るからこそ見えてくる子どもの変化である。運動会の後から少し保育者との関係が違うであるとか、周囲の友達との関係の中で遊びきれない様子が見られるようになっているとか、最近初めて泣くという表現で感情を表したとか、それぞれ個別の内容であるが、そこにはその変化を感じる前からもっている保育者の課題認識がある。課題認識があるからこそ、気になる姿をよく見ようとし、少しの変化に気づくことができる。その少しの変化に気づくことは、保育者がそこに能動的にかかわろうとする契機となっている。研究 5 の G 保育者が「今チャンスかな」と端的に語っているように、保育者は日常的な行為の中から、変化を察知し、意味づけるだけでなく、さらなる変化を生む契機を読み取り、いかにしてかかわるかという構えを形成するのである。こういった、保育者の教育的瞬間への構えがあるからこそ、その瞬間を逃さずに感知し、かかわることが可能になる。

　しかし、ここでさらに考えなければならないのは、保育実践は集団で行われているという点である。研究上は一人を抽出して検討することが可能であるが、実践上は、何人もの子どもがいる中で、問題は複数、多様な内容としてあり、それらの文脈は絡み合っているのが通常である。さらに、保育実践は時と共に流れていく。時間も子どももそう待ってはくれない。保育者はその絡み合った文脈の中で、いかにして瞬間の判断を行うのか。ここ

には非常に高度な専門性があると考えられる。

　この瞬間の判断を、本研究では優先性の即応的判断として検討した。複数の教育的瞬間が同時に立ち上がったとき、一人の保育者はいかにして優先性の判断を行うのか。

　検討の中で明らかになったのは、保育者は同時に援助を成り立たせるための身体的・状況的専門性を発達させているということである。たとえば、1歳児の食事場面において、同時に進行する1歳児の食行動を、手で援助している対象と、目でとらえている対象が別であったり、食材の色などの話をする対象が別であったりするのである。ある子どもがうまくスプーンですくえないときに不満気な声を上げると、他の子どもに対して介助スプーンで食べ物を差し出しながら、援助の必要性を目で確認するといったことを行い、次の瞬間に手が介助スプーンを次の援助対象の子どものスプーンに取り替えるといったことを行っていくのである。複数の教育的瞬間が同時に立ち上がることがむしろ常態であり、その対応のために徹底した環境整備をし、また、手と目と耳と口が別の対象をもつという高度な身体的・状況的専門性が見られた。

　また、優先性の即応的判断は、その場でAかBかと援助の対象を判断するのではない。保育時間の全体性の中で、複数の援助を位置づけ、保育を組み立てる性質のものである。前述したように、保育者は同時に複数の状況にかかわり援助することも行うが、ある一人の教育的瞬間にかかわることを選択する場合もある。保育実践は、状況依存性が高い特徴がある。一人ひとりの子どもが見せるその時々の姿や複数の子どものかかわり、保育時間の流れ、保育者の配置とシフト時間、園バスの出発・到着時刻、遊びや活動の特徴や流れなど、多様なリソースが相互に埋め込まれた中で、保育実践の文脈は形成されている。そこで生じる複数の教育的瞬間に対して瞬時に対応していくには、保育実践のリソースの蓄積が助けとなると考えられる。それは、その時々の子どもの姿の微細な様子や状況と共に蓄積されたリソースがあることで、今目の前で生じている行為との差異が感知されるからである。また、その数々の状況下における子どもの姿を重ねることで一人ひとりの特徴が浮上してくる。そのことで一人ひとりの子どもに対するねがいやねらいがプランとなって保育者の頭の片隅に留まり、実践の方向づけとなって織り込まれていくからである。その場その時の状況にある多様なリソースと、保育者が保持している保育実践のリソースをリソースとして、今目の前に展開する複数の教育的瞬間に即応的にかかわっていく。その優先性の即応的判断は、保育の時間的全体性の中で、援助の同時進行性と時機選択を生かしながら、ローカルな相互行為として繰り出されていくと考えられる。

　保育者は、実践において身体的・状況的に感知した保育実践のリソースを蓄積し続ける。昨日と今日、今朝と今の子どもの姿の違いを感知し続けていく。子どもの姿と自分の実践やねらいとのズレから、実践が不十分であると感じる保育不全感を感知すると、何がどうズレたのか、そのときの状況と身体的・状況的な感知を思い起こし、詳細にとらえ直そうとする。そのことが、次の日の子どもとのかかわりにおいて、さらに詳細に子どもの姿をとらえようとすることにつながっていく。

　そういった次第に繊細になっていく保育者の実践における感知は、その状況と共に蓄積されることによって、子どものある変容をとらえ出す。前言語的なとらえであることも多いが、「何か最近感触が違う」というような質感の差異が、教育的瞬間への構えを形成することにつながっていく。構えは、こういう状況が生じたらこういう行為が起きないか気をつけて見ておこうという非常に細かな焦点化がなされるものもあれば、どういうことをするかちょっと離れて見てみようというような、幅広い構えがなされることもある。それは保育者がその子どもや状況にどのような課題認識をもっているかによって異なる。いずれにしてもその構えによって、子どもの今ここにかかわるべきという教育的瞬間を感知し、かかわりを繰り出すことが可能になる。

　状況依存性の高い保育実践では、その場で生じる複雑な文脈に応じるために、多様なリソースがもち込まれている。一つのリソースは他のリソースに埋め込まれ、相互に文脈を形成するが、特に膨大な量を蓄積している保育実践のリソースは、現在の状況との相互関係の中で適切なリソースとなる。たとえば、昨日までの子どもの姿は、あくまで現在の子どもの姿を起点とした差異に気づくリソースとして埋め込まれているとか、プランは計画通りにことを運ぶためではなく、現在の子どもと相互にかかわる中で大まかな方向性を示すリソースとして埋め込まれているということが重要である。現在の状況に起点を置かずに過去に蓄積された保育実践のリソースのみを頼りに実践することは、現在生じているかもしれない子どもの重要な変化の兆しを見逃し、教育的瞬間を感知できずにかかわる時機を逸してしまうことにつながる。しかし、多様な教育的瞬間がそこここに生じる可能性をもつ複雑な保育実践においては、教育的瞬間を見逃す可能性が高い実践でもある。隣のクラスの担任やフリーの保育者と実践を振り返るときに、知らなかった子どもの姿を知ることが重要な理由の一つは、自らがかかわっていない場面や異なる視点からの子どもの姿を知ることが新たな構えを形成することを可能にするからである。保育実践は一回性の特徴をもつが、継続性も重要な特徴である。今日の実践は明日の実践につながっている。今日見逃したことへの気づきは、明日、場面や人に焦点化するなどしてよりよく見ようとすることにつなげていくことができる。こういった継続性を生かすことで、新たな実践のひろがりや深まりへの発展が望める。

　保育者は、具体的な実践で得た身体的・状況的感知に常に立ち返りながら、その質感をつかみ、確かめ、時に言語化・共有化し、再び身体的・状況的にかかわっていく。保育実践のリソースの蓄積と実践は常に同時に進行する。過去－現在－未来という時間的つながりと展望の中で、現在の質感の身体的・状況的感知を重要なリソースとして相互行為的に展開していくのが保育実践なのである。

　保育実践に見られる身体的・状況的専門性とは、保育実践のダイナミック・プロセスの中で、自らも子どもと共に遊ぶ存在としてかかわり続ける中で発揮される。かかわりの中で身体的・状況的に感知される保育不全感は、保育者の中で留まり続け、保育実践を再考させる。再考するというのは、あるときはすでに実践後であり、子どもと離れている時間

であるが、そのときでさえ、保育者はこの身体的・状況的感知に立ち戻る。「先生」と言ってきたときの子どもの表情や視線、手をつないだときに握り返してくる感触、涙の出ていない泣きや、初めて見せる怒り。その一つひとつの具体的な感知は、意味が確定しないままに保育者の内部に留まっているのである。その意味をたぐり寄せるようにその内的な感知に何度も立ち返り、可能性を探っていく。その意味は、再びその子どもと出会ったときに、相互行為の中で確かめられていく。教育的瞬間が複数同時に立ち上がり、今日はAの援助を先にと思ってやったけど果たしてどうだったか、と後から思うときも、やはり、具体的な実践における身体的・状況的感知に立ち戻り、AやBやCの動き、表情、声、遊びの展開などの網の目をさまざまに解きほぐしてシミュレーションし直していく。同じ状況は二度と起こらない。にもかかわらず、保育者は細かな身体的・状況的感知をもとに、実践を問い、明日へ向かう。

　また、あるときは、実践中に積もり積もった保育不全感によって、このままでは上手くいかないと子どもとの相互行為の展開の中で迫られ、展開の舵を切っていく。それもまた、進行する相互行為における保育者の身体的・状況的感知によってなされるのである。舵を切ったそのときに感知される子どもの行為の変化に、手応えを感じて次の行為を実践していく。再び保育不全感を感知すれば、なおも再考プロセスを駆動していくだろう。

　何度身体的・状況的感知に立ち戻り、実践においてまたその意味を確かめようと探り、と繰り返しても、子どもの行為の意味が確定することはない。より確からしい感触や手応えを求めつつ、確定した答えが出ることを求めているのではない。保育者はむしろ、身体的・状況的感知が最も真実に近いとそこに立ち戻り、子どもにとっての意味の可能性を探索するところに楽しみを見出すのかもしれない。

　保育実践に見られる専門性とは、このように言葉以前の身体的・状況的感知に何度も細やかに立ち戻り、また実践へと展開していくものである。この身体的・状況的感知と実践のサイクルを能動的に生きることが、保育実践に見られる専門性の核である。

第3節　今後の課題

　保育不全感の感知については、離職率を高める可能性もはらんでいる。離職へと向かわせる要因の検討がなされる必要があるだろう。この点については、新任保育者のリアリティ・ショックの検討や、保育者のバーンアウトの検討、保育職における職場ストレスの研究など、近年増加しつつある研究領域でもある。本研究で示唆されたこととしては、保育不全感は蓄積されるプロセスがあること、しかしそれが園内で言語化・共有化され解決へ向かおうとするプロセスを駆動する場合には、保育実践の改善に向かう工夫につながっていくということであったが、逆の場合は深刻なケースへとつながると懸念される。言語化・

共有化が難しい要因とはどのようなものか、園文化、同僚性やメンタリング、専門家としての成長プロセス、指導の難しい子どもとの関係形成、保育補助等の園内リソースとの関係など、検討が必要である。また、離職者は保育者の家庭的状況等の影響も受けるので、そのすべてが保育現場における条件の改善等で解決できるものではないが、離職者がほとんど出ない園のグッド・プラクティスの解明も進めるべきであろう。

　教育的瞬間については、本論文においては、保育不全感を起点としたものから検討を行ったが、たとえば、子どもの探究プロセスを深める教育的瞬間など、必ずしも保育不全感を起点とするものばかりではない。保育者が子どもと共に遊ぶ中で方向転換を図るときや、考えさせる一言を発するときなど、相互行為の詳細な分析によって保育者のタクトフルな実践が明らかになるのではないか。本論文では、保育実践におけるタクトについて検討することはできなかった。しかし、子どもが主体でありながらも遊びを深めていくことができるように支えるとは、子どもの遊びのプロセスの中で、どのような相互行為的展開がなされるときに生じるのか、その解明は遊びを中心とした指導の理解を進めるうえで、重要であると考えられる。

　これらの保育不全感の感知、教育的瞬間の感知には、多様な内容が含まれていることも示唆された。今後はその内容の精査をさらに進めていくことも求められる。

　優先性の即応的判断については、保育実践にあるさまざまな場面における検討が進む必要があるだろう。朝の受け入れ場面、登園から遊びへ展開していく場面、片付け場面など、場面による特徴があるかもしれない。本論文では 1 歳児と 3 ～ 5 歳児の保育を研究対象としたが、1 歳児の担任保育者の実践行為と 3 ～ 5 歳児の担任保育者の実践行為はまったく異なっていた。1 歳児の食事場面と 5 歳児の食事場面を想像するだけで、その援助に求められる専門性がまったく異なることは理解できるだろう。特に優先性といった価値判断が大きくかかわる内容については、子どもの年齢によってどのような違いがあるのかということも、検討課題である。また、実践における個別具体的な展開の中で、特に重視される事態というものもあろう。さらには、保育者や園文化によって、優先性という価値づけが異なることは十分想定される。その調査においては、個々のフィールドにある多様なリソースを調査者が理解する必要があり、エスノグラフィックな手法が採られる必要があるのではないだろうか。また、優先性の即応的判断には、子どもから発せられる援助ニーズを把握して重みづけしたり、時機判断をしたりすることが必要であるので、ある程度の経験の蓄積がそれを可能にする条件となっていることが想定される。保育者の経験や成長と優先性の即応的判断が可能になるプロセスの検討も行わなくてはならないだろう。本研究において、保育実践のリソースが現在の保育行為のリソースとなっていることが明らかになったが、蓄積には経験が必要であることはいうまでもない。研究 5 において、中堅以上の保育者には、身体的・状況的感知に基づく視線と身体の繊細なコントロールや意味転換の援助といった実践の特徴が見られた。研究 6 の食事場面の援助を検討した保育者の経験年数は 16 年である。今後、この身体的・状況的専門性にはどのような成長プロセス

が見られるのか、検討する必要がある。どのような養成や研修が効果的であるのか検討を行ううえで、これらの点を明らかにしていくことは重要であると考えられる。

　また、身体的・状況的専門性は、固有のローカルな具体的実践において見られるものだが、保育者自身が認識することが難しい側面ももつ。保育者の内的な感知についての研究は、その研究手法上の課題をはらんでいる。保育不全感、教育的瞬間、優先性の即応的判断のどれもが、保育者の中で明確に認識され、語られるものばかりではなく、むしろ、身体的・状況的に感知され、言語化されないままのものが膨大にあると示唆された。言語化されないままにある保育不全感、教育的瞬間、優先性の即応的判断を、どのような根拠や定義をもって、具体的な事象の中から分析対象を抽出し、検討することができるか、研究方法の検討をさらに進めることが求められる。さらには、実践者にとって言語化が難しい面があるならば、それをいかにして共有化できるのかは重要な課題であろう。

　保育実践において行為の側面は重要であるが、その行為は保育実践のリソースや園文化や保育理念の影響も受けている。今後は映像分析技術の進歩を取り入れつつ、行動レベルの分析に終始するのではなく、あくまで行為としての意味がどのように相互行為的に形成され、展開しているのかに着目し、明らかにしていく方法の検討がなされるべきであろう。

　本論文は、保育実践に見られる保育者の専門性を具体的に実証することを目指したものであり、当然ながら保育以外の教育実践について、本論文のデータから論じるには限界がある。しかし、不全感や教育的瞬間、優先性の判断は、たとえば小学校以上の教育現場においても、それぞれの実践の特徴を帯びながら、教師のもつ専門性として見られるのではないだろうか。保育以外の教育実践との比較によって、それぞれの概念のもつ普遍的な側面や領域固有の特徴がさらに浮き彫りにされることが期待できる。

　また、実践という時間的な流れの中で瞬間的に立ち表れる保育者の専門性に焦点化して検討を行ったところに、本論文の特徴がある。その瞬発的な側面に焦点を当て、議論を先鋭化するために、今回の検討においては、熟達という専門性の長期的な発達についての議論はあえて行わなかった。たとえば、保育実践のリソースの蓄積や身体的・状況的感知の質的な差異等、熟達という長期のスパンにおいて検討すべき課題が残されている。

　本論文で取り上げた事例に見られる保育者の専門性は、非常に具体的レベルであるがゆえに、その保育者一般に見られる専門性といえるのか、という点についてはさらなる検討が必要である。本論文では遊びを中心とした保育を行っている園を対象としているが、絵本の読み聞かせ場面一つ取っても、その実践と発現している専門性のありようは大きく異なっていた。保育実践のリソースについても、本論文では18名の対象者の語りをまとめたものとして提示しているが、個々のもっているリソースはそれぞれに個性的なバランスや量である。個々の保育者による違いと、保育者一般に見られる専門性とを議論していく必要がある。その議論を深めることによって、「保育者になる」とはどういう具体を指すのか、どのような個別性と一般性があるのかが明らかにされ、さらにはそういった検討を積み重ねることで、保育者の熟達における個別性と一般性が明らかにされる可能性がある。

　また、園の中で共有されている理念の下に実践が行われているとすると、ある集団において共有されている身体的・状況的専門性があると考えられる。本論文において W 園の食事場面において見られる身体的・状況的専門性をある保育者に焦点を当てて検討したが、たとえば W 園のコミュニティにおいて共有されている範囲、育児担当制を敷いている保育所コミュニティで共有されている範囲、保育所一般で共有されている範囲、施設種別を超えて共有されている範囲とあるだろう。専門性はコミュニティにおいて、どのように伝えられ得るか、という議論にもつながるものと考えられる。

　さらに、本論文では、身体と状況と切り離すことができない専門性の実践的な側面に焦点を当てたことで、脱身体的・脱状況的側面との関係については十分論じられていない。言語化・共有化については、個々の保育者のもつ身体的・状況的感知から脱身体化・脱状況化していく側面もあるが、本論文においては実践に還っていく部分に焦点を当てた。しかし、たとえば、園外研修で講演を聞くなどの経験が、どう具体的な身体的・状況的専門性と結びつき、理解されていくのかといったことは、専門性の議論において重要な内容である。保育者の身体的・状況的専門性と、もう一方の脱身体的・脱状況的な側面は連続的であり、かつ相互に触発し合う関係が想定される。この点についても、今後の検討課題としたい。

阿部和子 (1999) 子どもの心の育ち──0 歳から 3 歳：自己がかたちづくられるまで. 萌文書林.

阿部和子 (2000) 乳児保育再考Ⅱ──1 対 1 ということ. 聖徳大学研究紀要短期大学部, 33, 63-70.

阿部和子 (2003) 乳児保育再考Ⅴ──1, 2 歳児の保育室の環境について. 聖徳大学研究紀要短期大学部, 36, 57-64.

阿部和子・前原寛 (編著) (2009) 保育課程の研究──子ども主体の保育の実践を求めて. 萌文書林.

秋田喜代美 (1996) 教師教育における「省察」概念の展開──反省的実践家を育てる教師教育をめぐって. 森田尚人・藤田英典・黒崎勲・片桐芳雄・佐藤学 (編), 教育学年報 5 教育と市場 (pp.451-467). 世織書房.

秋田喜代美 (編著) (2000) 教師のさまざまな役割──ともに学び合う教師と子ども. チャイルド本社.

秋田喜代美 (2002) 保育者の専門的成長. 小田豊・榎沢良彦 (編), 新しい時代の幼児教育 (pp.169-190). 有斐閣.

秋田喜代美 (2016) 保育学としての問いと研究方法. 日本保育学会 (編), 保育学講座 1 保育学とは──問いと成り立ち (pp.91-121). 東京大学出版会.

秋田喜代美 (2018) なぜいま、あらためてレッジョ・エミリアか. 発達, 39（156）, 2-7. ミネルヴァ書房.

秋田喜代美・佐藤学・岩川直樹 (1991) 教師の授業に関する実践的知識の成長──熟練教師と初任教師の比較検討. 発達心理学研究, 2(2), 88-98.

秋田喜代美・箕輪潤子・高櫻綾子 (2008) 保育の質研究の展望と課題. 東京大学大学院教育学研究科紀要, 47, 289-305.

天野珠路・増田まゆみ・上村初美・相澤千枝子 (2009) 保育課程をどうつくる？ 保育の友, 57(2), 10-25. 全国社会福祉協議会.

Archer, C., & Siraj, I. (2017) Movement environment rating scale (MOVERS) for 2-6-year-olds provision: Improving physical development through movement and physical activity. Stoke-on-Trent, Staffordshire: Trentham Books Ltd.

アーチャー, C., & シラージ, I. (2018)「体を動かす遊びのための環境の質」評価スケール──保育における乳幼児の運動発達を支えるために (秋田喜代美, 監訳, 淀川裕美・

辻谷真知子・宮本雄太 , 訳). 明石書店 . (Archer, C., & Siraj, I. (2017) Movement environment rating scale (MOVERS) for 2-6-year-olds provision: Improving physical development through movement and physical activity. Stoke-on-Trent, Staffordshire: Trentham Books Ltd.)

Arnett, J. (1989) Caregivers in day-care centers: Does training matter? Journal of Applied Developmental Psychology, 10(4), 541-552.

朝生あけみ・斉藤こずゑ・荻野美佐子 (1991) 0 ～ 1 歳児クラスのいざこざにおける保母の介入の変化 . 山形大学紀要教育科学 , 10(2), 217-228.

芦澤清音 (2014) 保育の物語と保育者の実践知——1 歳児クラスの保育エピソードに見られる保育士と子どもの対話から実践知を探る . 帝京大学教育学部紀要 , 2, 231-243.

芦田宏・秋田喜代美・鈴木正敏・門田理世・野口隆子・小田豊 (2007) 多声的エスノグラフィー法を用いた日独保育者の保育観の比較検討——語頻度に注目した実践知の明示化を通して . 教育方法学研究 , 32, 107-117.

ベナー , P. (2005) ベナー看護論 新訳版——初心者から達人へ (井部俊子 , 監訳 , 井部俊子・井村真澄・上泉和子・新妻浩三 , 訳). 医学書院 . (Benner, P. (2001) From novice to expert: Excellence and power in clinical nursing practice, commemorative edition, 1st edition. New Jersey: Prentice-Hall, Inc.)

Bernstein, B. (1975) Class, codes and control (Volume 3): Towards a theory of educational transmissions. London: Routledge & Kegan Paul Ltd.

バーンスティン , B. (1985) 教育伝達の社会学——開かれた学校とは (荻原元昭 , 編訳). 明治図書出版 . (Bernstein, B. (1975) Class, codes and control (Volume 3): Towards a theory of educational transmissions. London: Routledge & Kegan Paul Ltd.)

知念みね子 (2018) 「食べる」を支える保育者自身の気持ちと専門性 . 中坪史典 (編著), テーマでみる保育実践の中にある保育者の専門性へのアプローチ (pp.62-63). ミネルヴァ書房 .

Dewey, J. (1910) How we think. New York: D.C.Heath & Co.

デューイ , J. (2013) 行動の論理学——探求の理論 (河村望 , 訳). 人間の科学新社 . (Dewey, J. (1938) Logic: The theory of inquiry. New York: Henry holt & company, Inc.)

Eisner, E. W. (1977) On the uses of educational connoisseurship and criticism for evaluating classroom life. Teachers College Record, 78(3), 345-358.

Eisner, E. W. (2003) Educational connoisseurship and educational criticism: An arts-based approach to educational evaluation. In Kellaghan, T., Stufflebeam, D. L., & Wingate, L. A. (Eds.), International Handbook of Educational Evaluation, Part One: Perspectives (pp.153-166). Dordrecht: Kluwer Academic Publishers.

Elbaz, F. (1981) The teacher's "practical knowledge": Report of a case study.

Curriculum Inquiry, 11, 43-71.

Elbaz, F. (1983) Teacher thinking: A study of practical knowledge. New York: Routledge.

Endsley, M. R. (1995) Toward a theory of situation awareness in dynamic systems. Human Factors, 37(1), 32-64.

Endsley, M. R. (2006) Expertise and situation awareness. In Ericsson, K. A., Charness, N., Feltovich, P. J., & Hoffman, R. R. (Eds.), The Cambridge Handbook of Expertise and Expert Performance (pp.633-651). New York: Cambridge University Press.

榎沢良彦 (1995) 保育学の基本的特質 . 保育研究 , 15(4), 53-62. 建帛社 .

榎沢良彦 (1997) 園生活における身体の在り方――主体身体の視座からの子どもと保育者の行動の考察 . 保育学研究 , 35(2), 258-265.

榎沢良彦 (2004) 生きられる保育空間――子どもと保育者の空間体験の解明 . 学文社 .

榎沢良彦 (2016) 保育者の専門性 . 日本保育学会 (編), 保育学講座 4 保育者を生きる――専門性と養成 (pp.7-25). 東京大学出版会 .

榎沢良彦 (2018) 幼児教育と対話――子どもとともに生きる遊びの世界 . 岩波書店 .

Flack, Z. M., Field, A. P., & Horst, J. S. (2018) The effects of shared storybook reading on word learning: A meta-analysis. Developmental Psychology, 54(7), 1334-1346.

Fletcher, K. L., & Reese, E. (2005) Picture book reading with young children: A conceptual framework. Developmental Review, 25, 64-103.

藤井里咲・定行まり子 (2016) 1 歳児保育室における空間構成と子どもたちの活動について――関東圏内における 2 つの保育所を事例として . 日本女子大学大学院紀要家政学研究科・人間生活学研究科 , 22, 123-132.

藤岡佐規子・八木義雄 (1998) 集団保育における低年齢児のかみつきについて . 保育と保健 , 4(1), 34-38.

福島真人 (編) (1995) 身体の構築学――社会的学習過程としての身体技法 . ひつじ書房 .

福島真人 (2001a) 暗黙知の解剖――認知と社会のインターフェイス . 金子書房 .

福島真人 (2001b) 状況・行為・内省 . 茂呂雄二 (編著), 状況論的アプローチ 3 実践のエスノグラフィ (pp.129-178). 金子書房 .

Gardner-Neblett, N., Holochwost, S. J., Gallagher, K. C., Iruka, I. U., Odom, S. L., & Bruno, E. P. (2017) Books and toddlers in child care: Under what conditions are children most engaged? Child Youth Care Forum, 46, 473-493.

ギアーツ , C. (1987) 文化の解釈学 I (吉田禎吾・柳川啓一・中牧弘允・板橋作美 , 訳). 岩波書店 . (Geertz, C. (1973) The interpretation of cultures. New York: Basic Books, Inc.)

ギブソン , J. J. (1985) 生態学的視覚論——ヒトの知覚世界を探る（古崎敬・古崎愛子・辻敬一郎・村瀬旻 , 訳）. サイエンス社 . (Gibson, J. J. (1979) The ecological approach to visual perception. Massachusetts: Houghton Mifflin Company.)

浜口順子 (1999) 保育実践研究における省察的理解の過程 . 津守真・本田和子・松井とし・浜口順子 , 人間現象としての保育研究 増補版 (pp.155-191). 光生館 .

浜口順子 (2010)「こころもち」に近づくために . 幼児の教育 , 109(1) , 9-11. 日本幼稚園協会 .

Harms, T., Clifford. R. M., & Cryer, D. (2014) Early childhood environment rating scales(third edition). New York: Teachers College Press.

ハームス , T., クリフォード , R. M., & クレア , D. (2016) 新・保育環境評価スケール 1〈3歳以上〉(埋橋玲子 , 訳). 法律文化社 . (Harms, T., Clifford. R. M., & Cryer, D. (2014) Early childhood environment rating scales (third edition). New York: Teachers College Press.)

Harms, T., Cryer, D., Clifford, R. M., & Yazejian, N. (2017) Infant/toddler environment rating scale (third edition). New York: Teachers College Press.

ハームス , T., クレア , D., クリフォード , R. M., & イェゼジアン , N. (2018) 新・保育環境評価スケール 2〈0・1・2 歳〉(埋橋玲子 , 訳). 法律文化社 . (Harms, T., Cryer, D., Clifford, R. M., & Yazejian, N. (2017) Infant/toddler environment rating scale (third edition). New York: Teachers College Press.)

Harper, D. (1987) Working knowledge: Skill and community in a small shop. Oxford: University of California Press.

畠山寛 (2018) 自由遊び場面における保育者の「フレーム」を通した状況理解と子どもへの関わり——保育者の語りの分析から . 保育学研究 , 56(3), 9-20.

波多野誼余夫 (2001) 適応的熟達化の理論をめざして . 教育心理学年報 , 40, 45-47.

Hay, D. F., & Ross, H. S. (1982) The social nature of early conflict. Child Development, 53(1), 105-113.

Heckman, J. J. (2013) Giving kids a fair chance. Cambridge: The MIT Press.

「保育プロセスの質」研究プロジェクト (2010) 子どもの経験から振り返る保育プロセス——明日のより良い保育のために . 幼児教育映像制作委員会 .

平澤順子 (2017) 保育所 1 歳児クラスの絵本場面における乳児の意図伝達と「誘導的身ぶり」——乳児と保育者の協働に注目して . 日本女子大学大学院紀要家政学研究科・人間生活学研究科 , 23, 105-113.

平澤順子 (2018) 保育所 1 歳児クラスの絵本の読み聞かせ場面における自発的身ぶりの検討——手・指の動きに焦点を当てて . 日本女子大学大学院紀要家政学研究科・人間生活学研究科 , 24, 113-122.

保育教諭養成課程研究会 (2015) 幼稚園教諭・保育教諭のための研修ガイド——質の高い

教育・保育の実現のために. 2014(平成 26)年度文部科学省委託「幼児教育の改善・充実調査研究」.

保育教諭養成課程研究会 (2016a) 幼稚園教諭・保育教諭のための研修ガイドⅡ——養成から現職への学びの連続性を踏まえた新規採用教員研修. 2015(平成 27)年度文部科学省委託「幼児教育の質向上に係る推進体制等の構築モデル事業」.

保育教諭養成課程研究会 (2016b) 幼稚園教員養成課程カリキュラムと現職研修とのギャップの検証 報告書「新採ギャップ」に関する研究——幼稚園教員養成校学生との比較. 平成 27 年度文部科学省委託「幼児教育の質向上に係る推進体制等の構築モデル調査研究」.

保育教諭養成課程研究会 (2017) 幼稚園教諭・保育教諭のための研修ガイドⅢ——実践の中核を担うミドルリーダーの育成を目指して. 2016(平成 28)年度文部科学省委託「幼児期の教育内容等深化・充実調査研究」.

保育教諭養成課程研究会 (2018) 幼稚園教諭・保育教諭のための研修ガイドⅣ——園運営の一翼を担うミドルリーダーの育成を目指して. 2017(平成 29)年度文部科学省委託「幼児期の教育内容等深化・充実調査研究」.

保育教諭養成課程研究会 (2019) 幼稚園教諭・保育教諭のための研修ガイドⅤ——質の高い教育・保育を実現する園長・幼児教育アドバイザーの研修の在り方を求めて. 2018(平成 30)年度文部科学省委託「幼児期の教育内容等深化・充実調査研究」.

本郷一夫 (1992) 子ども間の関係を媒介する保母の働きかけに関する研究——トラブル場面における子どもの拒否・NR の分析. 鳴門教育大学研究紀要教育科学編, 7, 369-381.

本郷一夫・杉山弘子・玉井真理子 (1991) 子ども間のトラブルに対する保母の働きかけの効果——保育所における 1~2 歳児の物をめぐるトラブルについて. 発達心理学研究, 1(2), 107-115.

本間洋子・金井宮子・増田裕美・渡邉雅代 (2007) かみつき・ひっかきを通して保育環境を考える. 保育の実践と研究, 12(1), 61-79. スペース新社保育研究室.

堀淳世 (1997) 幼稚園教諭が語る指導方法——経験年数による違い. 保育学研究, 35(2), 280-287.

細田成子 (2002) 乳幼児の「かみつき」についての一考察. 保育の実践と研究, 7(1), 23-34. スペース新社保育研究室.

細田由起子・戸田大樹・氏家博子 (2016) 乳幼児のかみつきの実態と保育士の対応方法に関する実証的研究. 創大教育研究, 26, 1-19.

生田久美子 (1987)「わざ」から知る. 東京大学出版会.

石黒広昭 (2001) ビデオデータを用いた相互行為分析——日本語非母語児を含む「朝会」の保育談話. 石黒広昭 (編), AV 機器をもってフィールドへ——保育・教育・社会的実践の理解と研究のために (pp.121-142). 新曜社.

石黒広昭 (2003) 乳児の食介助場面の相互行為的分析——社会的出来事としての食事. 北

海道大学大学院教育学研究科紀要 , 91, 25-46.

石野秀明 (2003) 固有名と自己――1 ～ 2 歳児と保育者の関わりの観察から . 兵庫教育大学研究紀要 , 23, 59-67.

伊藤美保子・宗髙弘子・西隆太朗 (2015) 一人ひとりを大切にする保育――0 歳児クラスの担当制による乳児保育の観点から . ノートルダム清心女子大学紀要人間生活学・児童学・食品栄養学編 , 39(1), 124-132.

岩田純一 (2017) 保育の仕事――子どもの育ちをみつめて . 金子書房 .

鹿毛雅治 (2007) 子どもの姿に学ぶ教師――「学ぶ意欲」と「教育的瞬間」. 教育出版 .

金澤妙子 (2008) 保育所における保育課程 . 河邉貴子 (編著), 教育課程保育課程論 (pp.29-37). 東京書籍

神田橋條治 (1990) 精神療法面接のコツ . 岩崎学術出版社 .

Katz, L. G. (1972) Developmental stages of preschool teachers. The elementary school journal, 73(1), 50-54.

河邉貴子 (2005) 遊びを中心とした保育――保育記録から読み解く「援助」と「展開」. 萌文書林 .

河原紀子 (1999) 1 歳児の保育における食事指導――道具操作の発達との関連から . 教育方法の探究 , 2, 19-38.

河原 (中村) 紀子 (2000) 食事場面における 1 歳児と保育者の相互作用 . 京都大学大学院教育学研究科紀要 , 46, 386-398.

河原 (中村) 紀子 (2001) 食事場面における 1 歳児の道具操作の発達過程 . 京都大学大学院教育学研究科紀要 , 47, 235-247.

河原紀子 (2004) 食事場面における 1～2 歳児の拒否行動と保育者の対応――相互交渉パターンの分析から . 保育学研究 , 42(2), 112-120

河原紀子・根ヶ山光一 (2014) 食事場面における 1, 2 歳児と養育者の対立的相互作用――家庭と保育園の比較から . 小児保健研究 , 73(4), 584-590.

川田学・塚田（城）みちる・川田暁子 (2005) 乳児期における自己主張性の発達と母親の対処行動の変容――食事場面における生後 5 ヶ月から 15 ヶ月までの縦断研究 . 発達心理学研究 , 16(1), 46-58.

川床靖子 (2001) 流通活動を組織化するアーティファクト . 上野直樹 (編著), 状況論的アプローチ 1 状況のインタフェース (pp.104-139). 金子書房 .

Kinnell, G. (2008) No biting: Policy and practice for toddler programs (2nd ed.). St. Paul: Redleaf Press.

岸井慶子 (2000) 保育現場から保育者の専門性を考える . 発達 , 21（83）, 16-21. ミネルヴァ書房 .

岸井慶子 (2016) 園内研修 . 日本保育学会 (編), 保育学講座 4 保育者を生きる――専門性と養成 (pp.45-59). 東京大学出版会 .

北野幸子 (2018) 保育者の専門性と保育実践の質の維持・向上をはかる研修の実態．子ども学, 6, 64-82. 萌文書林．

古賀松香 (2000) 生々しい保育への転換．Inter-Field, 1, 100-104.

古賀松香 (2008) 保育の形態とその質．無藤隆・安藤智子 (編)，子育て支援の心理学 (pp.181-198). 有斐閣．

古賀松香 (2018) 対話的ビジュアルエスノグラフィーへの模索——暗黙的な保育者の専門性を描くことは可能か．伊藤哲司・呉宣児・沖潮満里子 (編)，アジアの質的心理学——日韓中台越クロストーク (pp.24-33). ナカニシヤ出版．

Korthagen, F. (2010) 省察のより広いとらえ方．コルトハーヘン , F.(編著)，(武田信子，監訳)，教師教育学——理論と実践をつなぐリアリスティック・アプローチ (pp.272-283). 学 文 社 . (Korthagen, F. (Ed.) (2001) Linking practice and theory: The pedagogy of realistic teacher education. Mahwah: Lawrence Erlbaum Associates, Inc.)

Korthagen, F., & Lagerwerf, B. (2010) 教師の専門家としての学び——どのようになされているのか？ コルトハーヘン , F.(編著)，(武田信子，監訳)，教師教育学——理論と実践をつなぐリアリスティック・アプローチ (pp.191-238). 学文社 . (Korthagen, F. (Ed.) (2001) Linking practice and theory: The pedagogy of realistic teacher education. Mahwah: Lawrence Erlbaum Associates, Inc.)

香曽我部琢 (2011) 保育者の専門性を捉えるパラダイムシフトがもたらした問題．東北大学大学院教育学研究科研究年報, 59(2), 53-68.

厚生労働省 (2008a) 保育所保育指針．フレーベル館．

厚生労働省 (2008b) 保育所保育指針解説書．フレーベル館．

厚生労働省 (2009) 保育所における自己評価ガイドライン , https://www.mhlw.go.jp/bunya/kodomo/pdf/hoiku01.pdf (情報取得 2019/11/30)

厚生労働省 (2017) 保育所保育指針〈平成 29 年告示〉．フレーベル館．

厚生省 (1967) 厚生白書 昭和 41 年度版 , https://www.mhlw.go.jp/toukei_hakusho/hakusho/kousei/1966/dl/10.pdf (情報取得 2019/11/30)

久保山茂樹・齊藤由美子・西牧謙吾・當島茂登・藤井茂樹・滝川国芳 (2009)「気になる子ども」「気になる保護者」についての保育者の意識と対応に関する調査——幼稚園・保育所への機関支援で踏まえるべき視点の提言．国立特別支援教育総合研究所研究紀要, 36, 55-76.

久我直人 (2007) 教師の専門性における「反省的実践家モデル」論に関する考察 (1)——教師の知識研究の知見による考察を中心に．鳴門教育大学学校教育研究紀要, 22, 23-29.

久我直人 (2008) 教師の専門性における「反省的実践家モデル」論に関する考察 (2)——教師の授業に関する思考過程の分析と教師教育の在り方に関する検討．鳴門教育大学研

究紀要 , 23, 87-100.

鯨岡峻 (1999) 関係発達論の構築――間主観的アプローチによる . ミネルヴァ書房 .

鯨岡峻 (2000) 保育者の専門性とはなにか . 発達 , 21(83), 53-60. ミネルヴァ書房 .

鯨岡峻 (2015) 保育の場で子どもの心をどのように育むのか――「接面」での心の動きを
エピソードに綴る . ミネルヴァ書房 .

倉橋惣三 (1918) 幼稚園は如何なる處か――愛兒を幼稚園に托さるゝ家庭の方々へ . 婦人
と子ども , 18(5), 169-180. フレーベル會 .

倉橋惣三 (1931) 就學前の教育 . 岩波講座教育科學第一册 . 岩波書店 .

倉橋惣三 (1933) 子どもが歸つた後 . 幼兒の教育 , 33(7), 1. 日本幼稚園協會 .

倉橋惣三 (1934) 飛びついて來た子ども . 幼兒の教育 , 34(11), 1. 日本幼稚園協會 .

楠見孝 (2010) 臨床知への認知心理学的アプローチ . 矢野智司・桑原知子 (編), 臨床の知
――臨床心理学と教育人間学からの問い (pp.216-220). 創元社 .

楠見孝 (2012) 実践知と熟達者とは . 金井壽宏・楠見孝 (編), 実践知――エキスパートの
知性 (pp.3-31). 有斐閣 .

京都市立中京もえぎ幼稚園 (2019) 平成 31 年度の中京もえぎ幼稚園教育――園児・保護
者・地域・教職員がともに輝き育ち合う 中京もえぎ幼稚園 , https://cms.edu.city.
kyoto.jp/weblog/files/500708/doc/93138/3164103.pdf (情報取得 2020/02/22)

Leavers, F. (Ed.) (2005) Well-being and involvement in care (SICS): A process-
oriented self-evaluation instrument for care settings. Kind & Gezin and Research
Centre for Experientel Education,https://www.kindengezin.be/img/sics-ziko-
manual.pdf (情報取得 2019/01/04)

前原寛 (2009) 保育課程と指導計画の考え方 . 阿部和子・前原寛 (編著), 保育課程の研究
――子ども主体の保育の実践を求めて (pp.35-64). 萌文書林 .

増田まゆみ (2008) 保育計画から保育課程へ――保育実践からみえてくる保育課程編成の
意義 . 保育の友 , 56(5), 55-57. 全国社会福祉協議会 .

増田まゆみ・倉掛秀人 (2008a) 保育課程の編成に向けて――全体を描き出す① . 保育の
友 , 56(6), 71-73. 全国社会福祉協議会 .

増田まゆみ・倉掛秀人 (2008b) 保育課程の編成に向けて――保育課程に基づく指導計画
② . 保育の友 , 56(8) 55-57. 全国社会福祉協議会 .

増田まゆみ・齊藤多江子 (2017) 子どもの遊び環境に関する研究――1 歳児クラスにおけ
る保育室の空間構成のあり方に関する研究 : 遊び場面における子どもの「とどまる」行
動に着目して . 東京家政大学博物館紀要 , 22, 63-75.

松生泰子・佐田恵子・惠村洋子・梶美保・豊田和子 (2007) 食の意識調査と " 食援助プロ
グラム " に基づく実践改善――乳児保育の質的向上をめざして . 保育学研究 , 45(2),
115-124.

松浦美晴・上地玲子・岡本響子・皆川順・岩永誠 (2019) 新人保育士のリアリティショッ

クを引き起こす予想と現実のギャップの抽出——カテゴリーと分類軸. 保育学研究, 57(1), 79-89.

ミラー, G. A., ギャランター, E., & プリブラム, K. H. (1980) プランと行動の構造——心理サイバネティクス序説 (十島雍蔵・佐久間章・黒田輝彦・江頭幸晴, 訳). 誠信書房. (Miller, G. A., Galanter, E., & Pribram, K. H. (1960) Plans and the structure of behavior. Holt, Rinehart and Winston, Inc.)

箕輪潤子 (2018) 砂遊びを支える保育実践と保育者の専門性. 中坪史典 (編著), テーマでみる保育実践の中にある保育者の専門性へのアプローチ (pp.96-107). ミネルヴァ書房.

三谷大紀 (2007) 保育の場における保育者の育ち——保育者の専門性は「共感的知性」によってつくられる. 佐伯胖 (編), 共感——育ち合う保育の中で (pp.109-154). ミネルヴァ書房.

宮崎清孝 (1998) 心理学は実践知をいかにして越えるか——研究が実践の場に入るとき. 佐伯胖・宮崎清孝・佐藤学・石黒広昭 (著), 心理学と教育実践の間で (pp.57-101). 東京大学出版会.

文部科学省 (2017) 幼稚園教育要領. フレーベル館.

文部科学省 (2018) 幼稚園教育要領解説. フレーベル館.

文部科学省 (2019) 幼児理解に基づいた評価. チャイルド本社.

文部省 (1948) 昭和二十二年度 (試案) 保育要領——幼兒教育の手びき. 師範學校教科書.

文部省 (1989) 幼稚園教育要領. 大蔵省印刷局.

森上史朗 (2000) 保育者の専門性・保育者の成長を問う——あすの保育者像の構築のために. 発達, 83, 68-74.

師岡章 (1997) 保育者の「構想力」に関する研究. 保育学研究, 35(2), 296-303.

Moss, P. (2019) Alternative narratives in early childhood: An introduction for students and practitioners. New York: Routledge.

本山方子 (2010) 認知的実在物としての教師の「実践知」——「物語り」をめぐって. 教育心理学年報 49, 30-31.

Mueller, E., & Brenner, J. (1977) The Origins of Social Skills and Interaction among Playgroup Toddlers. Child Development, 48(3), 854-861.

村井尚子 (2015) 教師教育における「省察」の意義の再検討——教師の専門性としての教育的タクトを身につけるために. 大阪樟蔭女子大学研究紀要, 5, 175-183.

村上博文 (2009) 乳児保育の環境条件と子どもの変化——保育室の空間構成に関するアクションリサーチ (自由遊びの時間). ベビー・サイエンス, 9, 46-63.

村上博文・汐見稔幸・志村洋子・松永静子・保坂佳一・富山大士 (2008) 乳児保育室の空間構成と保育及び子どもの行動の変化——「活動空間」に注目して. こども環境学研究, 3(3), 28-33.

村瀬俊樹・マユーあき・小椋たみ子・山下由紀恵・Dale, P. S. (1998) 絵本場面における

母子会話——ラベリングに関する発話連鎖の分析. 発達心理学研究, 9(2), 142-154.

無藤隆 (1995) トポスにおける発達 (第 3 回)——身体から意味へ. 幼児の教育, 94(8),14-20. 日本幼稚園協会.

無藤隆 (1997) 協同するからだとことば——幼児の相互交渉の質的分析. 金子書房.

中川愛 (2015) 1 歳児低月齢クラスの室内遊びに関する研究——仕切られた空間での遊びに着目して. 次世代教員養成センター研究紀要, 1, 227-234.

中川智之 (2016) 1 歳児クラスにおける「かみつき」行動の実態と要因の検討——或る保育所における 1 年間の記録の分析を通して. 川崎医療短期大学紀要, 36, 53-59.

中村雄二郎 (1992) 臨床の知とは何か. 岩波書店.

中室牧子 (2015)「学力」の経済学. ディスカヴァー・トゥエンティワン.

中岡哲郎 (1979) 科学文明の曲りかど. 朝日新聞社.

中島寿子 (2005) 子どもが他者に見せたい自分についての一考察——保育所 1・2 歳児クラスにおける参加観察から. 保育学研究, 43(2), 135-147.

中島寿子 (2009) 保育の質を高めるための園内研修について考える——ある保育所の 4 年間の園内研修をもとに. 保育の実践と研究, 13(4), 49-63.

中坪史典 (2018) その場の状況を見きわめながら子どもとかかわる保育者の見識と洞察. 中坪史典 (編著), テーマでみる保育実践の中にある保育者の専門性へのアプローチ (pp.309-316). ミネルヴァ書房.

中澤潤・杉本直子・衣笠恵子・入江綾子 (2005) 絵本の読み聞かせのグループサイズが幼児の物語理解・イメージ形成に及ぼす影響. 千葉大学教育学部研究紀要, 53, 203-210.

並木真理子 (2012) 幼稚園における絵本の読み聞かせの構成および保育者の動作・発話が幼児の発話に及ぼす影響. 保育学研究, 50(2), 165-179.

名和孝浩・鈴木裕子 (2014) 保育所における 1 歳児の他者とのかかわりの芽生え——保育士に自分を見てもらうための行為に着目して. 愛知教育大学研究報告. 教育科学編, 63, 55-63.

根津明子 (2010) 乳児において文化としての「食べる」行為はいかにして成立するか——離乳食援助場面を通して. 教育方法学研究, 35, 47-57.

NICHD Early Child Care Research Network (1996) Characteristics of infant child care: Factors contributing to positive caregiving. Early Childhood Research Quarterly, 11, 269-306.

NICHD Early Child Care Research Network (2005) Child care and child development: Results from the NICHD study of early child care and youth development. New York: Guildford Press.

西川由紀子 (2003) 子どもの思いにこころをよせて——〇、一、二歳児の発達. かもがわ出版.

西川由紀子 (2004)「かみつき」の実態——アンケート分析からみえてくるもの. 西川由

紀子・射場美恵子 (著),「かみつき」をなくすために――保育をどう見直すか (pp.51-91). かもがわ出版.

西川由紀子 (2017) 保育園における「かみつき」と保育制度の変化との関連――21 年間の保育実践報告の分析から. 心理科学, 38(2), 40-50. 心理科学研究会.

西隆太朗 (2016) 津守眞の保育思想における省察――子ども達との出会いに立ち返って. 保育学研究, 54(1), 30-41.

西隆太朗 (2018) 子どもと出会う保育学――思想と実践の融合をめざして. ミネルヴァ書房.

西阪仰 (1997) 相互行為分析という視点――文化と心の社会学的記述. 金子書房.

西阪仰 (2001) 心と行為――エスノメソドロジーの視点. 岩波書店.

西阪仰 (2008) 分散する身体――エスノメソドロジー的相互行為分析の展開. 勁草書房.

野口隆子・鈴木正敏・門田理世・芦田宏・秋田喜代美・小田豊 (2007) 教師の語りに用いられる語のイメージに関する研究――幼稚園・小学校比較による分析. 教育心理学研究, 55(4), 457-468.

野澤祥子 (2010) 1 ～ 2 歳児の葛藤的やりとりにおける自己主張に対する保育者の介入――子どもの行動内容との関連の検討. 東京大学大学院教育学研究科紀要, 50, 139-148.

野澤祥子・淀川裕美・高橋翠・遠藤利彦・秋田喜代美 (2016) 乳児保育の質に関する研究の動向と展望. 東京大学大学院教育学研究科紀要, 56, 399-419.

野澤祥子・井庭崇・天野美和子・若林陽子・宮田まり子・秋田喜代美 (2018) 保育者の実践知を可視化・共有化する方法としての「パターン・ランゲージ」の可能性. 東京大学大学院教育学研究科紀要, 57, 419-449.

小田豊 (2001) 新しい時代を拓く幼児教育学入門――幼児期にふさわしい教育の実現を求めて. 東洋館出版社.

OECD (2001) Starting strong: Early childhood education and care. OECD Publishing.

OECD (2006) Starting strong II: Early childhood education and care. OECD Publishing.

OECD (編著) (2011) OECD 保育白書――人生の始まりこそ力強く: 乳幼児期の教育とケア (ECEC) の国際比較 (星三和子・首藤美香子・大和洋子・一見真理子, 訳). 明石書店 .(OECD (2006) Starting strong II: Early childhood education and care. OECD Publishing.)

OECD (2012) Starting strong III: A quality toolbox for early childhood education and care. OECD Publishing.

OECD (2015) Starting strong IV: Monitoring quality in early childhood education and care. OECD Publishing.

OECD (2017) Starting strong V: Transitions from early childhood education and care to primary education. OECD Publishing.

OECD(編著) (2019) OECD 保育の質向上白書——人生の始まりこそ力強く：ECEC の
　　ツールボックス (秋田喜代美・阿部真美子・一見真理子・門田理世・北村友人・鈴木正
　　敏・星三和子, 訳). 明石書店. (OECD (2012) Starting strong III: A quality toolbox
　　for early childhood education and care. OECD Publishing.)

O'Farrelly, C., Doyle, O., Victory, G., & Palamaro-Munsell, E. (2018) Shared
　　reading in infancy and later development: Evidence from an early intervention.
　　Journal of Applied Developmental Psychology, 54, 69-83.

小椋たみ子・清水益治・鶴宏史・南憲治 (2012) 3 歳未満児のままごと場面、読み聞かせ
　　場面での保育士の働きかけ行動. 帝塚山大学現代生活学部紀要, 8, 47-62.

大場幸夫 (2007) こどもの傍らに在ることの意味——保育臨床論考. 萌文書林.

大倉得史 (2017) 保育の市場化によって保育の質は上がるのか. 人間・環境学, 26, 1-15.

大倉得史 (2018) 委託事業者の交替に伴う保育の質の変化と子どもたちへの影響につい
　　て. 保育学研究, 56(3), 321-332.

サーサス, G. (1998) 会話分析の手法 (北澤裕・小松栄一, 訳). マルジュ社. (Psathas, G.
　　(1995) Conversation analysis: The study of talk-in-interaction. California: Sage
　　Publications, Inc.)

Pianta, R. C., La Paro, K. M., & Hamre, B. K. (2007) Classroom assessment scoring
　　system: CLASS manual pre-K. Baltimore: Brookes Publishing.

ポランニー, M. (2003) 暗黙知の次元 (高橋勇夫, 訳). 筑摩書房. (Polanyi, M. (1966)
　　The tacit dimension. Chicago: University of Chicago Press.)

レディ, V. (2015) 驚くべき乳幼児の心の世界——「二人称アプローチ」から見えてくる
　　こと (佐伯胖, 訳). ミネルヴァ書房. (Reddy, V. (2008) How infants know minds.
　　Cambridge: Harvard University Press.)

佐伯胖 (2007) 人間発達の軸としての「共感」. 佐伯胖 (編), 共感——育ち合う保育のな
　　かで (pp.1-38). ミネルヴァ書房.

佐伯胖 (2013) 子どもを「人間としてみる」ということ——ケアリングの 3 次元モデル.
　　子どもと保育総合研究所 (編), 子どもを「人間としてみる」ということ——子どもとと
　　もにある保育の原点 (pp.81-126). ミネルヴァ書房.

佐伯胖 (2018) リフレクション (実践の振り返り) を考える——ショーンの「リフレクショ
　　ン」論を手がかりに. 佐伯胖・刑部育子・苅宿俊文 (著), ビデオによるリフレクション
　　入門——実践の多義創発性を拓く (pp.1-38). 東京大学出版会.

齋藤政子 (1996) 3 歳未満児の生活活動における見通し能力の発達と保育——1 歳児クラ
　　スの生活活動の観察を通して. 保育学研究, 34(1), 53-62.

齊藤多江子・増田まゆみ (2017) 1 歳児クラスにおける「人」「物」「空間」と「遊び」の
　　結びつき——遊びのきっかけに着目して. こども教育宝仙大学紀要, 8, 47-55.

齊藤多江子・増田まゆみ (2018) 1 歳児クラスの保育室での遊びにおける環境構成の要素——保育者と仲間の存在に着目して. 日本家政学会誌, 69(9), 657-666.

佐藤郁哉 (2008) 質的データ分析法——原理・方法・実践. 新曜社.

佐藤公治・西山希 (2007) 絵本の集団読み聞かせにおける楽しさの共有過程の微視発生的分析. 北海道大学大学院教育学研究紀要, 100, 29-49.

佐藤学 (1996) 実践的探究としての教育学——技術的合理性に対する系譜. 教育学研究, 63(3), 278-285.

佐藤学 (2009) 教師花伝書——専門家として成長するために. 小学館.

佐藤学・岩川直樹・秋田喜代美 (1990) 教師の実践的思考様式に関する研究 (1)——熟練教師と初任教師のモニタリングの比較を中心に. 東京大学教育学部紀要, 30, 177-198.

佐藤学・秋田喜代美・岩川直樹・吉村敏之 (1991) 教師の実践的思考様式に関する研究 (2)——思考過程の質的検討を中心に. 東京大学教育学部紀要, 31, 183-200.

Schegloff, E. A. (1998) Body torque. Social Research, 65(3), 535-596.

Schön, D. A. (1983) The reflective practitioner: How professionals think in action. New York: Basic Books.

ショーン, D. A. (2007) 省察的実践とは何か——プロフェッショナルの行為と思考 (柳沢昌一・三輪建二, 監訳). 鳳書房. (Schön, D. A. (1983) The reflective practitioner: How professionals think in action. New York: Basic Books.)

Schön, D. A. (1992) The theory of inquiry: Dewey's legacy to education. Curriculum Inquiry, 22(2), 119-139.

Schwab, J. (1969) The practical: A language for curriculum. School Review, 78(1), 1-23.

Schwab, J. (1971) The practical: Arts of eclectic. School Review, 79(4), 493-542.

志水宏吉 (2002) 学校を「臨床」する——その対象と方法についての覚書. 近藤邦夫・志水宏吉 (編著), 学校臨床学への招待——教育現場への臨床的アプローチ (pp.15-47). 嵯峨野書院.

清水益治・小椋たみ子・鶴宏史・南憲治 (2011) 保育所における保育課程の編成に関する研究. 帝塚山大学現代生活学部紀要, 7, 117-132.

Shulman, L. S. (1987) Knowledge and teaching: Foundations for the new reform. Harvard Educational Review, 57(1), 1-22.

守随香 (2015) 語りによる保育者の省察論——保育との関連をふまえて. 風間書房.

Siraj-Bratchford, I., Sylva, K., Muttock, S., Gilden, R., & Bell, D. (2002) Researching effective pedagogy in the early years. Department for Education and Skills, http://www.327matters.org/docs/rr356.pdf (情報取得 2019/01/05)

Siraj, I., Kingston, D., & Melhuish, E. (2015) Assessing quality in early childhood education and care: Sustained shared thinking and emotional well-being

(SSTEW) scale for 2-5-year-olds provision. Stoke-on-Trent, Staffordshire: Trentham Books Ltd.

シラージ, I., キングストン, D., & メルウィッシュ, E. (2016)「保育プロセスの質」評価スケール——乳幼児期の「ともに考え、深めつづけること」と「情緒的な安定・安心」を捉えるために (秋田喜代美・淀川裕美, 訳). 明石書店 . (Siraj, I., Kingston, D., & Melhuish, E. (2015) Assessing quality in early childhood education and care: Sustained shared thinking and emotional well-being (SSTEW) scale for 2-5-year-olds provision. Stoke-on-Trent, Staffordshire: Trentham Books Ltd.)

Smith, M.W., Brady, J. P., & Anastasopoulos, L. (2008) Early language and literacy classroom observation tool, pre-K (ELLCO Pre-K) (Pack of 5) 1st edition. Baltimore: Brookes Publishing.

Snow, C. E., & Goldfield, B. A. (1983) Turn the page please: Situation-specific language acquisition. Journal of Child Language, 10(3), 551-569.

Spodek, B. (1987) Thought processes underlying preschool teachers' classroom decisions.Early Child Development and Care, 29, 197-208.

Spodek, B. (1988) Implicit theories of early childhood teachers: Foundations for professional behavior. In Spodek, B., Saracho, O. N., & Peters, D. L. (Eds.), Professionalism and the early childhood practitioner (pp.161-172). New York: Teachers College, Columbia University.

Suchman, L. A. (1996) Constituting shared workspaces. In Engeström, Y., & Middleton, D. (Eds.), Cognition and communication at work (pp.35-60). Cambridge: Cambridge University Press.

サッチマン, L. A. (1999) プランと状況的行為——人間 - 機械コミュニケーションの可能性 (佐伯胖, 監訳). 産業図書 . (Suchman, L. A. (1987) Plans and situated actions. Cambridge University Press.)

杉村伸一郎・桐山雅子 (1991) 子どもの特性に応じた保育指導——Personal ATI Theoryの実証的研究 . 教育心理学研究 , 39(1), 31-39.

杉山弘子・本郷一夫・玉井真理子 (1990) 保育場面における 1 ～ 2 歳児のトラブルの成立と展開——物をめぐるトラブルについて . 心理科学 , 12(2), 15-23. 心理科学研究会 .

砂上史子・秋田喜代美・増田時枝・箕輪潤子・安見克夫 (2009) 保育者の語りにみる実践知——「片付け場面」の映像に対する語りの内容分析 . 保育学研究 , 47(2), 174-185.

砂上史子・秋田喜代美・増田時枝・箕輪潤子・中坪史典・安見克夫 (2012) 幼稚園の片付けにおける実践知——戸外と室内の片付け場面に対する語りの比較 . 発達心理学研究 , 23(3), 252-263.

砂上史子・秋田喜代美・増田時枝・箕輪潤子・中坪史典・安見克夫 (2015) 幼稚園 4 歳児クラスの片付けにおける保育者の実践知——時期の異なる映像記録に対する保育者の語

りの分析 . 日本家政学会誌 , 66(1), 8-18.

鈴木尚子 (2004) 保育分野の規制緩和と改革の行方 . レファレンス , 54(4), 5-27.

鈴木亘 (2008) 保育制度への市場原理導入の効果に関する厚生分析 . 季刊社会保障研究 , 44(1), 41-58.

Sylva, K., Melhuish, E., Sammons, P., Siraj-Blatchford, I., & Taggart, B. (2004) The effective provision of pre-school education (EPPE) project: Final report: A longitudinal study funded by the DfES 1997-2004. London: Institute of Education, University of London.

Sylva, K., Siraj-Blatchford, I., & Taggart, B. (2010) ECERS-E: The four curricular subscales extension to the early childhood environment rating scale (ECERS-R). New York: Teachers College Press.

シルバー , K., シラージ , I., & タガート , B. (2018) 新・保育環境評価スケール 3〈考える力〉(平林祥・埋橋玲子 , 訳). 法律文化社 . (Sylva, K., Siraj-Blatchford, I., & Taggart, B. (2010) ECERS-E: The four curricular subscales extension to the early childhood environment rating scale (ECERS-R). New York: Teachers College Press.)

Taguma, M., Litjens, I., & Makowiecki, K. (2012) Quality matters in early childhood education and care: Japan 2012. OECD Publishing.

高木香織 (2000) 保育所における子どものトラブルの発達的変化――トラブルの内容や解決方法の発達と保育者の働きかけについて . 教育福祉研究 , 26, 33-43.

高濱裕子 (1993) 幼児のプラン共有に保育者はどのようにかかわっているか . 発達心理学研究 , 4(1), 51-59.

高濱裕子 (1997) 保育者の保育経験のいかし方――指導の難しい幼児への対応 . 保育学研究 , 35(2), 304-313.

高濱裕子 (2000) 保育者の熟達化プロセス――経験年数と事例に対する対応 . 発達心理学研究 , 11(3), 200-211.

高濱裕子 (2001) 保育者としての成長プロセス――幼児との関係を視点とした長期的・短期的発達 . 風間書房 .

谷川夏実 (2013) 新任保育者の危機と専門的成長――省察のプロセスに着目して . 保育学研究 , 51(1), 105-116.

田代和美 (2013) こどもと共に生きる在りようを問う視点からの省察についての一考察――A. シュッツの自己理解と他者理解についての論をふまえて . 日本家政学会誌 , 64(6), 299-306.

Tobin, J. J., Wu, D. Y. H., & Davidson, D. H. (1989) Preschool in three cultures: Japan, China, and the United States. London: Yale University Press.

戸田雅美 (2004) 保育をデザインする――保育における「計画」を考える . フレーベル館 .

冨田久枝・中上日登美 (2018) 保育所 1 歳児クラスの給食場面における子どもと保育者の相互交渉——食べ物の差し出し方に着目して. 千葉大学教育学部研究紀要, 66(2), 107-112.

鳥光美緒子 (1998) 幼児教育における理論と実践——保育現象の理論的解明の可能性を求めて. 大塚忠剛 (編著), 幼年期教育の理論と実際 (pp.205-214). 北大路書房.

外山紀子 (1998) 保育園の食事場面における幼児の席取り行動——ヨコに座ると何かいいことあるの？ 発達心理学研究, 9(3), 209-220.

外山紀子 (2000) 幼稚園の食事場面における子どもたちのやりとり——社会的意味の検討. 教育心理学研究, 48(2), 192-202.

外山紀子 (2008) 食事場面における 1 ～ 3 歳児と母親の相互交渉——文化的な活動としての食事の成立. 発達心理学研究, 19(3), 232-242.

外山紀子・無藤隆 (1990) 食事場面における幼児と母親の相互交渉. 教育心理学研究, 38(4), 395-404.

津守真 (1968) 保育学の発展の必要. 幼児の教育, 67(1), 38-42.

津守真 (1974/1999) 保育研究転回の過程. 津守真・本田和子・松井とし・浜口順子 (共著). 人間現象としての保育研究 1 人間現象としての保育研究増補版 (pp.1-28). 光生館

津守真 (1980) 保育の体験と思索——子どもの世界の探究. 大日本図書.

津守真 (1987) 子どもの世界をどうみるか——行為とその意味. 日本放送出版協会.

津守真 (1997) 保育者の地平——私的体験から普遍に向けて. ミネルヴァ書房.

津守真 (1998) 保育者としての教師. 佐伯胖・黒崎勲・佐藤学・田中孝彦・浜田寿美男・藤田英典 (編), 教師像の再構築 (pp.147-168). 岩波書店.

津守真 (2000) 保育者の地平. 発達, 83, 61-67. ミネルヴァ書房.

津守真 (2002) 保育の知を求めて. 教育学研究, 69(3), 357-366.

上田淑子 (2002) 保育者の専門的力量研究の展開. 安田女子大学大学院文学研究科紀要教育学専攻, 7, 113-129.

上田淑子 (2003a) 保育者の力量観の研究——幼稚園と保育所の保育者の比較検討から. 保育学研究, 41(2), 184-191.

上田淑子 (2003b) 保育者の力量形成過程——初任時と 4 年目の追跡調査から. 安田女子大学大学院文学研究科紀要教育学専攻, 8, 43-55.

上田淑子 (2004) 保育者の力量向上の契機——8 年目保育者へのインタヴュー調査から. 児童教育研究, 13, 1-7.

上村晶 (2017) 幼児教育・保育現場におけるカリキュラムデザインに関する一考察——保育のグランドデザインの編成プロセスにおける構造と現実的課題. 桜花学園大学保育学部研究紀要, 15, 23-42.

上野直樹 (1999) 仕事の中での学習——状況論的アプローチ. 東京大学出版会.

埋橋玲子 (2004) イギリスにおける「保育の質」の保証——保育環境評価スケール

(ECERS-R) の位置づけに注目して. 保育学研究, 42(2), 196-204.

埋橋玲子 (2015) 保育の質的評価尺度 ECERS と SSTEW の比較検討と今後の課題. 同志社女子大学学術研究年報, 66, 179-182.

Vander Ven, K. (1988) Pathways to professional effectiveness for early childhood educators. Spodek, B., Saracho, O. N., & Peters, D. L. Professionalism and the early childhood practitioner. New York: Teachers College Press.

van Manen, M. (1991a) Reflectivity and the pedagogical moment: The normativity of pedagogical thinking and acting. Journal of Curriculum Studies, 23(6), 507-536.

van Manen, M. (1991b) The tact of teaching: The meaning of pedagogical thoughtfulness. Ontario: The Althouse press.

van Manen, M. (1995) On the epistemology of reflective practice. Teachers and Teaching: Theory and Practice, 1(1), 33-50.

渡辺直美・河﨑信樹 (2015a) 民間部門による保育所運営をめぐる日米比較 (上)――いかにして保育の質の確保は可能か? 關西大學經濟論集, 65(2), 181-203.

渡辺直美・河﨑信樹 (2015b) 民間部門による保育所運営をめぐる日米比較 (下)――いかにして保育の質の確保は可能か? 關西大學經濟論集, 65(3), 357-380.

渡辺桜 (2006) 保育における新任保育者の「葛藤」の内的変化と保育行為に関する研究――全体把握と個の援助の連関に着目した具体的方策の検討. 乳幼児教育学研究, 15, 35-44.

Whitehurst, G. J., Falco, F. L., Lonigan, C. J., Fischel, J. E., DeBaryshe, B. D., Valdez-Menchaca, M. C., & Caulfield, M. (1988) Accelerating language development through picture book reading. Developmental Psychology, 24(4), 552-559.

矢野智司 (2010) 臨床の知が生まれるとき. 矢野智司・桑原智子 (編), 臨床の知――臨床心理学と教育人間学からの問い (pp.3-13). 創元社.

淀川裕美 (2019) 英国 (主にイングランド). 諸外国における保育の質の捉え方・示し方に関する研究会 (保育の質に関する基本的な考え方や具体的な捉え方・示し方に関する調査研究事業) 報告書, 38-63. シード・プランニング.

横松友義・渡邊祐三 (2009) 各保育園におけるこれからの保育課程開発のための園文化創造アドバイザーの支援に関する考察. 岡山大学大学院教育学研究科研究集録, 141, 29-42.

横山真貴子・秋田喜代美 (2001) 保育における読み聞かせはどのように熟達するのか (2)――経験者と初心者の比較. 人間文化論叢, 4, 59-73.

吉村香・吉岡晶子・岩上節子・田代和美 (1997) 保育者の成長における実践と省察. 保育学研究, 35(2), 288-295.

吉崎静夫 (1988) 授業における教師の意思決定モデルの開発. 日本教育工学雑誌, 12(2), 51-59.

結城恵 (1998) 幼稚園で子どもはどう育つか――集団教育のエスノグラフィ. 有信堂高文社.

全国社会福祉協議会 (2009)「機能面に着目した保育所の環境・空間に係る研究事業」総合報告書.

全国社会福祉協議会・全国保育士会 (2018) 保育士・保育教諭の研修体系――保育士・保育教諭の階層別に求められる専門性 (改訂 2 版).

巻末資料

1．絵本の読み聞かせエピソード一覧（研究４）

　各エピソードの読み聞かせにかかわったメンバーを巻末表１に示す。なお、日付の後の①や②はビデオの収録された DVD の番号である。絵本タイトルの後の×２などの表記は繰り返し読んだ回数を示す。

巻末表 1. 読み聞かせエピソード一覧

エピソード番号	日付　園 ビデオカウンタ 読み聞かせを行った保育者	読み聞かせた絵本タイトル	読み聞かせを要求した子ども。（ ）内は 10 秒以上絵本を見てその場に留まった子ども／保育者が誘う場合、不成立の場合はその流れの概要
W-1	6／3　W園 0:00:00 〜 0:06:00 黒川（T）	『ぶーぶーじどうしゃ』×2	タケオ・サクラ（ハルト・ツバサ・ヒカリ）
W-2	6／3　W園 0:06:30 〜 0:23:37 黒川（T）	『ずかん じどうしゃ』『どろんこ どろんこ』×4『じどうしゃぱん』『くだもの』×3	タケオ・サクラ・ナツミ・ヒカリ・ツバサ・マドカ・ミズキ（カリン・ハルト・チヅル）
W-3	6／3　W園 0:26:30 〜 0:31:46 山地（T）	『かん かん かん』	マドカ・カリン（ナツミ・ヒカリ・メイ）
W-4	6／3　W園 1:58:00 〜 2:05:50 岩谷（T）	『ぶーぶーじどうしゃ』×2	タケオ・サクラ・マドカ（ヒメカ・ツバサ・ハルト・ナツミ・マドカ・ヒカリ・メイ・サクラ）
W-5	6／3　W園 2:14:50 〜 2:22:14 岩谷（T）	『かん かん かん』『ころ ころ ころ』	マドカ・サクラ・ツバサ（チヅル・ヒカリ・ナツミ）
W-6	6／17　W園 1:40:00 〜 1:49:59 山地（T）	『ずかん じどうしゃ』×2	ハルト・タケオ（ツバサ・タケオ・メイ・チヅル・サクラ・カリン）
W-7	6／17　W園 1:48:00 〜 1:50:45 黒川（T）	『ずかん じどうしゃ』	食事準備に入る山地（T）と交替 ハルト（ツバサ・ヒナ）ヒナとハルトの押し合いなどで絵本を中断し片付ける。
不成立	7／1　W園 0:00:48 岩谷（T）		なべなべそこぬけで遊んでいたが、岩谷（T）の向こうに見えた絵本をタケオが指さす。岩谷（T）「かんかん？かんかん見たい？」というが、ままごと遊びの方へ。タケオはそれ以上主張せずほかへ。
W-8	7／1　W園 0:03:00 〜 0:13:13 山地（T）	『かん かん かん』×2	メイ・ミズキ（カリン・ツバサ・ミズキ・ナツミ・ハルト・ヒカリ）

W-9	7／1　W園 0:15:15 ～ 0:17:48 山地（T）	『じどうしゃぱん』	ハルト（ヒカリ・カリン・マドカ） ナツミが見ていた絵本をハルトが取ろうとするので、「どれ読もうか？」と声をかけ、ハルトが「こえ！」と絵本を指さす。読み終えるとハルトが絵本を抱え込む。
W-10	7／1②　W園 0:00:00 ～ 0:05:15 山地（T）	『ふしぎなたまご』	ツバサ・マドカ（ハルト・カリン） 『ふしぎなたまご』の後『じどうしゃぱん』をマドカが要望するが、着替えを探す話になり読めず。
W-11	7／1②　W園 0:17:55 ～ 0:25:50 山地（T）→黒川（T）	『きんぎょがにげた』×2 『くまとりすのおやつ』	ツバサ・ハルト・マドカ（カリン・ヒカリ・メイ）
W-12	7／1②　W園 0:26:30 ～ 0:39:55 黒川（T）	『かん かん かん』途中から読み直し『ふしぎなたまご』	ヒカリ・マドカ・タケオ（ハルト・ツバサ・ナツミ・ミズキ） ヒカリが黒川（T）に絵本『じどうしゃぱん』を持って「ん、ん」と言うと、黒川（T）「ちょっとまってね、カリンちゃんのお熱計って終わったら読もうね」と絵本を棚の上に置く。発熱の対応を終えて、あらためて読み出すが、絵本の要望が『かん かん かん』に変わっている。
W-13	7／1②　W園 0:49:36 ～ 0:56:32 岩谷（T）	『くだもの』『かん かん かん』	ミズキ（タケオ・ツバサ・ヒカリ）
W-14	7／15　W園 0:00:00 ～ 0:04:42 山地（T）	『ぶー ぶー ぶー』×3『くだもの』	マドカ・タケオ（ツバサ・タケオ・マドカ・ヒメカ） 観察開始時点ですでに始まっている。
W-15	7／15　W園 0:21:38 ～ 0:24:50 岩谷（T）	『ころ ころ ころ』	ツバサ（ミズキ・ヒメカ・ナツミ・メイ・ヒカリ・ハルト・タケオ） ツバサが持っていた絵本を「読む？みんなで読む？」と声をかけて始まる。
W-16	7／15　W園 1:58:10 ～ 2:01:00 黒川（T）	『くまとりすのおやつ』	（ハルト・ヒカリ・マドカ・サクラ・カリン） ハルトに「ハルくん絵本読もうかー」と声かけから。
W-17	7／15　W園 2:01:45 ～ 2:07:07 黒川（T）	『しゅっぱつしんこう』	ヒメカ（ヒメカ・マドカ・カリン） この前のエピソードから、一旦場は崩れ、遊びのない子どもに絵本の声かけをしながら片付けなどをして再開する。
W-18	8／5　W園 1:08:31 ～ 1:10:10 山地（T）	『バルンくん』	ツバサ（メイ・ミズキ・ヒメカ・チヅル・タケオ・ヒカリ・ハルト）水遊びの着替えが終わったツバサに「ごめんね、おまたせ、バルンくん読もうか」と誘う。
W-19	8／5　W園 1:44:50 ～ 1:48:04 黒川（T）	『ブルドーザーとなかまたち』	ツバサ・ハルト（タケオ・カリン） ツバサが保育者に取ってもらい、持ち歩いていた絵本を「読もうか」と読み始める　＊最初画面切れ。
W-20	8／5　W園 1:49:30 ～ 1:56:17 黒川（T）	『ブルドーザーとなかまたち』『ノンタンおよぐのだいすき』	ツバサ（カリン・メイ・ヒメカ・ハルト・ヒカリ・チヅル） 前のエピソードから一度立ち上がり、ナツミを誘う声かけの後、再開。

W-21	8／19　W園 0:00:00 〜 0:02:26 岩谷（T）	『かん かん かん』（中断）	マドカ・タケオ ハルト・マドカを抱いて絵本を選ぶが読み出そうとするとタケオが『ブルドーザーとなかまたち』を読んで欲しがる。順番に読むことにするが、マドカが泣き出し、ハルトをタケオが叩き、とトラブル続きで途中でやめる。
W-22	8／19　W園 0:02:45 〜 0:11:40 黒川（T）	『かん かん かん』『ブルドーザーとなかまたち』× 2	タケオ・ツバサ（チヅル・ミズキ・マドカ・メイ・ハルト） 前のエピソードを受けて、泣き出したタケオをなだめながらもう一度場を立て直す。
W-23	8／19　W園 1:31:58 〜 1:35:58 山地（T）	『ブルドーザーとなかまたち』	ツバサ（ヒメカ・ハルト・ヒカリ） トラブル対応で中断。
W-24	8／19　W園 1:39:37 〜 1:41:05 山地（T）	『ブルドーザーとなかまたち』	ツバサ（メイ・カリン・ヒカリ） 「メイちゃんも見る？」と再開するが、昼食ゲートに押し寄せた子どもの対応で途中で中断。
W-25	8／19　W園 1:47:52 〜 1:50:50 黒川（T）	『ブルドーザーとなかまたち』	ツバサ（ハルト・マドカ・ヒメカ） ままごとコーナーにツバサが持ち込んでいた『ブルドーザーとなかまたち』をカリンが取ろうとして取り合いになる。黒川（T）が絵本を持ち「読もうか」と声をかけるがなかなか読めない。もう一度声をかけて座り直し読み出す。
W-26	8／19　W園 1:58:51 〜 2:09:46 岩谷（T）	『すなあそびしよう』『ぽちゃん』『バーバパパのだいサーカス』（中断）『ノンタンおよぐのだいすき』『ねないこだれだ』	ナツミ・タケオ（ヒメカ・カリン・ミズキ・ナツミ・チヅル・タケオ） 事務室前の絵本コーナーから岩谷（T）担当グループの子どもたちがそれぞれ絵本を持ち帰る。そのうちの 1 冊を「読みましょうか？」と読み出す。
W-27	9／2　W園 1:33:54 〜 1:40:25 海野（T）	『すなあそびしよう』× 2 『バルンくんとともだち』	マドカ・ツバサ（ヒメカ・ヒカリ・ツバサ）
W-28	9／2　W園 1:40:26 〜 1:49:01 黒川（T）	『バルンくんとともだち』『もう おきるかな？』『バルンくん』	ツバサ・マドカ・ヒメカ（タケオ） 海野（T）、岩谷（T）グループの援助を黒川に依頼され、『バルンくんとともだち』を読んでいる途中で交代。
W-29	9／2　W園 　1:49:21 〜 1:52:22 黒川（T）	『くろねこかあさん』	マドカ（ツバサ・ヒメカ・ハルト・ヒカリ） 前エピソードはマドカが「おしまいする」と言うところで一旦終わるが、少ししてマドカが絵本の方を指さし、「絵本読む？」と再開する。
W-30	9／2　W園 2:01:57 〜 2:0836 海野（T）	『ずかん じどうしゃ』	タケオ（ミズキ・カリン） 岩谷（T）グループが保育室に絵本を持って入ってきて、それぞれ絵本を開いていたところに海野（T）が入っていく。タケオ・ミズキにカリンが加わっていく。

W-31	9／2　W園 2:23:18 ～ 2:31:48 海野（T）	『くだもの』『すすむ』『ず かん じどうしゃ』	ナツミ（カリン）
W-32	9／16　W園 0:43:30 ～ 0:46:43 岩谷（T）	『おなかがすいた』×2	タケオ・ミズキ（カリン・ナツミ・チヅル） わらべうた遊びから「絵本読もうか」と 岩谷（T）。タケオ・ミズキ・カホ・カ リン
W-33	9／16　W園 1:07:24 ～ 1:15:00 海野（T）	『ころ ころ ころ』『だれと だれかとおもったら』『い ちじくにんじん』	リナ・ツバサ・マドカ（ヒメカ・ショウタ・ ヤスシ）
W-34	9／16　W園 1:15:37 ～ 1:17:10 海野（T）	『いちじくにんじん』	リナが自分で絵本をめくっているのを 手伝うように読み出す。
W-35	10／4　W園① 0:07:53 ～ 0:17:43 山地（T）	『ずかん じどうしゃ』×2	ツバサ（チヅル・ショウタ・ヒカリ・ サクラ）
W-36	10／4　W園① 1:33:54 ～ 1:36:20 海野（T）	『だれとだれかとおもった ら』『おなかがすいた』（中 断）『おっぱいのんだら』	マドカ（ヒメカ・リナ・ショウタ） 『おなかがすいた』はマドカが自分で読 み出して中断。マオと『おっぱいのん だら』を読み出す。
W-37	10／4　W園① 1:36:38 ～ 1:38:28 海野（T）	『おっぱいのんだら』	ヒメカ・マドカ・メイ
W-38	10／4　W園① 1:44:25 ～ 1:49:59 黒川（T）	『ずかん じどうしゃ』 ×2	ツバサ・リナ（ショウタ・ヤスシ） 黒川（T）「ツバサちゃん読んだげるね。 約束しとったけん」と1:42時点で声を かけ絵本コーナーへ移動。
W-39	10／18 W園① 0:39:19 ～ 0:41:50 岩谷（T）	『たべたのだあれ』 （中断）	ハルト・ナツミ（ミズキ・タケオ） 岩谷（T）グループのみが保育室でパズ ルで遊んでいたが、「よっしゃ、ほんな カリンちゃんできたんだったら、ちょ っと絵本読もうか」と絵本コーナーへ。 途中でミズキ・タケオ・ハルトがごち ゃごちゃとやり合う形になり「もうや ーめた、お外行こう」とやめる。
V-1	10／25 V園② 0:03:10 ～ 0:10:06 宇野（T）	『スプーンであーん！』	遊戯室で運動会の練習をした後、ベン チに座るように促し、そろったところ で紙芝居を持ち出す。紙芝居を読む前 に手遊びをする。
W-40	11／1　W園 手持ちパソコンのみ 09:24:01 ～ 09:27:53 黒川（T）	『はらぺこあおむし』	2階ホールにて。メイ（マドカ）
W-41	11／1　W園 手持ちパソコンのみ 09:27:53 ～ 09:31:56 黒川（T）	『とまとさんのあかいふ く』『がたんごとんがたん ごとん』	2階ホールにて。マドカ（リナ・メイ）

W-42	11／1　W園 手持ちパソコンのみ 09:34:52 ～ 09:37:00 山地（T）	『これはおひさま』	2階ホールにて。ユミ 映像なし。音声のみ。
不成立	11／8　V園① 0:35:00 ～ 0:38:30 宇野（T）	『バスにのって』	ホナミが絵本を宇野（T）に持っていき「はい」と手渡すと「こっちで読む？」とままごとコーナーから少し移動して座るが「自分で読む？」とホナミに再度手渡し、アイの体調をチェックする。時々絵本の内容にコメントするが、読み聞かせない。「これは？」と描かれているものの質問、解説。「がったんがったんだって」など、読み聞かせはしない。他の子どもの対応をしているうちに、絵本の取り合いになり、タイチが奪って自分でめくり出す。宇野（T）が振り返ったときには、タイチが少し離れたところで絵本をめくっており、宇野（T）は少し笑って「早い、タイちゃん」と言うだけで、そのまま展開する。ホナミは他の遊びを始める。
W-43	11／15　W園① 0:08:55 ～ 0:10:29 海野（T）	『ぱんだいすき』	マダカ（ヤスシ・ナツミ・メイ・ヒカリ）
W-44	11／15　W園① 0:11:33 ～ 0:13:47 海野（T）	『どろんこどろんこ』	メイ（マダカ） パズルがうまくいかずかんしゃくを起こしたメイが海野（T）に絵本を指さし、取ってもらう。最初海野（T）は読まず、メイが絵本を持って読み聞かせのまねをしているが、そのうち海野（T）に渡し、読んでもらう。マダカも寄って来て聞く。
W-45	11／15　W園② 0:05:56 ～ 0:10:30 山地（T）	『ひこうじょうのじどうしゃ』	ツバサ（ヒメカ・メイ・ヤスシ）
V-2	11／29　V園 1:06:38 ～ 1:12:48 森沢（T）	『くうちゃんえほん プレゼントジャーン！』	（全員）生活発表会の練習の後、保育室に戻ってきた子どもたちはベンチに座る。「森沢先生が絵本持ってこようかな」と始まる。
V-3	11／29　V園 1:13:09 ～ 1:17:02 森沢（T）	紙芝居『おかあさんみーつけた』	（全員）前のエピソードの後、中座するが、また紙芝居を読む前の手遊びを歌い出し、紙芝居をもって座る。
W-46	12／6　W園 0:19:17 ～ 0:23:16 山地（T）	『ブルドーザーとなかまたち』	ツバサ（ハルト） うろうろしているツバサに「これする？」と棚のおもちゃを見せるが首を横に振り、抱っこしてもらう。ツバサは『ブルドーザーとなかまたち』を取ってもらう。少しサクラのパズル遊びを見るが山地（T）が「ツバサちゃん読む？」と誘い、座って読む。途中ハルトが入ってくる。

不成立	12／13 Ｖ園① 0:04:43 〜 0:06:55 森沢（T）	不明	絵本の棚の前で子どもたちが座り込んで読んでいるところに森沢（T）も来て、ところどころ読むが読み聞かせはしない。画面切れ。
不成立	12／13 Ｖ園① 0:31:00 〜 0:31:25 宇野（T）	『はたらくくるま』	絵本を見て「ぱわーしょべるー」と言っていると、宇野（T）は少し会話をするが、読み聞かせにはならない。
W-47	1／17 Ｗ園① 0:43:35 〜 0:51:46 岩谷（T）	『ノンタン ぶらんこのせて』×2	ハルトを抱き上げて「絵本読もうか」と絵本のところへ抱っこのまま行く。ハルトは「いーかーん」と身体を反らして嫌がっているようだが、絵本を見せると、選び出し、『ノンタン ぶらんこのせて』を選ぶと「うん」とうなずいて、座って読み出す。画面切れ。
W-48	1／17 Ｗ園① 1:35:33 〜 1:38:04 海野（T）	『ねんねん のはら』	メイ（ヒメカ・マドカ） 保育室に帰ってきたヒメカを抱き、保育室から出て行ってしまったメイを追いかけて迎えた後、抱かれていたヒメカが通りがかったときに絵本を指さし、「あ、本読む？」と始まる。
W-49	1／17 Ｗ園① 1:42:04 〜 1:43:40 海野（T）	『おふろだ、おふろだ！』	ヒメカ（タケオ・チヅル・ショウタ） 前のエピソードの後だが、おにぎりを作りたいタケオ、ショウタが寄ってきたり、いざこざが起こったりして、読み始められない。膝にヒメカをのせて読み出す。タケオが寄ってくるがページをめくろうとするので「海野さんがめくるよー」と言って読む。
W-50	1／17 Ｗ園① 1:47:05 〜 1:51:30 海野（T）	『ねんねん のはら』×2	ヒメカ 画面切れ。
不成立	1／17 Ｗ園① 1:51:45 〜 1:52:58 黒川（T）・海野（T）	『おふろだ、おふろだ！』	ヒメカに『ねんねんのはら』を読んでいる海野（T）1:51 あたりで「黒川さんに読んでもらう？」とヒメカを黒川（T）のところに連れて行くが、ヒメカが黒川（T）に絵本を渡すと黒川（T）「ごめんね、ここ今絵本読めないわ」と言って断る。メイとマドカの積み木で、かんしゃくを起こしたメイに叩かれている黒川(T)。何が原因なのかわからず。その後、ヒメカは海野（T）にももう一度手渡すが海野（T）は何か（聞き取り不能）ヒメカに言って棚の上に置いて読まない。
不成立	1／24 Ｖ園① 0:32:20 〜 0:33:11 高田（T）	不明	トコが絵本をいろいろとカーペットの上にひろげ出すが、ユキエが片付けようとする。高田（T）はその様子に「みんなに見せてあげようと思ったん？」などとトコに話しかけると、うんとうなずいている。読むことにはならない。

V-4	1／24　V園① 0:36:15 ～ 0:43:20 高田（T）	『てつだうよ』2冊目不明 （お買い物の話）	（トシヤ・ユキエ・トコ・アイ） いっぱい本を持ち歩いている子どもたちに「どうしたいん？あれが読みたいん？」とトシヤが持ち歩いている本を読むことに。
不成立	1／24　V園① 0:44:25 森沢（T）	不明	トコは森沢（T）がコーナーに入ってくると、絵本を渡すが、森沢（T）は絵本を脇に抱え、チェーンをほどき出す。絵本棚に近い場所まで移動するが、チェーンをほどいていて読み聞かせには移行しない。
V-5	1／24　V園② 0:06:32 ～ 0:14:12 森沢（T）	『てつだうよ』	（全員）ベンチにみんなを座らせて「おめめかくしてまっとってねー」と絵本を取ってくる。もーいーかい、まーだだよーと言いながら、絵本を持っていく。騒がしくなったら手遊びをして「しっしっしっし」とやる。「これはだれかな？」「見える？」と話しかけながら読む。
W-51	1／31　W園① 0:08:45 ～ 0:11:28 黒川（T）	『うさぎ うさぎ なにたべてるの』	メイ ままごとコーナーの机に登っていたメイに「これはあがらんよ」と止めに行く。「絵本見る？」と絵本の方へ。「自分で見るん？」と自分でメイがめくるようにするが、少しして「メイちゃん読もうか？」と読む。
W-52	1／31　W園① 0:40:59 ～ 0:47:54 岩谷（T）	『おばけがぞろぞろ』『サラちゃんサラちゃん』×2	ハルト（メイ） 「だっこーだーっこ」と抱きついてきたハルトに「おばけ読む？」と言うと、ハルトがパッと絵本の方を向き、読む。
W-53	1／31　W園① 0:53:40 ～ 0:55:48 海野（T）	『たべたのだあれ』	メイ（ハルト） 机の上に乗っていたメイを抱っこして、棚の上にあった絵本『たべたのだあれ』を海野（T）がメイに渡し、座らせる。メイはしばらく机の上で絵本をめくっているが、その後立ち上がり、声をあげたり、絵本を持ってぐるぐる回り出す。海野（T）と岩谷（T）がメイの方を向き、岩谷（T）は「メイちゃん」と手招きしたりするが、海野（T）が近寄っていき、読み出す。
W-54	1／31　W園① 0:56:14 ～ 0:58:14 海野（T）	『おっぱいおっぱい』	（メイ・ハルト） 海野（T）、自分で絵本を持ち出し「これよもーっと」と絵本をメイの近くで開く。メイは『たべたのだあれ』を持ったまま、ままごとコーナーに行こうとするが、海野（T）「メイちゃんメイちゃん見てーこれ」と絵本を開いた状態で指さす。メイが寄って来て棚のところで立った状態で読み出す。

不成立	1／31　W園① 0:58:29〜0:59:17 海野（T）	『おっぱいおっぱい』 『たべたのだあれ』 どちらも読めず	メイがままごとコーナーへ、ままごとコーナーのミズキが寄って来て、海野（T）はハルトを抱いて座り、ミズキはその前に座る。ハルトは一緒に読むのを嫌がって怒る。ミズキに海野(T)が『たべたのだあれ』を読もうとするが、ままごとコーナーでトラブルが起こりそちらに行く。読めず。
W-55	1／31　W園① 0:59:37〜1:04:46 岩谷（T）	『おっぱいおっぱい』 『たべたのだあれ』（中断）	ハルト（ミズキ・ナツミ） ハルトとミズキが隣り合って座っているところに岩谷（T）がすぐにやってきて、ハルトを膝の上にのせ、『おっぱいおっぱい』を読み出す。『たべたのだあれ』を読み始めようとするといざこざが起こり、読むのをやめて外に出て遊ぶことにする。
W-56	1／31　W園① 1:57:26〜2:03:23 山地（T）	『ぶーぶーじどうしゃ』×3	チヅル・マダカ・ヒメカ（メイ・ユミ）
不成立	2／15　V園① 0:25:38〜0:25:57 森沢（T）		ヒロフミが絵本をめくっている横でユキエを膝の上にのせて揺すって遊んでいる。「上手に読みよったん」などと声をかけるが、読み聞かせない。

2. W園絵本の読み聞かせエピソード詳細分析の一例（研究4）

黒川（T）は壁を背にして座り、他の遊びグループからは2m以上離れている。左横には棚がある。
行の位置は、実際の行動のタイミングを合わせたかたちで表記している。

巻末表2. 2010.6.3.W園 エピソード2（抜粋）

	黒川	タケオ	ツバサ	ミズキ	
0:06:26	絵本コーナーに戻り、絵本を2冊持って座りながら「ずかんじどうしゃみる？」と言う。 タケオの様子を見ながら「ずかんじどうしゃみたいこうから？」と聞く。 「はい」 「ずかんじどうしゃ」と読み始め、ツバサをちらっと見る。「山本ただよし作。」と言い、絵本をめく	黒川の先を歩くようにして絵本コーナーに戻り、黒川の方を振り向く。 黒川の持っている「ずかんじどうしゃ」をジッと見ながら両手で持ちあげるようにする。 ジッと絵本を見ながらくりとうなずき、絵本から手を離す。 黒川から一歩下がって、立ったまま聞いている。	黒川の後を追うように絵本コーナーに戻るが、途中お茶を飲むテーブルの方を見て立ち止まる。再び黒川の方へ近づこうとするとミズキにぶつかりそうになり、ミズキをよけて黒川に近づきながら「かんしゃー、かんしゃー」と言う。 黒川の前に膝をついて座り、黒川の膝に両手をついて絵本をのぞき込むようにしながら「かんしゃー。はんかんちょうえー」と笑いながら言い、座る。	黒川の後からゆっくり絵本コーナーに入る。 黒川の方を見て歩きながらゆっくりうなずく。 黒川の隣に立ち、黒川の肩に手を置いて立ったまま聞いている。	

		まごとコーナーで山地の笑い声がする
	ページの真ん中あたりにある絵を指さし、「これは——？これは——？」	まごとコーナーの方をちらっと見て、再び絵本を見る。
	リムジンの下の絵を指さし「これは——？」	絵本の端の方を持ち、ページをめくろうとするがめくれない。ずっとページの端を触っている。
	「クアックク、クアックク——いたい」（トラック見たい？）	プシュンとくしゃみをする。振り返って歩いておもちゃや棚の方へ行く。棚に手をかけて、少し絵本の方を見る。
0:07:00	「クアック、クアックク」ページをめくろうとするが、黒川の指でページを押さえられ戻される。	

リ「ずかんじどうしゃ」と言う。ページをめくり、「これはハードトップ」とページの左上端の絵を指さしていい、タクオを見る。指さす箇所を変えて「軽自動車」と言った後、ツバサの指さした絵を指さして「これはリムジン」と言う。

ツバサの指さしたところを指さし「スポーツカー」と言うと、他の絵を指さし「セダン」と読んだあと、ページをめくる。「うん」と言い、ミズキを見る。「うん」と絵本に視線を落とし、「ライトバン、ルートバン」と読んでいるとツバサがめくろうとするので、指で押し戻す。

棚のおもちゃを取ろうとして落とし、大きな音がする。		

「クアックク」(トラック?)

「ウェイウェイバス」と絵本を指さし、物音のした方を振り向い、さ、「がーぱーぺー」と言う。

黒川が何か言うとそれをまねするように「ガーシュ」「バーチュ」と言う。

ページがめくられると、身を乗り出して腰を浮かせ「あクーック、クーック(トラック)」と興奮した様子で言う。

黒川に「うん」と答える。

また絵本を指さし「クーック」と言う。

「郵便車、パネルバン」と読んで、まだズキがいる場所をちらっと見てページをめくる。

「ハイウェイバス」と絵本を指さし、タカオの顔を見る。

違う絵を指さし、「観光バス」と言い、ミズキの様子を見て、「マイクロバス」と言い、ツバサの顔を少しのぞき込むようにして「路線バス」と一つ一つ指さしながら言う。ページをめくる。

黒川はにこやかに「トラックあったねえ」とツバサに言う。

また絵を指さしながら「ボンネットトラック、幌付きトラック、カーゴトラック

0:07:30　絵本の方に一歩近づいて、

（少しタケオの方を見る）、軽トラック」	「バーバージ」 絵本に近づいて来たタケオ手で押す。
立ったまま絵本を指さし「ブーブあった！」といい、勢いよく手を引っ込め、ニコニコしている。 タケオを見て「ブーブあっ」たねえ」と言い、指さしながら「平荷台トラック」と言う。 「トラックだよー」と言いながらページをめくる。	またトラックを指さし「ワーック」と言う。
	めくったところにあるダンプカーの絵を差しながら「コワイ、ガドーーーー」と右手で上から下に落ちていくような仕草をする。
「これはダンプカー」と言うと、ツバサの様子を見て「ダーッて荷物を下ろしているところ」と言ったあと、他の絵を指さし、「フルトレーラー、ダンプカー」と言い、ページをめくりながら、お茶コーナーをちらっと見る。 「これはー？はしご車」と言い、ツバサとタケオを見て「ウーウーやねえ。消防	めくられたページを見て「うわあ、ウーウーウー」と右手を揺らしながら言う。

0:08:00			
自動車、はしご車だよ。これは昇降化学車。ポンプ車」と読みながら、まごとコーナーから出てきたヒカリ、お茶を飲み終えてウロウロ歩きだしたサクラ、チヅル、お茶コーナーを見る。ツバサに「うん」と答えてからページをめくる。「ミニパトロールカー」	しゃがんで絵本をのぞき込むように見ている。	「ツーツー」「ウエイ車」	
「パトある?」とツバサをちらりと見て言う。		ページがめくられてから「バーチャ、バーチャ、バーチャ」とお茶コーナーの方に何かを伝えるように言う。「バイト」と後ろを振り向くように言う。ジッと絵本を見て「バイ」黒川が言うと応えるように「グーグー」と言う。	
「白バイ」とにこやかにツバサを見て言う。「ハイウェイパトロールカー」とひとつずつ指さしてツバサの顔を見て言う。「ん?」と聞き返すように言い、「救急車」と言う。			サクラ　お茶コーナーの方から歩いてくる。ツバサの隣で立ち止まり、立ったまま見ている。

時間				
	ページをめくり、顔を上げ、サクラかお茶コーナーを見ながら[うん]と言う。			[きゅーきゅーちゃ]
0:08:30	[これはね、塵芥車]と言い、[うん]と応える。[サクラちゃん次見ようね、ちょっと待ってね]と言ってから絵本を指さし[これ?]とツリバサに応える。[これはね、道路清掃車]とツリバサを見る。[トラック?][トラックー?][トラックー]とやりとりしながらおもちゃを落としガチャーンと音がしたミズキの方に視線をやり、[うん]とツリバサに応えるよう言いページをめくる。[移動販売車]	床に腰をつけて、足を黒川の方に伸ばして座る。	ページがめくられると[トアップ、トアップ、トアップ]と言う。[トアップ、トアップ、トアップ、トアップ、カアップ]とある絵を指さしながら言う。[トアップ][トアップ][トアップ]うなずく。 ページがめくられるとすぐに[トアップ、トアップ、	積み木を重ねて積んで遊んでいたが、崩れ、ガチャーンと音がする。	黒川の方に近づいて、膝の上に置いてあるもう一冊の絵本を取ろうとする。 立ったまま絵本を見ている。

373

絵本をぬくろうとするが、黒川にページをもたれており、絵本から手を離す。

立ったまま絵本を見ながら「ぐわーんちゅわった」と言う。

「これ」とミキサー車の絵を指さす。

黒川が見ている方向のまま、ごとコーナーの方を見る。

シャツを上げたり手をカートの中に入れたりしながら絵本に視線を落とす。

「トラック」と言い出し、絵を指さす。黒川が応えるとすぐに下の絵を指さし「トアックアップ？」

「うん」

「あー」と言い、レッカー車の荷台の部分を指さす。

「シャ」

「シャ」

ツバサの指さしているところを指さし「これはね え、冷凍冷蔵車」と応え、「トラックトラック？」

「トラックやねえ」と言い、ページをめくる。

「うわー、すごいなこれ」、レッカー車とらっとサクラを見て言う。

サクラが言って、絵本に視線を戻し、「ぐーんてあがるん がなあ」と言い、サクラが指さしている箇所を見て「コンクリートミキサー車」と言う。周りの遊びの場を見ながら「コンクリートミキサー車」と言う。

視線を絵本に戻し、パッと顔を上げて「うん」と言い、ままごとコーナーの山地

0:09:00

黒川の横にしゃがんで絵本を見る。

絵本の背表紙を持つ。黒川と一緒に背表紙を持ち、絵本を閉じ、もう一冊の絵本に手を伸ばす。

積み木で遊んでいたが、黒川の声が聞こえたのか、パッと絵本の方を振り向く。ゆっくりと立ち上がる。『どろんこどろんこ』の絵本を持ち、黒川が自分の方に引き寄せたため歩いて行く。

「ばいうんしゃ」と言い、ちらっとまごとコーナーの方に顔を向けるがすぐに絵本にむき直す。

絵本を指さしながら「トラック、トラック」と言う。

「うん」とうなずく。

「うん」
「かい、かい、かい（もう一回？）」

「ずかんじどうしゃ」がうた

の方を見ながら「タンクローリー車」と絵を指さして言う。
「うん」と応えてページをめくる。

「車両運搬車」と言いながら顔を上げ、他の遊びやまごとコーナーを見る。ツバサの指さしたところを見て「トラック？」と応え、ページをめくる。

「これは電気自動車かな」と最後のページに言葉なしで描かれている絵を指さしながら言う。「なんだろう」と言いながら絵本を閉じる。「つぎ、くまさんだ」と「どろんこどろんこ」を前に持ち直す。

タケオの様子を見て笑顔で「いかんのー。これ見てもいーい？」と言いながら、「ずかんじどうしゃ」のところにある「ずかんじどうしゃ」

腰を浮かせて、絵本の方に、絵本の方に、首を横にぶんぶんと振り、「ダイ！」と「どろんこどろんこ」の絵本を叩く。黒川のお腹の

0:09:30

375

手を離す。	ケオの手に渡るのを見て、「どろんこどろんこ」の絵本に両手を伸ばす。	をタケオに手渡す。サクラをちらっと見て「どろんこどろんこ?」と「どろんこどろんこ」を見せる。
その場で足を歩くように動かす。「うん」と答えて立ち止まる。		「どろんこどろんこ」と読み始め、ツバサをちらっと見る。「わたなべしげお文、おおともやすおえ」と読んだお絵しと読んでもやすかに挨拶する。
タケオのすぐ後ろに立ち、壁に手をやって絵本を見ている。	手を下ろし、ちらちらとタケオが見る。ケオがゆくっている「ずかんじどうしゃ」を見る。	ヒカリ
	ヒカリ	だあと、保育室に入ってきた保護者に「おはようございます一」とにこやかに挨拶する。
タケオを見る。	「ん、ん、ん」と言い、歩いて絵本の方へ近づく。	
保育室に入ってきた保護者を見る。振り返った体制で後ろにあったビーズコースターに腰かけるように手にコースターを持って立ち上がるときに、パッと手を離しコースターを床に落として音を鳴らす。「じゃー」とニコニコ。後ろへバックして同じことを繰り返し「じゃー」と言うと、また後ろに座り直すとコースターに腰かける。	続けながら、黒川の絵本に両手を伸ばし、ちらちらとタケオの見ている絵本を見ては「ん、ん、ん」と言う。	「シャベルを持って一、砂場へ行って一」と読みながらその周辺を見る。絵本をとその周辺を見る。ページをめくって「バケツ屈伸し、また歩き出す。タケオの後ろの方へ回る。
絵本に視線を戻す。	「ずかんじどうしゃ」を見ては「ん、ん、ん」と言いながら腰を伸ばして黒川の読んでいる絵本に両手を伸ばす。	タケオ
	サクラの後ろあたりで立ち止まり絵本を見ている。	ヒカリが近寄ってくる様子をちらっと見る。「すくってすくってー」も読みながら、サクラを見、ツバサの方を
ヒカリ	黒川が読んでいる絵本を見る。ぐんと腰を下ろして絵本を見ず身体を前後に揺らす。	
タケオの後ろに座ろうとして斜めに倒れるが、絵本を見ながら座り直す。ツバサとタケオの少し後		0:10:00

時刻				
	見る。ページをめくり、「おやまができた」と言い、ツバサの様子を見る。 「ツバサちゃん待ってね。読むからねー」とやさしく声をかける。ページをめくって「どこでいっしょ」とツバサを少し見て、『ずかんじどうしゃ』を見る。 絵本の方へ視線を戻すが、サクラを再び見て、ハンマーの動きを止め、「サクラちゃんもう見ない?いい?見るの?」と声をかけながら、ハンマートイを棚の一段下に入れる。「今度は穴掘り」	顔を上げて両手をひろげて閉じるようにジェスチャーする。「ん、ん、ん」と言いながら両手を絵本に伸ばすが、下ろして、自分の膝をパンパンと叩きタケオの絵本を見る。右手を水平方向にぶんぶんと振る。	「じゃーっと言い立ち上がるが、音はしない。またコースターの上に座る。	ろから絵本を見る。
		『ずかんじどうしゃ』に視線を戻す。		
		『どろんどろんどろん』をのぞき込む。	サクラ コースターに座ったまま、コースターを前後に少し傾けるようにして揺らして遊んでいる。	
		タケオの見ている『ずかんどうしゃ』を指さす。黒川の絵本の方をむきを直し、聞き出す。	立ったまま絵本をジッと見ていたが、棚のハンマートイに手を伸ばし、カンカンカンと音をさせて遊び出す。「らうんと首を振って、絵本の方を向き直す。うなずく。 カリン 小走りにやってきてツバサとタケオの間に座る。	
	「ほってーほってーまたほってー」と読んだ後、カリンの腰の下を見て「カリンちゃん、ちょっとその下、	ツバサの指のあたりを見て、また『ずかんじどうしゃ』をめくり出す。		
0:10:30	ヒカリ	「てー。てーてー」と言いながら、ちちらら『ずかん	チツル	

ほら。下おもちゃがあるよ。下おもちゃがあると言い、右手を握り少し体を浮かせて、車の木の絵本をカリンの下から抜いて取る。「ん。はい」と木の絵本をカリンの横に置き、絵本を持ち直す。	じどうしゃ」を見る。	うろうろとおもちゃをくわえたりしながら周辺を歩いている。	右腰を浮かせる。
カリンがちょうど前に来た辺りで立ち上がり、絵本の近くへ寄っていく。ツバサとサクラの間に立つ。手をぶんぶんと振り向く、ツバサの首辺りに当たった辺りを手で触る。その後、両手で首の両側の同じようなところを軽くトントンとやり出す。	ヒカリの方をちらりと振り向く。ツバサの手が当た		座り直す。
「おおなだあ」と読み出し、保育室を見渡すように見る。	黒川の顔を見上げる。	少し絵本の方へ近づいて立ち止まるが、ままごとコーナーへ。	

3．優先性の語り一覧（研究 7）

巻末表 3．優先性の判断が語られたケース

ケース	保育者	語り（抜粋）
1	A 保育者	A：あ、でも「パン一緒に食べよう」思、思いましたね。 筆者：え、それはいつの時点で？ A：ねえ。えっとね、上でサトシくんとかかわったじゃないですか。で、ミナミちゃんを階段から降ろさなあかんっていうのと、サトシくんの納得いくようにしてやりたいのとがあって、その間シンスケちゃん放ったでしょう？　私また。だから、「シンスケちゃんに戻らな」とは思ってました。降りて来るときに。でもミナミちゃんに一番必要なのは降りるときの援助やし。うん、サトシくんはあれで、「ほな、もう明日にしよっか」って上でね。パン屋さんに誰も人がいなかったから、シンスケちゃんに断られたの可哀想やったなと思って。でも、サトシくんは「もう明日にしよっか」って言ったから、「あ、この人は別にこれで満足なんや」っていうのがわかって。で、降りるときに、もうサトシくんは別に……ああ、ミナミちゃんが、ほんでサトシくんにはあげはったんです、パンを。最初「イヤ」って言ってんけど、どうやらサトシくんは「パンがないらしい」っていうのがわからはったんですよ。 筆者：ああ、そうなんですか。 A：で、（中略）あぁ、ここ解決しましたって。（中略）次、緊急事態というか求めてはる人はこっち（シンスケ）やし、先に降りたんやし、「あ、ここでまた放ってはいけない。ほな一緒に食べよう」って、そこら辺で思ったんかな。
2	D 保育者	D：今日は久しぶりに男の子と女の子が混ざって鬼ごっこができたので、まあ、だからそこがよかった。（中略）「お餅食べたあとも遊んでいいよ」って言ったら、それが楽しいからって言って、あそこで固まって遊べてたので。だから、私はどっちかといったら、もうそっちに、せっかくこう久しぶりの、こう混ざった感じだったので、もうそこで遊んで。 　で、ミエコちゃんが、あっちでしているのは、まあ見えてたんやけど、あの、まあ、あの、ちゃんとやりたいことは、まあ思いっきり自分乗りたいように乗ってるかなぁと思ったので、あの時間は、あんまりミエコちゃんの方には行かなかったんです。はい。

3	H保育者	H：ああいう、何か、かわいいものとかきれいなものはすごい好きなんですよ、ちょっと変わったものとか。なんで、まあ、もっと先週ぐらいにやりたかったんですけど、ずっと天気も悪かったし、あのー、お花とかも取り行けなくって。で、今日は、ま、天気がいいから、しかも、マイちゃんのタイミングも、ま、ちょっとだけ、あのー、空いた時間があったんで、誘ってみようかなと思ってやったら、まあまあ食いつかはったんで、はい、そうですね、うん。
	H保育者	H：そうですね、外の砂遊びとか、あのー、水くんだりする中に氷入れたりとかして、ままごとの延長でしたかったんですけど。もう多分外に行きたくないっていう思いが、マイちゃんは強かったみたいなんで。まあ、マイちゃんを、その、人の中に入れるためには、ここでやった方がいいかなと思って。外のほうが、ほかのクラスの子ともやりたかったんで、たくさん入ってきて、いろんなお花とか石とか「こんなん見つけたで」って言ってやるのが理想やったんですけど、ま、ちょっとそれとはかけ離れたんですけど。うん、その辺が難しいですね、いつも。この人に合わせるべきか集団に合わせるべきかと思いながら、はい。 筆者：ああ、うーん、でも、外に出ると、もう、マイちゃん来ないかなっていうのもある。 H：そう、そうですね、はい。マイちゃんやめとくわとか行かないとか。
4	J保育者	J：もっと早く行きたかったんですけど。私もここ前に立って、ほかの残っていた子がいたんで。
	J保育者	J：気をつけたことは、今日というか、もう、普段の生活の分で思っていたのは、それこそ、こう、廊下に出はるのも、私も、今日、あのー、ゲームのときに、こう、迷ってしまったんですけど、もっと早くに呼び込むべきか、ね、それもすごい迷ったんですけど、そういうところは予測して、ちゃんとこの集団の中に入り込めるようにとかは考えています。何か、今日はね、あのー、1列目にしたんで、まだ集中がもったんですけど、あれが帰りの会とかで3列目とか、こう、後ろの方の席になると、ま、大人でもね、ちょっと後ろの方になると気が抜けてしまうのあるんですけど、あの子は特になんで。こう、できるだけああいう席とかも、あんまり気がそれないような場所にしたりとか。

		ま、ずっと1列目ばっかりっていうのもね、ほかの子もいるんでできないんで、こう、もう、ちょっとしっかりした子にはさむとか、そんなふうなことは考えながらしてます。
5	N保育者	N：お部屋が落ち着いたので、そろそろ。せっかく幼稚園に来たんやしと思って声をかけに行ってあげようという。来た感ないよねと思いながら。お部屋に入っておいでという気はあまりなくて、今日も幼稚園がんばって来たなというような感じで。
6	P保育者	P：あえて声をかけると、やらないっていうふうに言うかもしれないし。どうしようってどきどきしながら、ちらちらと、こう雰囲気を見て、伺っているんです。でも、もうやりたそうな、こう感じだったので、あ、いけるかなって。
	P保育者	P：本当は、それで、レストランももう1回、開店する。レジを新しく作った子がいて、開店するんやって、1回定休日で休んではったんですけど、言ってたので、そこもしてあげたい思いはあったんですけど、今日はちょっとタカトシくんについて、じっくりこう変化を見たい思いがあったので、まあ、レストランは明日でも大丈夫かなと思って。
	P保育者	P：帽子とりをやりたいって言っていて、だいぶ前から言ってはったんです。で、なかなかこう自分たちで始められなくて、やりたいな、やりたいなって言っていて、ほかの遊びをやって、あ、やれへんかった、みたいな感じだったので、今日はなんかどうしてもやりたかったみたいで、2人がこう相談に来たので、じゃあ行ってみようって言って、はじめはったんですけれども、その最後の終わるところに私が、ちゃんといなくって、男の子がなんか変な終わり方をしてしまった、面白くない終わり方をしてしまった、みたいなことを言っていたので、あ、やっぱりその久しぶりに帽子とりをやったので、そこに私にいて欲しいって言って、何回も呼びにきて、で、人数揃ったけど、先生もやってって言われていたのに、最後のその帽子とりが楽しかったっていうふうに終わらなかったのは、ものすごい残念やったし、かわいそうやったなと思って、そのことを振り返りでも、ちゃんと話してあげられなかったので、それはかわいそうだったなっていうふうに、今日は一番それが思いました。はい。ただまあ、今日はタカトシくんについていってあげたいというか、コマ回しの場にいたいという思いがあったので、うーん、仕方

なかったので、明日ちょっとそのケアをしてあげないとと。はい。思っています。(中略) あんなにずっといるっていうことは、まずないんです。両方こうかけもちしながら、ほかのお部屋に戻って、何かをして、ほかのやろうとしていることを、ちょっと手伝ったり、一緒に遊んだりっていうふうにして、また戻ってきて、どうやったみたいにやるんですけど、今日はちょっとべったりついてみようという思いがあったので、タカトシくんにべったりっていうより、コマ回しのところでいようっていう思いが、ちょっと強くて、離れられなかった感がすごいあったんです。そこでちょっと冷静さを欠いていたなというのがあります。

謝 辞

　本書は、白梅学園大学院子ども学研究科の博士学位論文を加筆修正したものです。博士論文を執筆、提出するにあたり、多くの方々に大変お世話になりました。この場を借りて、心から感謝申し上げます。

　本論文は、ある1歳児クラスの若い担任保育者が、子どもを寝かしつけながら「きちんと発達保障できてるんやろかって、毎日思うんです」と私にこぼしてくれたところから始まりました。子どもにも保護者にも、毎日笑顔で丁寧に対応される一生懸命な保育者が、日々これでよいのかと自問されている。そのことを研究者として真剣に考えなくてはならないと強く思い、研究に着手しました。保育実践の観察やインタビューを重ねる中で、「難しい」「十分でない」と自らの実践を振り返って語り、しかし悲嘆にくれるのではなく、むしろ「わからんなぁ〜」と時に笑いながら、明日また実践に向かう保育者の専門性に惹かれていきました。悩みと楽しみが交錯する実践の日々を一研究者に開いていただいたことで、多くの学びを得ました。子どもとの大切な時間を観察させていただき、言葉にしにくい思いを語っていただきました多くの先生方に、そして、一緒に遊ばない観察者を受けいれてくれた子どもたちに、この場を借りて、厚く御礼を申し上げます。また、日々余裕のない中で質問紙調査にご協力いただきました先生方に、心より感謝申し上げます。

　博士論文の審査では、玉川大学の大豆生田啓友先生に、大変ご多忙中、倉橋や津守を始めとする偉大な保育学の功績者たちの論と拙論をつなぐ丁寧なコメントやご示唆を賜りました。白梅学園大学の髙田文子先生には、主査として細やかなご配慮と広い視野からのご示唆を賜りました。また、同大学の本山方子先生には、本論文の理論的構造から展開にいたるまで、大所高所から、また一つひとつの用語の細部にいたるまで、熱心なご指導を賜りました。先生方のご指導により、保育学が関連する幅広い学問分野の中で、本論文がどのように位置づけられるものか、悩みながらも一歩一歩前進することができました。

　指導教員の無藤隆先生には、お茶の水女子大学の学部生の頃から、言葉に表せないほど大変お世話になりました。研究よりも現場が好きで、大学院のゼミより愛育養護学校での実践を優先させる呆れた院生であった私を、見放さず、長きにわたり、多くのご指導を賜りました。実践を観ることから学ぶという基本姿勢と、丁寧に観ることの大切さをことある毎に無藤先生から学びました。常に思考も言語も不明瞭な状態でご相談申し上げていたにもかかわらず、いつも無藤先生は核となるところに光を当て、論が展開するための契機を与えて下さいました。何度も心折れそうになる中、励ましていただいたことが大きな力となり、何とか最終提出にいたることができました。深く御礼申し上げます。

　ここにお一人おひとりのお名前を挙げることは叶いませんが、大学時代から共に保育の観察をし、学び合ってきた先輩後輩の方々、愛育養護学校で保育や子どものことを語り合った保育仲間や保護者の皆様、たくさんのことを教えてくれた子どもたち、子どもに向き合うさまざまなありようを見せていただいた多くの尊敬する保育者の皆様、四国学院大学、京都教育大学を通して出会い、支えていただいた皆様、そしていつもあたたかい言葉とご支援をいただいた友人たちに、心より感謝申し上げます。

　また、本書の出版に当たっては、新型コロナウイルスによる大学の混乱状況も手伝って、なかなか進まない校正を、萌文書林の下中志野さん、服部直人さん、デザイナーの大村はるきさんが励まし続けてくださいました。複雑な図や細かい指定の多い原稿を丁寧に見ていただき、出版に至ることができました。気付けば2年以上校正原稿を抱え続け、持ち歩いていた原稿袋はボロボロになりました。ここまで励まし続けてくださり、本当にありがとうございました。

　最後に、苦難に満ちた博士論文提出までの道のりを、辛抱強く支え、待ち続けてくれた家族に、深く感謝します。

2022年12月　古賀　松香

プロフィール

古賀 松香（こが まつか）

現　　職：京都教育大学 教育学部 幼児教育科 教授

学　　歴：お茶の水女子大学家政学部児童学科卒業。同大学大学院家政学研究科児童学専攻修士課程修了。同大学大学院人間文化研究科人間発達科学専攻単位取得満期退学。2020年白梅学園大学大学院子ども学研究科子ども学専攻にて子ども学博士号取得

経　　歴：お茶の水女子大学大学院に通う傍ら、学校法人愛育学園愛育養護学校幼稚部にて非常勤講師。四国学院大学社会福祉学部准教授を経て、現職

主　　著：無藤隆・古賀松香（編）『社会情動的スキルを育む「保育内容 人間関係」——乳幼児期から小学校へつなぐ非認知能力とは』北大路書房　2016

付 記

　本論文は、研究 1、2、4、6 において文部科学省科学研究費若手研究 (B) 課題番号 21730654 の助成を、研究 5、7 においては文部科学省科学研究費基盤研究 (C) 課題番号 25381077 の助成を受けた。

　また、本論文の一部は、以下の研究成果を加筆・修正し、まとめ直したものである。

研究 1：古賀松香 (2011a) 1 歳児保育の難しさとは何か. 保育学研究 , *49(3)*, 248-259.
研究 2：古賀松香 (2018) 1 歳児保育の質と子どものトラブルとの関連. 保育学研究 , *56(3)*, 309-320.
研究 3：古賀松香 (2011b) 保育課程の編成が保育の質に与える影響. 保育の実践と研究 , *16(1)*, 49-64.
研究 5：古賀松香 (2017) 幼児期の社会情動的スキルを育む保育者の「臨床の知」. 子ども学 , *5*, 30-52.

線画作成協力：藤本かひろ

保育者の身体的・状況的専門性
保育実践のダイナミック・プロセスの中で発現する専門性とは

2023 年 1 月 26 日　初版第 1 刷発行
著　者：古賀松香
発行者：服部直人
発行所：株式会社萌文書林
　　　　〒 113-0021 東京都文京区本駒込 6-15-11
　　　　TEL 03-3943-0576　FAX 03-3943-0567
　　　　https://www.houbun.com
　　　　info@houbun.com
印刷所：シナノ印刷株式会社
デザイン・DTP：大村はるき